古代歷史文化研究輯刊

二編

王明蓀 主編

第9冊

西漢前期政治思想的轉變及其發展
——從黃老思想向獨尊儒術的演變

李昱東 著

國家圖書館出版品預行編目資料

西漢前期政治思想的轉變及其發展——從黃老思想向獨尊儒
術的演變／李昱東 著—初版—台北縣永和市：花木蘭文化
出版社，2009〔民98〕
目 4+348 面；19×26 公分
（古代歷史文化研究輯刊 二編；第9冊）
ISBN：978-986-6449-87-1（精裝）
1. 中國政治思想　2. 黃老治術　3. 儒家　4. 西漢史
570.9221　　　　　　　　　　　　　　　　　98014109

ISBN - 978-986-6449-87-1

古代歷史文化研究輯刊
二 編 第九 冊
ISBN：978-986-6449-87-1

西漢前期政治思想的轉變及其發展
——從黃老思想向獨尊儒術的演變

作　　者　李昱東
主　　編　王明蓀
總 編 輯　杜潔祥
出　　版　花木蘭文化出版社
發 行 所　花木蘭文化出版社
發 行 人　高小娟
聯絡地址　台北縣永和市中正路五九五號七樓之三
　　　　　電話：02-2923-1455／傳眞：02-2923-1452
網　　址　http://www.huamulan.tw 信箱 sut81518@ms59.hinet.net
印　　刷　普羅文化出版廣告事業
初　　版　2009 年 9 月
定　　價　二編 30 冊（精裝）新台幣 46,000 元

西漢前期政治思想的轉變及其發展
——從黃老思想向獨尊儒術的演變

李昱東　著

作者簡介

李昱東，民國 38 年次出生，台中市人。民國 61 年畢業於國立高雄師範大學國文系，分發至省立沙鹿高工任教。民國 74 年考入私立東海大學歷史研究所，77 年畢業，獲史學碩士學位，79 年轉入國立台中商專服務。87 年考入國立中興大學歷史系博士班，95 年獲得博士學位。現已退休，擔任亞洲大學和朝陽科技大學兼任助理教授。著有《試探東漢定都洛陽之得失》與《西漢前期政治思想的轉變及其發展——從黃老思想向獨尊儒術的演變》並曾在《大興史學》發表〈匈奴核心部族的考證〉以及《空大學報》發表〈陸九淵的尊德性與朱熹的道問學〉兩篇論文。

提　要

　　本論文主要探討西漢前期從黃老思想向獨尊儒術的轉變過程，西漢的道家與儒家所呈現的風貌，已非原創時期的面目，這是自春秋戰國以來，各家思想互相激盪，互相涵蘊所鎔鑄的性格，展現了向更高層次整合的趨勢，這是儒道兩家「因應時勢」所做的轉變。黃老道家首先得志於文、景兩朝，而後漢武接受董仲舒之議，獨尊儒術，藉推尊官學而擴張皇權，遂有「陽儒陰法」的舉措，儒學趁機躍上政治檯面，成為統治國家的主流文化思想。

第一章

　　從先秦王權的發端與茁壯，探討名教思想的濫觴，蓋中央集權的君主專制制度，貫穿中國歷史兩千多年，其產生的社會原因，實根源於中國特有的宗法血緣文化和與其相適應的自然經濟，及農業大國的特殊環境，因此，儒家的尊君思想，成了名教的濫觴，而戰國時代，基於天下大一統的需要，君主專制的學說，更為實際政治推波助瀾，終於形成法家尊君卑臣的理論，在漢代儒法結合之後，更成了名教的核心。背離了原始儒家君君、臣臣的相對主張，塑造了往後君主臣客的歷史地位。

第二章

　　探討從道法向儒法轉變的歷史背景；就中國古代諸子百家而論，其目的都在救國淑世，故其核心思想皆務為治者也，黃老新道家之興起，乃「以道生法」改造原始道家，為法治覓得形而上的依據，遂成戰國中末期的一大學派，也為道家的治國用世開創了契機，在漢初終於成就了黃老治術，奠定了漢朝強盛的基礎，但因為種種缺陷，和內外機緣的喪失，不得不讓位於儒家，而董仲舒所推崇的公羊春秋，畢竟是儒法相摻，並挾以陰陽的學說，雖適應了大一統的需要，獲得武帝的獨尊，但已非原儒的本來面貌。

第三章

　　先秦之所謂「道」，涵義甚廣，亦包含君人南面之術，故君道之理論，由來久遠，本章即討論漢代君道思想的轉變與君權的開展，黃老道家為了適應春秋、戰國以來從禮治向法治的轉變，不得不改造原始道家的理論，而以道全法，將法、禮、刑，重新鎔鑄為新的君權理論，視養生與治國為一體，主張君道深藏周密，而在實際運作上力求知時知變與因任和刑名，文景兩帝的君道實踐是最好的典範，從此，皇帝制度成為中國人可以接受的理想，遠離了秦代的夢魘。後來雖有漢武復古更化的新皇權，近乎踵武秦皇，但漢初迥異秦政的表現，始終予漢人一線之期望。而昭宣之後，終於完成王霸並用的君道思想，且為後世所遵循。

第四章

　　探討武帝因尊官學而崇儒所建立的名教思想，由純儒逐漸走向禮法整合的道路，其中包含儒學的法家化，和法律的儒家化，而儒家的三綱五常則成為法律的指導原則，至於法家的反智與愚民，也滲入名教之中，儒法的整合，藉著經學入仕，使五經成為新的帝王學，士人變成了

新官僚集團，名教思想本來即與傳統的宗法血緣組織互相適應，具有非常強韌的社會基礎，如今又透過依禮施行法令，重新塑造封建法制，在思想傳播與施行政法之間，充分地體現了禮法合一。使政治與社會再度凝結為一體。

第五章

討論從無為的經濟向中央集權的經濟轉化的過程，黃老道家對經濟思想缺少強大的創造性，主要的是繼承了原始道家回歸自然經濟與放任自理的經濟思想，這對漢初凋敝的社會確實起了復甦的作用，但在面對匈奴戰爭時所產生的財政危機，和土地兼併的問題時，顯得手足無措。這就授予法家興利之臣崛起的機會，桑弘羊遂在武帝充份信任之下，行重本禁末的政策，而以鹽、鐵專賣和酒榷酤做為其經濟集權中央的核心，配以平準均輸的施行，壟斷全國的工商財政，從此，政治集權才有了經濟集權做為其基礎，這才是名符其實的專制主義。自此之後，國營專賣制度就成為歷代封建王朝的主要經濟制度。

本文結論，是站在皇權專制的制高點論述中央集權體制的經濟基礎，和思想統制的必要性，不但政治要大一統，連學術也要大一統，學術的大一統，實為思想的封閉和窄化，而名教之尊與經典政治的推行，則相輔相成，成就了道統與政統的密切結合，最終形成政教合一的新體制。這是中國兩千年來的皇朝典範，這種政治、經濟、文化結構，即使歷經改朝換代，也可立即再生和重建，形成了超穩定的結構，但也妨礙了歷史的進步，這是中國始終停滯不前的根因。

目

次

緒　論

一、研究動機

　　中國文化以儒、釋、道爲主，但佛教是外來的宗教，直到隋唐之際，始融入中國文化之中，因此中國固有的文化，當以儒、道兩家爲主軸，儒道並立，猶如車之兩輪，不可偏廢，其影響中國文化、政治、社會之巨大，皆無法估量，可謂既深且遠。這兩家學說及其他諸子百家，都是春秋戰國之際，社會大變動的產物〔註 1〕，當時百花齊放，百家爭鳴，而且都具有很強的原創性，然而春秋戰國綿延三四百年，在當時的環境和思想風氣之下，各家思想，互相激盪涵蘊，也互相吸收融合，不但發展蓬勃，也展現了向更高層次整合的趨勢，這是哲學思想發展的必然走向。

　　西漢的儒家與道家，所呈現的風貌，已非原創時期的本來面目，而是經過長期吸納其他學派所鎔鑄的性格，這是爲了適應時代要求，不得不改變的因應措施。本文研究的動機，就是要探究儒道兩家，爲了「因應時勢」，都做了種種的轉變。從西漢初年開始，就展開競爭，黃老道家首先得志於文景兩朝，而後漢武當政，獨尊儒術，因時局與形勢不同，措施遂各異，因此探討西漢前期儒道兩家思想與執政之異趨及其發展，乃是本文研究之動機。

〔註 1〕　梁啓超，《飲冰室全集》卷 2 學術類〈中國學術思想變遷之大勢〉（臺南：莊家出版社，世一書局總經銷，1982 年 5 月再版），頁 109～112。
　　　　梁啓超曾說：孕育諸子百家思想有七大因素，一爲蘊蓄之宏富，二爲社會之變遷，三爲思想言論之自由，四爲交通之頻繁，五爲人材之見重，六爲文字之趨簡，七爲講學之風尚。

　　本文首先探討王權的歷史根源，從商代王權的逐步強化中，君道的要求，亦逐漸突顯，而殷周的興亡，予箕子極大的歷史反省與啟示，〈洪範〉就是箕子與武王談論治道與君道的寶典，君權雖然天授，但君道亦應「正直平康」，否則「天命靡常」的結局，必然到來。由於君權天授的天命觀深植古代中國人的文化心理之中，所以尊君就成了舉國的共識，故先秦儒家的名教思想，亦以尊君為首要，最後竟演變成韓非的尊君卑臣論，而且成為漢代名教思想的核心。其次探討黃老道家的興起及其用世的過程與內涵，黃老道家的成立，基本上拋棄了老子反專制權威的原則，而代之以一種新專制權威觀念，以至於逐步演變成一種新興統治者樂於接受和運用的君人南面之術，它在實質上，是古代封建社會中，治國理民的一種智慧與藝術，因此黃老道家的用世，完成的第一個過渡，就是使道家由反權威主義，向新權威主義的轉化，從而實現了由在野的學術，向在朝學術的轉變，另外，在中國歷史上，道家參政，是從黃老開其端緒的，而最突出一次的表現是在秦漢之際，漢初的統治者，實行「黃老之治」的結果，醫治了戰爭的創傷，發展了社會的經濟，人民得以休養生息，緩和了社會矛盾，社會由動亂轉向安定，從而鞏固了新興的政權，因此黃老學為後人提供了一種行之有效的社會撥亂反正的模式和政治思想。這是黃老道家在歷史上完成的第二個過渡的含義〔註 2〕，這兩次的表現，證實了黃老道家內涵的卓越，和成就的不凡，因此本文將其與往後的「獨尊儒術」的內容與作為，做相應的比較。從君道、政治、經濟、社會各方面之異趣，剖析雙方之優劣得失，以探究當時政治轉型與時局變遷的實際情況，因為從黃老道家轉向獨尊儒術，所確立的政經體制與統治思想，是爾後兩千年來帝制中國的基礎。〔註 3〕所以探討這一時期的思想變化與實際政治的互動關係，其間的轉型過程，涉及非常複雜的體系，不但值得研究，而且很吸引人，本篇論文，即針對此點，有意探驪得珠，尋繹其間的線索與蹤跡。

　　自從秦亡之後，當時的思想家與政治家，都企圖為新的政治環境與經濟基礎，重新建立一套治國的理論與方略，因此漢初的思想表現，比較活潑多樣，且有濃厚的反法家傾向，例如陸賈、賈誼、黃老、《淮南子》、董仲舒、

〔註 2〕　丁原明，《黃老學論綱》，劉蔚華序言〈黃老所完成的歷史性過渡〉（濟南：山東大學出版社，1997 年 9 月），頁 3。

〔註 3〕　徐復觀，《兩漢思想史・卷一——周秦漢政治社會結構之研究》（臺北：臺北學生書局，1985 年 3 月，第 7 版（臺 6 版）），頁 63～162。

司馬遷，莫不如此，基本上他們非儒即道，但在思想的成份中，都表現了某種程度的與法家結合的特色，而陰陽五行的世界觀，則是各學派共同體現的成份，不專屬某一學派，因此黃老思想，表現了道家與法家結合的特色，而獨尊儒術則陽儒陰法，再抹上一層陰陽神學的色彩，在中國的政治里程碑中獨樹一幟。

因此就思想的原創性而論，西漢時期的政治思想，遠遠比不上先秦，所以許多學者並未予以高度評價，但就政治思想與現實政治的關係而言，卻比先秦時期更加密切，它對具體的政治措施，提出興革的辦法，直接對帝國的政治實踐，起著主導性的作用，由於當時的政治思想與現實政治關係十分密切，所以無可避免地反映了帝國兼容並蓄的現實需要，因此儒、道兩家都表現雜家化的傾向，而且展開了思想與政策的論爭，都希望取得實際的政權，遂有儒家的轅固生與黃老道家的黃生之論戰〔註4〕。儒道的政治鬥爭固然強烈，但他們卻有一個共同的特色，即大力抨擊秦政的繁刑嚴誅，賦斂無度，導致人民揭竿起義短命而亡，並企圖建立政治上新的理論指導原則與新的統治思想，以守住漢的政權，這是西漢前期思想家最關切和最用心的問題〔註5〕，在這一方面，黃老道家的思想，確實能符合當時的形勢與大環境的需要，而成為政治的指導綱領，而收效也確實閎大，展現了過渡時期的特色。

但是隨著漢帝國的發展，黃老治術，對諸侯王的驕恣，經濟的貧富懸殊，與匈奴的侵逼，都顯得迂緩，因此迫於現實問題的解決，為新帝國建立一套長治久安的政治理論，和涵蓋面廣闊的國家學說，就顯得必要，因此賦予新儒家崛起的機會，也讓備受壓抑的法家，透過新的形式，取得生存與發展的

〔註4〕司馬遷（漢），《史記》卷121〈儒林列傳〉（新校本，臺北：鼎文書局，1986年第8版），頁3122～3123。
清河王太傅袁固生者，齊人也，以治詩，孝景時為博士。與黃生爭論景帝前，黃生曰：「湯武非受命，乃弒也」，轅固生曰：「不然，夫桀紂虐亂，天下之心皆歸湯武，湯武不得已而立，非受命為何？」黃生曰：「冠雖敝，必加於首，履雖新，必關於足。何者？上下之分也。今桀紂雖失道，然君上也，湯武雖聖，臣下也。夫主有失行，臣下不能正言匡過以尊天子，反因過而誅之，代立踐南面，非弒而何也？」轅固生曰：「必若所云，是高帝代秦即天子之位，非邪？」從這段論辯中，我們可以看出篤習黃老道家的黃生，乃是一名絕對尊君卑臣論者，由此，我們看到了黃老道家的轉向和企圖迎合皇帝的心意，這也是黃老能得志於文、景兩帝的重要原因之一。
〔註5〕林聰舜，《西漢前期思想與法家的關係》（臺北：大安出版社，1991年4月1刷），頁225～228。

空間，這種儒、法結合的特色，在武帝一朝及其後的昭、宣時代，發揮了重大的影響力，也從此塑造了帝制中國的典型。

在這個時期，從黃老之治，轉向陽儒陰法的統治，從郡國並行制，轉向天下一統，無論天人思想、君道理論、陰陽學說、國家學說、政治思想、經濟思想，以及相應的一切措施，都有極為深遠的變革，從而塑造了不同的政治、經濟、社會的風貌。在當時如何將郡國分立，轉型成統一國家，並將之建設成功，使其聲威遠被，乃是漢代思想家所面臨之重大課題，而漢代思想家獨能冶諸子百家之政治思想於一爐，且復化學理為事功，成就體用兼備的偉業，使西漢成為中國第一個最偉大的統一王朝〔註 6〕，這就是西漢政治思想對實際政治影響最深遠之處，也是本文要研究的主題。

二、研究概況

兩漢思想，對先秦而言，實為一重大的演變，演變的根源，當求之於政治、經濟、社會諸多方面，當秦朝法家政治全面崩潰之後，黃老之治與獨尊儒術，先後崛起，相互承續與轉化，最後確立了大一統的皇帝專制政體，與儒學獨尊的文化專制形態，產生了士族，並使士人成為國家的中堅階層與官僚隊伍，為爾後中國歷史演變的重大關鍵，亦為把握中國兩千年歷史問題的鎖鑰。

本文在研究《老子》時，頗多徵引魏元珪老師的著作，《老子思想體系探索》這本書是魏老師的力著，其寫作採西洋方式，篇目與章節極為清晰醒目，內容頗多創新，他認為《老子》的「道」，超越寰宇，融貫千古，以道通為一的立場，可以看世間的一切的差別相，故其本論分為七篇，包括道論的辯證，知識問題的探討，美學與生活教育，道家的經世治國，道德修養與生命的體證，歷史智慧與人生的境界，最後一篇則論老子思想的兵學原理，堪稱含攝廣泛，讀其書可以讓人領悟《老子》五千言之彌綸宇宙人生之至理，而立足於道樞。另外，本文也引證鄭琳先生的《老子微》一書，做為註解，因為該書頗能究《老子》之微旨，通其玄妙之理，使人瞭然於聖人道德之極則，實荊山之至寶，亦黃帝之玄珠也。探其本而尋其源，則可復返性命之真，既可安身立命，亦能躋斯民於至美至樂之境。〔註 7〕本文在研究《老子》一書時，

〔註 6〕 曾繁康，《中國政治思想史》（臺北：大中國圖書公司，1971 年 8 月再版），頁 2。

〔註 7〕 鄭琳，《老子微》（臺北：文史哲出版社，1984 年 3 月），自序 1～3。

還細讀了《古史辨》有關老子的問題，於其內容的龐雜與宏富，多所了解，尤其知曉《老子》自春秋以來，對道的繼承與創發，終自成一大系統的哲學，實受益良多。除此之外，《古史辨》對「陰陽五行」與「洪範」的起源與演變，都有詳實的考證，這對研究思想史的人來說，具有很深的啟發性，值得我們參考。

至於原始道家的研究當以郭店楚簡的發現，最具震撼力，該處簡牘的出土，證明《老子》一書來源甚古，至少在戰國中期以前，《老子》已是楚王室教育太子的善本，雖然其內容僅及現行本之半，但已可證實老子即老聃，而《老子》一書絕非如錢穆先生所言，晚至戰國末始問世，因此，老子生存之年代問題，遂告解決。至於老子思想淵源之探討，早有聞一多指其出於原始的巫教，而呂思勉先生則謂老學出於古代母系社會的遺留，大陸學者王博先生更說明老學為夏文化的表現，與儒學為殷周文化的代表，恰成強烈對比。這都極具創見，予人一新耳目之感。然《老子》一書畢竟是以「道」為核心的自然論與無為論，其他的有關治國理民的「君人南面之術」或軍事辨證法，或養生長壽之道，都是學術發展的自然結果。而莊子致力於道論的創造與發展，終於成為道家最正統的一大學派。其糞土王侯的瀟灑意境，使其逍遙遊於政治之外，故本文對老莊哲學未予著墨。遂特別專注於闡揚君人南面之術的黃老思想。〔註 8〕

有關黃老思想方面的研究，近年來蓬勃發展，海峽兩岸都有卓越的成績，主要的是晚近有大量的考古文獻出土，而出土的眾多文獻之中，當屬道家類古佚書最受矚目，其他還有大批的醫書、數術、方技、兵書也和道家思想有著不同程度的聯繫，其中最重要的，當屬馬王堆帛書《老子》甲、乙本，和古佚書《黃帝四經》、《伊尹・九主》、《繫辭傳》這些逐漸公佈的珍貴文獻，給我們在道家的研究上提供了一個廣闊的新領域，從而使現代學者們，重新認識到黃老道家，在戰國中後期之所以成為百家爭鳴中主要思想的概況。〔註 9〕因此研究論文與著作，隨著考古文獻的日益豐富，無論內涵或層次，都大量的提升，且充滿創見，不但改寫了古代哲學史，也使我們對古代的政治思

〔註 8〕　張運華，《先秦兩漢道家思想研究》（長春：吉林教育出版社，1998 年 12 月），頁 4～13。

〔註 9〕　陳鼓應，《黃帝四經今註今譯——馬王堆漢墓出土帛書》（臺北：臺灣商務印書館，1995 年 6 月），頁 1～2。

想有更深刻的理解，同時使我們對先秦道家發展的脈絡有了一個新的認識與評估，對於先秦學術的流脈有更深刻的見解。〔註10〕

　　若以台灣而論，研究黃老思想的學者，如陳鼓應先生長期居住北京，對道家文化的關注一向非常用心，他出版的《黃帝四經今註今譯》，對原典深奧的古文，做了旁徵博引的註釋，又翻譯成白話文，另外又加以闡述，對於有心研究的學者，提供了最大的方便與協助，堪稱功德巍巍，其中有兩篇文章，頗具創意，一篇是〈關於帛書《黃帝四經》成書年代等問題的研究〉，陳鼓應先生認為這本書是齊國稷下學士的作品，但未敢定論，因為唐蘭先生主鄭國說，余明光先生主楚國說，以及魏啟鵬先生、王博先生主越國說，都有很強的證據和相當的合理性，這種情形反映出黃老思想在戰國時期規模之大和影響之廣。另一篇是〈先秦道家研究的新方向〉，他徹底的探就了《黃帝四經》與《老子》、《管子》、《易傳》、范蠡、和莊子學派的關係，並從出土文獻重新評估黃老之學，與黃老思潮，且斷定它和《管子》、《慎子》、《文子》、《鶡冠子》有著更緊密的內在聯繫，主張以「道法」為中心的黃老學派，正是古代民主性、自由性與法治的結合，乃是古代道家走向思想前衛的重大成就。〔註11〕另外，陳先生還主編「道家文化研究」，由上海古籍出版社出版，內容非常豐富，幾乎網羅中國當代「道家」研究的著名學者和後起新秀，而取材也十分嚴謹，觀點非常新穎，這是極富參考價值的學術刊物。

　　另外，黃漢光先生所寫的《黃老之學析論》，指出黃老道家重視政治上的「循法有為」，與原始道家的「自然無為」思想，在本質上有很大的不同，因此，「道」雖是兩者的最高原則，也是最核心的概念，但明顯的有所區別。同樣的，黃老學的「法」與商韓對「法」的定義與理解，也有所區隔。因此，不能將「黃老學」簡單地理解為先秦道家與法家的結合，所以黃老學的產生和先秦諸子為解決周文疲弊而崛起，是不一樣的。黃老道家的出現，是針對戰國以來封建貴族政治的崩解，為了迎接君主專制的來臨，以及大一統形勢的追求，必須面對特殊的現實問題所產生的新學派，故其「以道生法」的核心思想，遂異於先秦諸子，這是其歷史背景的特殊之處。〔註12〕

　　至於其他的黃老學著作，如陳麗桂教授寫的《戰國時期的黃老思想》與

〔註10〕陳鼓應，《黃帝四經今註今譯》，頁1～2。
〔註11〕陳鼓應，《黃帝四經今註今譯》，頁3～26。
〔註12〕黃漢光，《黃老之學析論》（臺北：鵝湖出版社，2000年5月初版），序言。

《秦漢時期的黃老思想》，資料蒐羅豐富。陳教授的研究，重在綜合整理，因為在戰國中、晚期，中國出現了一股黃帝風潮，許多前所爲未見的黃帝傳說、制作、學術紛紛出籠，並和「老子」結合成一種很特殊的思想，稱做「黃老」，諸如申不害，田駢、愼到、環淵、接子、韓非等人，太史公說他們都「學本黃老而主刑名」，或「學黃老道德之術」即西漢有名的文景之治，也稱之爲「黃老治術」。陳教授透過對黃老帛書的分析，論證了黃老思想，是以道法爲主，以《老子》的雌柔和反智尚愚哲學爲基礎，兼採陰陽、儒、墨、名、法各家，主虛靜、講無爲，並將之轉化爲尚因循，重時變，又運用刑名以防姦欺和治國理政的君人南面之術，戰國時期的法家，如申不害、愼到、韓非諸人，都深受黃老思想的影響，而司馬談所盛稱的「道家」，正是指黃老道家，他們強調尊君，重視君術，或「因道全法」而講究治道，或由養生之道以論治國之理，都用「精氣」去詮釋「道」，而大談形神修養的問題，如《史記・太史公自序》所言：

> 形神騷動，欲與天地久長，非所聞也。……。凡人所生者神也，所託者形也。神大用則竭，形大勞則敝，形神離則死。死者不可復生，離者不可復反，故聖人重之，由是觀之，神者生之本也，形者生之具也。不先定其神，而曰「我有以治天下」，何由哉？〔註13〕

可見形神問題，也是黃老思想的主要論題，因此，很多黃老著作都涉及醫學與修養且內容深湛。而照司馬談的說法，黃老道家之所以必論形神修養問題，主要因爲形神是生命的根源，也是一切君道、治術的基礎，若精氣神未能調理完善，使之健旺充沛，一切的君術或治道都架空，所以談治術，必須先談形神修養問題，養生與治術，就黃老道家而論，乃是一體的兩面，這是黃老思想異於其他學派的特質，如果循著同樣的特質，往下探尋，可以發現秦漢時代的鉅著《呂氏春秋》與《淮南子》的理論，也呈現同樣的思想內涵。

　　陳教授對諸如氣化的宇宙論、精氣養生說、因道全法的刑名論、虛靜因任的無爲術、乃至於儒道兼揉、刑德相養的政治理論、與乎虛隱無形，以奇用兵，以智行間的黃老用兵之術等等，都作了很詳備的整理，與人條暢可讀之印象。〔註14〕

〔註13〕《史記》卷130〈太史公自序〉，頁3289～3292。
〔註14〕陳麗桂，《秦漢時期的黃老思想》〈序文〉（臺北：文津出版社，1997年2月），頁1～5。

　　而大陸研究黃老的學者，更不可勝計，除了唐蘭先生外，李學勤先生寫的〈鶡冠子與兩種帛書〉刊在陳鼓應主編，香港道教學院主辦《道家文化研究》第一輯裏面。高亨先生、池曦朝先生寫的〈試談馬王堆漢墓中的帛書老子〉載於《文物》一九七四年第一一期，王博先生寫的〈論黃帝四經產生的地域〉，刊載於《道家文化研究》第三輯馬王堆專號，江榮海先生寫的〈慎到應是黃老思想家〉載於《北京大學學報》一九八九年第一輯，余明光先生寫的〈帛書伊尹·九主與黃老之學〉與魏啓鵬先生寫的〈前黃老刑名之學的珍貴佚篇——讀馬王堆漢墓帛書伊尹·九主〉，同時刊載於《道家文化研究》第三輯。胡家聰先生寫的〈尹文子與稷下黃老學派〉則載於《文史哲》一九八四年第二期。另外黃老學術比較著名的著作，則有余明光先生著的《黃帝四經與黃老思想》他想嘗試探討的，就是試圖從一個學派，一種時代思潮的興衰歷史中，摸索思想觀念更新的歷史經驗。爲了解「黃老」思想眞正的含義，他把帛書《黃帝四經》與《老子》做了對比的研究，書稿在這方面的探求中，對「黃」與「老」的異同，力求做出明確的分辨。至於「黃」與「老」的混同，對於後世學術思想產生的影響，書稿亦力圖做出簡要的敘述與說明。針對黃老道家在戰國末年與秦漢之際，是唯一可與儒家思想互相抗衡的學派，研究它的源流及產生這種學術思想的地域，對於探討中國文化的發源與思想起源的多元性，可以提供新的認識，因此該書在〈楚文化的明珠〉中，說明了這個問題，頗有參考的價值。〔註15〕

　　吳光先生著的《黃老之學通論》，首先把道家分成早期道家與後期黃老道家，老子、莊子屬早期道家，《黃帝帛書》、《鶡冠子》、《呂氏春秋》、《淮南子》屬後期黃老道家，他在書中，對很多問題做了綿密的考證，他根據《史記》與《漢書·藝文志》勾稽黃老學之著作，乃至不遺方技與兵家，認定黃老之學是歷史上客觀的存在，而且燦然可觀，其書雖多不存，但在西漢確爲蘭台石室之舊藏，爲劉向、任宏所親見。他又認爲黃老學派分爲兩大系，一是稷下道家發展而來的齊國黃老學派，一是老莊學派發展而來的楚國黃老學派，《鶡冠子》與《黃老帛書》即其傳世之作，這對黃老道家的起源，突顯了獨特的看法。另外他對《老子》、《呂氏春秋》、《淮南子》都有詳實的考證，並深入分析了黃老道家的哲學思想與政治思想，取得可喜的成績。〔註16〕

〔註15〕余明光，《黃帝四經與黃老思想》（哈爾濱：黑龍江人民出版社，1989 年 8 月第 1 版），頁 1～3。

〔註16〕吳光，《黃老之學通論》（杭州：浙江人民出版社，1985 年 6 月第 1 版），頁 2

　　丁原明先生的《黃老學論綱》是一部有系統，有分量的專著，全書的目的，就是以辯證唯物主義與歷史唯物主義爲參照，將黃老學放在歷史的畫卷中，加以考察，以發掘黃老學的眞正價值。他認爲黃老學包含的學問相當廣泛，囊括了哲學、政治、經濟、軍事、天文曆法、醫學衛生等各個領域，幾乎成爲中國傳統文化的一種「小百科全書」，其中的「道論」講的是哲學問題，從宇宙的創生講到落實人間，「無爲」談論的是治國的哲學，「治身」講的是人生修養，終極關懷即政治、人生與生命等問題，它對中國古代哲學、文化和政治的發展，產生了深遠的影響，尤其在自然論、氣化論和辯證思維的基礎上，不但繼承和修正原始道家的觀點，而且影響了儒家和法家思想的發展，黃老學對古代的醫學、方技和漢代學術的影響也是顯而易見的。另外，它對道教的形成，也起了催化作用。這些特色與成就，丁原明先生都以清晰的思路，用有條不紊的論述表達得相當完整。〔註17〕

　　胡家聰先生著的《稷下爭鳴與黃老新學》，撮述了幾個要點：（一）田齊的稷下學宮，是齊國君主爲了變法改革，富國強兵而設立的學術研究機構，又是當時「百家爭鳴」的學術文化中心。稷下學可分爲前、中、後三期，約有一百四五十年的歷史，當時的「百家爭鳴」錯綜複雜，每個學派都有自己的獨特觀點，但也都能擷取他人之長，以補己之短，逐漸走向整合之路。（二）黃老新學來自儒、墨、道、法的學術爭鳴，但稷下黃老道家也分裂成各種學派：包括《管子》黃老學、帛書《黃帝四經》黃老學、宋鈃尹文學派、田駢愼到學派等等，並具體地剖析各學派的思想內涵，其共性是「以道生法」「以道用法」的一體觀爲中心，然各學派都具有不同的特點，含括豐富精深，體現時代精神的精華。〔註18〕

　　至於研究秦漢思想方面，侯外廬等先生所著的《中國思想通史》第二卷兩漢思想，屬於秦漢篇，他的寫作方式是從社會存在決定社會意識的歷史唯物主義基本原理出發，論證歷史上任何一種學說的產生、變動和興衰，必然與當時社會生產力和生產關係互相聯繫。特別是與當時的社會經濟制度及政治文化形勢密切相關的，因此這部書是綜合了哲學思想、政治思想，和社會

〔註17〕丁原明，《黃老學論綱》（濟南：山東大學出版社，1997年2月），頁7～8。
〔註18〕胡家聰，《稷下爭鳴與黃老新學》（北京：中國社會科學出版社，1998年9月第1版），頁2～3。

思想一起編著的，所涉及的範圍比較廣泛，它論述的內容，特別注重經濟基礎、上層建築和意識形態的說明，因此又比較複雜，這部著作，在某方面屬於拓荒的工作，特別是對唯物主義的論證，給予足夠的闡揚，另一方面在不少論題上對唯心主義做出批判，同時非常重視舊史料的釐訂，和新史料的徵引與考證，徹底的做到根據充分，論證充足，這是它的長處。〔註19〕

　　金春峰先生寫的《漢代思想史》其出發點與侯外廬先生不同，即不沿襲唯物史觀的觀點，和唯物、唯心鬥爭的框架模式，且不囿於時下漢代哲學思想論著的傳統觀點，鮮明而尖銳地批判了董仲舒的「天人合一」的唯心論的積極作用和侷限，以及自然哲學的先驗性，對陰陽災異的政治理論和公羊春秋的治事態度，予以公正詳實的縷述，並說明經學興盛與衰落的原因，從理論思維和歷史經驗中，去探討經學與政治的關係，從而說明王權對建立政治文化的影響，並對漢代禮法合一的實現，有前後照應的說明，很合乎思想史的寫作要求。

　　劉澤華先生主編的《中國古代政治思想史》是南開大學出版的，他強調政治思想研究的對象是：人類歷史活動的思想動機，並考察產生這些動機的原因，從而探索政治社會各種關係的聯繫性，及其發展的客觀規律，這涉及到人類的勞動、物質生產的方式，以及地理環境的影響，和不同地域的精神文明，由此文明而產生的階級結構和政治思想的流派之爭，以及興衰起伏的過程，並說明各種政治思想對現實政治社會的影響和作用。首先是關於政治哲學的問題，因為中國古代的政治思想與哲學思想是渾然一體的。而且哲學思想是時代的精華，具有普遍性與深刻性。其次是關於社會理論的模式，這是關於社會總體結構的理論與設計，在政治思想中具有獨特的意義。再次是研究治國的方略與政策。因為各學派理論不同，政策上的歧異也甚多，例如經濟政策。這就表現了政治思想是一個複雜的領域，包含多方面的內容。再次則是關於政治制度與權術理論，也應該是都屬於這方面的問題。最後該書還把倫理道德作為重要的內容之一，因為在中國的政治思想上，有些學派將倫理道德政治化，政治倫理化，這點儒家表現的最為突出，它是將修、齊、治、平貫通為一，以道德治國，因此倫理政治在歷史上起了重大的作用，影響非常深遠。〔註20〕

〔註19〕侯外廬等著，《中國思想通史．第一卷——古代思想》序文（北京：人民出版社，1992 年 9 月）。

〔註20〕劉澤華，《中國古代政治思想史》（天津：南開大學出版社，1997 年 3 月第 3

　　廖伯源先生的《秦漢史論叢》，是利用傳世文獻與簡牘文書互證，並結合政治史與文化史之研究，其內容包括考論秦漢朝廷之論議，探討漢武帝創製年號的原因，郎將職掌之發展與官制的演變，並辨析漢代之禁錮與霍光廢昌邑王等問題，共有十二篇。本篇論文乃參酌其卷一〈說新──兼論年號之起源〉一文，該文稱西漢經學凡言「天人感應」者，莫不持革命論以警告統治者，因此西漢人喜言新，好說更始，其中擁護漢室者乃提出「改元易號」爲再受命之法，與經學思想講「日新」與「更始」，正可互印，這都可爲天人感應說影響力之大，做一註解。而〈漢代的禁錮考〉一文，則可作爲漢代法律的補充，漢代的禁錮政策主要是用來鎮壓士人。

　　葛兆光教授寫的《中國思想史.第一卷》，是針對上古到七世紀以前的中國知識、信仰與思想進行歷史的研究與描述。該書不僅關心中國古代的賢哲與諸子百家思想的發展，而且分析這些思想得以形成與確立的知識來源和終極依據〔註21〕。該書改變過去思想史以人爲中心的章節模式而改以觀念史爲核心，引徵豐富的古代文獻，也參考現代中外研究成果。從許多哲學範疇中，找出支配某一個哲學體系的主導範疇，並找出支配整個時代及全部哲學的基本問題及獨特的表現形式，在漢代，這個基本問題就是天人關係，基本型態就是以陰陽五行爲模式的自然論與目的論，最後發展成儒家的名教思想與士族的形成。

　　徐復觀先生有三本《兩漢思想史》的論著，他認爲中國思想，雖有時帶有形上學的意味，但歸根結柢是安住於現實世界，對現實世界負責，而不是安住於觀念世界，在觀念世界中觀想，因此其寫作方式是先把握漢代政治社會結構的大綱領，弄清楚兩漢思想的大背景，其書最可取之處，就是對漢代專制政權摧殘知識份子詳加發掘，證明文字獄由來已久，爲前人所未道或語焉不詳者，徐氏皆能指證歷歷且不厭其詳。另外對中國姓氏的起源與演變詳

　　　刷），頁1～5。

〔註21〕葛兆光，《中國思想通史.第一卷》〈內容提要〉（上海：復旦大學出版社，1997年11月），頁1。
　　　歷史眞正綿延至今而且時時影響著今天的生活的，有兩種東西，一是幾千年來不斷增長的知識和技術，前人的智慧和辛勞，積攢了許多生活的知識和技術，使後人得以現成享用，如此使得後人可以把前人的終點當起點，歷史遂不斷向前延續。一是幾千年來反覆思索的問題以及由此形成的觀念，多少代人苦苦追尋的宇宙和人生的意義，以及解決的方法，影響了今天的思路，於是歷史不斷重疊著歷史。

加考證，不失為壓卷之作，然對漢代作為綿延數百年的統一大帝國在思想史上投影的積極作用，卻很忽略，而這件事，畢竟是最主要的，因為它構成了中華民族最重要的文化心理結構和大小傳統。對漢代主流思想過分輕估，這是該書的不足之處。

就儒學的參考方面，我比較摒棄傳統的見解，力求新的創意，其中，林安梧先生寫的《儒學與中國社會之哲學省察》這本書，是將儒學置於傳統政治社會中，環繞著「五倫」為主軸，思考「血緣性縱貫軸」，並以此為核心而展開深度的哲學考察，具有文化形態學與宗教社會學的向度。另一本是吳文璋先生寫的《巫師傳統和儒家的深層結構》。他為了理解儒家雖不具宗教形式，卻具有宗教性質和功能的緣由，乃借用西洋人類文化學的功能，以 Frazer, James George（弗雷澤）先生的巫術研究，透視儒家的深層結構，並用「巫師傳統」以求探本溯源，說明孔子、孟子、荀子以及董仲舒對「天命」的敬畏與信仰，孔孟既遠承三代的傳統，同時也發展了周初以來「依德受命」的人文精神，反對盲目的依賴「天命」，儒家從此進入了「天人合一」的「冥契主義」的境界，成了中國文化的源頭活水。而儒家的實際宗教行為，則由祭天而實踐。

在政治思想史方面，則以蕭公權先生和曾繁康先生的著作為參考，蕭先生乃是一深受西洋學術薰陶，且學有專精的政治學者，因其西洋政治思想的根柢極為深厚，遂能以此深邃的造詣，在傳統的中國政治思想史的領域內自闢蹊徑，具備獨特的治學方法與觀點，為後學者作好鋪軌馳車之準備，例如全書論及學者六十餘人皆特別留意其時代背景，並徵引文獻，為其作有系統的敘述，使全書在一演進的歷史架構上發展，使人了然於中國政治思想，乃由自創而因襲、由因襲而轉變、再由轉變而成熟。晚近更由於外力之衝擊，政治思想更劇烈變遷，而國人也因之喜作比附之談，如以孟子具近代民主思想，以秦政為法制，蕭先生皆據實駁斥，故該書以平實嚴謹著稱。而曾繁康先生的著作，其精采之部份，集中於先秦與兩漢，蓋中國政治思想之宏富，實發皇於春秋戰國之世，而收功於兩漢，故論之特詳，往後即停滯不前，所以論之簡約，該書之長處除了資料蒐羅詳實之外，尤留意思想觀念之闡釋和各家各派理論體系之建立，並重視各種政治學說之聯貫和政治思想與實際政治之貫通，這樣才能避免政治思想侷限於小天地，在面對自然科學日新月異的挑戰時，也能以萬古常新的真理，創造各種制度，以呼應人類永恆理想的

追求。

　　至於法律思想方面，我也參考了幾本著作，其中韓國磐先生的《中國古代法制史研究》與楊鶴皋先生著、吳博文先生整理的《中國法律思想史》較為滿意，尤其《中國法律思想史》這本著作，上溯中國法律思想之萌芽以迄二十世紀，不但次序井然，即內容亦蒐羅百家，足以讓人一窺中華法學之富贍與特色，就夏商而言，乃是以神權法思想為核心的禮治思想，為中國法律之萌芽時期，至春秋戰國，學術思想極度燦爛，法學亦隨之昌明，然秦滅六國之後，恢復三代以吏為師之舊，自是法令之書又歸於官府，天下之士阸於聞見，法學遂衰，直到漢武定儒學為國教，思想始定於一，從此中國之法律遂走上「以禮統法」的道路，其基本內容有幾項，一是皇權至上，法自君出，二是應經合義，禮法融合，三是「三綱」成為封建立法的根本原則，四是德主刑輔，先教後刑。封建正統法律思想一經形成，對中國社會就產生了深刻的影響，且為歷代所沿用，達兩千年之久。

　　我也在期刊網站，收集有關黃老、淮南子、董仲舒獨尊儒術方面的論文，不下數百篇，實無法羅列盡舉，其中精采者甚眾。至於有關秦漢思想方面的論著，亦復可觀，然就黃老思想與獨尊儒術之間的轉變，從基礎的經濟、社會結構，延伸至名教、士族、君道、陰陽方面做多方面比較研究的，畢竟罕見，因此本篇論文就以此為試探性的研究，希望在思想轉型方面，能夠有創造性的見解。

三、研究方法與資料

　　本篇論文定名為「西漢前期政治思想的轉變及其發展」，就研究之方法而論，首先當然是注重儒、道政治思想之闡釋，並剖析其理論體係。蓋中國古人之著作，大抵有一共通之缺點，即其著作內容所含之義蘊雖多，但每失之含糊籠統，欠缺主體意識，未能彰顯明確的思想，其觀念不易正確了解，因之吾人之研究，貴能細心分析，比較歸納各種有關之資料，以清晰其觀念及理論體係，〔註22〕就以黃老道家而論，馬王堆出土的《黃帝四經》，就有這些缺點。因此，我對書中特有的用語與思想，格外注重觀念的釐清，其中尤其甚者，即古字古語甚多，閱讀十分困難，因此我以陳鼓應教授註譯的《黃帝

〔註22〕曾繁康，《中國政治思想史》（臺北：大中國圖書公司，1971 年 8 月再版），頁6。

四經今註今譯》、《春秋公羊傳今註今譯》與《春秋繁露今註今譯》等近人註釋本爲參考，並借著研讀原典和阮氏刻本的《十三經》互相參照，希望能掌握作者最原始的觀念與理論體系，這樣對學問的成長，比較有幫助，也較能了解漢儒的用心。無論研究古代的政治思想或兩漢史，閱讀原典都是很重要的。《史記》、《漢書》畢竟是研究西漢史的根據，如果原典未曾深究，就無法深栽根基，所以研究秦漢史當從此處入手。

其次是注重各種政治學說之連貫性，像研究漢代的黃老道家，一定要先研究《老子》的政治思想，以其思想爲經，然後旁及《淮南子》與《黃帝四經》，以此二家爲緯，再探究其起源與發展，這樣認識始能深遠，思慮始能精純，理論始能貫通。若論漢儒的政治思想，也必先研究孔、孟、荀，而後及於《公羊春秋》與《春秋繁露》，這樣儒家政治學說之分析始能週到。由此觀之，探本溯源與上下連貫的總述，是極爲重要的。

再其次是留意儒、道政治思想與實際政治運作之聯繫與區隔，一切之實際政治，若無崇高思想之指導，則其目標不能宏遠，設施不能妥善，其收效亦必不能宏大，故政治思想之主要功能，即在開拓領域，指明方向，提供方法，以爲實際政治追求之目標。但就他方而言，政治思想若不能通過實際政治運作的證明，難免涉入空洞，而儒、道兩家在漢初的交替執政，都是歷史上的首次，其政治思想之差異，與實際運作之不同，在在都有區別，故本文乃就其思想、君道、政治、經濟、社會各方面之異趣，予以條述。

至於資料的蒐集與運用，除了上述之原典以外，還涉及相關的專書與論文，專書的著作方面，包括道家、黃老、原儒、漢儒以及中國思想史、兩漢思想史、政治思想史、秦漢史以及人物傳記等等，而論文方面，我蒐集了中國期刊的論文近千篇，又引用張傳璽先生主編的《戰國秦漢史論著索引三編》，以及文化大學出版的《漢史文獻類目》等資料。至於本論文所徵引者，則於文後書目中可見。在理論架構上本篇論文既標榜研究漢代政治思想的轉變，就該弄清楚關於政治思想史研究對象的問題，有些學者說：「中國政治思想的研究對象是：歷史上各個階級和政治集團對社會政治制度、國家政權組織，以及各階級相互關係所形成的觀點和理論體系，各種不同政治思想流派之間的鬥爭、演變和更替的具體歷史過程，各種不同政治思想對現實社會政治發展的影響和作用。」〔註23〕政治思想最主要的既是各種學派對國家政權

─────────────────

〔註23〕徐大同等編著，《中國古代政治思想史》（長春：吉林人民出版社，1981年），

的態度和主張，即國家的組織、性質和作用，以及如何維持政權的理論觀點和政治主張，那麼，政治思想史作為一門科學，就要闡述政治思想的起源、內容和發展，證明政治思想的歷史乃是政治哲學和法律學說的演變過程，而這種過程是在各種不同的流派和階級相激相盪中，互相競爭與互整合中完成的〔註24〕。除此之外，政治思想的內容，應該還包括：

（一）政治哲學

　　若就中國古代的政治思想而論，政治思想與哲學思想是渾然一體的，所有思想家的哲學理論，都有其深遠的理想，而「哲學是時代的精華」，它是一種思潮，一種運動，它從不靜止，理論上是滙聚著不斷發展的民族的智慧和成果，且不斷的充實內容又萬古常新。但哲學思想的發展，會受到生產力與社會的制約，因此，哲學需要分析，每一哲學都有其主導作用的範疇，並依此而開展其體係，而政治哲學的研究，就是從繁多的範疇中，找出每個哲學體係的主導範疇，和它所想解決的時代問題及其獨特的表現形式。

　　漢代的政治思想，過去或被貶抑為貧乏低下，其實不然，它具有深厚的內涵和廣大的基礎，既結束了先秦諸子百家爭鳴百花齊放的局面，又融合吸收先秦各派思想於自己的體係之中，以更高的形式向前發展，為中國政治哲學奠定了基礎和方向。歷史證明，在中國古代，經歷時間與現實的淘洗，只有儒、道兩家能做為民族精神與文化的標竿，彼此既相互對立又相互補充。儒家的人文主義與道家的自然主義，儒家的宗法倫理和道家的反封建，儒家的經世懷抱與道家的出世情操都是相互對立又相互補充的。儒、道兩家都具有完整的獨立思想體係，但到了漢代，又相繼吸收了先秦墨家、法家、陰陽家和各家的思想，以變相的形式融合在自己的思想體係中，展現調和的色彩和更深遠的影響。即使黃老道家被罷黜了，依然能轉化為黃老道，最後脫胎換骨成立了道教，這就是它在天人關係和追求財產均平與天下太平方面，具有獨特的哲學理論，保留了古老的民族文化內涵，才能立足於中國社會之上。至於儒家歷經秦火的刼難，到了漢代卻享有獨尊的地位，其中原因，不僅是朝廷政治權力的支持，也不只是其思想符合鞏固大一統的需要，最主要的是它反映了中國社會和宗法倫理的根本特徵。因此，從學術看，「獨尊儒術」不

　　頁 2～3。

〔註24〕K.A.莫基切夫主編，中國社會科學院法學研究所編譯室譯，《政治學說史》（北京：中國社會科學出版社，1979 年版），頁 14。

僅不是百家爭鳴的消失,相反的,正是結束紛爭而建立綜合性的思想體系的完成,漢人自覺地以古代王官之學的儒家去綜合諸子尤其是法家,並完成了這任務,這是漢代哲學思想高明博厚的表現。﹝註25﹞所以政治哲學的問題具有特殊重要的意義。

(二)社會模式的理論

社會模式是關於社會總體結構與相互關係的理論或設計,它包括社會生活的各個層面,亦可視為理想國的追求。由於各家各派標榜的理想社會模式,差異極大,所以它在政治思想史中具有獨特意涵。例如:孔子「天下為公」的模式,老子「小國寡民」的設想,莊子「至德之世」的幻境,孟子的「王道世界」,荀子的「王制社會」,都是別開生面的社會模式。﹝註26﹞我們研究各家的政治思想,應該沿著他們固有的思路,尋繹其脈絡,例如:儒家將倫理政治化與政治倫理化,也就是把道德與政治合而為一,遂使倫理政治在歷史上起了重大的作用,這都是明顯的事實。當漢武實行獨尊儒術之後,「尊儒」乃使豪強逐漸與經學相聯,產生了歷史上的「士族」,而「士族」這種特殊的結構,最終決定了漢代中後期思想領域的變化和政權結構的轉化,而且深深地影響中古世紀的宗法倫理、社會結構和政府體制,形成儒學發達特有的社會模式。

「獨尊儒術」固然可作為儒家官僚階級與名教思想的起源,但這種階級與意識形態的產生,乃源自封建社會,所謂君子勞心,小人勞力,君子治人,小人治於人的思想,這種「統治階級與被統治階級」二分法的封建社會結構,始終被傳統的觀念形態保存而持續下去。到了漢代,君子與小人之分,不再由世襲的身份決定,而是由士人的德性與才能決定,最後經由考試而取得任官的資格,而考試的內容,就是儒家的經典,士人形成統治階級之後,其職業、聲望與權力都大為不同,明顯地受到尊敬,而從事勞力的平民則受到輕視,其社會地位之優劣至為明顯,但中國社會並非只此兩個階級,嚴格地說:「士、農、工、商」的次序,才是中國社會階級結構的主體,也是名望上的差別。基本上,農夫被認為是最有生產力的。地位僅次於士人,而工人與商

﹝註25﹞金春峰,《漢代思想史》(北京:中國社會科學出版社,1987 年 4 月第 1 版),頁 8～9。

﹝註26﹞劉澤華,《中國古代政治思想史》(天津:南開大學出版社,1997 年 3 月第 3 刷),頁 3～4。

人則被視爲「淪於市井，降於皁隸」，乃是一大羞恥，尤其商人特別受到歧視，在漢代，不許著絲衣，也不許騎馬。這種特殊的中國社會模式與儒家意識型態，基本上建構於漢代，而爲往後的歷朝所模仿遵循。〔註27〕故自漢武尊儒之後，中國始由政治之形式統一，以進入於精神統一，將全國人民之思想意識嚴密地搏爲一體，成爲中國維持統一於不墜之重要原因。〔註28〕

（三）王權理論

中國的王權與神巫都起源於原始氏族社會，實際情況因無文字佐證，已難言說，唯從殷商之後，因有文字記載，就王權的實質內容而論，已稍可探究。就卜辭看，上帝是至高無上的，具有絕對的權威，它不但統管一切自然現象，也主宰人間的一切事物，上帝的至上性是商王至上性的反映，上帝是商族的至上神，也是殷王的保護神和象徵，同時保護整個殷族。我們從卜辭中可以看到殷王除了要向上帝請示外，還要承擔煩瑣的祭饗。因此，在商代晚期之前，上帝與祖先乃是二元關係，直到殷商晚期，才出現帝、祖合一的現象。殷王活著爲人王，統治人民，死後就成了鬼王，統治陰間，擁有極大的權力。《尚書·盤庚上》曰：

> 古我先王，暨乃祖乃父，胥及逸勤，予敢動用非罰，世選爾勞，予
> 不掩爾善。茲予大享於先王，爾祖其從與享之。〔註29〕

臣子若不俯首聽命於殷王，就要受到處罰，這不僅是殷代國家宗教的表現，更是殷王權力的反映。中國歷史上的王權，就沿續著不斷膨脹的路線發展，所以商代後期，王亦稱爲帝，王帝具有人神結合的性質，擁有至上的權力，常自稱「余一人」，處於承天繼祖和救民的地位，乃是上帝的化身，王權走向專制主義，遂成中國歷史的趨勢。〔註30〕

在往後有周一代的八百年間，中國古代的社會發生了兩次重大的變化。

〔註27〕SchwartBenjamin（斯威兹）撰，中國思想研究委員會編，段昌國、劉紉尼、張永堂譯，〈中國的階層結構及其意識形態〉，《中國思想與制度論集》（臺北：聯經出版社，1976年9月），頁274～286。

〔註28〕曾繁康，《中國政治思想史》（臺北：大中國圖書公司，1971年8月再版），頁289。

〔註29〕孔安國（漢）傳，孔穎達等（唐）疏，《尚書注疏》卷9〈盤庚〉上（阮刻《十三經注疏》本，臺北：藝文印書館，1993年第12刷），頁129。

〔註30〕劉澤華，《中國古代政治思想史》（天津：南開大學出版社，1997年3月第3刷），頁2～5。

第一次，是周宣王的政治改革，中國古代的奴隸制度開始向封建制蛻變，第二次，是春秋末期的商業資本的大發展，諸侯割據的封建制度，開始轉向中央集權的封建制，封建領主經濟開始轉向封建地主經濟，這時候出現了古所未有的新的「士」階層，各國在政治上也進行了許多變革，建立了許多新制度。且都表現出中央集權與王權專制的傾向，「這個運動，是以摧毀封建主的勢力，爲商業資本開闢道路開始的」，春秋戰國時代商業的驚人發展，使他們要求形成全國一體的市場〔註31〕，要求消滅妨礙商業發展的封建割據形勢，隨著商品經濟的發展與王權的高漲，終於由秦統一了列國，建立了歷史上第一個專制主義的中央集權的帝制國家。這新型的帝國，在歷經秦亡與黃老之治後，終於在漢武推動「復古更化」的轉型中，正式定型了，從此，帝制中國綿延兩千年之久。然而周初的宗法制度，卻一直被保存在中央集權的封建制度中，成爲中國歷史發展的特殊性。其次是民族國家大一統的提早出現與皇權的獨大，則因實行中央集權的經濟政策與地主經濟，嚴重妨害社會經濟的發展與文化的進步，成爲中國停滯不前的根源，這些都是中國政治思想的主要內容。

四、論文結構與預期成果

本篇論文強調西漢前期的政治思想，或未必有多少原創性，但卻與現實政治緊密結合，直接對帝國的政治實踐起著主導作用，但鑒於秦帝國以法家爲核心的殘民以逞的作風，終導致亡國的教訓。無論儒、道都表現了綜合各家的傾向，但囿於漢承秦制的制度結構，又不得不暗用法家，於是形成了「以道全法」和「陽儒陰法」的差別。本篇論文的研究，即從各方面剖析兩者政治思想與運作的差別，進而探求政治變遷與轉型的實際，因爲這次政治轉型所確立的政經體制，成了往後中國兩千年帝制的基礎。

本篇論文的寫作，第一個預期的目標，就是將思想列入極重要的地位，因爲史學乃人類智慧的淵藪，史學研究的範圍，又極其廣袤，舉凡人類一切政治之遞嬗，社會之演變，經濟之榮枯，文化學術之流衍，莫不受思想之影響，而思想又以觀念爲核心，因此本文之研究，特別強調思想觀念之明確與清晰，這樣才能釐清儒、道兩家之思想在各方面的不同。

〔註31〕李亞農，《李亞農史論集》下冊，《西周與東周》，第十四章〈由春秋而戰國—中華民族的形成過程〉（上海：人民出版社，1976 年），頁 826～829。

　　第二個預期的目標，就是強調思想與實際政治運作的貫通，而一般研究思想的論文，往往將思想史獨立寫作，而與實際政治、經濟社會的變遷隔絕，我總覺得人與環境是互相影響的，上層的思想觀念，固然可以影響下層的經濟、社會，但下層建築的經濟、社會結構也可以反映到思想觀念，所以物質環境的變遷與思想觀念是互動的，所以本篇論文的預期成果，就是將這兩方面的貫通，作有機的聯繫，使其緊密結合，而不分爲兩橛。

　　本篇論文的第三個預期目標，就是將漢代前期儒、道的轉型，視爲自春秋戰國以來，政治、社會變遷的最後底定，本篇論文要強調的是其變遷與轉型的過程，自文化思想、君道觀以至皇帝獨裁，國家由分裂而大一統，經濟與社會由多元化而走向單一化，這一切的轉變總是環環相扣。本篇論文的預期成果，希望就此深入剖析闡述，使吾人洞悉其間的轉折變化。並藉回顧秦漢政治思想由複雜而漸趨整合和定型，以啓示吾人今日面對諸多思想，應有之抉擇智慧。

第一章　先秦的王權與名教思想的濫觴

　　先秦諸子百家都因蒿目時艱，而生救世情懷，故皆欲申一己之主張，以改革時政，匡正天下，因此都有熱衷政治的傳統，尤以儒、墨、道、法號稱顯學，影響最大。譬如孔子就說：

> 鳥獸不可與同群，吾非斯人之徒與而誰與？天下有道，丘不與易也。
> 〔註1〕

孟子更慷慨激昂的陳詞，他說：

> 五百年必有王者興，其間必有名世者。由周而來，七百有餘矣。以
> 其數則過矣，以其時考之則可矣。夫天，未欲平治天下也，如欲平
> 治天下，當今之世，舍我其誰也。〔註2〕

這就顯示出春秋戰國諸子的憂患意識，以及對家國天下的責任感與使命感，他們殫精竭慮，研議使天下復歸於治的理想政治，因此他們關切的議題，不止是制度改革的問題，對於君主地位的界定與君道的主張，也都各抒己見，因爲在當時封建專制的政體下，君主才是眞正的政治主體，也是政治權力的根源。因此諸子皆具有濃厚的尊君思想，即遁世思想最深的老子在《老子·二十五章》上也說：

> 道大，天大，地大，王大。域中有四大，而王處一。人法地，地法

〔註1〕 何晏（魏）注，邢昺（宋）疏，《論語注疏》卷18〈微子〉（阮刻《十三經注
　　　　疏》本，臺北：藝文印書館，1993年第12刷），頁165。
〔註2〕 趙岐（漢）注，孫奭（宋）疏，《孟子注疏》，卷4下，〈公孫丑下〉（阮刻《十
　　　　三經注疏》本，臺北：藝文印書館，1993年第12刷），頁85。

天，天法道，道法自然。〔註3〕

由此看來，老子認爲「道」是最大的，其次是由道所的生的天地萬物中，「天」爲大，「地」爲大，而爲萬民之長的「王」亦大，因此高亨《老子正詁》說：

> 老子之言皆爲侯王而發，其書言「聖人」者凡三十許處，皆有位之
> 聖人，而非無位之聖人也。言「我」言「吾」者，凡十許處，皆侯
> 王之自稱，而非平民之自稱也。所謂「上善、上德、下德、上仁、
> 上義、上禮，善爲道者」等等，皆侯王之別稱，而非平民之別稱也。
> 所謂「爲天下谿，爲天下式，爲天下谷，爲天下貞」等等，皆侯王
> 之口吻，而非平民之口吻也。故《老子》書實侯王之寶典，老子哲
> 學實侯王之哲學也。〔註4〕

老子固有粃糠權位的性格，卻如此推崇侯王，也顯見其思想深受遠古以來尊君的歷史傳統的影響，且不離社會國家的關懷，無怪乎後來興起於稷下的黃老道家，進一步發揮其政治哲學再披上黃帝的外衣，它以老子思想結合齊國的法家理論，援法入道兼採各家之長，同時強調形名法度的重要性，主靜因，重時變，強調尊君，或由養生之道以論治國之理，將《老子》雌柔的無爲之道，轉化成爲一種依循刑名的無爲君術〔註5〕，成就了另外一種君人南面之術。而張舜徽先生更認爲先秦諸子所說的「道」，都是指的「古帝王臨馭天下的最高原則」，是駕馭臣僚的一套手法與權術，在這樣的觀點下，所有先秦諸子的「道」，都是政治意義的，都是「帝王之道」。〔註6〕此論或有偏，但可以

〔註3〕 朱謙之著，《老子校釋》，收錄於《老子釋譯》〈老子道經二十五章〉（臺北：
　　　　里仁書局，1983年1月），頁64～66。
〔註4〕 高亨著，《老子正詁》〈第二十五章註〉（臺北：臺灣開明書店，1971年9月），
　　　　頁62。
〔註5〕 陳麗桂，《秦漢時期的黃老思想》（臺北：文津出版社，1997年2月），頁3。
〔註6〕 張舜徽著，《周秦道論發微》（臺北：木鐸出版社，1983年9月），頁15～27。
　　　　張氏認爲道家學說由來甚古，非老聃所獨創，《老子》在〈十五章〉說：「古
　　　　之善爲士者，微妙玄通，深不可識」，在〈六十五章〉說：「古之善爲道者，
　　　　非以明民，將以愚之」，可見老聃之前，道者早已輩出，而《漢書》〈藝文志
　　　　諸子略〉道家中，著錄《伊尹》、《太公》、《辛甲》、《鬻子》、《管子》諸書，
　　　　由此可知道家學說淵遠流長。經過排比、鉤稽，發現「道」字的基本內容就
　　　　是君主的「南面術」，非任何後起之說可以傅會。然而吾人細讀《老子》之所
　　　　謂「道」，乃是指創造宇宙之本源，及宇宙運行之規律，宇宙創造論堪稱《老
　　　　子》最偉大的貢獻，即如高亨所言，《老子》一書乃爲侯王而發，然其君道亦
　　　　以依循天道爲原則，可見《老子》有其天才獨創之處，非純法古也。

做為參考，然先秦諸子之尊君思想，其來源久矣。

「尊君」既是先秦諸子的共同特色，孔子當然也不例外，孔子最推崇管仲「尊王攘夷」之功，說：

> 管仲相桓公，霸諸侯，一匡天下，民到於今受其賜，微管仲，吾其被髮左衽矣。〔註7〕

可見君主在孔子思想中的重要地位，《禮記》曾載孔子之言曰：

> 子云天無二日，土無二王，家無二主，尊無二上，示民有君臣之別也。〔註8〕

孔子身處春秋末葉，深刻地體認到君主專制的政體，君主不但是天下國家的統治者，而且是天下國家的所有者，所有的土地與人民，在形式上都屬於君主一人，生活於這政治體制下的所有人，都受君主的統治與管轄，君主的地位，堪稱是至高無上的。但春秋之世，僭越成風，以至於周天子稱王，楚子亦稱王，而諸侯國內則屢見篡奪。中國當時的紊亂，主要是統治階層內部，名、實、分三者都紛亂到了極點。孔子有鑑於此，故乃主張為政之道，須先正名〔註9〕，所以特別「尊君」，首先便強調「君君、臣臣、父父、子子」《論語·顏淵》〔註10〕，要求名實一致，重新調整君臣上下之間的權利與義務，有君之名，須守君之本分，有臣之名，須守臣之本分，父子亦然，但如何使君臣父子循名責實，則有恃於禮，《禮記》云：

> 君臣上下父子兄弟非禮不定。〔註11〕

名分既定，則上不侵下，下不僭上，國君的地位自然尊崇，此即孔子所言：

> 天下有道，則禮樂征伐自天子出。天下無道，則禮樂征伐自諸侯出，……天下有道，則政不在大夫。〔註12〕

周代之初，天下有道，政在天子，其次政在諸侯，又次政在大夫，所以孔子屢言尊周室，敬主君，而正名必藉制度以求實現，故孔子主張「憲章文武」重回盛周體制，故嘗謂：

〔註7〕《論語注疏》卷14〈憲問〉，頁127。

〔註8〕鄭玄（漢）注，孔穎達（唐）疏，《禮記注疏》卷51〈坊記〉第30（阮刻《十三經注疏》本，臺北：藝文印書館，1993年第12刷），頁865。

〔註9〕薩孟武，《儒家政論衍義》（臺北：東大圖書公司，1982年6月），頁38。

〔註10〕《論語注疏》卷12〈顏淵〉，頁108。

〔註11〕《禮記注疏》卷1〈四禮上〉第1，頁14。

〔註12〕《論語注疏》卷16〈季氏〉，頁147。

愚而好自用，賤而好自專，生乎今之世，反古之道，如此者栽及其
身者也。〔註13〕

由這一觀念，孔子遂進而尊王，主張：

有天子存，諸侯不得專地〔註14〕、不得專封〔註15〕、不得專討〔註16〕。

以表示尊王之意。

孔、老二聖既然都有如此濃厚的「尊君」思想，其他諸子更不用說。可
見「尊君」的思想，是當時的普世價值觀，具有很強的生命力，一定有其淵
遠流長的歷史背景與文化積澱，且適合當時的歷史的形勢，方為賢哲所極力
推崇。無怪乎張舜徽先生一再表示：先秦諸子的「道」，都是「帝王之道」，「尊
君」與「帝王之道」正是一體的兩面，尊君思想固有其歷史源頭，而諸子各
家的「帝王之道」，也當有不同的特色，這都值得深加探究。

第一節　王權的歷史根源

中央集權的君主專制制度，從肇始發端到冰消瓦解，貫穿中國歷史兩千
多年，必有其產生的社會原因和存在的合理之處，並非用獨裁與暴政一語可
以概括，實際上存在著得天獨厚的文化土壤和根深柢固的歷史根基，是與古
代中國的宗法社會和農業大國的情況相適應的。

每個民族無論選擇任何政體，都是合乎當時歷史實際的自然選擇，因此，
國家政體的產生，乃是當時社會發展的一個"里程碑"，它標示著人口、資源
和幅員的擴張，也意味著社會財富的急劇增加和文明的大幅度提高，是社會歷
史內容的一次明顯的轉變，而這種轉變絕非靠某些聖哲賢人或某些集團的意志
來決定，而是靠社會孕育的各種可能。所以各民族在選擇歷史道路時，都遵循
著歷史變動的自然法則，在既定的生產方式和經濟基礎，社會結構、地理環境
和文化範圍等綜合因素的基礎上，自發形成的。每個民族在選擇政體時，都是
由歷史自發因素起關鍵作用。因此中國古代選擇君主專制的發展道路和模式，

〔註13〕《禮記注疏》卷53〈中庸〉，頁898。
〔註14〕公羊壽（漢）傳，何休（漢）解詁，徐彥（唐）疏，顏師古（唐）注，《春秋
公羊傳注疏》卷4〈桓公元年〉（阮刻《十三經注疏》本，臺北：藝文印書館，
1993年第12刷），頁46。
〔註15〕《春秋公羊傳注疏》卷10〈僖公元年〉，頁137。
〔註16〕《春秋公羊傳注疏》卷16〈宣公十一年〉，頁202。

乃是「中華民族形成和發展過程中」與其相應的生存方式的最佳選擇〔註17〕。

　　若論原始部落的社會發展，一般有兩種傾向，一種是部落聯盟中，各成員相互平等，共同參與決策和管理，這是民主的傾向。另一種是酋邦模式；其主要特點，是政治權力集中在酋長一個人身上，獨斷聯盟的事務，這是專制的傾向，我華夏先民，發展茁壯於黃河流域的中原地區，在生產工具還極其落後的情況下，創造了進入國家的物質基礎，在穩定的農業生產結構下，血緣的關係保存完整，沒有被打破，以血緣為基礎的氏族制，遂得以延續，因此在激烈的部落鬥爭中，逐漸形成了核心部落，和臣服於四周的部落聯合體，炎黃部落、陶唐氏、有虞氏和夏族，就是當時部落聯盟的核心部族，其氏族血緣組織，直接管理部落聯盟的事宜，居於領導統治的優勢而非彼此平等，這些核心部族，擁有享受貢品、號召出兵、統帥作戰之權，是部落聯盟的共主。《史記》清楚反映了這一事實。〈五帝本紀〉云：

> 軒轅之時，神農氏世衰。諸侯相侵伐，暴虐百姓，而神農氏弗能征。於是軒轅乃習用干戈，以征不享，諸侯咸來賓從。而蚩尤最為暴，莫能伐。炎帝欲侵陵諸侯，諸侯咸歸軒轅。軒轅乃修德振兵，治五氣，蓺五種，撫萬民，度四方，教熊羆貔貅貙虎，以與炎帝戰於阪泉之野。三戰，然後得其志。蚩尤作亂，不用帝命。於是黃帝乃徵師諸侯，與蚩尤戰於涿鹿之野，遂禽殺蚩尤。而諸侯咸尊軒轅為天子，代神農氏，是為黃帝。天下有不順者，黃帝從而征之，平者去之，披山通道，未嘗寧居。〔註18〕

這段記載表明從黃帝到夏朝，酋邦模式的部落聯盟是主要的統治形式，而夏朝禹啟父子家天下的建立，在實際上是隨著私有制分化的加劇，把族內傳賢制度，變成傳子制，而且把部落領導，逐漸地改造為國家權力，這種酋邦模式的部落聯盟是比典型部落社會更高一層的社會發展階段，部落聯盟的首領，不但是一個實權的人物，其統治權力還被人們相信是「上天賜予」的，國家的權力正是直接從這些部落聯盟首領的權力演變而來〔註19〕。夏、商、周君主的權力雖有限，但逐步強化，這就使中國的歷史朝著君主專制的方向發展。尤其西周維新，

〔註17〕呂喜琳，〈試論中國歷代君主專制制度的歷史作用〉，《陰山學刊》社會科學版（1998年第2期），頁25。

〔註18〕司馬遷（漢）撰，楊家駱主編，《史記》卷1〈五帝本紀〉（新校本，臺北：鼎文書局，1986年第8版），頁3。

〔註19〕謝維揚，《中國早期國家》（浙江人民出版社，1995年12月第一刷），頁73。

實行宗法分封制，將氏族組織進一步發展成政權組織和國家制度，形成家國一體的格局，更是以後君主專制與大一統的基礎。〔註20〕

因此，追根溯源，秦漢以後的君主專制和大一統的中央集權體制，實孕育於虞夏時期「酋邦模式的部落聯盟」，這種酋邦模式具有很強的個人集權傾向，並從中發展出人類最早期的專制政治形式，因而衍生出「部落分封制」，這是典型的「自然歷史的過程」，而這種「部落分封制」，實爲後世「萬國分封制」與周代「宗法分封制」的根源。而其分封之道，概有三端：儷服他部，責令服從一也。替其酋長改樹我之同姓、外戚、功臣、故舊二也。開闢荒地，使同姓、外戚、功臣、故舊移殖焉三也。由前二說，蓋出於部落之互相併吞，而部落之間的戰爭乃是氏族組織向國家轉化的動力，中國早期的國家正是在部落征服過程中形成的。由後之說，則出於部落之向外拓殖也。〔註21〕分封制度透過部落之間的對偶婚制，彼此結盟，互相融合，一方面使華夏族活動範圍不斷拓殖，並把先進的中原文化向周邊傳播，使周邊少數民族受其影響而逐漸同化，納入這個文化體係之中，爲中華民族大一統局面奠定基礎。另一方面具有血緣姻親關係的天子和受封諸侯之間，在三代，雖屬早期國家共主政體，「諸侯之於盟主，未有君臣之分」〔註22〕，但自周代取得天下之後，乃以一系列的宗法制和禮制的形式確定下來，天子自然成爲最具權威的代表，對於諸侯可以「一不朝，則貶其爵，再不朝，則削其地，三不朝，則六師移之」〔註23〕。從此國家可以用中央權威對臣服的社會分支，實施武力統治，威權結構就成了政治行爲及其組織的特徵〔註24〕。天子雖無後世君主專制的絕對權威，但作爲天下共主，其居高臨下，獨一無二的至尊地位，已確立並獲得普遍認可，天子獨尊地位的形成，是國家統一的象徵，對往後大一

〔註20〕呂喜琳，〈試論中國歷代君主專制制度的歷史作用〉，《陰山學刊》社會科學版（1998年第2期），頁26。

〔註21〕呂思勉，《中國制度史》〈國體〉（上海：上海教育出版社出版，1985年），頁410～411。

〔註22〕王國維（清）著，《觀堂集林》卷10〈殷周制度論〉（臺北：河洛圖書出版，1975年3月），頁466～467。
王國維在〈殷周制度論〉中，以爲夏商二代之君主，僅爲諸侯之長，類似齊桓、晉文之爲諸侯霸主，彼此並無君臣之分。自周滅殷，行天子之禮，諸侯之長，始變爲諸侯之君，從此之後，君臣之分始定。而周行封建，嫡庶之分始嚴。

〔註23〕《孟子注疏》卷12下〈告子下〉，頁218。

〔註24〕謝維揚，《中國早期國家》（浙江人民出版社，1995年12月第一刷），頁45。

統局面的形成，奠定了有利的基礎，這是中國史發展的自然選擇。〔註25〕

在本質上，夏商是屬於酋邦模式的部落聯盟，但由於文化初萌，充滿了神權意味，各種政治社會生活都反映了典型的巫術文化的特徵。在這樣一個神權統治的社會中，巫祝的身份地位極高，在「國之大事，唯祀與戎」的社會裡，祭祀上帝和祖先百神的大權，掌握在以商王爲首的殷王室手中，商王既是政治元首，又是群巫之長。當盤庚遷殷之後，商王室經濟與武力逐漸增強，王權由弱轉強，相反的，神權則由強而弱，漸形衰退，王權的勝利，就當時而言，是社會走向文明和統一的要素。殷人對天命始終相信，但隨著牧野之戰的結束，紂王引火自焚，神權崇拜與天命統治，終於被周朝的「天命靡常，唯德是依」的新思想與新時代取代了。而巫祝則轉爲天文曆法、音樂舞蹈、詩歌繪畫、醫術、卜筮等諸方技藝和知識的創造者和傳承者。〔註26〕

一、商代王權的強化

商代脫離氏族社會未遠，尚處於早期國家的產生階段，有殷一代的前期，專制王權尚未鞏固，神權具有相當的影響力，而使商代政治表現出某種程度的神權色彩，而殷墟的甲骨卜辭，就是商代神權政治的絕好說明，而商代神權政治是與當時社會的落後情況和文明的初啓相聯繫的，商代由於進入文明時代未遠，人們的文化水平極其低下，生產範圍和生活範圍都極其狹窄的環境中，自然環境決定了人們的思維觀念，這就反映在對上帝鬼神的崇拜上面，而卜筮是當時人們溝通上帝鬼神的渠道，人們對卜筮相當尊重，有很高的信任感，即使人類歷史發展到商周時期，仍然如此，如《尚書・盤庚下》說：「各非敢違卜。」〔註27〕而商代掌握這種卜筮權力的，在男曰覡，在女曰巫。他們都是當時社會上最有知識和本領的人，所以在人類早期的歷史中，巫師和氏族部落首領，乃至階級社會早期的國王，往往二位一體，實行政教合一，後來才政教分離，各司其職。因此將早期的商代國王，視爲專制獨裁的君主，是不符合歷史實際的，有人認爲在商湯時期，已經有了強大的王權，而神權則是王權的附庸，實際上，神權不僅與王權互相適應，而且還有矛盾鬥爭的

〔註25〕 呂喜琳，〈試論中國歷代君主專制制度的歷史作用〉，《陰山學刊》社會科學版（1998 年第 2 期），頁 26。

〔註26〕 徐旭生，《中國古史的傳說時代》（北京：北京科學出社，1960 年），頁 84～85。

〔註27〕 孔安國（漢）傳，孔穎達等（唐）疏，《尚書注疏》卷 9〈盤庚〉下（阮刻《十三經注疏》本，臺北：藝文印書館，1993 年第 12 刷），頁 134。

一面，當時王權雖已居於重要位置，但權力仍受到不少限制，首先商王必須
在貞人占卜的基礎上判斷吉凶，而殷朝前期的貞人，多數爲部族的首領，在
商代政治社會中，部族發揮著重要的作用。殷的所謂諸侯，實際上即諸部族，
殷代前期，這些部族的勢力非常強大，他們有自己的屬地和經濟力量，他們
進入殷王朝擔任貞人之職，力圖通過神權。左右殷王朝的軍政大事，所以殷
代的神權，實質上是族權在政治舞台上的表現，族權是神權的後盾，所以殷
代前期的占卜活動，可以說是原始的部落聯盟的蛻變，籠罩了神秘色彩，並
在很大的程度上，限制了殷王權的發展。〔註28〕

　　就有商一代而論，王權是在與神權和族權的相互利用和不斷鬥爭中，逐漸
加強和發展起來的。這與殷王室的經濟發展有關係，由於殷王可以較多的支配
各部族的勞力，收取貢納，所以它在經濟發展中，處於有利地位。而殷墟還出
土不少的銅器，骨器等作坊遺址，這說明殷王室還擁有比較發達的手工業，隨
著經濟力量增長，到了盤庚遷殷之後，殷王對諸侯方國的祭祀權力進行了某種
程度的限制，《管子・國準》說：「殷人之王，諸侯無牛馬之牢，不利其器……，
諸侯無牛馬之牢，不利其器者，曰淫器而一民心者也。」〔註29〕這就是說殷王
以限制諸侯方國的神權與統治權，達到「壹民心」的目的，從而將神權高度集
中在殷王手中。殷代社會就是在克服神權與族權這種歷史的鬥爭中前進的。而
商代王權的加強是在盤庚時期才確立的，這時候王權在基本上才控制了族權和
部份的神權，這可由《尚書・盤庚》的記載，得到印證。

（一）王權壓服了族權

　　《尚書・盤庚》的中心主旨是遷都，它記載了遷都時對臣民的三次講話，
完整地記述了遷都的經過，保存了大量的原始材料，具有很高的史料價值，
因此它清晰的反映了王權的狀況。如上篇中盤庚對貴戚大臣的講話：

> 先世爾勞，予不掩爾善。茲予大享於先王，爾祖其從與享之，作福
> 作災，予亦不敢動用非德。無有遠邇，用罪伐厥死，用德彰厥善。
> 〔註30〕

〔註28〕晁福林，〈試論商代的王權與神權〉，《社會科學戰線》（1984 第 4 期），頁 93
　　　　～101。
〔註29〕黎翔鳳撰，梁運華整理，《管子校注》卷 23〈國準〉第 79（北京：中華書局
　　　　出版，2004 年 6 月第 1 刷），頁 1392。
〔註30〕《尚書注疏》卷 9〈盤庚上〉，頁 129～130。

從這些話，不難看出盤庚掌握著對貴族大臣的賞罰權，同時也操縱著眾民的生殺大權，他說：

> 乃有不吉不廸，顛越不恭，暫遇奸宄，我乃劓殄滅之，無遺育，無俾易種於茲新邑。〔註31〕

這些話都毫不掩飾地宣揚著一種赤裸裸的殺戮，顯然商王已控制了對臣民的獎懲與生殺大權，那麼族權已淪爲次要的地位了。

（二）商王控制了部份神權

貞人集團一向掌握著占卜與解釋權，但《尚書‧盤庚下》說：

> 肆予沖人，非廢厥謀，弔由靈各。非敢違卜，用宏茲賁。〔註32〕

由此可以看出卜兆是由商王向全體臣民發布的，也就是說不管卜兆的結果如何，商王掌握發布權，就表明即便他不能按自己的意願公布占卜結果，但最起碼具有一定的選擇權，他可以發布對自己有利的結果，而掩蓋不利的，若從神權在商人社會生活中的地位來看，商王是不可能完全控制神權的，而貞人地位很高，占卜地位很重要，範圍又很廣泛，所以從宗教觀來看，神權還佔據王權不可替代的地位，直至商代後期，王權才控制了神權。

盤庚時期即殷商中期，王權的發展，確實已到了一個新的階段，有自己獨特之處，而王權的興起，必然促成王族的強大，使得商族的地位更加鞏固，足以控制和壓制其他的部族與方國，使其逐漸地融合於商族，而其代表者氏族貴族的權力，也日益成爲商王的附庸，受制於王權。而此時王權對神權的部份控制，又能將與神溝通的權力，收歸自己手中，不使貞人集團完全控制此項特權，所以〈盤庚〉篇充分表現了商王控制貴族和民眾的生殺權與獎懲權，王權的加強，使得盤庚遷殷以後，商朝就出現了「百姓由寧，殷道復興。諸侯來朝」《史記‧殷本紀》〔註33〕的大好局面。無論政治、經濟、文化、思想、宗教、社會方面，都有了長足的進步與發展。由於殷代前期部族林立，王權是統一的象徵，是社會安定的保證，因此盤庚的提高王權，使殷代後期控制了今華北的大部地區，使各部族得以接觸融合。因此戰爭減少了，而大規模的人祭與人殉，雖未完全絕跡，但數量也跟著大大減少，被俘的羌人，都用於狩獵與墾田，這就使部落聯盟的蒙昧野蠻風氣逐漸消除，而國家機構

〔註31〕《尚書注疏》卷9〈盤庚中〉，頁132～133。
〔註32〕《尚書注疏》卷9〈盤庚下〉，頁134。
〔註33〕《史記》卷3〈殷本紀〉，頁102。

則日臻完善。縱橫數千里的華北地區,都曾發現殷代後期青銅器,就可以看
到當時社會、經濟、文化發展的昌盛。〔註34〕

二、君權與君道

　　商代脫離氏族社會未遠,尚處在早期國家的發展階段,專制王權尚未確
立,神權具有很大的影響力,而使商代表現出濃厚的神權政治色彩,所以養
成殷人極端敬畏天帝的心理,董作賓先生云:

> 殷人以為天神具有最高權威的主宰者是「帝」,天上的帝,也像人世
> 的王。帝也稱為上帝,他的權能有五種,都可以影響到人間。第一
> 是命令下雨,例如卜辭中「翌乙卯,帝其命雨」?「今二月帝不命
> 雨」?「帝命雨弗其足年」?雨是農業社會的命脈,不雨,就沒吃
> 的,就要餓死,所以只有靠天吃飯。第二是降以饑饉,「庚戌貞帝其
> 降漢」?漢就是饉,其實「饉是不命雨的結果,所以卜辭有『不雨
> 帝其漢我』」。第三是授以福祐,「我伐告方帝受我又」,受我又即是
> 授我以福祐,使我勝利之意。第四是降以吉祥,「我其已賓,則帝降
> 若」?「我勿已賓,則帝降不若」,若訓順,訓善,有吉祥之意。第
> 五是降以災禍,「帝其降禍」?歸納起來,上帝是消極的可以給人降
> 禍,積極的可以給人降福。〔註35〕

是則殷代社會,乃為一個神意所籠罩的社會,凡一國政治社會與政權之建立,
都必須植其根基於當時強烈的社會意識之上,然後方能獲得當時人民衷心熱
烈的擁戴,而殷代社會,具有原始母系社會進入階級社會的特點,人們對大
自然與生存環境的認識非常粗淺,認為萬物皆有靈,可以干預人事,所以相
信鬼神與卜筮,故商湯在滅夏之後,就知道統治國家除了靠武力之外,還得
靠神道設教,才能把人民群眾統一起來,所以商王是把自己與天上最高的神
聯繫起來,認為自己是神的子孫。〔註36〕故特別強調君主係天之所生,而其
權力則為天之所授,這是最早期的受命學說,如《詩經・商頌・玄鳥》所云:

> 天命玄鳥,降而生商,宅殷土芒芒,古帝命武湯,正域彼四方,方

〔註34〕晁福林,〈試論商代的王權與神權〉,《社會科學戰線》(1984 第 4 期),頁 102。

〔註35〕轉引自曾繁康先生所著《中國政治思想史》(臺北:大中國圖書公司,1971
年 8 月),頁 16。

〔註36〕楊升南,〈商代的王權和對王權的神化〉,《中國史研究(京)》(1997 年 4 月),
頁 54。

命厥后，奄有九有，商之先后，受命不殆……殷受命咸宜，百祿是
荷。〔註37〕

又《詩經‧大雅‧生民》云：

厥初生民，時維姜嫄……履帝武敏、歆、攸介攸止,載震載夙，載生
載育，時維后稷。〔註38〕

凡此均謂君主爲「天帝」直接所生，子孫世代都該爲天子。夫君主既係因「天」
之所生，而取得政治上之權威，故不論何人，均不得反抗君主，否則違天必
有大咎，所以《左傳‧僖公二十三年》記楚王之語有云：

吾聞姬姓唐叔之後，其後衰者也，其將由晉公子乎？天將興之，誰
能廢之，違天必有大咎。〔註39〕

又《左傳‧宣公三年》，王孫滿答楚王問鼎之輕重亦云：

天祚明德，有所底止。成王定鼎於郟鄏，卜世三十，卜年七百，天
所命也。周德雖衰，天命未改，鼎之輕重，未可問也。〔註40〕

凡此種種，都說明殷周是神權統治的時代，所以「君權天授」的學說，乃是
統治國家的基石。〔註41〕

（一）《尚書‧洪範》與君權理論

　　中國的文明形成於殷商時代，君主受命觀亦萌芽於此時，但把這種傳統
的宗教經驗與神權思想，轉化爲倫理文化的，應該是《尚書》中的〈洪範〉。
《尚書》是中國最古老的著作之一，顧名思義，是上古之書，它集商朝和周
朝初期政治哲學思想，統治經驗和行政經驗之大成，〈洪範〉是《尚書》中一
篇非常重要的歷史文獻，它奠定了中國古代社會各王朝的統治準則和行政準
則，被奉爲中國三千年來歷代王朝進行政府管理的「統治大法」和「行政大
法」。洪者，大也，範者，規則也，法也。「洪範」即「大法」，它所論述的內

〔註37〕毛亨（漢）傳，鄭玄（漢）箋，孔穎達（唐）疏，《詩經注疏》卷 20-3〈商頌‧
　　　　玄鳥〉（阮刻《十三經注疏》本，臺北：藝文印書館，1993 年第 12 刷），頁
　　　　793～794。

〔註38〕《詩經注疏》卷 17-1〈大雅‧生民〉，頁 587。

〔註39〕左丘明（周）傳，杜預（晉）注，孔穎達（唐）疏，《春秋左傳注疏》卷 15
　　　　〈僖公 23 年〉（阮刻《十三經注疏》本，臺北：藝文印書館，1993 年第 12
　　　　刷），頁 252。

〔註40〕《春秋左傳注疏》卷 21〈宣公 3 年〉，頁 367。

〔註41〕王暉，〈殷商爲神本時代說〉，《殷都學刊》（2000 年第 2 期），頁 12。

容，涉及到神權政治與神權的行政思想和行政準則，倡導以王權為核心的等級行政制度和行政方式，確立了王權的統治方式，以及做為君王應該有的修養與品德，所以《尚書·洪範》的核心思想是天授大法，天授君權，這種思想在中國統治了幾千年，是中國君權與君道理論的核心，所以《尚書·洪範》，堪稱為中國「天命觀思想」的發軔。〔註42〕

《尚書·洪範》的主要內容即是「洪範九疇」，也就是指〈洪範〉論述的九個範疇，〈洪範〉所闡述的九個範疇，《漢書·五行志》稱為「大法九章」，它頗具體系，主要內容有：一疇五行，二疇五事，三疇八政，四疇五紀，五疇皇極，六疇三德，七疇稽疑，八疇庶徵，九疇五福、六極。〔註43〕《尚書·洪範》這篇經典著作的問世，一開始就具有濃厚的神秘色彩，充滿了天授大法，天授君權的神奇傳說。它來源於周武王伐紂成功之後，周武王向箕子請益天道與治道，箕子以殷周的與替為炯戒。《尚書·洪範》云：

> 王乃言曰，嗚呼，箕子，惟天陰騭下民，相協厥居，我不知其彞倫
>
> 攸敘。〔註44〕

箕子回答周武王說：

> 我聞在昔，鯀陻洪水，汨陳五行，帝乃震怒，不畀洪範九疇，彞倫
>
> 攸斁，鯀則殛死，禹乃嗣興，天乃錫洪範九疇，彞倫攸敘。〔註45〕

箕子告訴周武王，當禹承父業因順五行，治平了洪水，也使天下承平，天帝就把「大法九章」授予他，他就按照這個大法，將國家管理得井然有序，且蒸蒸日上，禹就把《尚書·洪範》九疇留予後人，所以《尚書·洪範》是天授予君王的，這則偉大的傳奇，自然符合歷代帝王的統治需要。這種天人合一的神權思想與神權政治，貫穿且主導了整篇的〈洪範〉文章，是中國古代政治哲學的精華，也確證了君王權力的合法性來源於上天的授予。〔註46〕

真正偉大的哲學是時代精神的精華，是文明的靈魂，而〈洪範〉所蘊含的文化精義，是體現天人合一的神權政治，而且能將傳說的宗教經驗轉化為

〔註42〕齊明山，〈中國歷代王朝的行政大法——簡析《尚書·洪範》〉，《北京行政學院學報》（2000年第4期），頁5。

〔註43〕《尚書注疏》卷12〈洪範〉，頁168。

〔註44〕《尚書注疏》卷12〈洪範〉，頁167。

〔註45〕《尚書注疏》卷12〈洪範〉，頁167～168。

〔註46〕齊明山，〈中國歷代王朝的行政大法——簡析《尚書·洪範》〉，《北京行政學院學報》（2000年第4期），頁5～6。

倫理文化，通過了對殷代興亡歷史的反思，它指明了治國的五種物質要素和五種精神要素，創立了以「公平正義」爲理想的政治哲學，所以〈洪範〉可稱之爲殷周之際的時代精神的精華和中國古代文明活的靈魂。〔註47〕

　　《尚書‧洪範》天人合一的神權政治與行政思想，集中地表現在第一疇五行，第二疇五事，第四疇五紀，第八疇庶徵〔註48〕，這幾疇表面上看起來毫不相干，但其核心思想是天人感應、天授君權，它明確告訴人們，宇宙中的時空運行，物質世界的金木水火土，都各有其規律，君王必須按規律行事，如違反了自然規律，濫用權力，必然導致舉措失當，慘遭失敗。例如五行的次序與屬性都不能改變，一旦變化了，物質世界必隨之改變，整個世界也就混亂了，國家就無法治理，而五紀是指歲、月、日、星辰和曆數，天文曆法在古代農業社會至關重要，君主不違天時天下就太平，所以君主重祭天，而君主好比歲，卿好比月，師尹好比日，歲月日的時間關係，自然有序而不發生錯亂，那麼社會就呈現物阜年豐的景象，政治就會清明，賢明的人得到重用，國家就會平靜安寧。反之，國家就動盪不安。而第二疇的五事，就是要求君主態度要恭敬，善於聽諫而不逆拒，觀察事情要清醒明晰，聽話要聰穎而善於謀斷，思考問題要通達事理，這樣就能成爲聖者，而第八疇庶徵，則指出君主的行爲與天之間的關係，其意思是說，君主表現肅敬，就像和風煦日，君主政治清明，就像太陽普照大地，君主任事明智，就像明月朗照，君主深謀善斷，就像秋霜冬雪，君主明識通達，就像春風吹拂大地。〔註49〕

〔註47〕朱本源，〈洪範──中國古代文明的活的靈魂〉，《陝西師範大學學報》哲學社會科學版（第25卷第1期，1996年3月），頁18。

〔註48〕《尚書注疏》卷12〈洪範〉，頁169～176。
　　　　五行是指：一曰水、二曰火、三曰木、四曰金、五曰土。五紀是指：一曰歲、二曰月、三曰日、四曰星辰、五曰曆數。五事是指：一曰貌、二曰言、三曰視、四曰聽、五曰思。八疇是指：曰雨、曰暘、曰燠、曰寒、曰風、曰時，五者來備，各以其敘，庶草蕃廡，一極備凶，一極無凶。

〔註49〕《尚書注疏》卷12〈洪範〉，頁177。
　　　　參考：顧頡剛編著，《古史辨》第五冊下篇二六四，劉節〈洪範疏證〉一篇，頁388～403。劉節推定〈洪範〉爲戰國末年之作品，其最強之證據，如「皇」字之用例，如「肅、乂、晢、謀、聖」五名之襲用《詩經‧小旻》，如「無黨無偏」數語，墨子引作《周詩》，凡此科學研究之成果，令反駁者極難容喙，乃一空前之發明。而五事之貌曰恭，言曰從，視曰明，聽曰聰，思曰容，恭作肅，從作乂，明作晢，聰作謀，容作聖。此與八庶徵之休徵相應，休徵曰：「肅，時寒若；曰乂，時暘若；曰晢，時燠若；曰謀，時寒若；曰聖，時風若。」可見〈洪範〉五事與庶徵，本前後連屬爲義，乃一有組織之作。

從上述的五行、五事、五紀與庶征四疇之間的內在聯繫而論，它用歲、月、日來描述古代君道關係的等級制，宣揚了天人感應的神權政治，確立了君主至高無上的地位與權威，將君主比之為歲，君主之言行，可以影響到天地秩序、氣象變化、萬物成長，君主的威權若受損，也會導致五行錯亂，五紀顛倒。同時君主也必須謹言慎行，合乎五事之要求，而且必須用天授之權，替天行道，代天行政，如違背天道，天意必然示警，這就確立了君主的地位，使其凌駕於貴族與平民之上，而樹立了至尊至高的權威。所以〈洪範〉這四疇對形成中國古代社會之最占有統治地位的政治哲學理論，即「五運之德」學說與「天人合一」理論，以及以皇權和神權為核心的中央集權的專制理論，具有決定意義的深遠影響，它環繞皇權與神權這個核心，建立了一套合乎自然天道與廣泛人道，且互相照應的深厚內涵，這理論適應了中國古代國家發展的需要。奠定了中國皇帝制度的基礎，它融合天地神祇和人為一體，集中突出皇帝個人的權威與地位，保證皇帝除了天之外，不受任何權力的約束，高踞國家機器之上，貴為天子，富有四海，這種天授皇權與神化皇權的理論，對中國長達兩千年的帝制的形成與鞏固，有深遠的影響。〔註50〕

（二）君道的開端

然而《尚書‧洪範》九疇中，最高的範疇，卻是第五疇「皇極」。因為它展現了「正直」的「王道」，「皇極」的政治理論，是箕子對殷代歷史作了反思之後所提出的政治哲學，這是「歷史的啟示」。箕子為什麼要提出自己的王道哲學呢？因為殷代的統治特點是「殷人尊神，率民以事神，先鬼而後禮」《禮記‧表記》〔註51〕而國家的祀典是從屬於政治的，巫史集團的「貞人」，代表神鬼所作的指示，似對王權有支配和影響的作用，但從歷史事實來看，最聖明和最暴虐的國王，都不受卜筮的約束，也不相信天地鬼神決定其命運，例如古史所記載的故事說，舜已決定讓位於禹，禹固辭，最後請舜以占卜來決定，舜曰：

> 朕志先定，詢謀僉同，鬼神其依，龜筮協從。〔註52〕

而《史記‧殷本紀》記載紂王曰：

〔註50〕齊明山，〈中國歷代王朝的行政大法——簡析《尚書‧洪範》〉，《北京行政學院學報》（2000年第4期），頁6～7。
〔註51〕《禮記注疏》卷54〈表記〉，頁915。
〔註52〕《尚書注疏》卷4〈大禹謨〉，頁57。

> 帝武乙無道，爲偶人，謂之天神。與之博，令人爲行。天神不勝，
> 乃僇辱之。爲革囊，盛血，仰而射之，命曰「射天」。〔註53〕

紂王如此狂悖，就是自信「生有天命」，在當時專制的歷史條件下，當宗教對
暴君已失去制約的力量時，傑出的思想家唯一可以設想的，就是從人格上培
養君主的道德意識和道德品質，於是假託歷史上的聖哲賢王如堯舜，曾實行
過「王道」，讓其遵循，而「皇極」就是「君道」的標竿，《尚書・洪範》曰：

> 皇建其有極……無偏無陂，遵王之義，無有作好，遵王之道，無有
> 作惡，遵王之路，無偏無黨，王道蕩蕩，無黨無偏，王道平平，無
> 反無側，王道正直。會其有極，歸其有極，曰皇極之敷言，是彝是
> 訓，于帝其訓，凡厥庶民，極之敷言，是訓是行，以近天子之光，
> 曰天子作民父母，以爲天下王。〔註54〕

於是箕子提出了「遵王之義、遵王之道和遵王之路」的「王道正直」的君道
史觀。從〈大禹謨〉和〈洪範〉中，我們可以看出古代「帝王心法」，這就是
二帝三王之治，本於道，而道本乎心，「唯精唯一，允執厥中」，就是堯舜禹
湯周武相傳之心法也。〔註55〕箕子呼籲人們不要結黨、不要偏私，要同歸於
王道，他要求人民服從君王的統治，這就順了上帝的旨意，大家要奉行尊君，
以承受天子之光華，君主上承天意，下撫萬民，乃是民之父母，由此可見整
個國家是以君王的意志爲轉移的。〔註56〕

　　君主既然是國家治亂的中心，而「皇極」又是君道的標準，那麼何謂「皇
極」？漢儒馬融、鄭康成都釋「皇」爲「大」，釋「極」爲「中」，所以皇極
就是大中之道，要求君道平康正直，要以公道之心對待天下之人，此乃行九
疇之義，宋代理學大家陸象山更發揮了「大中之道」的政治哲學，云：

> 皇，大也；極，中也，洪範九疇，五居其中，故謂之極，是極之大，
> 充塞宇宙，天地以此而位，萬物以此而育。古先聖王，皇建其極，
> 故能參天地，贊化育，凡民保之，以作懿行，息邪惡。〔註57〕

〔註53〕《史記》卷3〈殷本紀〉，頁104。
〔註54〕《尚書注疏》卷12〈洪範〉，頁172～173。
〔註55〕朱本源，〈洪範——中國古代文明的活的靈魂〉，《陝西師範大學學報》哲學社
　　　　會科學版（1996年3月），頁24。
〔註56〕齊明山，〈中國歷代王朝的行政大法——簡析《尚書・洪範》〉，《北京行政學
　　　　院學報》（2000年第4期），頁8。
〔註57〕陸九淵（宋），《象山全集》第23卷（臺北：世界書局，1959年），頁181

《尚書‧洪範》闡發了一種天授大法和天授君權的專制理論，是殷周時代「天命觀」的反映，而「皇極」則為君道的準則，指身為天子，其品德修養與立身行事，應可做為天下人之標準，『皇極』二字，皇是指人君，『極』是指身為天子，應為天下人之楷模，而「皇建其有極」，意味著國君應該建立治國的典範，這個典範就是「王道」〔註58〕，在君主世襲的體制下，要求國君實行「王道」，乃是一重最高的理想，所謂實行「王道」，即前述所言「遵王之道、遵王之路和遵王之義」。孔穎達稱這三者為王者之「體」，他解釋說：

> 為人君者，當無偏私，無陂曲，動循先王之正義，無有亂為私好，謬賞惡人，動循先王之正道，無有亂為私惡，濫罰善人，動循先王之正路，無偏私，無阿黨，王家所行之道，蕩蕩然開闢矣。無阿黨，無偏私，王者所立之道，平平然辯治矣。所行無反道，無偏側王家之道正直矣。〔註59〕

箕子所持的「皇極之體」，就君道而言，應該在政治上和賞罰上做到「無黨無偏」「公平正直」，這樣才能造福萬民，而民情正是天命的反映，這點做為國君者宜深加留意，周公於殷周鼎革之際，對於民心向背之影響，體會獨多，周公認為天命是社會政治的一面鏡子，上天是否福祐你，可在民情體現出來，所以說「人無於水監，當於民監」《尚書‧酒誥》〔註60〕。把天命做為可知的認識客體，且繫天命於人事，這是中國古代天命論的一次長足的進步。因此，箕子「王道正直」的觀念，蘊含著個人的「道德公正」與團體的「政治公正」的統一，所以九疇的第六疇的「三德」中〔註61〕，以「正直」作為天子的首

〔註58〕 王先謙（清）撰，沈嘯寰、王星賢點校，《荀子集解》卷8〈君道篇〉（北京：中華書局出版，1996年2月第3刷），頁234。
　　　　君道篇曰：「君者，民之原也，原清則流清，原濁則流濁，故有社稷者而不能愛民，不能利民，而求民之親愛己也，不可得也。民不親不愛，而求其為己用，為己死，不可得也。」國君就是要以愛民利民做為典範，所以王制篇又曰：「王者之人，飾動以禮義，聽斷以類，明振毫末，舉措應變而不窮。夫是謂之有原，是王者之人也」見158頁。唯有如此，才能體現王道的精神。

〔註59〕 《尚書注疏》卷12〈洪範〉，頁173。

〔註60〕 《尚書注疏》卷14〈酒誥〉，頁210。

〔註61〕 《尚書注疏》卷12〈洪範〉，頁174：
　　　　九疇，君道在第六疇中，講得很清楚，其行政之「三德」：一曰正直、二曰剛克、三曰柔克。正直是人道，剛克是天道，柔克是地道。正直在前，剛克和柔克在後，說明君王的行政，先人事而後天地，這也體現了天人合一的君王統治術。

德，也就是「正直」乃「君道」之首要，而且理解爲「平康正直」，唯有正直，才能達到平康之治，造福人民。所以《尙書·洪範》曰：「平康正直，彊弗友剛克，變友柔克。沈潛剛克，高明柔克。」〔註62〕對於平正康寧的人，用正直的方法管理，以盡人道，對於剛強而不親附君王者，用強硬的手段管理，以順乎天道，對和藹可親的人，用溫和的手段管理，以盡地道，這就體現了君王統治術的王道與霸道的最初雛型。唯有這樣，才能成就社會的公平正義。箕子以殷周興衰爲借鑑，首先提出了「王道正直」的概念，試圖將歷史經驗和理性化爲政治文化與倫理文化，箕子這種理性主義的政治文化綱領，深深地影響了周代的文化，從此「尊天敬德」就成了中國文化的主要內涵，孔子無限景仰的讚歎說：「郁郁乎文哉，吾從周」，因此孔子在政治與道德的最高原則是「中立而不倚」的中庸之道，他對社會經濟的理想是「不患寡而患不均」和「節用而愛人，使民以時」，他對君主世襲制度下的君民關係，主張「民以君爲心，君以民爲體。心以體全，亦以體傷，君以民存，亦以民亡」《禮記·緇衣》〔註63〕，孔子這種既尊君又體民的政治思想，顯然是繼承和發展了箕子的「皇極」理論，使中國古代的文明，在世界文化史上獨樹一幟。〔註64〕

（三）從君權神授到天命無常

上文提到洪範九疇乃是上天所啓，內容涵融周遍，包括物質文明與精神文明等方面的原則，以及首要的治國原理，這個首要的治國原理，就是位居九疇中央地位的第五疇——皇極，這是做爲一國之君應有的道德標準，國君的地位，就像天上的北極星一樣，是紫微垣的中心點，所以蔡沈在《書經集傳》曾釋「皇極」爲北極，一旦立於「大中」，則足以承天心，將成爲四方之所向。〔註65〕於是天、君、民三者皆在大中原理上結爲一體，中國歷史遂從神權向德治轉化。所以「皇極」乃是顯示上天對理想君王的判準，《逸周書》有云：「正及人神曰極」與「世世能極曰帝」〔註66〕因此「極」代表絕對的正

〔註62〕《尙書注疏》卷12〈洪範〉，頁174。

〔註63〕《禮記注疏》卷55〈緇衣〉第33，頁933。

〔註64〕朱本源，〈洪範——中國古代文明的活的靈魂〉，《陝西師範大學學報》哲學社會科學版（第25卷，第1期，1996年3月），頁24～25。

〔註65〕蔡沈（宋）、黃倫（宋）撰，《書經集傳》（香港：東亞書局，1974年），頁120。

〔註66〕朱右曾（清）撰，《逸周書集訓校釋》卷4〈武順〉第32，收在楊家駱主編，劉雅農總校，世界文庫《四部刊要》史學叢書，第二集，第一冊（臺北：世界書局，1957年），頁85。

義，爲神人所共尊，而且「極」的最後來源即是古人奉爲至高主宰的帝，是人民翹首仰望的神靈，帝或天是絕對正義的本身，而君王則是絕對正義的化身與體現，君王在周朝稱爲「天子」，這個榮銜的首義是肯定君王做爲國家元首時，應該體現公平正義，這是中國政治學說的最高理念。君王一方面「建大中以承天心」，另一方面是天帝與大道的化身，君王即聖王，足以風化天下。天與民的聯結，遂落實於君王個人的身上，君王被稱爲「天子」，既代天行教，又爲民父母，那麼上天如何選定君王呢？君王得天命的條件是什麼呢？天命有常抑無常？君王如何方可保存天命呢？〔註67〕

　　周朝的政體建立於神權與德治依然混淆的基礎之上，因此國家的重要措施，像遷新都、有事於四方，仍由占卜決定，因爲天是全能的主宰，主動的統治者，隨時監臨下界，《尚書‧湯誥》有言：「惟簡在上帝之心」〔註68〕天帝都是有意志的，才能一再度量和觀察天子之心，如《詩經‧大雅》曰：

　　　　皇矣上帝，臨下有赫，監觀四方，求民之莫，天監在下，有命既集，

　　　　維此王季，帝度其心。〔註69〕

天生萬民，天爲民選擇君王，是希望君王能輔相上帝，「代天行道」，作之君作之師，以教化萬民，所以君權天定的信念，雖反應了神權政治的影響，但其政治重心卻希望君王即聖王，能夠立下道德典範，而非威行自恣，因此就政治的最高理想而言，君王應具備聖人的道德修養，所以《尚書‧泰誓》說：

　　　　天佑下民，作之君作之師，惟其克相上帝，寵綏四方。〔註70〕

君王若能立下道德典範，就能規勸人民，追隨天啓的道德本性，那麼萬民同心，就可以反映天意，天人同心，這時「天不言，以行與事示之而已」《孟子‧萬章上》〔註71〕天民之間就可互相呼應，所以《尚書》曰：

　　　　天視自我民視，天聽自我民聽。〔註72〕

　　　　天聰明自我民聰明，天明畏自我民明威，達於上下，敬哉有土。〔註73〕

對君王而言，事天即是事民，事民即是事天，君王既受天所命，統治百姓，

〔註67〕傅佩榮，《儒道天論發微》（臺北：臺灣學生書局，1985年10月），頁36～41。
〔註68〕《尚書注疏》卷8〈湯誥〉，頁113。
〔註69〕《詩經注疏》卷16-4〈大雅‧皇矣〉，頁567～570。
〔註70〕《尚書注疏》卷11〈泰誓上〉，頁153。
〔註71〕《孟子注疏》卷9下〈萬章上〉，頁168。
〔註72〕《尚書注疏》卷11〈泰誓中〉，頁155。
〔註73〕《尚書注疏》卷4〈皋陶謨〉，頁63。

因此他的首要條件就是「順帝之則」《詩經・大雅》〔註74〕，也就是展現「公平正義」，因此「品德」是獲享「天命」的條件，所以說：

> 皇天無親，惟德是輔，民心無常，惟惠之懷。〔註75〕

天道無私覆上天的本性是絕對的「公平正義」，君王若想滿全「公平正義」的要求，就必須勤修道德，克念作聖，學習聖人之爲道日損，損之又損，以至無爲，君道的核心始終是一種宗教的付託，君道的次序是正德、利用、厚生，這種重德的思想，對於後來的儒家與中國文化，都有深遠的影響。這種信念，終使神權政體轉化成德治政體。〔註76〕

牧野之戰，決定了殷周的興衰存亡，而商之代夏，也予周人極大的啓示。所以周初人文的最大覺醒，應是「天命無常」的觀念更豐富了傳統的「天命神授」史觀，成爲周代正統的思想。獲享天命固是無上尊榮，但伴隨而來的，是對天命的承擔與對萬民的照拂，若稍有懈怠與疏忽，憂患是無窮的，因爲天命的無常，來自人君道德的無常，故《尚書・召誥》曰：

> 我不可不監於有夏……有殷，惟不敬厥德，乃早墜厥命。〔註77〕

君王既然只是天的代理人，而天命又總是隨著君德而轉移，故君王的目標惟在勤於修德，因此「天命靡常，惟德是依」成爲周天子的座右銘。這教訓對於新登基的君王來說，更是殷切，故《尚書・咸有一德》云：

> 天難諶，命靡常，常厥德，保厥位……今嗣王新服厥命，惟新厥德，
>
> 終始惟一，時乃日新。〔註78〕

這種君主應該日新其德的偉大理想，始興於周代，且貫串於整個中國的歷史文化之中，它展現了宗教與政治的和諧關係，並蔚爲諸子百家的君道典型。

第二節　儒家的尊君與名教思想的濫觴

就事實而論，中國古代的思想和學術，大體上都是圍繞著治國平天下而展開，又都是以治平爲終極的歸宿，於是在中國古代社會中，政治被看作是社會唯一的存在和表現方式，所以君權不論在理論上，還是在實際生活中，

〔註74〕《詩經注疏》卷16-4〈大雅・皇矣〉，頁573。
〔註75〕《尚書注疏》卷17〈蔡仲之命〉，頁254。
〔註76〕傅佩榮，《儒道天論發微》（臺北：臺灣學生書局，1985年10月），頁43～46。
〔註77〕《尚書注疏》卷15〈召誥〉，頁222。
〔註78〕《尚書注疏》卷8〈咸有一德〉，頁120。

都覆蓋著社會的各個層面，成為絕對的主宰和真正的中樞。在這種情況之下，中國傳統社會當然不可能形成政治與經濟分離的二元結構，更不可能憑藉經濟的獨立發展，創造出資本主義的工商業社會，一個泛政治化的社會，政治權力必然的延伸到其他的領域，就是政治組織的基本精神與操作規則也必然會延伸並支配其他社會領域與各個階層。而中國兩千年來的傳統社會的基本特徵，就是「君主專制」，梁啟超先生曾指出：

> 專制政治之進化，其精巧完滿，舉天下萬國，未有吾中國若者也。
> 萬事不進，而惟於專制政治進焉。〔註79〕

中國近代的思想家們，對兩千年來的傳統政治，認識得更為深刻，因此史學界遂用「中央集權的君主專制主義」的術語，來描述和概括中國傳統政治制度與政治運行的基本特徵，即使新儒家的牟宗三先生也承認：「孔孟學說雖然講求文制，但沒有建立客觀的政治關係，故政治形態始終停留在君主專制上。始終未能轉出政治生活的文制。」〔註80〕然而這一君主專制政治，並非僅表現在政治制度及其運行層面，事實上它與中國儒家與法家的傳統思想和意識形態有深層的關係，尤其「君道」理論的影響，更屬深遠。〔註81〕

到了西漢，董仲舒向漢武帝提出「罷黜百家，獨尊儒術」之後，董仲舒以儒法合流及陰陽、五行、四時為基本理論的新儒學，遂取得正統的地位，這是儒學的第三次變化。然而董仲舒之春秋經學，專心致志於建立「三綱五常」的人倫秩序和確立君臣父子的大義，確實對君權專制與封建禮教的奠基有獨到的貢獻，從此產生了「名教」思想，名教思想的興起，原本即以「尊君」為最高目的，這就是名教政治意義的中心點，名教思想雖發皇於兩漢，實起源自春秋戰國，《管子·山至數》云：

> 昔者周人有天下，諸侯賓服，名教通於天下，而奪於其下，何數也？

〔註82〕

「名教」一辭在〈山至數〉中的意義，實代表一種封建制度下的秩序，乃指

〔註79〕梁啟超，《飲冰室全集》卷3政治類〈中國專制政治進化史論〉（臺南：莊家出版社，世一書局總經銷，1982年5月再版），頁63。
〔註80〕牟宗三，《道德的理想主義》（臺北：臺灣學生書局，1985年版），頁154～156。
〔註81〕楊陽，《王權的圖騰化——政教合一與中國社會》（臺北：星定石文化出版公司，2002年6月），頁15～16。
〔註82〕黎翔鳳撰，梁運華整理，《管子校注》卷2〈山至數〉第76（北京：中華書局出版，2004年6月第1刷），頁1326。

周制中「名與禮」而言〔註83〕，這與兩漢盛行的「名教」內容，相當於「三綱五常」，確實有很大的不同，因爲禮的本質，不只是政治的，也不只是人倫的，而是政治體制與倫理的綜合表現，泛指人倫與禮法，其影響不僅限於兩漢且及於魏晉，源遠流長，所以東晉的袁宏，更把名教禮法，看成是天地間自然之理，他說：

> 夫君臣父子，名教之本也，然則名教之作，何爲者也？蓋準天地之性，求之自然之理，擬議以制其名，因循以弘其教，辯物成器，以通天下之務者也。〔註84〕

當代思想史專家余英時先生對此有精闢解釋，他說：

> 所謂名教，乃泛指整個人倫秩序而言，其中君臣與父子兩倫更被看作全部秩序的基礎。〔註85〕

中國名教思想，由先秦開其端緒，繼而在兩漢茁壯，其間發展之經絡，甚爲明確，我們可以確認名教思想之所以成立，其根本之滋養，乃來自實際政治之需求及運作。故史學大師陳寅恪先生據王弼對老子「始制有名」的註語，釋此「名教」二字曰：「名教者，依魏晉人解釋，以名爲教，即以官長君臣之義爲教，亦即入世求仕者，所宜奉行者也。其主張與崇尚自然，與避世不仕者適相反，此兩者之不同，明白已甚」。〔註86〕

　　孔子首提正名思想，實欲維護封建制度，故最重尊君大義，從此尊君思想，成爲名教的核心思想，一切的倫理教化與典章制度，皆由此開展。後來儒家分裂爲孟、荀兩大學派，孟子主張「民貴君輕」，人君基於本身之利益考量，遂崇尚荀子的隆禮教化大義，繼則採用由禮治轉化成法治之主張，希望達成禮法合一的目的，力行極權專制，這種專制足以嚴等級之別，明君臣官民之分際。然其達成之手段，並非藉武力之壓廹，使人就範，而是透過「名教」，以思想教育變化人心。使人習於尊君，安於順天，樂於守分，這在漢武帝獨尊儒術時，就奠定了基礎，往後在「陽儒陰法」的政策下，以董仲舒「三

〔註83〕郭梨華，《王弼之自然與名教》（臺北：文津出版社，1995年），頁67。

〔註84〕袁宏（晉）撰，王雲五主編，《後漢紀》卷26（臺北：臺灣商務印書館，1971年10月台1版），頁316。

〔註85〕余英時，《中國知識階層史論・古代篇》（臺北：聯經出版公司，2001年11月初版6刷），頁332。

〔註86〕陳寅恪，《陳寅恪先生論文集》〈陶淵明之思想與清談之關係〉（臺北：九思出版社，1977年），頁311。

綱五常」爲本的春秋經學，於焉成立，其目的在藉公羊春秋的大一統之義，以達成君權的獨尊，所以表面尊孔，實際則在於尊君，從此孔教成爲國教，「三綱五常」的思想，千百年來遂深植人心。〔註87〕

研究名教首先要研究儒學與政治的關係，儒家學說是由孔子所創立的，延續二千餘載，形成一個龐大的思想體系，它在本質上，始終是治國安民的政治學說，又是爲傳統政治服務的，因此創立伊始就汲汲營營於跨上政治舞台。中國古代的社會政治結構有其顯著的特點：一方面以血緣關係爲紐帶的宗法制度完備而且系統；另一方面專制主義至爲嚴密。宗法制度同專制制度結合，形成一種「家國同構」的社會政治結構，這種政治社會結構，深刻地影響著中國文化，這是中國歷史的特色，也是中國不同於西方及世界各國之處，因此要了解儒學與政治的關係，必須了解中國傳統社會政治結構。

社會結構的宗法特徵，導致中國文化和儒學形成倫理型模式，社會結構的專制性特徵，導致中國文化和儒學形成政治型模式，宗法與專制的結合，在文化上的反映則是倫理政治化和政治倫理化，突出地表現爲「內聖外王」的心態，這是儒學與政治關係結合的特徵。由於中國社會自古以來，就是一個宗法同構體，而宗法組織的精神與儒學最契合，所以成了儒學的社會基礎。而上層的政治文化建築，則表現出王權與儒學的高度結合。這是中國文化的深層結構，也是構成中國歷史長期穩定的因素，但也妨礙了社會的進步。〔註88〕因此在中國傳統社會，儒學同政治的關係，一般來說，表現在兩個方面：一方面儒學爲歷代實際政治提供一種價值理想和價值標準，使政治不斷得到約束、批評、改良，因而得以穩定長久。這就是說儒學爲封建政治提供了一個治國的指導思想和基本原則，以使封建制度長治久安。另一方面，政治對儒學採強而有力的支持，儒學由於得到政權系統的強大支持和提倡，因而興旺發達，在社會道德、教育和學術研究諸領域，均佔主導地位。由此可見儒家學說與封建政治在總體上是一致的。〔註89〕

儒家思想之所以與專制政治和封建宗法長期互相依存，最主要原因是由

〔註87〕張意文，〈兩漢名教思想研究〉（臺北：淡江大學中文系碩士論文，1998年），頁139。

〔註88〕魯凡之，《東方專制主義論——亞細亞生產模式研究》（臺北：南方叢書出版社，1987年8月初版），頁204～208。

〔註89〕許凌雲、許強，《中國儒學通論》（廣州：廣東教育出版社，2002年9月），頁352～354。

當時的社會、經濟基礎所決定的。在西周是氏族貴族專政的社會，土地是國有的，這是「周道親親」的社會道德所產生的社會根源。「親親」乃是氏族貴族的宗統和倫理，在「親親」的社會組織之下，道術是宗教的，「以天爲宗，以德爲本」《莊子‧天下》〔註90〕，春秋時代，因爲生產力大爲發展，工商業突飛猛進，導致井田制的崩潰，階級分化因而加速，出現了新的思想家，再加上諸侯間戰爭不斷，氏族組織開始解體，但通曉詩書禮樂，仍非一般平民所能勝任，因此一仍西周舊貫「學在官府」，表現爲政治、學術、宗教三位一體〔註91〕，當時精通西周文物者，唯有鄒魯的貴族後裔，他們將詩、書、禮、樂的西周思想，作爲「儒術」而加以職業化，相對地，在傳統上仍固守著文化遺產，顯出相當地「保守性」，孔子就在這傳統的基礎上，開創了「儒家」，因此儒家在本質上是諸子百家中最最崇尚周文的，始終以實踐周禮爲最高的理想。〔註92〕

　　先秦儒家，無論孔、孟、荀都對政治懷有崇高的理想及熱忱，希望能得君行道，然而在現實上，終究無能得志，直至漢朝董仲舒出現，始有變化，他使儒家思想，部份轉化爲政治制度，並取得傳統的歷史地位。漢代名教思想的興起，就是儒學爲了適應皇權專制的因應措施，從而導致經學的高度發展，通經致用成爲漢廷選拔人才的主要標準，因爲漢代所謂的察舉，其中舉之條件逐漸演變成不但要「孝廉」，同時亦須「明經」，經學成爲統一思想的教材和提昇文化的工具，也成爲仕宦之門，利祿之階，因此鑽研經學，成爲豪門世族教育子弟的途徑，這也造就了地方豪族轉化爲士族的契機，士族的崛起，獨佔了仕宦的門徑，士族因爲累代通經，所以累代仕宦，自然發展成爲把持政權的豪門世族，因此士族即世族即勢族，三者合而爲一，這就可以明顯的看出，名教思想的積極意義，乃在維護皇族與世族的利益，從此名教思想幾與儒家思想同義，而且被視爲中國文化的一大特色，其實它的存在與發展，始終與政治利益互爲表裡，因此我們可以說名教的興起是爲政治服務的，是皇帝與世族共同提倡與維護的。

〔註90〕郭慶藩（清）撰，王孝魚點校，《莊子集釋》卷10下〈天下〉第33（臺北：天工書局印行，1989年9月出版），頁1066。

〔註91〕侯外廬等著，《中國思想通史．第一卷──古代思想（北京：人民出版社，1992年9月出版），頁36。

〔註92〕許凌雲、許強，《中國儒學通論》（廣州：廣東教育出版社，2002年9月），頁7～8。

一、孔子的名教思想——名教思想之發軔

孔子生當春秋末葉，這時封建制度已逐漸崩壞，而王權專制正逐步興起，整個天下正處於動蕩不安的轉型初期，這時候周禮已廢而未泯，階級方壞而猶著。孔子身受周文化之薰陶，見禮崩樂壞，已無靈魂可言，遂獨創「仁」道，做為內在之心性修養，以涵泳外在之禮樂制度，即欲以其所獨創者為改善及復興舊秩序之具，故孔子學術之主要內容為政論與治術，其理想則在憲章文武，媲美周公，以追求世界大同。然孔子生於鄒魯，此地既為周文化之中心，復受遠古文化之浸潤，故其學術根柢極為深湛，而孔子本人則醉心周禮，所以說：「周監於二代，郁郁乎文哉，吾從周」《論語·八佾》〔註93〕，孔子從周，實為其政治思想之起點，孔子嘗謂：

> 愚而好自用，賤而好自專，生乎今之世，反古之道，如此者烖及其
> 身者也。〔註94〕

此正足以說明孔子之政治態度為「尊周」，而其政制之主張為「周命維新」，後來儒術之見重於帝王，此殆為一重要之原因。〔註95〕因此孔子的名教思想，以君道與治道最為重要而君道觀最重要者，即為尊王與正名。

（一）尊王與正名

孔子是儒學的開山鼻祖，也代表著春秋戰國時期的社會轉型和文化創新的一個方向。但是儒家所秉持的「禮」「仁」或「道」並不是一個與三代傳統全然不同的價值系統，儒家的創新，是在繼承傳統的基礎上完成的，是「損益」式的創新，禮是依循周禮之舊，而「仁」則為孔子的內證與獨創，自孔子提出之後，成為中國士人圓滿人格的象徵，而這種創新方式也正與社會轉型的性質相契合。若不理解這一點，就無法理解儒學何以會在兼併戰爭塵埃落定之後，迅即上升為社會的主流意識。孔子畢生注重古典文化的蒐集與傳承，並從中歸納出「禮與仁」的價值信念，使自己的思想學說，有了明確的核心價值。他以傳統制度和文化為資源，建構新的價值系統，這是孔子思想的基本特徵。他窮一生精力，為實現這一價值系統而奔走呼號，以重建周文為終身職志，這兩者相互作用，使孔子成為中國文化史上繼往開來的關鍵人

〔註93〕《論語注疏》卷3〈八佾〉，頁28。
〔註94〕《禮記注疏》卷53〈中庸〉，頁898。
〔註95〕蕭公權，《中國政治思想史》上（臺北：聯經出版事業公司，1980年5月），頁54～60。

物。〔註96〕

　　孔子生活在春秋初年社會動盪的年代，社會關係處於新舊交替之中，他對當時的社會變革非常的不滿與憂慮，因為周代之初，政在天子，其次政在諸侯，又次政在大夫，然自平王東遷以來，天子無力征伐，名存而實亡，故君道成為首要問題。所以孔子痛切地說：

　　　　天下有道，則禮樂征伐自天子出，天下無道，則禮樂征伐自諸侯出，
　　　　蓋十世希不失矣，自大夫出，五世希不失矣，陪臣執國命，三世希
　　　　不失矣。天下有道，則政不在大夫，天下有道，則庶人不議。〔註97〕

孔子認為春秋以來的社會變革是天下無道，孔子立志改變這無道的局面，使之恢復有道，而恢復的方法是「尊君」與「正名」，於是乎作《春秋》以尊王室，故書王正月以大一統也。〔註98〕由這一統觀念，孔子遂進而「尊王」，而其實行之具體主張則為「正名」，所謂正名即按盛周封建天下之制度，而「端正君臣關係」，蓋孔子生當周室衰頹之際，天子凌夷，諸侯僭越，天下秩序紊亂，推究其因不得不歸咎於周禮之廢棄，故子路問為政之先，孔子答以「必也正名」，而齊景公問政：

　　　　孔子對曰：君君、臣臣、父父、子子。公曰：善哉，信如君不君、
　　　　臣不臣、父不父、子不子，雖有粟，吾得而食諸？〔註99〕

推孔子之意，殆以為君臣、父子苟能各依其社會中之名位而盡其所應盡之事，彼此不互相踰越，則秩序井然，而後百廢可舉，萬民相安。若觚已不觚，則國將不國，可見正名之於亂世誠治國之先決條件也。孔子以為正名之術若行，春秋之衰亂，可以復歸於成康之太平。若此，則堯天舜日可以翹首企盼，準此以論，則孔子思想與封建天下關係之密切，亦可窺見一斑。〔註100〕

　　孔子思想固與封建相關，而「君君、臣臣」也確有「君尊臣卑」的內涵在其中，但與漢儒之「君為臣綱」、「父為子綱」、「夫為妻綱」的專斷偏執，

〔註96〕楊陽，《王權的圖騰化——政教合一與中國社會》（臺北：星定石文化出版公司，2002年6月），頁228～231。
〔註97〕《論語注疏》卷16〈季氏〉，頁147。
〔註98〕《春秋公羊傳注疏》卷1〈隱公元年〉，頁8～9：
　　　　元年春王正月，元年者何？君之始年也，春者何？歲之始也，王者孰謂？謂文王也，曷為先言王而後言正月？王正月也，何言乎王正月？大一統也。
〔註99〕《論語注疏》卷12〈顏淵〉，頁108。
〔註100〕蕭公權，《中國政治思想史》上（臺北：聯經出版事業公司，1980年5月），頁58～61。

則絕不相類，孔子對君臣關係基本上是採相對主義，魯定公曾問孔子說：「君使臣，臣事君，如之何？」孔子給了一個限定：「君使臣以禮，臣事君以忠」《論語‧八佾》〔註101〕，這句話不但強調了君必須以禮使臣這個命題，還包含著一個否定性的反命題：若君不以禮使臣，待臣以非禮，則臣就沒有必要事君以忠了。所以君君、臣臣這句話中，還含有另一層重要的意思，此即「國君要像個國君，大臣要像個大臣」是一種相對的「君禮臣忠」的主張，孟子更進一步發揮這種主張，他說：

> 君之視臣如手足，則臣視君如腹心，君之視臣如犬馬，則臣視君如
>
> 國人。君之視臣如土芥，則臣視君如寇仇。〔註102〕

這完全是一種「君禮則臣忠，君不禮則臣不忠」的以恩報恩，以怨報怨的關係了。因此在儒家的政論中，特別強調「政者，正也」，要求國君要有正心誠意的道德修養，因為主政者「其身正，不令而行，其身不正，雖令不從」《論語‧子路》〔註103〕，孟子更一語道破的說：

> 君仁，莫不仁，君義，莫不義，君正，莫不正，一正君而國定矣。
>
> 〔註104〕

由此可見原始儒家的精神，雖然主張「尊君正名」，但非絕對的「君為臣綱」論，而是一種倫理道德的相對論，具有原始社會的民主光輝。〔註105〕所以孔子說：

> 邦無道，則可卷而懷之。〔註106〕

「卷而懷之」與「忠君不二」自然大相逕庭，由此可見孔子很能正確地對待君臣關係。

綜上所述觀之，足知孔子的政治思想非僅治人與治事兩端，且在化民成俗，其「政者正也」之主張，認定政治之主要工作乃在化人正人，非僅以治人，更非僅以治事，故政治與教育同功，君長即師長。而政治之良窳對社會風氣的影響尤其深遠，因此，曾國藩曾說：風俗之厚薄奚自乎？自乎一二人

〔註101〕《論語注疏》卷3〈八佾〉，頁30。
〔註102〕《孟子注疏》，卷8上〈離婁下〉，頁142。
〔註103〕《論語注疏》卷13〈子路〉，頁116。
〔註104〕《孟子注疏》卷7下〈離婁上〉，頁136。
〔註105〕俞榮根，《儒言治世—儒學治國之術》（成都：四川人民出版社，1995年9月），頁128～131。
〔註106〕《論語注疏》卷15〈衛靈公〉，頁138。

心之所嚮而已。一個偉大的領導者，必能以其優越的品格移風易俗，因此《尚書‧泰誓》說：「天佑下民、作之君、作之師。」〔註107〕最足以說明此種傾向。故孔子從周尊王，乃是貫通政教，合一君師的大道，其思想與制度由來久遠矣。〔註108〕

（二）無為

「無為」乃是中國古傳的君道思想，並非道家所獨創，因此道家講「無為」，儒家也講「無為」，在天道觀上，儒家按照「天人之分」的思維模式，主張「天道無為，人道有為」，而國君從政理民，應效法天道，天之作風如何呢？孔子以四時行焉，萬物生焉，論證天道無言，天道無言，而萬物滋長，這是君道的典範，所以孔子一生最推崇堯舜：

> 子曰大哉堯之為君也，巍巍乎唯天為大，唯堯則之，蕩蕩乎民無能名焉。〔註109〕

> 子曰無為而治者，其舜也與，夫何為哉，恭己正南面而已矣。〔註110〕

堯舜取法天道，不自作主張，不固執己見，所以他的「無為」只是「聖人行德於上，而民自歸之，非有心欲民之服也」。〔註111〕聖王在位，何以能達到「但為德，而民自歸之」的「無為」境界呢？主要依靠的是社會的運行機制，國君由「正己」而「正人」，上行而下效以收風動而草偃之功，此即《論語‧子路》所言：

> 上好禮，則民莫敢不敬。上好義，則民莫敢不服。上好信，則民莫敢不用情。夫如是，則四方之民襁負其子而至矣。〔註112〕

在價值取向上，儒家肯定人的主觀能動性，從理論上糾正了道家「蔽於天而不知人」的片面性，確切地說明了天道與人道的關係，將這一思想運用於治國，就產生了儒家所謂「尚賢推德天下治」《荀子‧成相篇》〔註113〕的無為之

〔註107〕《尚書注疏》卷11〈泰誓上〉，頁153。
〔註108〕蕭公權，《中國政治思想史》上（臺北：聯經出版事業公司，1980年5月），頁66。
〔註109〕《論語注疏》卷8〈泰伯〉，頁72。
〔註110〕《論語注疏》卷15〈衛靈公〉，頁137。
〔註111〕黎靖德（宋）類編，《朱子語類》卷23〈論語五〉為政上（濟南：山東友誼書社出版，1993年12月），頁941。
〔註112〕《論語注疏》卷13〈子路〉，頁116。
〔註113〕《荀子集解》卷18〈成相篇〉第25，頁457～458。

說，這種「無爲」並非「無所事事」的哲學，而是先「有爲」而後「無爲」，是「有爲」與「無爲」的統一，所以唐代詩人白居易對儒家的「無爲」思想，曾作過精闢的分析，他指出：

> 儒者，始則懃於修己，勞於求賢，明察其刑，明愼其賞，外序百揆，內勤萬樞，昃食宵衣，念其不息之道。夫如是，豈非大有爲者乎？終則安於恭己，逸於得賢，明刑至於無刑，明賞至於無賞，百職不戒而舉，萬事不勞而成，端拱晃旒，立於無過之地。夫如是，豈非眞有爲者乎？故臣以爲無爲者，非無所爲也，必先有爲而后至於無爲也。〔註114〕

從白居易的論述中，對於儒家的「君道無爲」思想，可作出兩點結論：一是，國君只有力持「不息之道」，先在「懃於修己，勞於求賢」上大有作爲，才能不勞而成，端拱晃旒，立於無過之地的無爲境界。二是，從本質與體制上看，儒家的君道「無爲」，屬於中國傳統中「修德以徠人」的範疇，完全不同於法家「因勢依法」的外在剛性管理，與道家「王與道合一」的「無爲」思想亦有區別，因此孔子的「君道無爲」思想，是以「尙賢崇德」爲基本內容，是一種「主道用賢，臣道知事」的君人南面之術。〔註115〕

（三）禮與仁

從周、尊王、正名乃孔子政治思想的起點，亦爲其王道政治的理想。蓋孔子從周而不泥古，他尊重列國的君主，而力主改革現狀。孔子於周制之中，對於周禮，獨發明其深遠的意義。而此發明之中心，厥爲「仁」的觀念，仁是孔子用來調整統治階級內部的關係和緩和階級矛盾的新原則，故儒家言道言政，皆本於禮與仁，「禮與仁」實爲儒家的兩大核心思想，堪稱儒家思想的兩足尊。〔註116〕蓋孔子推崇王道，講究德治，概括其治國之方爲「道之以德，齊之以禮」，主張道德教化優先，刑政爲輔。孔子所說的德，就是仁，德和禮的關係，就是仁和禮的關係。他的主張是仁、禮統一論，仁是內心的道德修養，禮是外在的制度與行爲規範。仁是禮的基礎與靈魂，禮是仁的體現與落實，孔子提出「仁

〔註114〕白居易（唐），顧學頡校點，《白居易集》卷47〈才識兼茂，明於體用科第一道〉（北京：中華書局，1988年），頁990。

〔註115〕萬榮晉，〈論「無爲」思想的學派性〉，《齊魯學刊》，2001年第1期（臺北：里仁書局，1980年），頁22～23。

〔註116〕蕭公權，《中國政治思想史》上（臺北：聯經出版事業公司，1980年5月），頁61～62。

與禮」的新價值體系，就是希望藉著「仁」的道德修養，重新調整「禮」的制度關係，而其對象最主要的是「貴族階級」，希望君臣和諧，更希望貴族對平民的施政，能本諸「仁愛」的胸懷，實行人道主義。〔註117〕所以禮治與仁政，乃是王道的表現。因而強調把禮的執行，建立在仁的基礎上，把禮的外在的強制，化成內在的自我約束。這便是孔子王道思想的實質和它的意義所在。這種主張必須有英明的國君主政和賢良的輔佐，方能化民成俗，如果沒有眾人的道德的自覺，僅依靠刑政法治，是無法治國的。〔註118〕

　　殷人事神，而周人尊禮，則無論孔子或荀子之說禮，均從周道，而非自關宗風。然周禮之政治思想的內容十分廣泛，大到典章制度，小到人際交往中的禮貌儀節，通過禮制，把人們之間的尊卑、貴賤、親疏的關係區別開來。「禮」表現在政治上是維護宗法等級制度，是周代的傳統。但「禮」在各學派中有不同的意義。絕大多數的人都認為禮是治國的基本原則與典章制度，所以《左傳》說：

　　　　禮，王之大經也。〔註119〕

　　　　禮，上下之紀，天地之經緯也，民之所以生也。〔註120〕

　　　　禮，經國家、定社稷、序人民、利后嗣者也。〔註121〕

「禮」既是王之大經，上下之紀，也是經國家、定社稷、序人民的寶典，因此「禮」的根本精神就在於「經緯社稷」。有一次魯昭公流亡到晉，舉止行動，彬彬有禮，晉侯因此稱讚魯昭公知禮，但女叔齊評論道：昭公遵守的是「儀」而不是「禮」，他說：

　　　　是儀也，不可謂禮。禮所以守其國，行其政令，無失其民者也，今

　　　　政令在家，不能取也……，言善於禮，不亦遠乎？〔註122〕

魯昭公亡失政權，未能安守社稷，還談得上什麼知禮？「禮」是治國的大節，其功用在勸賞、畏刑、恤民，而其治術必以仁為依歸，孔子將「仁」「禮」重構，建構了倫理與政治合一的倫理政治新格局，使仁禮互相發明，標示著倫

〔註117〕任繼愈主編，《中國哲學史》第一冊（人民出版社，1963年7月第1刷，1996年4月北京第15刷），頁74。

〔註118〕許凌雲、許強，《中國儒學通論》（廣州：廣東教育出版社，2002年9月），頁38。

〔註119〕《春秋左傳注疏》卷47〈昭公十五年〉，頁825。

〔註120〕《春秋左傳注疏》卷52〈昭公二十五年〉，頁891。

〔註121〕《春秋左傳注疏》卷4〈隱公十一年〉，頁81。

〔註122〕《春秋左傳注疏》卷43〈昭公五年〉，頁745。

理與政治的內在聯繫，既有仁德的感召，又有禮教的森嚴，強調「克己復禮，而天下歸仁焉」〔註123〕故其治道有三：曰養、曰教、曰治。

　　孔子以養民爲要務，強調博施濟眾，乃是聖王之業，經國體民必自養民始。故孔子非常推崇子產，而以「養民也惠」予以高度評價。而養民之途徑，孔子所言，亦甚簡易，殆不出裕民生、輕賦稅，惜力役，節財用數事。可見孔子之論養民，以民生裕足爲目的，而非財富之大量累積，故重在財富之相對平均，而非生產的大量增加，故孔子嘗謂：

　　有國有家者，不患貧而患不均，不患寡而患不安。蓋均無貧，和無
　　寡，安無傾。〔註124〕

可見儒家理財的原則重分配尤勝於重生產。養民固屬治國的基礎，然國家之目的，不僅在人民有充裕之衣食，亦要求有美善之品性與行爲，故孔子於教化一端則反覆申詳，言之至審。希望藉教化之普及，以培養人民的品德操守，使天下由近而遠，皆一同向化，而止善歸仁，由此論之，則教化不只爲君道治術之一端，實爲孔子政治理論之主幹。孔子雖有天下歸仁之理想，然亦深明人類天賦不齊之事實，除導之以德外，尚須齊之以刑。故孔子雖推崇德治，但未放棄政刑。故孔子每言政刑，則謂：

　　道之以政，齊之以刑，民免而無恥，道之以德，齊之以禮，有恥且
　　格。〔註125〕

由此可見孔子之君道與治術，傾向於擴大教化之效果，縮小政刑之範圍，故其堅持禮治與德治之態度極爲堅定，相信教化之功可收無爲之功效，而簡略政刑，殆爲其「周命維新」之具體表現，因此，孔子以獨創之仁道復興周禮，爲周禮重新注入鮮的生命力，這就使得儒學的建立具有劃時代的意義，同時

〔註123〕李澤厚，《中國古代思想史論》（臺北新店：谷風出版社，1986年12月），頁8～20。
　　　周禮的基本特徵，就是以原始巫術禮儀爲基礎，加上晚期氏族統治的規範化，因此它表現了上下等級、尊卑、長幼的嚴格秩序。另一方面，它由於經濟基礎延續著氏族共同體的基本社會結構，因此在禮儀上，保存了原始的民主性，例如：尊長養老，即是原始氏族的傳統，而孔子的政治經濟主張，既竭力維護氏族統治體系的上下尊卑的等級秩序，又強調這個體制所留存的原始民主和原始人道主義，反對殘暴、壓迫與剝削，這就是所謂的「仁」，所以孔子的「仁」，是整個社會與天下的生活準則與共同的制約，禮治與「仁政」始終保存著原始民主和人道的光輝。
〔註124〕《論語注疏》卷16〈季氏〉，頁146。
〔註125〕《論語注疏》卷2〈爲政〉，頁16。

因應了春秋戰國以來的變局。因此孔子之名教思想，守舊中有創新，稱之爲「託古改制」亦無不可。〔註126〕

二、孟子的名教思想——王道與仁政

　　孔子歿後，儒分爲八，而最具成就與影響者，厥爲孟子與荀子，荀子以隆禮重法，首開儒法整合之道而影響中國政治兩千年，然其徒韓非與李斯，曾佐秦皇統一六國，厥功甚偉，卻甘爲秦政之鷹犬，荼毒天下，聲名遂壞，荀子亦因此而受牽累，不得躋身聖人之列，而孟子獨標「民貴君輕」之旨，抗衡暴政，雖寂寞生前，卻風光於死後，終獲亞聖之地位，與孔子並稱。其實孔、孟在很多思想方面，並不相同。論孟子的一生，亦略與孔子相同，蓋大部時間，均消磨於聚徒講學，與周遊列國。至於當時國際大勢，則七雄並立，孟子稱當時「爭城以戰，殺人盈城，爭地以戰，殺人盈野」，由於戰爭的頻繁，賦稅的苛重，與商業資本之壓榨，農民之生活，極爲艱苦。孟子目睹時艱，而悲天憫人之心愈熱，其志雖未申，而道益堅。其弘揚孔子王道之理想，始終不易，即使奔波世途，歷盡坎坷，也絕不向暴君污吏俯首，其「舍生取義」之論，尤爲千古士人之表率，故孟子乃一人格崢嶸的救國淑世者。〔註127〕

　　孟子與孔子以及春秋戰國時代的許多賢哲一樣，也都滿懷「治國平天下」的抱負與理想，周遊列國，上說國君，提出自己的政治、經濟主張，其特點是充滿人道與民主色彩，這是古代氏族傳統在思想上最後的迴光反照，它的耀眼光芒，藉由孟子對「民貴君輕」思想的發揮，始終是中華民族最寶貴的文化資產，而其「仁政王道」的偉大理想，雖因世亂日亟，暴君屢作，而流於空中樓閣，然其精通六經，以繼承孔子之道自任的豪情壯志，終成萬世楷模。孟子曰：

　　　　五百年必有王者興，其間必有名世者。由周而來，七百有餘歲矣。

　　　　以其數則過矣，以其時考之，則可矣，夫天未欲平治天下邪？如欲

　　　　平治天下，當今之世，舍我其誰也。〔註128〕

孟子遊說諸侯，無非想達成「平治天下」的理想，而其方法在君道方面則要求「內聖外王」，而「內聖」是「外王」的基礎，「外王」則是「內聖」的擴

〔註126〕蕭公權，《中國政治思想史》上（臺北：聯經出版事業公司，1980 年 5 月），頁 64～68。

〔註127〕曾繁康，《中國政治思想史》（臺北：大中國圖書公司，1971 年 8 月），頁 85～87。

〔註128〕《孟子注疏》卷 4 下〈公孫丑下〉，頁 85。

充。此即孔子所說的：「我欲著之空言，不如見諸行事之深切著明也」，這正是孔孟以降，儒者的一貫立場，孔孟始終認為「道」尊於「勢」，主張以道德的修為提昇政治的境界，以實現「道德政治」的理想而要完成這理想則必須從君道的修為開其端緒，故儒者常將「內聖」置於「外王」的脈絡中以為考量。〔註129〕

（一）內聖的修養

孟子政治思想的特徵，在於繼承孔子的仁道精神，以重視心性，闡揚人的善性，做為整個理論結構的基礎和起點，人由於有惻隱、羞惡、辭讓、是非四種善心之自覺，而有道德行為。也可以說孟子把整個「外王」的政治經濟綱領完全建立在君主心性的自覺之上，而「仁政王道」之所以可能，最重要的即在於統治者具有「不忍人之心」，孟子說：

> 人皆有不忍之心。先王有不忍人之心，斯有不忍人之政矣。以不忍
> 人之心，行不忍人之政，治天下可運之掌上。〔註130〕

「仁政王道」是「不忍人之政」，這個「不忍人之政」是建築在「不忍人之心」的基礎之上的。「不忍人之心」成了「仁政王道」的充分和必要條件。孟子認為國君若能擴充一切不忍人之心，則有不可勝用之仁。孟子不但極大地突出了「不忍人之心」的情感心理，而且還賦予它以形而上的先驗性質，所以孟子解釋什麼是「不忍人之心」說：

> 所以謂人皆有不忍人之心者，今人乍見孺子將入於井，皆有怵惕惻
> 隱之心，非所以內交於孺子之父母也，非所以要譽於鄉黨朋友也，
> 非惡其聲而然也。由是觀之，無惻隱之心，非人也。無羞惡之心，
> 非人也。無辭讓之心，非人也。無是非之心，非人也。惻隱之心，
> 仁之端也。羞惡之心，義之端也。辭讓之心，禮之端也。是非之心，
> 智之端也。人之有四端也，猶其有四體也。……苟能充之，是以保
> 四海，苟不充之，不足以事父母。〔註131〕

這是著名的「四端」說，也即是孟子的性善論，即認為人之所以區別於禽獸在於人先驗地具有仁、義、禮、智這種內在的道德素質，它是不假思索的良

〔註129〕黃俊傑，《天道與人道》〈內聖與外王——儒學傳統中道德政治觀念的形成與
　　　　發展〉（臺北：聯經出版事業公司，1982 年 11 月），頁 252～254。
〔註130〕《孟子注疏》卷 3 下〈公孫丑上〉，頁 65。
〔註131〕《孟子注疏》卷 3 下〈公孫丑上〉，頁 65～66。

知良能，這不等於孟子不知道現實的人性中充滿罪惡，當孟子說出：「人之所以異於禽獸者幾稀」時，實已深刻地認識了現實世界的罪惡和痛苦，更對人性受欲望牽引之深，表達了關切，但他仍主張性善論，最主要的是想建立道德的主體性。孟子發展了這種深層的道德心理，對中國的倫理學與政治學都產生了巨大的影響。它更是君王治國平天下的基本修養。〔註132〕

　　孟子對君王的道德修養，不止要求其通過良知良能的本心，去實踐道德生命，更要求其擴充四端，居仁由義，以達到個人德行的充實飽滿，甚而成就「聖」與「神」之功。而其修證歷程則是逐步開展的。《孟子・盡心》有如是的詮解：

> 浩生不害問曰：「樂正子，何人也？」孟子曰：「善人也，信人也。」
> 「何謂善？何謂信？」曰：「可欲之謂善，有諸己之謂信，充實之謂美，充實而有光輝之謂大，大而化之之謂聖，聖而不可知之之謂神。樂正子，二之中，四之下也。」〔註133〕

這段有關於孟子對樂正子人格評論的談話，唐君毅先生以爲當可視爲孟子對「成德歷程」的描述，通過「善」、「信」、「美」、「大」、「聖」與「神」，逐步開展理想人格的修證歷程。〔註134〕以仁義爲可欲之善，更應該是個人道德生命的直接實踐，因此說：「有諸己之謂信」若人能擴充四端，居仁由義，則可得見個人道德生命之「美」，當人依仁義充實飽滿其道德生命，自然會以天下爲己任，以萬民之禍福爲承擔，這就是大丈夫，能爲他人盡力的「大人」，其德性光輝普照世人。當個人道德生命的實踐能澤及他人，而且能不自恃其功，一如堯舜，即可達到聖人或聖王的境界。唐君毅先生用「過化存神」詮釋此種境界，指出君王以其德化民成俗，謂之「聖」，而其德潤蒼生的感化之功，深廣不可測量，謂之「神」。所以孟子的君道思想以成就「聖王」爲理想人格，不但自己要實踐道德生命，更應助眾人成就道德生命。換言之，就是要修養聖君之德，以「修己以安百姓」爲志業，唯有如此，才能實現「內聖外王」的事功與理想。〔註135〕

〔註132〕李澤厚，《中國古代思想史論》（臺北新店：谷風出版社，1986 年 12 月），頁36～40。
〔註133〕《孟子注疏》卷 14 上〈盡心下〉，頁 254。
〔註134〕唐君毅，《中國哲學原論》卷 1（臺北：臺灣學生書局，1977 年），頁 242～244。
〔註135〕陳政揚，〈孟子與莊子「內聖外王」研究〉（臺中：東海大學哲學研究所博士

（二）外王的事功

　　孟子通過推仁心，行仁政而展開他的仁政王道思想。而「內聖外王」正是儒家政治的基本理想，孔孟言君子人格，絕不可只停留在「內聖」的階段，必須向外界追求事功的表現。而理想社會的建立與政治領袖的人格特質有密切關係，因此，具備「仁」與「聖」的君王，才能完成理想。故孟子以仁義爲政事論之基礎，所以全力倡言仁義之功效，《孟子‧離婁》云：

　　　人不足與適也，政不足閒也，惟大人爲能格君心之非。君仁、莫不

　　　仁，君義，莫不義，君正、莫不正。一正君而國定矣。〔註136〕

仁義有時又簡稱仁政，如《孟子‧梁惠王上》云：

　　　保民而王，莫之能禦也。〔註137〕

「內聖外王」的仁政理想，或許無法防制「皇權集中」的「權力惡果」，但從文化的觀點而論，這種圓通的人文精神，足以增長政治中的理性成份，故仁政實行之要，首在重民。

　　孟子是「民本」主義的發揚者，但非「民本」思想的開創者，其實中國的「民本」思想萌芽甚早，當周滅商而掩有天下之時，周室的開國賢臣就有了很深刻的反省。周公曰：「唯命不于常。」《尚書‧康誥》〔註138〕已經提出了天命無常，唯德是依的警告，告誡主政者要注重民意，而〈泰誓〉天民視聽之語，則其來源更爲古舊，孟子提貴民之說，乃承自周代「尊天保民」之思想。認爲唯有德者方能領受天命，治理萬民，成爲萬民之主。〔註139〕所以《尚書‧立政》曰：

　　　帝欽罰之，乃伻我有夏，式商受命，奄甸萬姓。〔註140〕

周朝因爲領受了天命，才能取代無道的殷商治理萬民，所以有德的君主應該關心民瘼，體察民情，是以民本思想早已於此時萌芽。故《尚書‧五子之歌》曰：「民惟邦本，本固邦寧」。〔註141〕而《左傳‧桓公六年》亦云：

論文，2003年），頁80～81。
〔註136〕《孟子注疏》卷7下〈離婁上〉，頁136。
〔註137〕《孟子注疏》卷1下〈梁惠王上〉，頁21。
〔註138〕《尚書注疏》卷14〈康誥〉，頁206。
〔註139〕劉澤華，《中國政治思想史》〈先秦卷〉（杭州：浙江人民出版社，1996年），頁20。
〔註140〕《尚書注疏》卷17〈立政〉，頁261。
〔註141〕《尚書注疏》卷7〈五子之歌〉，頁100。

夫民，神之主也，是以聖王先成民而後致力於神。〔註142〕

這都具體地指出在中國政治思想中，孟子所揭舉的「民本」主張，是其來有自的，而且淵源甚古。〔註143〕然而孟子在天下無道，征戰連年的戰國時代，高舉「貴民」的思想，卻更能顯出與暴政抗衡的決心。孟子曾指出「諸侯之寶三：土地、人民、政事」《孟子・盡心下》其中又以「人民」最爲重要，是以倡議「民貴君輕」說，以爲「得乎丘民而爲天子」，《孟子・盡心下》曰：

> 民爲貴，社稷次之，君爲輕。是故得乎丘民而爲天子，得乎天子爲
> 諸侯，得乎諸侯爲大夫。諸侯危社稷，則變置。犧牲旣成，粢盛旣
> 絜，祭祀以時，然而旱乾水溢，則變置社稷。〔註144〕

孟子認爲諸侯若有害於人民，人民可以改立。由此可知「君」是可以變置更換的，只有人民才是永恆不變的，「人民」才是政治的重心。〔註145〕孟子認爲國君應該取法先王之道，推行仁政，更應以周代建國以來「天命靡常」的精神與「民本」思想，自我惕勵，而「貴民輕君」之論，則在警惕國君，認爲

〔註142〕《春秋左傳注疏》卷6〈桓公六年〉，頁110。
中國在夏、商、周早期國家的形成過程中，是以部落征服爲其特徵的，中央與地方的關係是征服者與被征服者，結成鬆散的聯盟，征服者控制著國家的中心地帶，這就是文獻上的「夏邑」和「大邑商」，王畿以外的地方，住著被征服者，但政治上又有很大的獨立性，這種聯盟聯係很不穩固，到了西周行分封制度以後，才進一步發展成「國野制度」，征服者居住在國中，被征服者居於野，國人與野人在政治上有明顯的地位差別，國與野的存在，讓原有的氏族公社的血緣關係一直被保存下來。因此，夏、商、周三代就是以血緣關係爲紐帶所形成的宗法型國家，族長即是君長，自然走上了君主專政的道路，旣沒有出現古代希臘的城邦政治，也沒有出現類似羅馬的共和政體。所以，君主專制制度的不斷發展壯大，乃是夏、商、周社會政治制度的主要特徵。故春秋時期興起的民本思潮，雖然繼承了西周敬天保民的思想，而且成爲後來孔孟思想的泉源，但在本質上，它並不帶有民主性質。因爲它從來不否認君主專制的合理性，其出發點是如何統治民眾，其歸宿仍然是如何統治民眾，所以說：「君，民之望也」，在觀念上仍然認爲君主是民眾的主人，這是春秋時期民本思想的侷限性，最主要原因是君主專制在中國歷史上長期的存在，民主思想並無賴以生存的社會歷史條件。參考：朱日耀，《中國古代政治思想史》（長春：吉林大學出版社，1988年4月第1版1刷），頁4及29。
〔註143〕劉述先先生曾指出，孟子「民本」思想的來源，而葉經柱先生由《尚書》、《國語》、《春秋左傳》整理歸納出古代先哲的民本思想，也十分有參考價值。詳見：劉述先，《文化與哲學探索》（臺北：臺灣學生書局，1986年），頁352。葉經柱，《孟子之民本主義》（臺北：正中書局，1990年），頁51～86。
〔註144〕《孟子注疏》卷14上〈盡心下〉，頁251。
〔註145〕蔡仁厚，《孔孟荀哲學》（臺北，臺灣學生書局，1994年），頁313。

國君之治國理民，應視民如傷，以「保民」為要務，才是君道的極則。而「保民」之道，則在於法先王。孟子之論法先王《孟子・離婁》云：

> 離婁之明，公輸子之巧，不以規矩，不能成方員。師曠之聰，不以六律，不能正五音。堯舜之道，不以仁政，不能平治天下。今有仁心仁聞，而民不被其澤，不可法於後世者，不行先王之道也。故曰：徒善不足以為政，徒法不能以自行。詩云：「不愆不忘，率由舊章」遵先王之法而過者，未之有也。〔註146〕

雖孟子如此推尊先王之法，然先王之法之具體措施結果如何？由於古代文獻不足，是以孟子所言概略不詳，然而孟子以大思想家的睿智，早已察覺治國必以經濟為優先，達到養生送死無憾才是王道之始，其側重者似有下列幾點：

第一：為民制產——孟子的理想係針對當時土地兼併之情況而發，蓋自魯國實行「初稅畝」以來，土地逐步私有化，而工商業的發達，造成豪強兼併之風，更加嚴重，馴至富者田連阡陌，而貧者無立錐之地，貧富懸殊，導致社會動盪不安，孟子遂提出「為民制產」的主張，而以恢復井田制度為理想，同時讚揚當時普遍實行的「授田制」，故稱「行仁政必自正經界始」他說：

> 夫仁政必自正經界始。經界不正，井地不鈞，穀祿不平。故暴君汙吏，必慢其經界。經界既正，分田制祿，可坐而定也，……死徒無出鄉，鄉田同井，出入相友，守望相助，疾病相扶持，則百姓親睦。方里而井，井九百畝，其中為公田，八家皆私百畝，同養公田，公事畢，然後敢治私事。所以別野人也。此其大略也。〔註147〕

孟子是一個通達人情世故的大思想家，他深知仁政王道的推行，必先使人民衣食不虞匱乏，才能提倡道德教化，因此孟子主張為政之道必由「養民」肇始，而主張恢復井田制度，他認為「民無恆產，則無恆心」〔註148〕，聖君主政理民，必須做到「養生送死無憾」，才算盡責，所以應該在政策上主動為民制產，唯有讓人民衣食有餘，才有足夠的經濟基礎，實行教化，使人民向善，

〔註146〕《孟子注疏》卷7上〈離婁上〉，頁123。
〔註147〕《孟子注疏》卷5上〈滕文公上〉，頁91～92。
〔註148〕《孟子注疏》卷1下〈梁惠王上〉，頁23。
　　　　孟子云：「民之為道也，有恆產者有恆心，無恆產者無恆心，苟無恆心，放僻邪侈，無不為矣。及陷於罪然後從而刑之，是罔民也。焉有仁人在位，罔民而可為也。是故賢君必恭儉禮下，取於民有制。」

所以說：「養生喪死無憾，王道之始也」《孟子‧梁惠王上》。〔註149〕而孟子提出井田制度的理想，做為調劑貧富的目標，此一理想對於中國田制所產生的影響，實異常重大。

第二：輕徭薄賦──孟子生長在戰國時代，這是一個戰爭頻仍，暴政屢興，農村瀕於破產的時代，農民經常轉輾於溝壑，淪為白骨。故孟子論仁政，極為重視輕徭薄賦，使農民之經濟生活得以復甦。因此《孟子‧盡心下》說：

> 有布縷之征，粟米之征，力役之征。君子用其一，緩其二。用其二
> 而民有殍。用其三而父子離。〔註150〕

而《孟子‧梁惠王上》也說：「王如施仁政於民，省刑罰、薄賦斂」〔註151〕，因此孟子又提出了什一之稅的主張，他說：

> 夏后氏五十而貢，殷人七十而助，周人百畝而徹，其實皆什一也，……
> 樂歲粒米狼戾，多取之而不為虐，則寡取之。凶年糞其田而不足，
> 則必取盈焉，為民父母，使民盻盻然，將終歲勤動，不得以養其父
> 母，又稱貸而益之，使老稚轉乎溝壑，惡在其為民父母也。〔註152〕

孟子首先提出什一之稅的主張，後世儒者遂相繼推崇，以為訂定田賦稅率的理想標準。孟子關懷農民生計，除了重視「輕徭薄賦」之外，也主張積極發展農業生產，以求富民，故孟子之論不違農時，嘗言之屢屢，他說：

> 不違農時，穀不可勝食也。數罟不入洿池，魚鼈不可勝食也。斧斤
> 以時入山林，材木不可勝用也。穀與魚鼈不可勝食，材木不可勝用，
> 是使民養生喪死無憾也。養生喪死無憾，王道之始也。〔註153〕

孟子之論發展農業經濟，大致如此，而其恢復井田之議，為民制產之論，養生送死無憾的理想，都彰顯了孟子重視人民生計的大儒風範，孟子堪稱儒者之中最重利用厚生，和最重視經濟者。〔註154〕

第三：明人倫教化──儒家論政，本始於富民，而其最終之理想，則是期望人人為君子，此孟子同於孔子者也。因此君王理政治國，應生計與教化

〔註149〕《孟子注疏》卷1上〈梁惠王上〉，頁12。
〔註150〕《孟子注疏》卷14下〈盡心下〉，頁258。
〔註151〕《孟子注疏》卷1上〈梁惠王上〉，頁14。
〔註152〕《孟子注疏》卷5上〈滕文公上〉，頁91。
〔註153〕《孟子注疏》卷1上〈梁惠王上〉，頁12。
〔註154〕曾繁康，《中國政治思想史》（臺北：大中國圖書公司，1971年8月），頁101
　　　～104。

同時並重，因此孟子認爲「善政不如善教之得民也」《孟子‧盡心上》〔註155〕，國君理政，在爲民制產，輕徭薄賦之後，應教育人民，並指出夏、商、周三代之教育政策「皆所以明人倫」《孟子‧滕文公上》〔註156〕，此實爲中國數千年來教育宗旨之所在，因此《孟子‧滕文公上》云：

> 設爲庠序學校以教之。庠者，養也。校者，教也。序者，射也。夏曰校，殷曰序，周曰庠，學則三代共之，皆所以明人倫也。人倫明於上，小民親於下。〔註157〕

孟子以「明人倫」作爲教育政策之首要目標，除了從中可以取法先王之道外，甚至可以強兵禦侮，將倫理道德轉化爲國防武力，他說：

> 王如施仁政於民，省刑罰，薄稅賦，深耕易耨，壯者以暇日，修其孝悌忠信，入以事其父兄，出以事其長上，可使制梃，以撻秦楚之堅甲利兵矣。〔註158〕

我們可以發現，在孟子思想中，仁義內在，人倫之明與安立天下之間，存在著同一個普遍客觀的價值理序，因此身、家、國、天下之間，有著上下一致的聯繫。

孟子的王道思想，除了「保民」與「法先王」之外，就是「貴王賤霸」的態度，將「王」「霸」之別，從抽象的歷史概念提煉爲具體的政治主張的，孟子實屬關鍵性的人物。〔註159〕孟子所處之時代，使他深感數百年來之霸政，均不曾解決問題，縱使可以暫時維持國際安寧，而其結果，仍屬以暴易暴，造成更大的紛擾。此孟子之所以詘「霸政」，而伸「王政」也。由是孟子進而指出王政與霸政之區分，他說：

> 以力假仁者霸，霸必有大國。以德行仁者王，王不待大。湯以七十里，文王以百里。以力服人者，非心服也，力不贍也。以德服人者，中心悅而誠服也，如七十子之服孔子也。詩云：「自西至東，自南至北，無思不服，此之謂也。」〔註160〕

《孟子‧盡心上》又說：

〔註155〕《孟子注疏》卷13上〈盡心上〉，頁231。
〔註156〕《孟子注疏》卷5上〈滕文公上〉，頁91。
〔註157〕《孟子注疏》卷5上〈滕文公上〉，頁91。
〔註158〕《孟子注疏》卷1上〈梁惠王上〉，頁14。
〔註159〕黃俊傑，《孟學思想史論》卷2（臺北：中央研究院，1977年），頁144。
〔註160〕《孟子注疏》卷3下〈公孫丑上〉，頁63。

> 堯舜性之也。湯武身之也。五霸假之也。久假而不歸，惡知其非有
> 也。〔註161〕

孟子之論政治，乃就一國內政之良窳與國家發展目標，將其分爲「王政」、「霸政」與「暴政」三等，「王政」的表徵乃是「以德服人」，因此能使人民衷心悅服，能措天下於泰山之安。而霸政之表徵，則爲「以力服人」。以力服人者，非心服也，故只能維持暫時的苟安，至於暴政的表徵，則是「殘民以逞」。殘民以逞者，與人民爲敵，故其土崩瓦解，可立而待也。此孟子所以崇「王政」，退「霸政」，而大聲疾呼反對「暴政」也。孟子通過「德」與「力」界定「王」與「霸」之不同，論斷了二者的高下。而孟子以「民心」爲依歸作爲評斷國政的標準，這就是孟子卓犖不群之處。當時的大國企圖以武力征服他國，因此以霸道統治人民，終非恆常之道，相對的，明君以德行仁，則是人民出於自願而歸服，不需依靠龐大的武力鎮壓民眾，更不會因民怨沸騰而傾覆，所以仁政王道，才是安立天下的恆常之道。孟子乃就一國政治好壞之程度，將其分爲「王政」、「霸政」與「暴政」三等，雖自表面觀之，無非論三者之利弊得失而已，然非其眞旨所在，若言其眞旨，則在行堯舜之道，以公天下之心，行仁民愛物之政，以求博施濟眾，使人民遠離水火，而登之於袵席之上。由此觀之，孟子之政治思想境界，其探賾索幽，以啓迪吾人者深矣，而其「貴王賤霸」之精蘊，尤爲政治思想中最爲偉大者。〔註162〕

三、荀子的名教思想——隆禮重法

荀卿生當戰國之季年，於先秦儒家諸子中，最爲晚出，故其所涉獵之學術最爲龐雜，而思想內容則最爲瑰麗，《史記·孟子荀卿列傳》云：

> 荀卿，趙人。年五十始來游學於齊。……。田駢之屬皆已死齊襄王
> 時，而荀卿最爲老師。齊尚脩列大夫之缺，而荀卿三爲祭酒焉，齊
> 人或讒荀卿，荀卿乃適楚，而春申君以爲蘭陵令。春申君死而荀卿
> 廢，因家蘭陵。李斯嘗爲弟子，……。因葬蘭陵。〔註163〕

荀子出世最晚，爲儒家之季軍，由於時代的風尚與歷史形勢的差異，影響了

〔註161〕《孟子注疏》卷13上〈盡心上〉，頁239。
〔註162〕曾繁康，《中國政治思想史》（臺北：大中國圖書公司，1971年8月），頁108
　　　　～111。
〔註163〕《史記》卷74〈孟子荀卿列傳〉，頁2348。

他的立言態度與名教思想。在荀子之時，各國政治已現末世頹風，荀子雖有
揚清激濁之志，然當時國君對於賢人之禮遇，日益以衰，而君權卻於此時趨
於獨大。故荀子之立言，面對君權，多倡遜順之旨，是知荀子處境之非得已
是也。《荀子・堯問篇》云：

> 爲說者曰：「孫卿不及孔子。」是不然。孫卿迫於亂世，鰌於嚴刑，
> 上無賢主，下遇暴秦，禮義不行，教化不成，仁者絀約，天下冥冥，
> 行全刺之，諸侯大傾。當是時也，知者不得慮，能者不得治，賢者
> 不得使，故君上蔽而無覩，賢人距而不受。然則孫卿懷將聖之心，
> 蒙佯狂之色，視天下以愚。詩曰：「既明且哲，以保其身。」此之謂
> 也。〔註164〕

荀子由於曾在齊國的稷下學宮遊學，爲稷下先生之一，還一度曾充任稷下學
宮的「祭酒」，所以他的思想體係雖屬儒家，同時又批判性地吸收了諸子百家
的思想，顯得渾厚充實，具有廣大的容量。因此，他的思想極爲廣博浩瀚，
足以綜攬百家，《荀子》這本書幾乎無所不論，天地、古今、政治、經濟、哲
學軍事、教育、道德、文藝等等，都有專論，堪稱見聞最廣，學問最淵博。
荀子的思想對漢儒有很大的影響，堪稱最早將儒法結合鎔鑄在一起的，他熔
禮治與法治爲一爐的禮法一體論，實際上爲兩千年來封建統治者所採納。而
其名教思想，最重君道與治道，故其「君道思想」，也是儒法揉雜的產物，其
內容洋溢著法家的氣味，與孟子的「貴民輕君」思想大異其趣，然就造成中
國統一之功而論，荀子遠比孟子爲大，而其政治思想的影響也更爲深遠。

　　荀子身處戰國末世，君主專制的體制已確立，故其論君道，特別致力於
尊重君主之地位與權力。他所謂的「王制」亦即「王道」或「君道」，這個王
是君王的最高典型與理論化的表現，這個理想國中的君王，應是「道義」的
化身，他說：

> 聞修身，未嘗聞爲國也。君者，儀也。民者，景也。儀正而景正。
>
> 〔註165〕

荀子認爲一國之君，擁有最高的權力，其治國理政，關乎人民的禍福與一國
之興衰，因此只有「修身」才是問題的根本」〔註166〕，修身要以「道義」爲

〔註164〕《荀子集解》卷20〈堯問篇〉第32，頁553。
〔註165〕《荀子集解》卷8〈君道篇〉第12，頁234。
〔註166〕李澤厚，《中國古代思想史論》（臺北新店：谷風出版社，1986年12月）頁

標準，君主應當努力修身，才能正確使用權力。荀子在〈王制篇〉裡，首論「王者之人」，強調爲君爲王者的標準和原則，凡是君主都應向這個目標看齊，他說：

> 王者之人，飾動以禮義，聽斷以類，明振毫末，舉措應變而不窮，
>
> 夫是之謂有原，是王者之人也。〔註167〕

其大意是說：實行王道的君王，應該用禮儀來約束自己的行動，以法行事，明察秋毫，善於應變，這樣才能成爲明君聖主。〔註168〕那麼要怎樣才能成爲明君聖主呢？荀子以爲：

（一）禮法並重

　　荀子所處的時代，畢竟與孔孟大不相同了，戰國末期，地域性的封建國家已經確立，因之，荀子在遵循孔門的傳統中，也就作了許多變通，例如孔孟以「仁義」釋「禮」，不重刑政，荀子則大講「刑政」，並稱「禮、法」，所以「尊禮重法」就成爲荀學區別孔孟的基本特色。但這特色又仍然從屬於儒家軌道。荀子是新時代的儒家，爲了適應君主專政的需要，在他的思想理論中，孔孟思想的原始民主和人道遺風畢竟大大的削減了，從而更明白地呈現出封建社會的尊君與專制，所以荀子的理論已經缺少了那種打動人心的原始人道感情和吸引人的原始民主力量。因此孟荀雖同樣講「修身」，但孟子講「仁義」，偏重內在的心理發掘，而荀子卻強調外在規範的約束。所以荀子批評孟子「略法先王而不知其統」，也就是說孟子忽略了「禮」對社會人群客觀的綱紀統領作用。所以孔孟荀的差異是：孔子只提出仁學的文化心理結構，而孟子則發展了這結構中的心理和個體人格的價值，它是由內而外的。荀子則特

180～120。

荀子思想雖經常地與孟子對立與改異，但大體上都遵循儒家路線，無論政治經濟之主張，其共同處有一個中心點，這就是〝以修身爲本〞由修身而齊家而治國、平天下。這正是民族制度所要求於統治者們的必經程序。由自身作起，才可在本氏族內取得威信，然後才可能當部落或部落聯盟的有威望的首領。所謂〝人皆可以爲堯舜〞之道德原則，其實是經過綿延數千年之久的歷史事實，儘管這遠古制度早已崩潰無餘，但它留給人們思想的印痕、觀念和傳統，卻未磨滅而由〝信而好古〞的孔門儒學保存下來，把本是現實社會政治體制變而爲意識形態中的倫常道德，這正是儒家學說的主要特徵之一，對後面中國文化影響極大，孔、孟、荀在這方面是一脈相承的。

〔註167〕《荀子集解》卷5〈王制篇〉第9，頁158。

〔註168〕劉澤華，《中國古代政治思想史》（天津：南開大學出版社，1997年3月第3刷），頁97～99。

別強調「禮、法」作為準繩尺度的功用，它是由外而內的。〔註169〕因此《荀子·君道篇》說：

> 至道大形，隆禮至法則國有常，尚賢使能則民知方，纂論公察則民不疑，賞克罰偷則民不怠，兼聽齊明則天下歸之。然後明分職，序事業，材技官能，莫不治理，則公道達而私門塞矣，公義明而私事息矣。如是，則德厚者進而佞說者止，貪利者退而廉節者起。……。夫是之謂政教之極。〔註170〕

荀子是主張君道應該「尊禮重法」的，他的所謂「禮」近乎於「法」，所以他說：「非禮是無法也」，因此為政不以禮，就是為政不以法〔註171〕，如果政與法衝突，人民就無法適從，所以國君宜制禮立法，人民之行為方有準據。慎子有見於此，故曰：

> 君人者舍法而以身治，則誅賞予奪從君心出矣。然則受賞者雖當，望多無窮。受罰者雖當，望輕無已。君舍法而以心裁輕重。則同功殊賞，同罪殊罰矣，怨之所由生也。〔註172〕

在中國古代「制禮」與「立法」之權屬於人主，人主之制禮立法，是令貴賤有等，長幼有序，智愚能不肖有別，使人人各得其宜。禮法確立了，社會就有所遵守，那麼社會就安定了，國家也就統一了。此即慎子所言：「法雖不善，猶愈於無法，所以一人心也。」《慎子·威德》〔註173〕何況禮法者，有利必有弊，善為政者，當察時勢之需要，權利害之大小，而定取捨，故韓非說：

> 法有立而有難，權其難而事成則立之；事成而有害，權其害而功多則為之。無難之法，無害之功，天下無有也。〔註174〕

事實上「禮與法」都是社會人群的規範，但「禮」之內容，遠較「法」更為繁

〔註169〕李澤厚，《中國古代思想史論》（臺北新店：谷風出版，1986 年 12 月），頁 119 ～121。

〔註170〕《荀子集解》卷 8〈君道篇〉第 12，頁 239。

〔註171〕《荀子集解》卷 19〈大略篇〉第 27，頁 492。
云：「禮者，政之輓也。為政不以禮，政不行矣。」

〔註172〕慎到（戰國）撰，嚴一萍選輯，守山閣叢書，《慎子》卷 1〈君人〉（臺北：藝文印書館，1968 年），頁 5。

〔註173〕慎到（戰國）撰，嚴一萍選輯，守山閣叢書，《慎子》卷 1〈威德〉（臺北：藝文印書館，1968 年），頁 2。

〔註174〕陳奇猷校注，《韓非子集釋》卷 18〈八說〉第 47（臺北：河洛圖書出版社，1974 年 3 月第 1 版），頁 974。

複，禮的本質，缺乏客觀性與強制性。而法則不然，有客觀性，又有強制性。客觀性與強制性之有無，可以說是禮與法最大的區別。世人多謂周代用禮治，其實周代何曾廢刑，周初就有五刑，吾人讀《尚書·呂刑》即可知之。故知「禮法」者乃治國之根本也，尹文子引彭蒙之言曰：「聖人之治，獨治者也；聖法之治，則無不治矣。」《尹文子·大道下》〔註175〕其理甚明，其義甚是。

中國古代是一個以封建為主的宗法社會，禮、法有別，對象亦有別，所以《曲禮》說：「禮不下庶人，刑不上大夫」〔註176〕。故荀子曰：

　　由士以上則必以禮樂節之，眾庶百姓則必以法數制之。〔註177〕

中國古代是一個封建社會，階級之區分，非常嚴格，士以上即貴族，眾庶即平民，其權利義務溝然懸殊，於是以禮治、刑治嚴以區別，中國古代所謂禮者，用以治同類之貴族。所謂刑者，用以治歸化之賤族。是以《尚書·呂刑》曰：「苗民弗用靈，制以刑，唯作五虐之刑，曰法」〔註178〕此刑法之起源最可信據者，當社會面臨大變革時，諸子百家，咸思所以救其敝，而儒者則欲以疇昔專適用於貴族之禮，擴大其範圍使適用於一般之平民。法家則欲以疇昔專適用於平民之刑與法，擴大其範圍，使適用於一般之貴族，此實禮治與法治最大之爭點，也是中國政治史上一最大關鍵。〔註179〕

然荀子的「君道思想」是「尊禮重法」，常常禮法並提，這就是他能因應時代需求的卓絕表現，荀子認為法要以禮為根據，所以《荀子·勸學篇》說：「禮者，法之大分，類之綱紀也」〔註180〕，這句話的意思是說：「禮是法的綱領或指導原則」，荀子對禮法的關係與理論，在本質上作了有見地的闡述。他說：

　　禮起於何也？曰：人生而有欲，欲而不得，則不能無求，求而無度
　　量分界，則不能不爭；爭則亂，亂則窮。先王惡其亂也，故制禮義
　　以分之，以養人之欲，給人之求，使欲必不窮於物，物必不屈於欲，
　　兩者相持而長，是禮之所起也。〔註181〕

〔註175〕尹文（周）撰，王愷鑾校正，《尹文子校正》〈大道下〉收錄於《民國叢書》
　　　　第五編之9（上海：上海書店，據商務印書館1934年版影印），頁30。
〔註176〕《禮記注疏》卷3〈曲禮上〉，頁55。
〔註177〕《荀子集解》卷6〈富國篇〉，頁178。
〔註178〕《尚書注疏》卷19〈呂刑〉，頁296。
〔註179〕薩孟武，《儒家政論衍義》（臺北：東大圖書有限公司，1982年6月），頁542
　　　　～551。
〔註180〕《荀子集解》卷1〈勸學篇〉第1，頁12。
〔註181〕《荀子集解》卷13〈禮論篇〉第19，頁346。

在這裡，荀子把作爲社會等級秩序，統治法規的「禮」，溯源和歸結爲人群維持生存所必需。「禮」不但被作爲社會法度、規範、秩序，而且被視作是「百王之所積」，乃是久遠歷史的成果，並非只是「聖人」的獨創。「禮」乃是人作爲特殊族類存在所必需的，它不是個體自發的善良本性，而是針對個體具有強制性質的群體要求。因此荀子的理論，對氏族血緣傳統的「禮」賦予了新的意義，而新的意義和內容，正是爲了適應春秋戰國以來經濟社會的劇變，以及大一統的需要，是從社會規範的整體統治立場出發，正因爲如此，它更強調整體的禮法綱紀，而不再只強調個體的仁義道德，所以他說：

> 入孝出弟，人之小行也；上順下篤，人之中行也；從道不從君，從
> 義不從父，人之大行也。若夫志以禮安，言以類使，則儒道畢矣，
> 雖舜，不能加毫末於是矣。〔註182〕

荀子的「禮」，體現了戰國末年歷史大變動的趨勢，是從現實的群體規範秩序出發，正因爲如此，也就很自然地要「法後王」，荀子的「尊禮重法」，雖然失去了氏族傳統的民主與人道氣息，卻贏得了新的階級統治的青睞，而其隆君權，一制度的主張，實際上開創了後世以嚴格等差級別爲統治秩序的封建專制國家的思想基礎。所以譚嗣同說：「二千年來之學，荀學也。」荀子這種從社會統治整體著眼的睿智和歷史見識，較諸孔孟仍依循氏族傳統的禮制，更具時代的進步意義。〔註183〕

荀子主張禮治，同時又主張法治，但法要以禮爲依據，因此對法的理論，首先提出了「法義」、「法數」和「類」三個概念，「法義」相當於今天所說的法學原理，「法數」即具體的法律條文，他認爲法義是法數的指導，所以《荀子‧君道篇》說：

> 不知法之義，而正法之數者，雖博，臨事必亂。〔註184〕

法數不管多麼詳細具體，也不可能包括一切，當遇到案件，又缺乏法律條文可資遵循時，此際只能依其心證作類比推論，春秋斷獄即其例證，《荀子‧王制篇》說：

> 有法志，以法行，無法者，以類舉，聽之盡也。〔註185〕

〔註182〕《荀子集解》卷20〈子道篇〉第29，頁529。
〔註183〕李澤厚，《中國古代思想史論》(臺北新店：谷風出版，1986年12月)，頁121
～124。
〔註184〕《荀子集解》卷8〈君道篇〉第12，頁230。
〔註185〕《荀子集解》卷5〈王制篇〉第9，頁151。

「類」即法律的類比推論，只有兼通義、數、類三者，才能運用自如，荀子把法義、法數、法類，區分開來的見識，可說是荀子在法律思想的一個重要貢獻。荀子主張禮法兼治，故在施法之前，必須進行教育，因此，荀子對教、誅、賞、類法的關係，作了如下的論述：

> 不教而誅，則刑繁而邪不勝；教而不誅，則姦民不懲；誅而不賞，
>
> 則勤屬之民不勸；誅賞而不類，則下疑俗險而百姓不一。〔註186〕

教、誅、賞、類法四者，是互相補充制約的關係，但以教為首，重視品德的薰陶，且力求自覺的守法。至於刑罰方面，荀子反對血緣株連，他認為一人有罪，而三族皆夷乃是亂世的暴政，為儒家的王道仁政所不取，應該廢止。〔註187〕

　　從禮法的起源看，禮、法是矯治人性的工具，是由聖人制作的，聖人制作禮法是基於社會的矛盾，而這些矛盾乃來自人的惡性與倫理道德的水火不容，因此聖人制定的禮法，便是解決這些矛盾的手段。禮法固然是治國的工具，然操之者在人，所以荀子認為人的因素更重要，因此《荀子‧王制篇》說：

> 無君子，則天地不理，禮義無統，上無君師，下無父子，夫是之謂
>
> 至亂。〔註188〕

很顯然的禮、法是賴於君子而存在的，人存則政舉，人亡則政廢。若從歷史的經驗看，荀子認為國家的興衰存亡，是由聖主、暴君造成的，因此具有決定作用的是國家的統治者，而不是禮法。《荀子‧君道篇》說：

> 法不能獨立，類不能自行，得其人則存，失其人則亡，法者，治之
>
> 端也，君子者，法之原也。〔註189〕

從孔子開始，儒家在基本上，都沿著「為政在人」的這個思路，論述政治中的各種聯繫，因此，荀子在其「君道與治道思想」中，雖然強調禮、法的重要，但更注重聖主明君。〔註190〕

〔註186〕《荀子集解》卷6〈富國篇〉第10，頁191。

〔註187〕劉澤華，《中國古代政治思想史》（天津：南開大學出版社，1997年3月第3刷），頁95～96。

〔註188〕《荀子集解》卷5〈王制篇〉第9，頁163。

〔註189〕《荀子集解》卷8〈君道篇〉第12，頁230。

〔註190〕劉澤華，《中國古代政治思想史》（天津：南開大學出版社，1997年3月第3刷），頁97。

（二）法後王

　　荀子與孟子都論禮義而重仁道，但因解釋不同，再加上對人性的看法歧異，因此其君道思想亦大異其趣，兩者差異最大者，厥爲孟子認爲爲政之道，當「法先王」，而荀子卻力主「法後王」。故荀子在君道論方面有其卓然獨標之處，他說：

> 禮莫大於聖王，聖王有百，吾孰法焉？……後王是也。彼後王者，天下之君也，舍後王而道上古，譬之是猶舍己之君而事人之君也。
> 〔註191〕

荀子在〈王制篇〉裡曾說過：「王者之制，道不過三代，法不貳後王」〔註192〕，所謂「道不過三代」，就是指王者之制度，應兼括諸子百家之舊文，採擇虞夏商周之善，作爲治國之參考，然堯舜與夏商兩代，已經久遠，難以徵信，故其「法後王」，就是孔子「吾從周」之意。蓋周代典章制度比之夏商二代進步，孔子欲從而行之也。故荀子之法後王，除了「文武之道，佈在方策」可以效法之外，應以周公創作的「禮樂制度」爲主要內容。荀子之法後王，就是要「尊君」，將天子置於國家體制的頂端，而行其封建之大要，只不過「法其所以爲法」而已，也就是說「凡先王之法有要於時者」皆法之，凡「時不與法俱至者」皆釋之，故云：

> 五帝異道而德覆天下，三王殊事而名施於後世，此皆因時變而制禮樂者……，是故禮樂未始有常也。故聖人制禮樂，而不制於禮樂。治國有常而利民爲本。政教有經，而令行爲上。苟利於民，不必法古，苟周於事，不必循舊。夫夏商之衰也，不變法而亡，三代之起也，不相襲而王，故聖人法與時變，禮與俗化。衣服器械各便其用，法度制令各因其宜，故變古未可非，而循俗未足多也。〔註193〕

荀子反對法先王之政，蓋古今異勢，一切經濟社會迥異，故設施之方，宜有所殊異，所以他的君道思想，認爲明君聖主之法後王，應知權時之變，當法其意，而不同古人之跡。〔註194〕

〔註191〕《荀子集解》卷3〈非相篇〉第5，頁79～81。

〔註192〕《荀子集解》卷5〈王制篇〉第9，頁158。

〔註193〕劉文典撰，馮逸、喬華點校，《淮南鴻烈集解》卷13〈氾論訓〉（北京：中華書局出版，1989年5月第1刷），頁425～427。

〔註194〕薩孟武，《儒家政論衍義》（臺北：東大圖書有限公司，1982年6月），頁572～574。

（三）主張君權專制

荀子對君主的職責，曾做了別有見地的論述，《荀子‧王制篇》說：

> 君者，善群也，群道當則萬物皆得其宜，六畜皆得其長，群生皆得
> 其命。〔註195〕

君主的職責就是在維護這種特點和條件，達到善利群生，造福天下的目的，這在先秦諸子中，可以說是最深刻的見識之一。至於「群道」包括那些呢？《荀子‧君道篇》云：

> 善生養人者也，善班治人者也，善顯設人者也，善藩飾人者也。〔註
> 196〕

君主的職責主要是在於養人、治人、用人和教育人，所以《荀子‧富國篇》云：

> 人之生不能無群，群而無分則爭，爭則亂，亂則窮矣，故無分者，
> 人之大害也，有分者，天下之本利也。而人君者，所以管分之樞要
> 也。〔註197〕

君道的中心，在於尊天重德以體國經野，透過頒爵制祿，以分別人群，貴賤有差，層次井然，然後可以爲治，所以說人君者，管分之樞要也。君主的職責，最後又落實在禮上，《荀子‧君道篇》云：「隆禮至法而國有常」〔註198〕，爲了「隆禮至法」，必須特別尊君，他說：

> 君者，儀也，儀正則景正；君者，槃也，槃圓而水圓；君者，盂也，
> 盂方而水方。君射則臣決。楚莊王好細腰，故朝有餓人。……。君
> 者，民之原也，原清則流清，原濁則流濁。〔註199〕

荀子生當戰國末葉，君權高漲，統一之勢已成，故其政治思想不得不隨順時代潮流，努力維護君主之地位和權力，因其目的乃在鞏固君主地位，故《荀子‧正論篇》云：

> 世俗之爲說者曰：「堯、舜擅讓。」是不然。天子者，執位至尊，無
> 敵於天下，夫有誰與讓矣？道德純備，智惠甚明，南面而聽天下，
> 生民之屬，莫不振動從服以化順之，……。居如大神，動如天帝，

〔註195〕《荀子集解》卷5〈王制篇〉第9，頁165。
〔註196〕《荀子集解》卷8〈君道篇〉第12，頁237。
〔註197〕《荀子集解》卷6〈富國篇〉第10，頁179。
〔註198〕《荀子集解》卷8〈君道篇〉第12，頁238。
〔註199〕《荀子集解》卷8〈君道篇〉第12，頁234。

持老養衰，……夫曰「堯、舜擅讓」，是虛言也，是淺者之傳，陋者
之說也。〔註200〕

由是以觀，荀子極力主張君主專制，吾人若以孟子之說爲民本主義，則荀子
所言，直可謂君本主義，其君權理論，甚至視君如天帝、如大神，爲秦漢以
來之君主專制，建立了深厚的理論基礎，而又爲往後韓非、李斯之君權專制
理論開其端緒，堪稱氣象開闊，內容豐富〔註201〕，乃是儒家中的異類，然其
「從道不從君論」之論，尤未遠離孔孟之道。故其論君主專政，雖重「勢」
和「術」，然更重「勝人之道」，他說：

處勝人之執，行勝人之道，天下莫忿，湯、武是也；處勝人之執，

不以勝人之道，厚於有天下之執，索爲匹夫不可得也，桀、紂是也。

然則得勝人之執者，其不如勝人之道遠矣。〔註202〕

這裡的「勢」是指權位，也指權威，君主因握有權柄而高顯尊貴，但尊崇的
勢位，可以助人主爲善，也可以長人主爲惡，因爲君主之大柄在惠與威，二
者必須兼行，缺一不可，故爲君者宜恩威並濟，始能收治國之效。荀子以大
儒之尊，首先提出「勝人之道」比「勝人之勢」更重要，乃延續儒家重德尊
道的傳統，畢竟爲法家所不及，故荀子言國家之治亂興亡與政治良窳之根本，
一切關鍵均在人主。故《淮南子》曰：

所任者得其人則國家治，上下和，群臣親，百姓附。所任非其人，

則國家危，上下乖，群臣怨，百姓亂。〔註203〕

荀子雖力主君主專政，然最後還是歸結於人主的品德操守與才能〔註204〕，倘
若主不聖，君不明，所任者亦非人要如何處理，終成千古難題，這個政治上
的死結，兩千年來，始終無解。

（四）追求王道

王霸之分是儒家政治思想的重心，孟子以仁和力分王、霸，荀子認爲霸
者不單恃力，而且還講信，若單純恃力者稱之爲「強」，他所說的「強道」與

〔註200〕《荀子集解》卷12〈正論篇〉第18，頁331～336。
〔註201〕曾繁康，《中國政治思想史》（臺北：大中國圖書公司，1971年8月），頁137
～141。
〔註202〕《荀子集解》卷11〈強國篇〉第16，頁295。
〔註203〕《淮南鴻烈集解》卷9〈主術訓〉，頁286。
〔註204〕薩孟武，《儒家政論衍義》（臺北：東大圖書有限公司，1982年6月），頁554
～561。

孟子所說的「霸道」相類，即一心想侵占他國領土者。所以「強道」是向溺亡轉化的契機。在荀子看來，王、霸可以相通，上可以王，下可以霸，但要統一天下，必須實行王道，爭取天下歸心。然王、霸、強、亡之道的分野，在內以對人民的態度作區分，《荀子·王制篇》說：

> 王者富民，霸者富士，僅存之國富大夫，亡國富筐篋，實府庫。筐篋已富，府庫已實，而百姓貧。夫是之謂上溢而下漏，入不可以守，出不可以戰，則傾覆滅亡可立而待也。故我聚之以亡，敵得之以彊。
>
> 聚斂者，召寇、肥敵、亡國、危身之道也，故明君不蹈也。〔註205〕

對外與對內政策是相互聯繫，相互作用的，但以對內政策爲基礎，每個國家內部都有兩種力量，這兩種善惡的力量互相牽扯，而形成勝敗的關鍵：

> 無國而不有治法，無國而不有亂法；無國而不有賢士，無國而不有罷士；無國而不有愿民，無國而不有悍民；無國而不有美俗，無國而不有惡俗。〔註206〕

每個國家都存在著興衰存亡的因素，問題在於君主如何做選擇？荀子有關王、霸、強、亡問題的提出，對統治者無疑是敲響了警鐘，而朝代的更替，君主的遞代，就是無可辯駁的鐵證。若從歷史的事實考察，王道只可稱之爲理想，是聖王治國的奇蹟，非一般君王可以企及，那麼荀子爲什麼熱衷於追求王道的理想呢？因爲它概括了統治階級最一般和最本質的要求。荀子認爲君主當國理政，首重「用賢兼聽」，荀子與慎到、申不害等法家倡導君主貴「獨斷」的精神相反，他反對「好獨」，認爲國君不應憑個人之意氣乾綱獨斷，應該「好同」，也就是能「和同」賢臣的意見，不可剛愎自用，所以《荀子·臣道篇》說：

> 故正義之臣設，則朝廷不頗；諫、爭、輔、拂之人信，則君過不遠；爪牙之士施，則仇讎不作；邊境之臣處，則疆垂不喪。故明主好同而闇主好獨，明主尚賢使能而饗其盛，闇主妬賢畏能而滅其功。〔註207〕

荀子認爲君主「用賢」或「好詇」，喜歡「察納雅言」或「獨斷權力」是國家興衰存亡的關鍵，因此君主對臣下一定要「兼聽」，故《荀子·君道篇》說：

> 兼聽齊明則天下歸之……兼聽齊明而百事不留。〔註208〕

〔註205〕《荀子集解》卷5〈王制篇〉第9，頁153～154。
〔註206〕《荀子集解》卷7〈王霸篇〉第11，頁219。
〔註207〕《荀子集解》卷9〈臣道篇〉第13，頁250～251。
〔註208〕《荀子集解》卷8〈君道篇〉第12，頁239。

君主在決斷之時，要有高明的智慧，能分析事情的前因後果和利害得失，才能做出正確的決策，《荀子・不苟篇》說：

> 見其可欲也，則必前後慮其可惡也者；見其可利也，則必前後慮其可害也者；而兼權之，孰計之，然後定其欲惡取舍。如是，則常不失陷矣。〔註209〕

荀子還指出做爲一個國君要有「公正好義」的素質與修養，因爲「公生明，偏生暗」，公正者必然貴義，偏私者必然寵信奸邪，形成浮雲蔽日的秕政，國君不貴義，不敬義，正是奸臣夕黃緣攀附，趁機而起的因素，因此國家「用賢兼聽」，才能創造王道樂土，讓人民享受幸福的生活，但能否實現，最重要的還在君主本身。〔註210〕所以每個帝王都必須注重虛壹而靜的修心功夫。《荀子・解蔽篇》曰：

> 故治之要在於知道。人何以知道？曰：心。心何以知？曰：虛壹而靜。心未嘗不臧也，然而有所謂虛；心未嘗不滿也，然而有所謂一，心未嘗不動也，然而有所謂靜。〔註211〕

所謂「虛」，就是胸襟廣大，無可，無不可，才能吸收新的知識與道理，所謂「壹」就是做事時能凝神專志，不分心，不旁騖，而所謂「靜」，就是使心安定沉淨，光明如鏡。通過虛、壹、靜的修心功夫，可以達到大清明的境界。荀子認爲帝王通過這一套澄淨心靈的修養功夫，可以發揮積慮習能的效果，而成爲道德的主體。〔註212〕

　荀子認爲國君除了做好「用賢兼聽」之外，也必須作好愛民與使民的關係，他主張先愛利而後使之，民乃可從。《荀子・君道篇》說：

> 故有社稷者而不能愛民，不能利民，而求民之親愛己，不可得也。

〔註209〕《荀子集解》卷2〈不苟篇〉第3，頁51。
〔註210〕劉澤華，《中國古代政治思想史》（天津：南開大學出版社，1997年3月第3刷），頁101~106。
〔註211〕《荀子集解》卷15〈解蔽篇〉第21，頁395。
〔註212〕陳政揚，〈孟子與莊子「內聖外王」研究〉（臺中：東海大學哲學研究所博士論文，2003年6月），頁94~95。
　　　　荀子認爲人性與生俱來的本性是好利多欲，如果順著這種本性發展而不加以節制教化，必然產生殘賊鬥爭，故其學說之價值是建立在一套積極向上的轉化工夫，他指出人心有「知慮」的能力，通過思考判斷可以做出正確的選擇，所以「心」在道德實踐中，佔有重要的地位，然而人心有時被遮蔽，此即「凡人之患，蔽於一曲，而闇於大理」，但透過「虛壹而靜」的修養功夫，可以使人心重歸善良。

民不親不愛，而求爲己用，爲己死，不可得也。〔註213〕

在荀子的心中，認爲君主愛利人民，自己的地位才能穩固，反之則亡，所以
《荀子・君道篇》說：「君人者，愛民而安，好士而榮，兩者無一焉而亡」。〔註
214〕荀子由此提出了君民舟水論的新思想，他說：

> 君者，舟也；庶人者，水也。水則載舟，水則覆舟，此之謂也。〔註215〕

君民之間，既然是舟水關係，所以荀子認爲君臣都應該以建立富裕的社會爲
共同目標，國富民富而後國強，爲了達到富國、富民的目標，必須處理好生
產、分配與消費的關係。故《荀子・富國篇》說：

> 足國之道，節用裕民而善臧其餘。節用以禮，裕民以政。彼裕民，故
> 多餘。裕民則民富，民富則田肥以易，田肥以易則出實百倍。上以法
> 取焉，而下以禮節用之，餘若丘山，不時焚燒，無所藏之。〔註216〕

荀子已經認識到了生產、分配、消費是一個統一的經濟過程，生產是經濟的
基礎，分配與消費也影響生產。荀子之所以傑出與偉大，就在於他比其他儒
家更深刻地認識到經濟問題是政治的基礎，因此他還論述了財政與經濟的關
係，《荀子・富國篇》說：

> 田野縣鄙者財之本也，……等賦府庫者貨之流也。〔註217〕

荀子深知經濟生產是財政的基礎，據此，他提出了「節其流，開其源」的主
張，明確地指出財經的收支平衡，是處理國政的要端，民富則國富，民貧則
國貧，如果君主不顧下層人民生活的實際情況，一味搜刮，必然形成「伐其
本，竭其源」的後果，那麼財政經濟問題將轉化爲政治危機，其結果必然如
《荀子・富國篇》所云：

> 將以求富而喪其國，將以求利而危其身。〔註218〕

在兩千多年前，荀子就深刻地認識到經濟財政是政治的基礎，又是政治好壞
的標誌，所以他的論述中充滿了政治家與思想家的睿智，這是他的偉大之處。
〔註219〕

〔註213〕《荀子集解》卷8〈君道篇〉第12，頁234。
〔註214〕《荀子集解》卷8〈君道篇〉第12，頁236。
〔註215〕《荀子集解》卷5〈王制篇〉第9，頁152～153。
〔註216〕《荀子集解》卷6〈富國篇〉第10，頁177。
〔註217〕《荀子集解》卷6〈富國篇〉第10，頁194。
〔註218〕《荀子集解》卷6〈富國篇〉第10，頁195。
〔註219〕劉澤華，《中國古代政治思想史》（天津：南開大學出版社，1997年3月第3
　　　　刷），頁102～105。

　　荀子提出了追求王道理想的論述，便是向當權者提出了行爲準則，希望
對君主起某種的制約作用。另一方面對人民而言，王道理想的追求，可以起
一定的安慰與鼓舞作用，這種理論也確實給農民以希望，企盼有個好皇帝，
這就是王道理想在農民身上起作用的表現。荀子的政治思想著重在建構封建
等級結構，從而論證了君主的神聖和君權的獨大，其最終目的都是在爲統治
者著想，故荀子之尊君，認爲南面聽治者，爲國家治亂唯一之關鍵，其義斷
非古禮所有。蓋當宗法盛時，貴族世卿預聞政事，世卿世祿乃封建典制，君
主未能專擅，而荀學變古〔註220〕，是則其所言之君，固一大權獨攬，以宰制
天下爲己任者也，故舉凡人民之生計，官吏之任使，禮德政刑，兵戎錢穀，
以及風俗教化，無一不應在君主統籌兼顧之中，故其就君道而論治國之要，
實開韓非、李斯等輩思想之先河，然其思想是以「用人」爲治國的根本要圖，
以治人而治法，而對於君主之要求，亦遠承儒家「尊禮貴義」之傳統，既有
別於黃老，又不同於法家，故反黃老與法家之「主道利周」與「主道利幽」
論，《荀子‧正論篇》云：

> 世俗之爲說者曰：「主道利周。」是不然。主者，民之唱也；上者，
> 下之儀也。彼將聽唱而應，視儀而動。唱默則民無應也。儀隱則下
> 無動也。不應不動，則上下無以相有也。若是，則與無上同也，不
> 祥莫大焉。故上者，下之本也，上宣明則下治辨矣，上端誠則下愿
> 愨矣，上公正則下易直矣。治辨則易一，愿愨則易使，易直則易知。
> 易一則彊，易使則功，易知則明，是治之所由生也。〔註221〕

荀子根據儒學，從政教合一，親賢臣，遠小人的角度，反駁黃老與法家的「貴
周論」，《管子‧樞言》云：

> 先王貴當、貴周。周者不出於口，不見于色，一龍一蛇，一日五化
> 之謂周。〔註222〕

所謂周密，就是國君臨朝及決策，淵默如神，面對臣僚，一天五變而不露任
何形跡，荀子認爲國君是臣僚與萬民的楷模，應該正大光明的面對臣民，如
果深沈難測，必然形成上幽而下險，不可謂賢明之君，因其必助長「幽險」，
阻隔上下溝通之管道，所以《荀子‧解蔽篇》云：

〔註220〕蕭公權，《中國政治思想史》上（臺北：聯經出版社，1982年初版）頁110。
〔註221〕《荀子集解》卷12〈正論篇〉第18，頁321～322。
〔註222〕《管子校注》卷4〈樞言〉第12，頁245。

君人者宣則直言至矣，而讒言反矣，君子邇而小人遠矣。詩曰：「明
明在下，赫赫在上。」此言上明而下化也。〔註223〕

荀子認為君主應該開誠心，佈公道，光明磊落，必然為朝廷帶來和睦團結，
如果過度猜疑下屬，防制臣僚，必然發生上下互信的危機，所以荀子說：

故君子務修其內而讓之於外，務積德於身而處之以遵道，如是，則
貴名起如日月，天下應之如雷霆。故曰：君子隱而顯，微而明，辭
讓而勝。〔註224〕

國君若能修身積德，雖隱微必顯明，猶如麗日經天，就可化解政治上的爭權
奪利，而團結民心士氣，展現最高的政治智慧。〔註225〕

　　由是觀之，荀子之君道論詳贍周密，內容豐富又平易近人，主禮樂德化
而又兼賅法術，雖不失儒家本色。然其尊君如大神，如天帝之主張，實開法
家君權專制之先聲，順應了戰國以來中央集權與大一統的需要，為儒法之整
合，舖平了道路，誠為中國專制君主權力運用之極則，然與孔孟之君道理想，
已南轅北轍，較諸三代亦遼乎遠矣，故其名教思想，堪稱最為特別。〔註226〕

第三節　韓非的尊君卑臣與名教思想

　　法家學說本為「帝王之學」，講「形名」重「法術」，並為適應春秋戰國
以來之時勢需要，而漸趨中央集權與帝王專制之政治學說，韓非子之卓越，
乃在於能採綜合調整的方法，對各家各派予以通盤研究，而集諸家之大成。
是以研究韓非之名教思想，必須從政治觀點出發，並就其政治哲學之建立基
礎，先獲得充分理解，而後始能論及其學說之內容。任何學術思想，均有其
理論體系之建立基礎，易言之，即為該作者對歷史、社會及人性所持之根本
看法。此於政治學說之建立，尤其顯然。韓非之政治哲學，奠基於「變古之
歷史觀」、「務力的社會觀」、及「自為的人性觀」，這是依據他對現實與歷史
冷靜分析而來的。韓非認為歷史是進化的，所以今日必須變古。社會是不斷

〔註223〕《荀子集解》卷15〈解蔽篇〉第21，頁410。
〔註224〕《荀子集解》卷4〈儒效篇〉第8，頁128。
〔註225〕王慶光，《荀子與戰國黃老思想的辯証關係》（臺北：文史哲出版社，1997年
　　　　　8月），頁126～133。
〔註226〕曾繁康，《中國政治思想史》（臺北：大中國圖書公司，1971年8月），頁139
　　　　　～144。

改變的，因此古聖先賢的一切，均不足適用於當今，韓非認為當時國與國之間純粹是一種利害關係，彼此之間，除了實力的較量之外，別無仁義道德，而在弱肉強食的時代，力量是唯一的憑藉。故《韓非子》全書之內容，所表現的政治學說之精神，端在集中一國之統治權力（勢），運用有效之統治工具（法與術），作為富國強兵，齊民使眾的前提，並在「法」、「術」、「勢」三者兼用之下，實現其理想的政治制度，亦即以君主專政為中心的中央集權體制。〔註227〕

一、尊君任法

　　商鞅變法，為秦建立了第一個具有法家政治規模的國家，秦即沿襲商君之遺規，不斷發展壯大，至始皇大量採用韓非子之理論，使秦之法治思想益趨鞏固。韓非之政治思想的最主要特徵是鼓吹君主專制，其政治主張之背後，有冷靜的歷史分析和深刻的理論作靠山，所以他不但繼承了法家的先輩，又有自己嶄新的創見與說明，例如先秦諸子在討論君主之利時，許多思想家都從不同角度論述了國家之利應高於君主之利，如管子、慎到都強調國家利益的重要。而韓非卻直接了當地提出君王之利高於國家之利的主張〔註228〕，順著這主張，在韓非之尊君任法下，無形之中，君與國合為一體，而臣民遂匍匐於君主統治之下。且封建政治既隨貴族專政相共渙解，諸侯力征，國非富強，無以應世變，君非專斷，無以圖富強，而民力、物力、財力皆為君國富強之所取資，若不高度集中，不能發揮效應，君之必尊，亦時勢所趨，不得不然。故法家尊君，必以君主為政治之本體，此乃儒法二家之異。故管子論君道謂：「夫生法者，君也」《管子・任法》〔註229〕「上尊而民順」《管子・法法》〔註230〕尊君者乃賦君以至高無上的專斷權位，以專擅賞罰之柄。因此《韓非子・外儲說右下》云：「國者，君之車也。」〔註231〕在韓非子看來，國家只是君主利用的車子而已，但要如何駕馭呢？韓非子認為法、術、勢三者，乃是帝王手中的工具，唯有善於營運，方能成就帝王之尊。韓非子云：

〔註227〕姚蒸民，《韓非子通論》（臺北：東大圖書公司，1999年3月），頁97～98。
〔註228〕劉澤華，《中國古代政治思想史》（天津：南開大學出版社，1997年3月第3刷），頁142。
〔註229〕《管子校注》卷15〈任法〉第45，頁906。
〔註230〕《管子校注》卷15〈法法〉第16，頁298。
〔註231〕《韓非子集釋》卷14〈外儲說右下〉第35，頁782。

中不害言術，而公孫鞅爲法。術者，因任而授官，循名而責實，操
殺生之柄，課群臣之能者也，此人主之所執也。法者，憲令著於官
府，刑罰必於民心，賞存乎慎法，而罰加乎姦令者也，此臣之所師
也。君無術則弊於上，臣無法則亂於下，此不可一無，皆帝王之具
也。〔註232〕

韓非認爲法與術，乃人主之「大物」〔註233〕，然二子於法術皆未盡善，且專
用一具，雖有功而不能遠大，韓非乃集二家之成，運術以安君馭臣，立法以
治民定國，二者相輔相爲用，而後取效始宏。

韓非主張法治，然而什麼是法呢？〈問辯〉云：「法者，事最適者也」〔註
234〕，所謂最適者，就是最適合時代，符合事理，有利於君主之用者。行法的
目的，就是爲了「治事」，治事的目的是爲了「尊公廢私」，遵行法律之公道，
而廢棄私心，法既要明白，更要公諸於眾，則萬民皆知所避就。這樣舉國上
下，事無巨細，一切決斷於法，國君更應該依法令行事，〈問辯〉說：「言無
二貴，法不兩適，故言行而不軌於法令者必禁」。〔註235〕韓非子一再批評君主
不按法令行事的弊害，指出這是亡國之政。〔註236〕國君既頒布了法令，做臣
屬的就要貫徹法令，官吏的任務，就是固守法律，依令行事，而行法之要，
就在重賞嚴罰，強調刑賞並重，以法治國，所以他反對賢人政治，針對賢人

〔註232〕《韓非子集釋》卷17〈定法〉第43，頁906。
〔註233〕《韓非子集釋》卷16〈難三〉第38，頁868。
　　　　「人主之大物，非法則術也。法者，編著之圖籍，設之於官府，而布之於百
姓者也。術者，藏之於胸中，以偶眾端而潛御群臣者也。故法莫如顯，而術
不欲見。」韓非子既知人主可以定法而倚勢用術，然用術者，君也，此即張
舜徽先生所謂「道心惟微」之義，君主既潛藏其心以用術，然術之深淺精粗，
必由國君之聰明才智與道德修養所決定，可見人君素質之重要。而韓非子居
然重法輕人，不知人的因素最重要，有好的人才，方有好的法律與制度。徒
然重法而不知重人，較諸儒家的「人存政舉，人亡政息」尤爲遜色，漢廷採
「以禮統法」，必有由來。而儒家重視人的因素，可謂認識了歷史興衰的關鍵，
其識見，較諸法家更爲正確和透達。後代六祖慧能更說：「正人用邪法，邪法
變正法，邪人用正法，正法變邪法」，可見古今聖賢皆知人的因素比法重要，
而韓非子獨不悟，故秦二世而亡，準此以觀，韓非子，豈可謂智者？其才智
應在孔、孟、荀之下。
〔註234〕《韓非子集釋》卷17〈問辯〉第41，頁898。
〔註235〕《韓非子集釋》卷17〈問辯〉第41，頁898。
〔註236〕劉澤華，《中國古代政治思想史》（天津：南開大學出版社，1997年3月第3
刷），頁145～146。

政治，他提出「尙法而不尙賢」〈忠孝〉〔註237〕，認爲治國理政，無須待賢君而後治，即使中人之君也可以治好天下，由於反對尙賢，他甚至認爲庸人或暴君如桀、紂，也可以依法治國，實際上是爲專制封建的君主專政，做了最壞的掩飾，根本上忽略了帝王的品德和素質的重要性，秦二世之亡，即爲顯例，這是法家「重法輕人」的弊害。韓非子強調法治，雖有具體的政治規範的內容，但更重要的是表現了君主對所有的人都不信任，一方面信法而不信人，另一方面又要使所有的臣民都變成法的工具和奴僕，君主則穩坐在法律之巔〔註238〕，超越法律之上，故法家之論「以法治國」無論管、商、韓，乃「人治」思想之一種，對孔、墨、孟、荀諸家以君主爲治權之最高執掌人者，根本不異。其相異者，儒墨重民，而法家則意在尊君，視法如勢術，皆是君主實行絕對專制統治的工具，與近代歐洲法治思想設法權高於君權之上者，則迴不相同。則人君之地位遠超出法律之上，君主專政之理論，至此遂臻巔峰，然法家「法治」之思想與近代法治觀念亦逾遼遠矣。〔註239〕

　　韓非尊君任法，志在富國強兵，而欲達成此目標，除建立嚴格法治外，尙須一位強而有力的君主，做英明的領導，方能奏膚功效，因此，韓非十分推尊君主的地位，所以在其政治思想中，極力強調「尊君卑臣」的重要，這種觀念雖然遠承孔子，近承荀子「尊君」的思想而來，但其精神與內涵，實已踰越儒家的理想，蓋孔子之尊君，乃根據封建禮法，主張君臣有相對的地位與職責，猶帶氏族社會的民主色彩，荀子之尊君，雖奉君主爲大神，崇高如天，已具備專制帝王的威權，但猶未有生殺予奪之絕對權力。然韓非身處戰國末世，爲了在戰亂中速求安定強盛，韓非不惜以急功近利的態度，爲帝王專政的理想，提出一套完善周密的理論，以符合現實的需要，因此將荀子「君如大神」的理論，推至極邾，形成了「君權至上」的極權主義，「尊君卑臣」遂成爲其政治學說的核心部份，亦是法家走向專制極權的一大關鍵。而以勢尊君，乃是法家的傳統，《管子·明法解》曰：

　　　　明主在上位，有必治之勢，則群臣不敢爲非。是群臣之不敢欺主者，
　　　　非愛主也，以畏主之威勢也。百姓之爭用，非以愛主也，以畏主之

〔註237〕《韓非子集釋》卷20〈忠孝〉第51，頁1108。
〔註238〕劉澤華，《中國古代政治思想史》（天津：南開大學出版社，1997年3月第3刷），頁145～147。
〔註239〕蕭公權，《中國政治思想史》〈上〉（臺北：聯經出版社，1982年初版），頁254。

法令也。故明主操必勝之數，以治必用之民。處必尊之勢，以制必
服之臣。故令行禁止，主尊而臣卑。〔註240〕

韓非主張國家一切的權力，都應該集中在國君的手裡，而在執行權力的時候，
要做到：

君明而嚴則群臣忠，君懦而闇則群臣詐，知微之謂明，無赦之謂嚴。
〔註241〕

這樣才能使「明君無爲於上，群臣竦懼乎下」，故韓非子是一個極端的「尊君
卑臣」論者。因此，近代政治學者蕭公權先生說：「韓非論勢，乃劃道德於政
治領域之外」，不問君主之品德如何而責臣民以無條件之服從，君主專政遂成
政治上最後的目的。〔註242〕

　　韓非主張一切權力應集中於國君之手，這樣才是「有道之國」，他認爲每
個國君都有其「勢」，每個國家都有其「法」，但卻有治亂之別，其關鍵乃在
於國君「任勢」是否有「術」，他很切要的說：

國者君之車也。勢者君之馬也。無術以御之，身雖勞猶不免亂，有
術以御之，自處佚樂之地，又致帝王之功也。〔註243〕

韓非子認爲「法與勢」較爲單純，而「術」之運用與帝王之才器個性有關，
事涉複雜，故有寄「法勢」於「術」之用意，蓋戰國之世，封建之制已沒落，
而新的中央集權體制，君臣之間並無血緣關係，故韓非子稱「君臣異利」而
導致「君臣異心」，因此，控御臣僚，必須「有術」，術者何也？一言以蔽之，
即督責臣僚之一切手段。而以實現「防奸」與「責效」爲前提。其目的就是
要貫徹「尊君卑臣」的理論。

　　法家學說的興起，不僅助成秦國的統一，而且決定了秦統一中國之後的
政治體制與施政原則，在實際的政治運作中，「尊君卑臣」成了切實的政論，
適應了戰國以來政局變動的需要，所以從政治觀點視之，蕭公權先生認爲：

勢治之起，基於尊君，封建盛世，君主與貴族世臣分權守位，上下
相維，各有界定，君主殆無獨尊之義，……及權臣僭國，漸致富強，
公族世臣，消亡殆盡，中央集權已成事實，則君主受尊，遂有不得

〔註240〕《管子校注》卷21〈明法解〉第67，頁1208。
〔註241〕《韓非子集釋》卷16〈難四〉第39，頁875。
〔註242〕蕭公權，《中國政治思想史》上（臺北：聯經出版社，1982年初版），頁247。
〔註243〕《韓非子集釋》卷14〈外儲說右下〉第35，頁782。

不然之勢。法家承認此新史實而加以說明，權勢之理論，於是成立。
〔註244〕

韓非由「尊君卑臣」論出發，力主擴張干涉的範圍，不僅臣對君有必然的義務，人民也須徹底臣服，因此，深獲君主之倚重，除秦朝採用法家理論之外，西漢諸儒也大多儒法兼修，其中最具代表性的，即在於君臣觀念的根本改變。余英時先生曾一針見血地指出：

> 漢儒拋棄了孟子的「君輕」論、荀子的「從道不從君」論，而代之
> 以法家的「尊君卑臣」論。〔註245〕

從此，韓非的「尊君卑臣」與「尊君任法」論，完成了中央集權體制的建立，將中國推向一個嶄新的局面，也使兩漢獨尊儒術的禮制，逐漸法家化，形成「禮法合一」與「政教合一」的新國家，無論政治體制或學說思想，對往後二千年的帝制中國，都具有深遠的影響。而兩漢以來，君主之提倡儒術，推尊名教，只不過是藉此以包裝韓非「尊君卑臣」的思想，用以鞏固皇權而已，從此，「忠君」的觀念，就隨之無限上綱，且成為名教思想的主要內容。

二、循名責實

《史記‧老子韓非列傳》云：「韓非者，韓之諸公子也。喜刑名法術之學，而其歸本於黃老。」〔註246〕可見刑名法術是韓非子思想的核心。而其思想則來自黃老道家，《黃老帛書》說：「執道者」觀天下，一定先「審其刑名」〔註247〕，又說：「刑名立，則黑白之分已」《黃帝四經》第一篇《經法‧道法》〔註248〕，因此，刑名的建立是非常重要而且必要的。而「刑名」的產生，在黃老道家的眼中，也和「法」一樣，是由「道」而生，刑名法術乃是「道」落實於政治的具體實踐，即秦律的產生，也是在商鞅變法的基礎上逐步發展而完善起來的，基本上符合經濟活動的發展過程，反映了社會存在的客觀規律。〔註249〕因此，

〔註244〕蕭公權，《中國政治思想史》上（臺北：聯經出版社，1982年初版），頁243～244。

〔註245〕余英時，《歷史與思想》（臺北：聯經出版公司，1999年4月初版21刷），頁32。

〔註246〕《史記》卷63〈老子韓非列傳〉，頁2146。

〔註247〕陳鼓應註譯，《黃帝四經今註今譯——馬王堆漢墓出土帛書》第一篇《經法》〈道法〉（臺北：臺灣商務印書館，1995年6月），頁48～56。

〔註248〕《黃帝四經今註今譯》第一篇《經法》〈道法〉，頁56。

〔註249〕吳福助著，《睡虎地秦簡論考》（臺北：文津出版社，1994年7月），頁26。

秦人能以勇猛進取的精神完成統一天下。「形」「名」一旦搭配穩妥，用之於治國理政，必然層次分明，條理不紊，可以循法而治。因此《經法‧論》說：「物自正也，名自命也，事自定也。」〔註250〕站在這樣的觀點，它要求一切事物名實自然相符，這樣表現出來的效果，才長久可靠，所以《經法》說：

> 名功相抱，是故長久，名功不相抱，名進實退，是胃（謂）失道，
>
> 其卒必□身咎。〔註251〕

故「聖人」之治天下，首要講求刑名，使刑名相符，名正法備，循名以究實，便可以簡馭繁，不治而自治矣，在這樣的理論下，「刑名」成了「循法無爲」的重要內容，透過「刑名」，君主可以「握少以知多」，「操正以知奇」，而這些黃老道家之所以提倡刑名，最主要的，還是「尊君」，希望維持一個上尊下卑，不可踰越的封建等級秩序，所以《經法‧四度》說：

> 君臣易立（位），胃（謂）之逆，賢不宵（肖）並（位），胃（謂）
>
> 之亂，動靜不時，胃（謂）之逆，生殺不當，胃（謂）之暴。逆則
>
> 失本，亂則失職，逆則失天，（暴）則失人。失本則□，失職則侵，
>
> 失天則几（機），失人則疾。〔註252〕

這些理論，是法家用以保障人君的統御權威，它透過「正名」的手段，達到「主處其上，臣處其下」以涵攝一切的政治層面，而貫徹尊君獨制的主張。我們可以清楚地看到黃老道家，是站在維護君權的基礎上，講求職責分明的刑名術的，因此黃老思想「明分」的觀念，與職責分明、上尊下卑的刑名說，強烈地貫串全部的思想。〔註253〕

　　韓非子的刑名法術既歸本於黃老，因此，他在治術中，特別強調「審合刑名」與「循名責實」，其用意在使刑名相符，以利君主控馭群臣，他主張：

> 人主將欲禁姦，則審核刑名者，言異事也。爲人臣者陳而言，君以

秦律在某些方面雖有些嚴酷，但卻嚴而不濫。唯秦自始皇三十四年至三十七年，這三、四年間是秦律的轉變期，而以李斯請焚書爲導火線，先後頒佈焚書令、挾書令、談詩書與喎語者棄市，並對侵犯君主尊嚴者，以謀反、誹謗罪，大規模地處以族刑，秦律始走上極端的歧途，秦二世之時，又採李斯督責之術，增加「失期皆斬」之類的苛法，終導致法治王朝的覆滅。

〔註250〕《黃帝四經今註今譯》第一篇《經法》〈論〉，頁246。

〔註251〕《黃帝四經今註今譯》第一篇《經法》〈四度〉，頁172。

〔註252〕《黃帝四經今註今譯》第一篇《經法》〈四度〉，頁153。

〔註253〕陳麗桂，《戰國時期的黃老思想》（臺北：聯經出版事業公司，1991年4月），頁72、77。

> 其言授之事，專以其事責其功。功當其事，事當其言，則賞；功不
> 當其事，事不當其言，則罰。〔註254〕

韓非子就是主張透過「審合刑名」的方法，檢驗臣下的言行，要臣下名符其
實地爲君主效勞，即使有大功，若「不當其言」，仍需處罰，臣下必須言不誇，
事不少，如〈二柄〉曰：

> 群臣其言大而功小者罰，非罰小功也，罰功不當名也。群臣其言小
> 而功大者亦罰，非不說於大功也，以爲不當名也害甚於有大功，故
> 罰。〔註255〕

韓非之用意，是要人臣自己「正名」，自己「定事」，然後人主依「名」求「形」，
一分一毫都不雜個人的主觀成見或判斷於其間，則正者自治，邪者自廢，無
所遁形。黃老道家的尹文子對「形名」的問題，有其特殊的見解，他說：

> 有名以檢形，形以定名；名以定事，事以檢名，察其所以然，則形
> 名之與事物，無所隱其理矣。〔註256〕

韓非子的形名理論，固歸本於黃老，然受荀子正名思想的影響相當深刻，而
荀子的正名思想，又承襲自孔子，實以封建禮法爲名實之根據，名實亂則是
非之形不明，一切禮法亦皆隨之而亂，因此，唯有定名辨實，統一禮法，天
下方能循令而守之，基本上韓非繼承了荀子對「形名」的看法，同時又採用
黃老「君以名責臣之形」的形名術。因此韓非子說：

> 故虛靜以待令，令名自命也，令事自定也。虛則知實之情，靜則知
> 動者正。有言者自爲名，有事者自爲形，形名參同，君乃無事焉，
> 歸之其情。〔註257〕

韓非子的思想，就是主張「形名」的客觀化，名由臣下自命，事由臣下自定，
君主視其成果而加以賞罰，就可以達到循名責實的目的，所以英明的君主控
馭臣下的手段，不外「刑」「賞」二柄，故賞罰權的運用，就是國君「處勢」
而「依法任術」，因此〈二柄〉云：

> 明主之所以導制其臣者，二柄而已矣。二柄者，刑、德也。……爲
> 人臣者畏誅罰而利慶賞，故人主自用其刑德，則群臣畏其威而歸其

〔註254〕《韓非子集釋》卷2〈二柄〉第7，頁111。
〔註255〕《韓非子集釋》卷2〈二柄〉第7，頁111～112。
〔註256〕尹文（周）撰，王愷鑾校正，《尹文子校正》〈大道上〉收錄於《民國叢書》
　　　　第五編之9（上海：上海書店，據商務印書館1934年版影印），頁2。
〔註257〕《韓非子集釋》卷1〈主道〉第5，頁67。

利矣。〔註258〕

韓非子特別強調君主必須牢牢掌握「刑」「賞」二柄，然後才能「使賞罰之威利出於己」。韓非子將「循名責實」的理論，發展成君主的「刑名術」故曰：

> 治強生於法，弱亂生於阿，君明於此，則正賞罰而非仁下也。爵祿
> 生於功，誅罰生於罪，臣明於此，則盡死力而非忠君也。君通於不
> 仁，臣通於不忠，則可以王矣。〔註259〕

韓非子這段話赤裸裸地揭去了仁義道德的偽裝，在歷史上第一次直言君臣關係是一種買賣的關係，和封建時代的血緣情結已徹底切斷，君權依法刑賞是「不仁」的，而「法」的理論就建立在這個「不仁」的事實上，但人性基於「自為」的本能，好名又好利，即使大臣存心不忠，也可透過重賞與重罰，使其不得不忠於國君。〔註260〕韓非認為君主應當深通「刑名術」，並且做到「不苟於世俗之言，循名實而定是非，因參驗而審言辭」《韓非子‧姦劫弒臣》〔註261〕，「刑名術」就成了「帝王之術」，君主依靠此術，就可準確地掌握賞罰的根據，達到「君操其名，臣效其形，形名參同，上下和調」《韓非子‧揚權》〔註262〕的境界。

刑名法術確為韓非的重要學說之一，而「循名責實」則為其法治思想的核心，韓非子剝去了統治者的偽裝，主張「必因人情」而立法，國君只要「循名責實」，在運籌帷握之際，就能以簡馭繁，無為而無不為，展現實質的君權。而我們若探本溯源，就知道韓非子實際代表了新興的「專制王權」，掌握了時代的客觀精神，並建立了私田制的法制的基本理論，而此一學說的精神內涵，實亦孔子「正名」思想的延伸，雖然在意義及本質上，已有極大的轉化，但不可否認的，韓非實乃承此「定名正分」的思想，論述「循名責實」之理，徹底發揮了法家「君主無為，臣下有為」的主逸臣勞之說，以鞏固絕對的君權，而這亦成了名教思想的主要精髓。〔註263〕

韓非子身處春秋戰國的鉅變時代，當時由於鐵犁與牛耕的出現，終於促

〔註258〕《韓非子集釋》卷2〈二柄〉第7，頁111。

〔註259〕《韓非子集釋》卷14〈外儲說右下〉第35，頁756。

〔註260〕張純、王曉波，《韓非思想的歷史研究》（臺北：聯經出版事業公司，1984年3月第2刷），頁105～106。

〔註261〕《韓非子集釋》卷4〈姦劫弒臣〉第14，頁246。

〔註262〕《韓非子集釋》卷2〈揚權〉第8，頁122。

〔註263〕張意文，〈兩漢名教思想研究〉（淡江大學中文系碩士論文，1998年），頁36～39。

成了井田制的沒落，井田制沒落之後，新的地主階級逐漸取得社會的主導地
位，而以井田制度為經濟基礎的封建制度，也逐漸崩潰，由於列國競爭的激
烈，君權得以大肆擴張。政治的實權，又漸次由「陪臣執國命」回到了國君
手裡。面對這樣的新局面，要如何達成政治的統治目的呢？韓非子說：

> 君無術則弊於上，臣無法則亂於下，此不可一無，皆帝王之具也。

〔註264〕

國君要能任法術，才能達成統治的目的，而國君能獨操法術，乃是因為有勢，
故〈內儲說下〉云：

> 勢重者，人主之淵也，臣者，勢重之魚也。〔註265〕

因此，法、術、勢乃構成韓非子要達成君權至上的三個條件，其政治意義則
在君權的絕對集中。因此他又自述：

> 夫治天下之柄，齊民萌之度，甚未易處也。然所以廢先王之教，而
> 行賤臣之所取者，竊以為立法術，設度數，所以利民萌便眾庶之道
> 也。故不憚亂主闇上之患禍，而必思以齊民萌之資利者，仁智之行
> 也。憚亂主闇上之患禍，而避乎死亡之害，知明夫身而不見民萌之
> 資利者，貪鄙之為也。臣不忍嚮貪鄙之為，不敢傷仁智之行。〔註266〕

韓非並不掩飾他專制的尊君論，並企圖將專制建立於民本之上，韓非正是要
以「極端君權論」，達到「救群生」「利民萌」的目的，韓非子為了襯托出他
的民本思想，遂對上欺其君，下壓其民的封建貴族加以攻擊，他說：

> 徭役多則民苦，民苦則權勢起，權勢起則復除重，復除重則貴人
> 富，……，故曰徭役少則民安，民安則下無重權，下無重權則權勢
> 減，權勢減則德在上矣。〔註267〕

這正是民本與尊君的結合，可惜尊君與民本畢竟有本質上的矛盾，在當時情
況下，遂造成唯有絕對君權方足以利民的情況，所以當時的君權專制確實帶
有推動歷史進步的意義。〔註268〕但是國君若不是具有「獨道之容」的聖君，
又如何能以「公平正義」之心，利益萬民呢？

〔註264〕《韓非子集釋》卷17〈定法〉第43，頁906。
〔註265〕《韓非子集釋》卷10〈內儲說下〉第31，頁577。
〔註266〕《韓非子集釋》卷17〈問田〉第42，頁904。
〔註267〕《韓非子集釋》卷15〈備內〉第17，頁290。
〔註268〕張純、王曉波，《韓非思想的歷史研究》（臺北：聯經出版事業公司，1984年
　　　　3月第2刷），頁141～144。

　　韓非子應時代的需要，建立了一套縝密的法治思想，且能貫徹於實際的政治運作中，他處於秦即將統一天下之前夕，因此特別強調君主的權力，其學說立論，無不從「尊君」的立場出發，實欲藉君權的鞏固，遂行其理論，以達富國強兵之目的，然而其「君權至上」的理論，使儒家自孔子以來一脈相傳的「尊君守禮」的理想，一變而為專制獨裁的極權主義，其目標雖皆為「尊君」然至韓非實已完全扭曲變質，故自秦漢以後，中央集權的君主專制政體，主宰了中國兩千年，在中國政治史上，堪稱影響最深遠者。而兩漢以來盛行的名教，正由這一「尊君」的本質，發展而來，而董仲舒的三綱之說，就是為了適應「更化改制」而提出的，所謂「更化」就是改變政治思想，以思想的統一做為社會穩定的前提，三綱就成了名教的主要內涵，名教思想就是在「尊君」這個大前提之下，要求子孝臣忠，當忠孝不能兩全時，就該移孝作忠，忠於國君。而其他的美德氣節，也只是附屬在「尊君」之下的德行罷了，其目的就是要藉著這些德行的養成，使百姓馴服，而達成鞏固君權的目標。〔註269〕

〔註269〕張意文，〈兩漢名教思想研究〉（淡江大學中文系碩士論文，1998 年），頁 48。

第二章　從道法向儒法轉變的歷史背景

　　中國的信史，起源於夏、商、周三代，至於黃帝與陶唐，虞舜，則屬傳說之範圍，不必盡信其有，亦不可盡斥爲僞，蓋傳說中自有眞實的史影在。〔註1〕我們儘可借助地下考古之資料，與古書之記載，互相印證，重新塑造古史之眞相；自清末殷墟考古之大發現以來，最近亦迭有佳績，譬如山東銀雀山、長沙馬王堆、郭店楚簡、三星堆文明的出土，都予我們極大的雀躍與驚喜。因爲這些新發現，都重新賦予古史新的面貌與新的詮釋。

　　歷史隨著生產力的不斷進步，和私有制的繼續擴大〔註2〕，中國的國家形式，由早期的部落聯盟，逐漸進入城邦聯盟，古代的社會也由原始共產公社的母系社會，逐漸轉化成奴隸制社會和封建社會，最後在春秋戰國之際，產生了一場翻天覆地的大變動，這場大變動是以鐵的發明和牛耕的使用爲前提，以井田制的崩潰爲中心的歷史變動，無論下層建築的經濟社會結構，或上層建築的政治文化，都出現了空前未有的大震盪和嶄新的面貌，這綿延三四百年的遽變期，是中國古代歷史政治、經濟、社會、文化轉型最劇烈的時期，經濟上則由公有制轉向私有制。〔註3〕政治則由封建轉向郡縣，文化則出現百家爭鳴的局面，各國爭霸稱雄，最後由秦一統天下，開創了中國歷史上

〔註1〕　孫廣德，《政治神話論》（臺北：臺灣商務印書館，1990 年初版），頁 3。
　　　　他說：一個神話的產生，必定有它的原根與憑藉，甚至有它的動機與目的，在似乎荒誕的表面之後，尚隱藏著許多確切而實在的東西。
〔註2〕　侯外廬，《中國封建社會史論》（臺北新店：谷風出版社，1988 年 6 月臺 1 版），頁 29～30。
〔註3〕　胡如雷，《中國封建社會形態研究》（臺北新店：谷風出版社，1987 年 11 月），頁 178～179。

第一個大一統的王朝，爲中國的歷史，樹立了新的里程碑。

秦的強大與統一天下，乃是堅持法家政治的結果。自從春秋末年禮崩樂壞以還，東方各國相繼變法，魏國率先革新，遂首霸諸侯，秦雖僻處西方，被目爲戎狄，然自商鞅繼六國變法之後，卻能集各國變法之大成，一躍而爲舉世之強，最後完成兼併六國之大業。開創了三代以來未曾有之局面，從此確立了郡縣官僚體制，與皇帝一人專政的新興政體，影響往後兩千年的中國歷史，堪稱偉大深遠，然秦於統一後，僅二世，即不旋踵而亡，其成也速，其敗也忽，究其原因，乃由於嚴刑峻法，奴役天下之故，因此陸賈在《新語・輔政》云：

> 秦以刑罰爲巢，故有覆巢破卵之患，以李斯、趙高爲杖，故有頓仆跌傷之禍，何者？所任者非也。〔註4〕

西漢王朝在中國歷史上，是第一個大一統的盛世王朝，大漢帝國所以能開創盛世，使其有別於短命之秦朝，實基於深刻之省察，與當時形勢之需要，故毅然揚棄了暴秦的法家政治，而推行黃老治術，因此黃老思想與黃老之治，在中國政治史上具有獨特的地位。黃老之治所以異於秦朝所奉行的商、韓法家思想，最主要的是黃老道家雖然擷取了申不害的形名術的理論，但卻與同樣受到申不害影響的韓非子的形名術大相逕庭，韓非子的形名術是以識破臣子的奸計，舉發並強制服從君主爲主，是以對君主的絕對服從爲理論的基礎，而黃帝書中的形名術，固然包含了督責臣子的一面，但並未佔多數，它最主要是在審核天道的推移與指示的內容，並要求君主的法治根據自然法，此即「以道生法」「道即刑名」的實質。也就是說黃老道家的刑名術並不是強調君主具有無限制的支配權力，反而是要去掉君主自己的主觀跟恣意，順著客觀的自然法來經營國家，並依據天道變化的法則，預測將來的利害得失，以策定國家的戰略，表現「無爲而無不爲」的強力作爲，這就是黃老道家與韓非在法律基本特性不同的地方，這就突顯了黃老之治超越秦朝法家的優越性。〔註5〕

〔註4〕 陸賈（漢）撰，王利器校注，《新語校注》卷上〈輔政〉第3（北京：中華書局出版，1997年10月北京第3刷），頁51。

〔註5〕 淺野裕一，《黃老道の成立と展開》（東京都：創文社刊行，1962年11月），頁342～343。
　　　　　もとよりかかる思想構造は、君主權　及　ぶ　君主の法治を自然法により根拠つけ、正当化する一面　を持ち、ことにその傾向は老子の道に関して

　　清儒王鳴盛先生曾提到文、景二帝行黃老治術，戴君仁曾加以考辨，指出張良、陳平也屬黃老道家，而惠帝與呂后，也都是行黃老治術的。〔註6〕漢初黃老之學極盛，君如文景，宮闈如竇太后，宗室如劉德，將相如曹參、陳平，名臣如張良、汲黯、鄭當時、直不疑、斑嗣，處士如蓋公、鄧章、王生、黃子、楊王孫、安丘望之等皆宗之，東方朔戒子，以首陽為拙，柱下為工，亦是宗黃老。這一段敘述大抵把漢初主張黃老者，都包括在內。賀凌虛先生更確切的指出，自漢高祖元年（公元前二〇六年）迄漢武帝建元元年（公元前一三五年），前後約七十二年之間，乃是「黃老當道，政治崇無為」的時期。〔註7〕可見黃老學說與治術，在中國政治史上具有關鍵性地位，值得深研探索。

　　黃老學說之所以成為漢初的政治指導思想，最主要的是適應了當時的形勢，以文武兼備、刑德並用、清靜無為與民休息為主旨的黃老思想，能夠成

濃厚るである。ただしそれも、あくまで君主が　自然法的秩序　に　服從している限りに於いてである。そこで黄帝書には、申不害の理論を摂取したと見られる　形名術が含まれが、その性格は、同じく申不害の影響を受けた韓非の刑名術とは大きく異なり、道家的形名術へと改変されている。韓非の形名術は、臣下の姦詐を看破摘発して君主への服從を強制し、君主権の絶対化を志向する理論であつた。黄帝書の形名術にも、やはり臣下に対する督責術としての側面が含まれるが、それは全体の中に多く占めず、天道の推移とその指示内容とを審合し、将来の利害得失を預見して国家戦略を策定せんとする所に、最大の力点が置かれている。

すなわ黄帝書に於ける道家的形名術は、人為的支配を無制約に絶対かする方向にではなく、逆に君主が自己の主観や恣意を去つて客観的自然法に随順して国家を運営する方向へと、強く作用するのである。先に商鞅。韓非子の術的法と、黄帝書の法とが基本的性格を全く異なるにする点を指摘したが、それと同様の差異が、彼我の形名参同術の性格にも及んでいるのである。

〔註6〕　戴君仁，《戴靜山先生全集》第二冊〈梅園論學集——漢初的政治和先秦學術思想關係〉（臺北：戴顧志鵷出版，1980年），頁239～244。
　　　　他曾指出：黃老可分二個時期，一為高帝之成功，一為文景之治，而論高帝則曰：其生平行事，未必本乎道家而明達好謀，實以能用良、平黃老之術。

〔註7〕　賀凌虛，《西漢政治思想論集》〈西漢政治思想與現實政治的交互作用〉（臺北：五南圖書公司，1988年初版），頁3～4。
　　　　如果不限政治面，而擴及宗教面，則黃老之影響將延及成帝，因為成帝時，方以儒家尊崇的「皇天上帝」取代黃老標榜的「太一」。
　　　　參考王葆玹：《道教文化研究・第二輯》〈西漢國家宗教與黃老學派的宗教思想〉（上海古籍出版社，1992年），頁193～208。

爲漢初統治者的指導思想，並成爲一股社會思潮，這是與漢初整體社會的政治和經濟形勢的需求互相呼應的。〔註8〕

中國自周元王元年（公元前四七六年）至秦始皇帝二十六年（公元前二二一年）秦統一中國爲止一直處於戰亂中，而秦併六國之後，又不恤民命，暴戾恣睢，終於激起反秦運動，最後歷經楚漢相爭，劉邦才在公元前二○二年，再度統一中國，這時全國已是滿目瘡痍，民不堪命了《漢書‧食貨志》云：

> 漢興，接秦之敝，諸侯並起，民失作業，而大飢饉。凡米石五千，
> 人相食，死者過半，高祖乃令民得賣子，就食蜀漢。天下既定，民亡蓋臧，
> 自天子不能具醇駟，而將相或乘牛車。〔註9〕

戰爭的殘酷破壞，讓全國遍地飢饉，甚至出現賣妻鬻子和互相啖食的恐怖景象，人民九死一生，輾轉乎溝壑，人心遂由思亂轉向要求安定，史稱：「孝惠皇帝、高后之時，黎民得離戰國之苦，君臣俱欲休息乎無爲」《史記‧呂太后本紀》〔註10〕，這時黃老思想才眞正獲得廣闊充足的土壤，得到舉國的共鳴，於是時代的思潮發生了大轉折，黃老治術正式取代了嬴秦的法家政治。

在黃老治術的指導之下，初期即呈現「偃兵息民，天下大安」的局面，到了惠帝、呂后時期，就有了「天下晏然，衣食滋殖」的大好形勢，而「文景之治」的卓越政績，更使經濟的繁榮超越戰國，到了漢武帝初年，國家與人民都已十分富裕，出現了盛世的局面《漢書‧食貨志》云：

> 非遇水旱，則民人給家足，都鄙廩庾盡滿，而府庫餘財。京師之錢
> 累百鉅萬，貫朽而不可校。太倉之粟陳陳相因，充溢露積於外，腐
> 敗不可食。〔註11〕

黃老治術的成效，的確非常顯著，它開創了中國大一統帝國的第一個盛世，也爲中國的政治史樹立了一個良好的典範，無論是政治、經濟、文化或皇權、君術，都與秦代有截然不同的面貌，所以陳鼓應先生說，以「道法」爲中心的黃老派，縮減領導者意志，因循無爲，任各物自生、自化、自成……正是

〔註8〕 余明光，《黃帝四經與黃老思想》（哈爾濱：黑龍江人民出版社，1989 年第 1 版），頁 59。

〔註9〕 班固（漢），楊家駱主編，《漢書》卷 24 上〈食貨志上〉（新校本，臺北：鼎文書局，1986 年第 6 版），頁 1127。

〔註10〕 《史記》卷 9〈呂太后本紀〉，頁 412。

〔註11〕 《漢書》卷 24 上〈食貨志上〉，頁 1135。

古代民主性、自由性與法治的結合，這是古代道家現代化的重大課題。〔註12〕
黃老治術正因爲成功的整合了各學派的思想，表現了當時最進步最卓越的治
國藝術，所以在中國歷史上有其獨特的地位，這是其難能可貴之處。

　　但是自從漢武即位後，開始採取尊崇儒術的作法，最初雖因竇太后的作
梗，不遂所願，但自從竇太后去世之後，漢武帝乃採董仲舒之議，罷黜百家，
獨尊儒術，建立了皇權獨尊的體制，不但政治上要「大一統」，連學術思想也
要「大一統」，從此奠定了中國中央集權體制的性格，也成爲以後歷代王朝制
定制度的根源，而「大一統」遂由公羊春秋的經義，轉化爲一種政治思想和
統一學術的依據，從此支配了中國往後兩千年的歷史。

第一節　黃老學說的起源

　　「黃老」作爲一個學術名稱而被提出是在西漢初年，且爲兩漢所沿用，但
從先秦的歷史文獻來看，黃帝與老子都是單獨出現的，並無「黃老」並稱的名
詞，「黃老」合稱雖出自漢初人的習慣稱謂，但黃老思想的產生卻早在戰國中期
就已萌芽，例如《史記・老子韓非列傳》說：「申子之學本於黃老而主刑名。」
〔註13〕，《史記・孟子荀卿列傳》也說：「慎到，趙人。田駢、接子，齊人。環
淵，楚人。皆學黃老道德之術，因發明序其指意。」〔註14〕申不害與慎到都是
戰國中期的人物，而田駢、接子、環淵的生卒年代雖然不可詳考，但都曾講學
於稷下學宮，差不多與齊宣王、齊湣王是同時期的人，可見「黃老」作爲一個
學派，至少在戰國中、後期就已產生，經過輾轉傳播，終盛行於秦漢間，因此，
從這意義上說，倘若沒有戰國時期形成的黃老學及其演化，就不會有漢初的「黃
老」這個名詞，所以黃老學派是「老子道家」逐步演化的結果，其中原因，是
戰國時期確實存在著一種道家與黃帝互相結合的文化現象，許多道家的著作都
依附黃帝而立說，最後成爲漢初「黃老」這名詞的思想源頭。

一、依托黃帝而論道

　　道家所以在戰國時期托名黃帝而建立學派，與當時興起的「托古改制」

〔註12〕《黃帝四經今註今譯》〈先秦道家研究的新方向〉，頁26。
〔註13〕《史記》卷63〈老子韓非列傳〉，頁2146。
〔註14〕《史記》卷74〈孟子荀卿列傳〉，頁2347。

的托古風氣有很大的關係。因為在百家爭鳴的時代，每一個學派都想獨佔上風，希望獲得新興王權的青睞與重用，因此托古以自重，形成顧頡剛先生所說的「累層造史」的奇觀，越是後起的學派，越是捏造前古。而《老子》本崇尚自然之道，反對世俗權威，故《老子》中並無「黃帝」蹤影，然自「黃老」學派興起，為了參與政治，也加入了托古的潮流，遂轉向依託比堯舜、夏禹更久遠的黃帝，於是新道家的學說就轉承了黃帝的旨意，這也創造了黃老結合的根據。所以《淮南子‧脩務訓》說：

> 世俗之人，多尊古而賤今，故為道者必託之於神農、黃帝而後能入說。亂世闇主，高遠其所從來，因而貴之。為學者，蔽於論而尊其所聞，相與危坐而稱之，正領而誦之。〔註15〕

道家所以把黃帝作為依託的偶像，這固然與黃帝是姬周王室的始祖有關，更是在當時興起的「黃帝」熱潮驅動下，與權威偶像相互整合的主動調整。黃帝神話的出現，最早見於《左傳》與《國語》，例如《左傳‧僖公二十五年》記載晉文公時，使卜偃卜，曰：「吉，遇黃帝戰於阪泉」〔註16〕，而《國語‧魯語上》在敘述宗廟祭祀，提到黃帝時說：

> 故有虞氏禘黃帝而祖顓頊，郊堯而宗舜，夏后氏禘黃帝而祖顓頊，郊鯀而宗禹；商人禘舜而祖契，郊冥而宗湯；周人禘嚳而郊稷，祖文王而宗武王。〔註17〕

而在〈晉語四〉中，也有一段話：

> 昔少典娶于有蟜氏，生黃帝、炎帝。黃帝以姬水成，炎帝以姜水成。成而異德，故黃帝為姬，炎帝為姜，二帝用師以相濟也，異德之故也。〔註18〕

〈晉語〉還記載了黃帝廿五子、十二姓的說法，可見黃帝做為中華民族始祖的地位，很早就確立了。〔註19〕既然如此，那麼黃帝在中國人的心目中當然

〔註15〕劉文典撰，馮逸、喬華點校，《淮南鴻烈集解》卷19〈脩務訓〉（北京：中華書局，1989年5月），頁653～654。

〔註16〕《春秋左傳注疏》卷16〈僖公二十五年〉，頁262。

〔註17〕左丘明（周）作，韋昭等注，上海師範大學古籍整理研究所校點，《國語》卷4〈魯語上〉（上海：上海古籍出版社出版，1995年5月第3刷），頁166。

〔註18〕左丘明（周）作，韋昭等注，上海師範大學古籍整理研究所校點，《國語》卷10〈晉語四〉（上海：上海古籍出版社出版，1995年5月第3刷），頁356。

〔註19〕鍾宗憲，〈黃帝傳說的研究——黃帝神話傳說之嬗變與有關黃帝學術源流問題之辨正〉（臺北新莊：輔仁大學中文研究所博士論文，1996年），頁311。

有至高無上的權威，因而崇拜黃帝，也就成爲當時社會的普遍心態，在這樣的社會歷史條件下，道家依託黃帝而推行其學說，這是與戰國時期興起的富國強兵運動，王權專制和天下統一的大趨勢是相一致的，又與當時的社會心理互相適應。這大概是道家依託黃帝而論道的心理因素。因此，所謂黃老學，從狹義上講，就是指正式托名黃帝而推行老子道家政治思想的那一學派，從廣義上講，則是指以道爲中心思想和指導思想而兼取百家學說的道家思潮。〔註20〕而漢初之人所稱謂的「黃老」，實指狹義的黃老。司馬談在《論六家要旨》中論述的道德家，則屬廣義上的黃老學，而完整的黃老學說乃是狹義與廣義的有機統一。〔註21〕所以黃老學基本內容的結構是「老」，是「道」，是它在吸收諸子百家之學的基礎上，對老子學說所做出的新改造與新詮釋，「道」是它主要的內容與本質，「黃」是其外在的形式，故凡托黃帝之名，宗老子之道，兼百家之學的，皆可稱之爲黃老學。

二、黃老學所以產生的歷史條件

　　黃老之學所以產生於戰國中後期，既有其時代背景，也有其思想文化條件，戰國時期是中國歷史上政治、經濟與文化變動最劇烈的時期，各諸侯國爲順應生產力發展的要求，相繼推出變法，進一步的實行了社會的改革，首先是三晉分家之後，魏文侯發動了一系列的變革，他重用法家李悝、軍事家吳起、思想家子夏、段干木，對舊有的經濟基礎與政治社會進行了重大的改革，使魏國轉變成爲戰國初年最爲富強的國家，嗣後，韓、趙、齊、楚、燕、秦也相繼改革，特別是田齊任用鄒忌，楚國任用吳起，秦國重用商鞅的變法運動，大大改變了這些國家的經濟社會與政治狀況，促進了王權專制政體的確立。戰國時期新封建的改革普遍成功，爲中國古代社會的轉型，創造了優越的環境，並顯示出王權專制政體的不可逆轉性，順著這形勢的發展，兼併戰爭越形激烈，在存亡消長的變化中，逐漸呈現出全國大統一的趨勢。新環境、新趨勢爲那個時代的思想文化的發展，提供了適宜的條件，又使春秋以來所興起的諸子百家的思想與理論，受到了嚴峻的挑戰，諸子百家只有按照

　　　西周時期，姬姜二姓實行對偶婚，故被史家稱爲姬姜集團，黃帝與炎帝實爲
　　　姬姓與姜姓的兩大部落神，後來被尊爲中華民族的始祖。

〔註20〕牟鍾鑒，〈道家學說與流派述要〉，載於陳鼓應主編《道家文化研究》，第一輯
　　　（臺北：文史哲出版社，2000年8月），頁20。

〔註21〕丁原明，《黃老學論綱》（濟南：山東大學出版社，1997年9月），頁14。

時代精神去調整自身和修正其理論體系，才能使自己的學派得以生存發展而不與現實隔絕。道家做爲諸子百家之一，自然也不能超乎時代之外。

我們從歷史的演變可以看出，自春秋以來發生的一系列變革，其實質內涵就是要確立王權專制政體，建立新的郡縣制度，使之成爲新的國家。諸子百家唯有順時趨勢，不斷調整自己，才能適應時代發展的要求，找到自己的生存空間與表現方式。而老子道家把自然無爲的「道」，做爲創生宇宙的母力和宇宙運行的原理。並將其作爲一切價值的最高標準，對於形而上學的天道問題，具有極強的滲透力與功效性，但對於「無爲而治」，如何落實人間，卻欠缺具體實踐的方案，對整體社會的照應就顯得嚴重不足，所以爲了呼應新興的王權專政體制的確立，遂有改革派「黃老」道家的出現，《黃老帛書》經常發出「唯余一人，兼有天下」的尊君鼓動，這就證明了黃老學是適應大一統變革時代的產物。所以黃老道家最大的特點，就是向政治社會傾斜，也可以說是對老子思想的一種改造與發展。〔註22〕

黃老學之所以產生於戰國，最主要的是受到當時社會變動與封建文化改革的驅使，倘若沒有戰國變革的時代精神的啓發，原始道家就無法爲了調整和重構自身，準備豐富的思想資料。在那個諸子蜂起，百家競馳的大環境裏，辯論的核心總是圍繞著天與人，禮與法，社會與人生諸問題而開展，由於每個學派都有自己獨特的思想，因此他們就按照自己的價值取向去探究現實，構築和設計未來理想社會的藍圖。由於諸子生活在同一個時空的範圍內，所以彼此在互相駁難中，很容易吸取對方有益的思想，形成互相滲透，互相補充的思想文化格局。既不斷的的利用和改造傳統，又不斷的創新，建構新的理論體系，從而使百家爭鳴的學術園地充滿盎然的生機。而當時勢力最大，影響最深的學派要屬儒、墨、道、法四家，他們的學說互有長短，確有通過互補以發展和完善自己的必要，例如作爲新興王權專制政體代言人的法家，它對維護新制度，提出了許多構想與巧思，但由於法家的價值取向，極端的功利，它將人間的一切活動都歸結於冰冷的利害關係，缺乏對人類生存的的終極關懷與情操，這就註定了法家只能風行於亂世，終非長治久安之選。而道家「蔽於天而不知人」，儒者「蔽於人而不知天」，也都有其缺陷，這就突顯了戰國諸子在意識形態上的偏頗，其理論價值都具有相對性，單靠一家的學說都無法擔當設計新王權政治的重任，唯有在諸子百家互補的格局中，善

〔註22〕《黃帝四經今註今譯》〈先秦道家研究的新方向〉，頁3。

於吸收其他學派的思想，才能豐富和完善自己，成爲新興王權政治的寵兒。〔註23〕

原始道家具有忽略現實政治社會的缺點，然而這正是儒、法、墨三家之所長，只有吸收這幾家執著現實的人文精神，才能切近時代的脈動而躍上歷史舞台，而當時社會變動和思想變化的形勢，首先表現在君主專政體制的確立，政權日益集中於國君一人之手，相對的「尊君」思潮成爲各家學說的主流，這種「尊君」的思想，不但爲黃老道家所吸收，也被董仲舒吸收且成爲新儒家的主調，變成了擁護皇權專制的思想武器。而黃老道家中的「黃帝之言」，也在這種社會變化和社會思潮演變的過程中，逐漸形成和豐富起來，建立了新的政治鬥爭理論與治國原理，並且塑造了大一統國家的專制君主形象。其次是在社會文化思想領域裡面，出現了「百家合流」的傾向，要求創造「定於一尊」的新思想。當時的各學派，都試圖以自己的思想爲基礎，雜揉別家思想，搏鑄新的理論體系，在這種思想整合的趨勢下，原始道家也向「雜揉」的方向轉變，成爲「黃老道家」，所以從古代思想史發展的趨勢來看，黃老學確實是戰國末期百家合流的產物。〔註24〕

三、稷下黃老的昌盛

黃老學是先秦思想史上一個極爲重要的學派，它的發展是以稷下學宮爲中心，在稷下的齊學中，原本以陰陽家黃老道家和縱橫家爲主，但黃老之學卻佔有主流的地位，代表了先秦學術發展的一個趨勢，所以蒙文通先生曾有一個很好的概括，他說：

百家盛於戰國，但是後來卻是黃老獨盛，壓倒百家。〔註25〕

這就說明了黃老學才是戰國中後期的顯學，黃老學所以成爲當世顯學，就是因應了戰國以來，列國政治變法圖強的需要。它假托黃帝之言，改鑄了老子之學，探討富國強兵之道，以適應天下大爭的局面，爲道家學說注入了全新的內容，也爲道家學說的發展開闢了一個新方向。〔註26〕而黃老學的產生，

〔註23〕丁原明，《黃老學論綱》（濟南：山東大學出版社，1997年9月），頁17～18。
〔註24〕吳光，《黃老之學通論》（杭州：浙江人民出版社，1985年6月第1版第1刷），頁106～108。
〔註25〕蒙文通，《蒙文通文集.第1卷——古學甄微》〈略論黃老〉（成都：巴蜀書社，1987年），頁267。
〔註26〕白奚，《稷下學研究——中國古代的思想自由與百家爭鳴》（北京：生活、讀

就是稷下學者為了幫助田齊完成爭霸的野心所談說與建議的內容，顧頡剛先生認為齊宣王時期，稷下先生的議論中心是如何建立統一帝國的新制度，而《管子》一書，即是收錄當時稷下先生著作的總輯，他說：

> 我很懷疑《管子》一書竟是一部「稷下叢書」，所以除了政治經濟學說各篇外，有〈弟子職〉〈小稱〉等儒家言，〈七法〉〈法禁〉等法家言，〈幼官〉、〈四時〉、〈五行〉等陰陽家言，〈兵法〉〈制分〉等兵家言，〈地員〉、〈水地〉等農家和醫家言，這就因為稷下之學的方面，本來即很廣泛的緣故。〔註27〕

顧頡剛生生論證甚為詳實，他還考證出包括封禪、五等爵，乃至於《周官》皆出自稷下學者之手，尤其《周官》是稷下學者為齊王統一天下所準備的各項典章制度，他的這些論說，自可獨樹一幟，予人耳目一新之感，我們如果考諸《管子》確有史實根據，《管子》曰：

> 明一者皇，察道者帝，通德者王，謀得兵勝者霸。〔註28〕

> 形生理，常至命。尊賢授德則帝，身仁行義、服忠用信則王，審謀章禮、選士利械則霸。〔註29〕

這種由「霸」而「王」而「帝」的逐步升級的步驟，是稷下學者為田齊規劃的帝制運動，所以《孟子·梁惠王上》曾記載著孟子與齊宣王的對談，孟子曰：

> 然則王之大欲可知已，欲辟土地，朝秦楚，蒞中國，而撫四夷也。
> 〔註30〕

威、宣之際，田齊最強於諸侯，猶不自足，還妄想稱帝，以統一中國為目標，而更重要的是學術上假託「黃帝論道」而創建了黃老之學，開創了「以道統法」，以「刑名」架構「無為而治」的政治理想。稷下學宮本來就扮演著學術融合的角色，而黃老學的誕生，則標示著戰國以來學術整合的首席成就。

　　黃老學的躍上歷史舞台與田齊重刑名治術的學術要求是互相脗合的，它與楚地道家之學最大的不同是「用世」方式的不同，稷下黃老之學是一種政

書、新知三聯書店，1998年9月），頁92～95。

〔註27〕顧頡剛，〈「周公制禮」的傳說和《周官》一書的出現〉，《文史》第六輯（1954年），頁1～40。

〔註28〕《管子校注》卷6〈兵法〉第17，頁316～317。

〔註29〕《管子校注》卷3〈幼官第八〉，頁139。

〔註30〕《孟子注疏》卷1下〈梁惠王上〉，頁23。

術，而南方楚地的道家之學，後來則發展成為老莊哲學，這種以莊子超塵出世，作逍遙遊於大化之外的超越哲學，終成道家在學術上的主流，而與黃老的刑名治術分道揚鑣。稷下黃老道家作為一種政術，固然有其自身理論成熟的條件，但它的發展，作用及在社會中的地位，主要是依賴當權者的提倡、採納和利用。所以稷下黃老道家有很強烈的積極用世精神，並努力的配合新興的王權政治。無論在「體」「用」兩方面，都足以代表當時道家的主流思想。〔註31〕這從「黃宗四面」的傳統，可以看出端倪，在黃帝傳說中，統一天下是其中最重要的特徵，在《黃老帛書》中有這樣的記載：

> 昔者黃宗，質始好信，作為自象，方四面，傅一心，四達自中，前
> 參後參，左參右參，踐立（位）履參，是以能為天下宗。吾受於天，
> 定立（位）於地，成各於人。唯余一人□肥（配）天，乃立王三公，
> 立國置君三卿。〔註32〕

黃帝征伐四方的傳說，是很多史書的共同記載，這就表達了當時諸侯以統一天下為目標的主張，而「黃帝四面」就是黃帝征服四方統治四方的意象，這顯然是為中國大一統，為建立中央集權的皇帝制度鋪路。

第二節　黃老學以道統法的特色

黃老學是以老子哲學為基礎，而寓託黃帝以進行政治改革的學說。這股政治哲學的思潮興起於戰國中期，若論其淵源，有人主張出於齊，也有人主張起源於楚越〔註33〕，莫衷一是，但它昌盛於田齊，並在稷下學宮百家爭鳴中取得主導地位，成為當代顯學，深深的影響了儒家的孟、思與法家的申、韓，都是歷史的事實。

稷下黃老學說所以能流衍天下，傳佈於全國，最主要的是它適應了戰國以來政治社會變革的形勢，提出了「以道統法」的中心思想，用老子的道論做為其哲學理論基礎，而融入齊國法家的形名法度思想，足以擔當政治上實際運作的理論根據，這種學說在《黃老帛書》的開首，便明確的標示：

> 道生法。法者，引得失以繩，而明直者医（也）。故執道者，生法而

〔註31〕 丁原明，〈楚學與漢初黃老之學〉，《文史哲》（1992 年，第 4 期），頁 14。

〔註32〕 《黃帝四經今註今譯》第二篇《十大經》〈立命〉，頁 254。

〔註33〕 王博，〈論《黃帝四經》產生的地域〉，收錄於陳鼓應主編，《道家文化研究》
　　　　第三輯（上海：上海古籍出版社，1993 年 8 月），頁 222～225。

敢犯医（也），法立而弗敢廢也。〔註34〕

黃老學與原始道家在外表上看，雖然仍以「道」爲本，以「無爲」爲宗，但在內涵上已發生了很大的變化，最重要的是對「道論」進行了改造，表現出將形而上的「道」落實於現實政治的人文精神，並逐步的向人道與社會價值開展，所以對道論的改造是黃老學與原始道家的分歧點。

一、天地人一體觀

稷下學的百家爭鳴，基於儒、道、墨、法的優勢互補，發展出道家黃老學的新潮，而表現在以天道統攝人道的基礎上，黃老以「道、法」結合爲其主要特點，即所謂「以道生法」，實際上，其道論是以維護法制爲目的，故天、地、人爲一總體，包括了整個自然界和社會界，自然界有其天體運轉的客觀規律，稱之爲「天道」，依天道，推衍人事，就能把握政治社會的客觀事理，稱之爲「人道」，天道與人道有其上下相通，彼此照應的哲理，人們可以認知並把握天道，但更須重視社會人事，這就使黃老新學以天道統攝人道，和以道生法的內涵，更爲豐富精深，這也意味著道家黃老學在客觀上，把天地萬物和人類社會看成是一個總體，這個體系以人類爲本位，人類與天道的運行，具有普遍聯繫的規律性。〔註35〕這是黃老學結合社會現實，創造性的推衍了老子的道論，在哲學上更上一層樓，形成了更豐富多彩的天、地、人一體觀，反映了先秦道家哲學時代精神的精華，它對傳統民族文化的發展，有著積極的推進作用。

道家黃老學有很多的精言粹語，內容深奧，由此，人法地，地法天，天法道的思想聯繫著許多方面，如百家爭鳴論，君主深沈周密，持虛守靜的君道論，身心正靜的養生論，內容豐富多彩，引人入勝。

（一）天地人一體的君主決策

黃老道家認爲君主理政，應執守道要而決策，不須專注於細微末節，而

〔註34〕《黃帝四經今註今譯》第一篇《經法》〈道法〉第1，頁48。
〔註35〕朱日耀主編，《中國古代政治思想史》（長春：吉林大學出版社，1988年4月第1版1刷），頁11。
中國傳統政治思想，經歷了由簡單到複雜，由支離到系統完備的過程，這是理論與實證相結合的結果，這表明古代政治思想發展的歷史進程，與社會歷史的發展進程是一致的。任何一種政治理論和主張，追根就底，都必須通過社會實踐的考察，才能確定它的作用，並予以適當的評價。

要透過種種有形的具體事物，認知其中內在的無形的本質與規律，如帛書《經法‧六分》所言：

> 王天下者之道，有天焉，有地焉，又（有）人焉，參（三）者參用
> 之。〔註36〕

三者參而合用，就是指把握天、地、人一體的規律性，去做執守要道的決策，誠如《管子‧形勢》說：「天不變其常，地不易其則，春秋冬夏不更其節」〔註37〕，常、則、節都是有規律的，所謂「得天之道，其事若自然，失天之道，雖立不安」，認知並把握天道的規律性，舉事自然會成功，相反的，離開這規律，事雖有所成，也不得恆久。因此，帛書《經法‧四度》更強調：

> 極而反，盛而衰，天地之道也。人之李（理）也，逆順同道而異理，
> 審知逆順，是胃（謂）道紀。〔註38〕

施政辦事一定要遵循「天之道」的自然規律，才能成功，違反規律，必受懲罰，《管子‧五輔》論說君主行使國家權力時，謂「權有三度」，曰：

> 上度之天祥，下度之地宜，中度之人順，此所謂三度。故曰：天時
> 不祥，則有水旱；地道不宜，則有飢饉；人道不順，則有禍亂。此
> 三者之來也，政召之。曰：審時以舉事，以事動民，以民動國，以
> 國動天下。〔註39〕

君主應該「守道要」而決策，也要審時以舉事，君主及其輔臣不但要把握天、地、人一體的規律性，在施政上更該審時度勢，不失時機，尤其在政治、軍事方面，即使在平時，也該以農業為基礎，務在四時，守在倉廩，故《管子‧霸言》曰：

> 聖人能輔時，不能違時，知（智）者善謀，不如當時。精時者，日
> 少而功多。〔註40〕

黃老道家「因時」的辯證法，淵源於歷史經驗，來自范蠡與孫武〔註41〕，而

〔註36〕《黃帝四經今註今譯》第一篇《經法》〈六分〉，頁140。
〔註37〕《管子校注》卷1〈形勢〉第2，頁21。
〔註38〕《黃帝四經今註今譯》第一篇《經法》〈四度〉，頁163。
〔註39〕《管子校注》卷3〈五輔〉第10，頁199。
〔註40〕《管子校注》卷9〈霸言〉第23，頁469。
〔註41〕淺野裕一，《黃老道の成立と展開》（東京：創文社刊行，1962年11月），頁173。
　　　今一つ范蠡型思想が齊に移入されたことを傍証するのは、管子勢篇である。勢篇の內容が范蠡型思想に屬することは、すでに第八章で指摘した如くで

其「守道要」的君主決策，則推衍爲君臣的分工，期待君道「無爲」，主管決策，臣道「有爲」，重在執行，因此《管子・宙合》說：

> 君出令佚（指決策），故立（位）于左；臣任力勞（指執行），故立（位）于右。夫五音不同聲而能調，此言君之所出令無妄也，而無所不順，順而令行政成。五味不同物而能和，此言臣之所任力無妄也，而無所不得，得而力務財多。〔註42〕

這種主佚臣勞的決策智慧，和老子所言：「道常無爲而無不爲，侯王若能守之，萬物將自化」的思想，可以上下相承，前後輝映。

（二）內聖是外王的保證

在中國的政治思想中，諸子百家，都有一套內在的修養功夫，即使表面上看起來最與道德無關的法家亦然，事實上，這種思想在中國古代淵遠流長〔註43〕，即韓非子的法術勢理論，在其要緊處，也要配合「去好去惡，群臣見素；群臣見素，則人君不蔽矣」的修養《韓非子・二柄》〔註44〕，因此，梁啓超先生說：「『內聖外王之道』一語，實包舉中國學術之全部，其旨歸在於內足以資修養而外足以經世」這是引用《莊子・天下篇》〔註45〕之概念，詮釋中國學術

ある。また管子は、斉の桓公に仕えた宰相管仲に託された著作であり、その成立が斉と深い関わりを持つことは言うまでもない。したがつて管子勢篇の存在は、それ自體が范蠡型思想が斉の地に受容されたとの証左となる。特に留意すべきは篇の名稱で、勢篇中にはその篇名にもかかわらず、勢なる語は全く見当たらない。これは一見奇妙な現象であつて、なぜにかかる篇名を冠せられたのかが、当然問題となる。勢には時勢、状勢、兵勢、権勢、勢力など、多様な意義が含まれるが、それでは勢篇の内容と最も適合する用法はいずれであろうか。

〔註42〕 《管子校注》卷4〈宙合〉第11，頁211。
〔註43〕 張光直，《中國青銅器時代.第二集》〈商代的巫與巫術〉（臺北：聯經出版社，1990年），頁48～49。
云：「商朝的統治者，即是巫長，他負有〈楚語上〉所說的『絕地通天』的任務，統治者的個人職務，使他必須有超越常人的能力。因此需要修煉，到了周朝，將天命觀改成只有『有德者』才足以承擔，那麼統治者更要修德了。」
另外，何新〈論聖人與聖王神話〉《天津社會科學》期一（1993年）云：「春秋戰國百家爭鳴中，有多少種『道』，就有多少種『聖人觀』。這是士階層理想主義的人格化，而與聖人觀相關聯，當一切理想最終歸結到個體之後，『修身』就成了邏輯上的焦點與起點。」
〔註44〕 《韓非子集釋》卷2〈二柄〉第7，頁113。
〔註45〕 郭慶藩（清）撰，王孝魚點校，《莊子集釋》卷10下〈天下〉第33（臺北：天工書局印行，1989年9月出版），頁1069。

史上之統治術必基於主體修養的普徧性主張。其實「內聖外王」的概念，是中國自古以來的君道理想，強調最高境界的統治術「外王」，必須奠基於「內聖」的主體修養功夫。黃老道家既是戰國中葉以迄秦漢時期的道家主流，其內在修養論，自然成為政治思想的主軸，司馬談在《論六家要旨》中，就明白指出「精神專一，動合無形，贍足萬物」〔註46〕顯然是內在修養與外應萬物的課題，而《老子》之〈河上公章句〉首章解「道可道，非常道」就說：

> 謂經術政教之道也。非自然長生之道也。常道，當以無為養神，無事安民，含光藏暉，滅跡匿端，不可稱道。〔註47〕

這是開宗明義將「養神」與「安民」合論，標示著老子的思想包含了養生術、修養論與治道。準此以觀，作者認為用於治國的「經術政教之道」只是「可道」之道，而非常道，只有「自然長生之道」才是「含光藏輝」的常道，若將其推之於政治領域則可以國治民安，所以說用道治國則國富民昌，用道治身則延年益壽。〔註48〕因此，侯外廬先生就曾經認為《管子》〈內業〉有關存心養氣的主張，雖然把握了道德主體，但精氣與靈氣之說事涉虛玄，遂導向了神祕主義。〔註49〕黃老道家認為道德的本體是「靈氣」或「精氣」，這是一種非經驗而無法驗證的，與儒學的「誠」的概念，絕不相同，然而它在黃老理論系統中卻居要位，是黃老政治思想的重要特徵，內聖的修養功夫是帝王上證道體虛無，下應萬物自然，以因循之方，達無為無不為之完美政治理想的保證。所以杜正勝先生說：戰國時代儒、道二家都對人的心性有劃時代的討論，雖然儒、道二家旨趣有別，但黃老學派則在心性之外，提出一個更根本的東西，也就是「氣」，這個觀念在孟子遊於稷下時影響了儒家，更成為道家系統的一個重要範疇與傳統，他說：

> 相對於儒家從人際關係和心性給「人」的定位，道家專注於個體的探求，而且認為個體「人」與大自然之「天」有極密切的關聯，其

〔註46〕《史記》，卷130〈太史公自序〉，頁3289。

〔註47〕鄭成海著，《老子河上公注斠理》（臺北：中華書局出版，1971年5月），頁1。

〔註48〕胡孚琛・呂錫琛，《道學通論——道家、道教、仙學》（北京：社會科學文獻出版社，1999年1月），頁169。

〔註49〕侯外廬等著，《中國思想通史.第一卷——古代思想》（北京：北京人民出版社，1992年9月），頁358。
〈內業〉云：「四體既正，血氣既靜，一意搏心，耳目不淫，雖遠若近。」強調內心自我存養是要把握道德本體的「靈氣」與思、孟學派的自我存養是要把握道德本體的「誠」不同。

聯繫的關鍵在於「氣」，由氣而建立人身以至心性的體系認知，形成
極具特色的「人」的概念，……。〔註50〕

杜氏將道家個體修養層面之問題，認爲是由宇宙論而非人倫關係入手，並以
「氣」爲聯結點，是很有見識的，難怪林安梧先生認爲中國文化之核心概念，
當屬之於「氣」而「心」、「性」非其選也。〔註51〕

　　杜氏認爲黃老道家學派具有承先啓後的地位，而《管子·心術上》於此
多有論述發揮，其言曰：

道不遠而難極也，與人並處而難得也。虛其欲，神將入舍。掃除不
絜，神乃留處。〔註52〕

這是把道之實踐，運用於「不遠」的人身上來，指出「虛欲」方能「留神」，
這種修道之要，正是黃老的特色，它與老子「爲學日益，爲道日損，損之又
損，以至無爲」的修道論是相互輝應的，因此在〈心術下〉又說：

形不正者德不來，中不精者心不治。正形飾德，萬物畢得。翼然自
來，神莫知其極。昭知天下，通於四極。是故曰：無以物亂官，毋
以官亂心，此之謂内德。……心安，是國安也。心治，是國治也。
治也者，心也。安也者，心也。治心在中，治言出於口，治事加於
民。故功作而民從，則百姓治矣。〔註53〕

這段話表達了形與神之主客問題，也說明了即心即氣的心氣合一論，更重要
的是，它指出帝王對道之實踐工夫達到了，可以馬上招舉整體，所謂「正形
飾德，萬物畢舉，翼然自來，神莫知其極」，因爲聖人之教化天下，貴在「神
化」，故《淮南子·主術訓說》：「太上神化，其次使不得爲非，其次賞賢而罰
暴」。〔註54〕道家認爲「神化」是最爲可貴的教化手段，君主一旦體道，達到
了「塊然保眞，推德抱誠」的境界，就能保持愚樸的心性和德性，爲全國民
眾樹立良好的道德典範，君主以道作則，天下自然風行草偃，將道德原則化
入自己的品德結構之中，因「民之從化也；不從其言，而從其行」《淮南子·

〔註50〕杜正勝，〈形體、精氣與魂魄——中國傳統對「人」認識的形成〉，《新史學》
　　　　卷2期3（1991年），頁2。
〔註51〕林安梧，《儒學與中國傳統社會之哲學省察——以「血緣性縱貫軸」爲核心的
　　　　理解與詮釋》（臺北：幼獅文化事業公司，1996年4月初版），序言，頁5。
〔註52〕《管子校注》卷13〈心術上〉第36，頁759。
〔註53〕《管子校注》卷13〈心術下〉第37，頁778～782。
〔註54〕《淮南子鴻烈集解》卷9〈主術訓〉，頁276。

主術訓》〔註55〕而「使民不得為非和賞賢罰暴的手段」，缺乏人心感動的內驅力，即使在執行時取得某些效果，但也只是停留於主體外在的「從」，而非內在的「化」，所以教化民眾的最高價值，乃在「神而明定」，使民心返樸歸真，而非實施刑罰與仁義禮樂。〔註56〕

　　楊儒賓先生曾說：「人的形體全幅轉化，透過所謂『踐形理論』，全身皆是心氣之流行以後，其知覺運動無一不是內在心性之外顯，必然會把『道』從潛伏狀況帶到形體生色的外顯層上。」〔註57〕心氣流行，可與宇宙互相感通，這就使人在本質上具有宇宙性，既然帝王心性之本質帶有宇宙性，那麼「心安是國安也，心治是國治也」「故功作而民從，則百姓治矣」，就言之成理了。而這種特徵，正是在修養論上探討黃老學說有關政治思想之課題，所必須重視的要點。《管子》已經將帝王修養的路線指明了，精氣的概念也確定了，以養生煉心治國為一體的主旨，也標舉得很明確，到了《淮南子》更推出「感化論」與「神化論」，當個體修養到家，就能藉著「氣」，因循變化於萬物之間，與宇宙萬物，在本質上都能同幅共振，豈非我一張即萬物畢羅，我一動即萬物畢舉嗎？這正是黃老以近求遠的治國方法，因循之道與無不為理想的達成，捨此門戶將何由？故司馬談說：「至於大道之要，去健羨，絀聰明，釋此而任術」，只要掌握了這大道之「要」，自然可以「指約而易操，事少而功多」。黃老將個體的形神修養與治國原則徹底的整合，完成了氣化的感化論，這是它的治術的最高理想，因此《管子》、《呂氏春秋》、《淮南子》、《黃帝四經》的政治思想，都一再闡揚感通天地萬物之法，行清靜無為之治，《淮南子·覽冥訓》曰：

　　　　夫全性保真，不虧其身，遭急迫難。精通於天，若乃未始出吾宗者，
　　　　何為而不成。〔註58〕

又說：

　　　　故聖人在位，懷道而不言，澤及萬民。君臣乖心，則背譎見於天，
　　　　神氣相應，徵矣。〔註59〕

〔註55〕《淮南子鴻烈集解》卷9〈主術訓〉，頁274。
〔註56〕胡孚琛·呂錫琛，《道學通論——道家、道教、仙學》（北京：社會科學文獻出版社，1999年1月），頁164。
〔註57〕楊儒賓，《中國古代思想中的氣論及身體觀》〈支離與踐形——論先秦思想裡的兩種身體觀〉（臺北：巨流圖書公司，1993年1版），頁427～428。
〔註58〕《淮南鴻烈集解》卷6〈覽冥訓〉，頁193。
〔註59〕《淮南鴻烈集解》卷6〈覽冥訓〉，頁196。

《淮南子》將黃老道家的修養論舖陳得相當齊全，以少私寡慾，和煉精化氣，煉氣化神，煉神還虛的形神專一，做爲內聖之保證。若能因循乘便，既可以長生，又能上而爲皇，下而爲王，內聖外王之體用，由此大備矣。〔註60〕

二、強調人道

《老子》的學說大體上可分成三大部份，一是道論，二是人生哲學，三是政治哲學。而道論是《老子》學說的核心，《老子》以「道」作爲宇宙萬有的本體，而後以「道」統攝「人生哲學」與「政治哲學」所以老子的道具有多種涵意，傅偉勳先生認爲道有六個層面：道體、道原、道理、道用、道德、道術，〔註61〕而從本體論上來說，「道」作爲共時態，是有與無的對立統一，而其創生宇宙萬物，是爲了顯示「道」本身所涵攝的「德」，然後藉諸「德」，落實於人生實用之中，此即所謂「有德」，就可以達到如嬰兒、赤子般的無知無欲的狀態，所以《老子》的哲學貴在向上體悟「道德」，於思想行爲上，冥契天道，向下擺脫心智物欲的糾纏，要息欲無爲，柔弱處下，方能與「道」冥合，回復自然的狀態，但是黃老思想的「道」論卻做了重大之修正，突出了人道與社會的價值。

就中國哲學而言，老子是有系統的建立天人關係之學的第一人，他從「道生萬物」的立場出發，認爲人與萬物在本質上是一致的，萬物皆循自然之道，毫無造作，所以道要以天道自然作爲最終的依據，可惜世俗的人道卻常與天道對立，所以《老子·七十七章》云：

> 天之道損有餘而補不足，人道則不然，損不足，奉有餘。〔註62〕

天道無私覆，故能損有餘以補不足，讓萬物均整公平，而人道則趨向現實，喜歡往勢力靠攏，故強者愈強，弱者愈弱，形成弱肉強食的世界，故天道損強扶弱。因此，要消除人道與天道的對立，就必須以人合道，做到無欲、柔弱、虛靜、處下、不爭，所謂「治人事天，莫若嗇。」《老子·五十九章》〔註63〕，這麼一來，就使人失去了能動的主觀願望，這種天人論述，有其嚴重的缺陷。因

〔註60〕郭應哲，〈戰國至漢初黃老學說的政治思想〉（臺北：臺灣大學政治學研究所博士論文，1995年），頁131～138。

〔註61〕傅偉勳，《從西方哲學到佛教》（北京：三聯書店，1989年），頁385。

〔註62〕朱謙之著，《老子校釋》〈老子德經七十七章〉收錄於《老子釋譯》（臺北：里仁書局，1983年1月），頁192。

〔註63〕《老子校釋》〈老子德經五十九章〉，頁153。

此《黃老帛書》首先提出了「天人之分」的思想，將「天道」與「人道」嚴格
區分開來，用以修正或調節原始道家的天人觀，並突出人和人道的問題，它說：

> 天地之恒常，四時、晦明、生殺、輮（柔）剛。萬民之恒事：男農、
> 女工。貴賤之恒立（位），賢不宵（肖）不相放。〔註64〕

天道變化的規律是四時、晦明、剛柔、生死，而人道則包括男耕女織，貴賤
有序，賢不肖之分等，前者是自然界的客觀律，而後者則是政社會的實質反
映。《黃老帛書》突顯了老子關於「道」的客觀律，把「天道」稱之為「天常」、
「天當」、「天極」，認為必須遵循客觀規律才能把事情辦成功，而《管子》則
有更進一步的發揮，它將「心術」納入無為的範疇，曰：

> 心術者，無為而制竅者也，故曰君無代馬走，無代鳥飛，此言不奪
> 能能，不與下誠也。〔註65〕

認為欲遵循客觀的規律而行動和實現無為，就必須首先端正「心術」，排除感
情欲望的干擾，才能在起心動念上養正，培養正確的思維。而《淮南子‧脩
務訓》也說：

> 知人無務，不若愚而好學，自人君公卿至於庶人，不自彊而功成者，
> 天下未之有也。〔註66〕

它主張通過學習，開發心智，才能把「無為」建立在理性的自覺基礎上，這
就使道家從人性「自然」向「自為」轉化，肯定了人的主觀能動性，對「無
為」作了全新的解釋，所以《稱》曰：

> 時若可行，亟應勿言，時若未可，涂其門，毋見其端。天制寒暑，
> 地制高下，人制取予，取予當，立為聖王。〔註67〕

《黃老帛書》認為人可以勝天，通過時勢，取予，能夠與天地並立為三，從
而克服了原始道家主張人應完全順應自然的消極態度，開創了積極有為，人
定勝天思想的先河。這就表明了黃老學的天人關係，確已向人道傾斜，調整
了原始道家的價值體係。〔註68〕因此《道原》云：

〔註64〕《黃帝四經今註今譯》第一篇《經法》〈道法〉第1，頁74。
〔註65〕《管子校注》卷13〈心術上〉第36，頁767。
〔註66〕《淮南鴻烈集解》卷19〈脩務訓〉，頁648。
〔註67〕《黃帝四經今註今譯》第三篇《稱》，頁429。
　　　　天制寒暑，地制高下，人制取予。取予當，立為〔聖〕王，取予不當，流之
　　　　死亡。
〔註68〕丁原明，《黃老學論綱》（濟南：山東大學出版社，1997年9月），頁32～36。

服此道者，是胃（謂）能精。明者固能察極，知人之所不能知，服

人之所不能得，是胃（謂）察稽知極。聖王用此，天下服。〔註69〕

此處的所謂「精」，所謂「明」，乃是指世俗的精明幹練，這種全新的人道思
維，固然與老子回歸愚樸的主張大相逕庭，但卻爲人們對道的「握」和「操」
提供了可能性和必要的依據，也爲人們有效性地掌握「道」的本體以最大限
度創造社會功用，提供了前提。〔註70〕

三、肯定社會價值

原始道家是以「道」統攝「政治哲學」，因此，堅持以道爲標準，批判世
俗的社會價值，即使新興的王權政治及其同時產生的仁義禮法思想，也一并
否定，《老子》認爲世人若執著仁義禮法，勢必爭名奪利，違背天道，破壞自
然，離「道」越來越遠，所以說：

大道廢，有人義。智惠出，有大僞。六親不和，有孝慈。國家昏亂，

有忠臣。〔註71〕

故失道而後德，失德而後仁，失仁而後義，失義而後禮。夫禮者忠

信之薄，而亂之首。〔註72〕

老子認爲有德之世，與道同體，寂然無知無欲，而仁義禮法之興，正是道德
的墮落，根本無法拯救世界，所以採取了徹底揚棄的手段，主張「絕聖棄智，
民利百倍；絕民棄義，民復孝慈。」《老子·十九章》〔註73〕重返「太上之治」，
才是人類最美好的歸宿。原始道家超越世俗的價值取向，固然可予生活在戰
亂中的人們以精神和心靈上的慰藉與安頓。但這種否定社會倫理價值的作
法，終究要世人放棄對政治社會的改造，很難融入當代的大潮流、大趨勢之
中。而黃老學的興起，就是針對原始道家，予以糾偏補弊，提出了相應於新
封建制度的理論，爲新興的王權政治舖路，因此，《道原》才有「抱道執度，
天下可一也」〔註74〕的期許與遠大目標，所謂「抱道執度」，就是將「道」「法」
合而爲一，所謂「天下可一」就是要統一天下，連起來說，就是要「以道統

〔註69〕《黃帝四經今註今譯》第四篇《道原》，頁478。
〔註70〕《黃帝四經今註今譯》〈先秦道家研究的新方向〉，頁4。
〔註71〕《老子校釋》〈老子道經十八章〉，頁46。
〔註72〕《老子校釋》〈老子德經三十八章〉，頁98。
〔註73〕《老子校釋》〈老子道經十九章〉，頁47。
〔註74〕《黃帝四經今註今譯》第四篇《道原》，頁481。

法」，道是形而上的理論根據，法是實質的運用，治國理民，應該道法並用，兼賅百家，自然可以統一天下。黃老這一轉化，將《老子》的「道」與法家的刑名法術牽合一起，從本體論的高度，對法予以意義上的確認，從而論證了仁義禮法等社會政治倫理規範的必要性。這就代表了黃老學與原始道家的分野。〔註 75〕

　　黃老學的特點，就是「以道統法」而「兼賅百家」，就如《論六家要旨》所說的「因陰陽之大順，采儒墨之善，撮名法之要，與時遷移，應物變化，立俗施事，無所不宜」〔註 76〕其學說思想之形成，充滿了為新興王權體制效力的主觀願望，所以集黃老學大成的《淮南子》在其成書之宗旨上，明確指出：

> 夫作為書論者，所以紀綱道德，經緯人事，上考之天，下揆之地，
> 中通諸理。……。故言道而不言事，則無以與世浮沉；言事而不言
> 道，則無以與化游息。故著二十篇。〔註 77〕

《淮南子》開宗明義的表達了黃老學既要言道，又要言事的特質，所謂「言道」，就是以道為紀，考察天地運動變化的規律。所謂「言事」，就是以德為綱，具體掌握社會歷史變化的法則，處理現實政治社會的複雜情況，以總結歷史經驗，通曉治國之理，權衡人事利弊，建立良好的制度，施行正確的決策，從而實現天下大治的理想。〔註 78〕因此，其政治思想的特徵是：以道統法兼採眾家之言以鎔鑄黃老新道家的思想體系，為鞏固漢王朝的統治而服務。

　　就黃老學說而論，其總體思想的傾向是一致的，時代的特徵也很接近，故其學說理論涵孕著豐富的政治辯證法思想，它們有一個共同的理論基礎，這就是因循和順應規律而行動，其所因順的東西，既包含自然規律，也有政治社會規律和政治社會形勢。首先，從自然規律方面看，主要是講順應陰陽和天地之自然節氣及四時更替的規律。再從其強調因循的社會性內容看，重點是要求政治行為「合於民心，因民之力」，要適應形勢，抓住政治社會發展變化的時機。因此其政治辯證法的思想主要內容為：

〔註 75〕　司修武，《黃老學說與漢初政治平議》（臺北：臺灣學生書局，1992 年 6 月），頁 13。

〔註 76〕　《史記》，卷 130〈太史公自序〉，頁 3289。

〔註 77〕　《淮南鴻烈集解》卷 21〈要略〉，頁 700。

〔註 78〕　吳光，《黃老之學通論》（杭州：浙江人民出版社，1985 年 6 月），頁 197～198。

（一）適時和適度的參予政治競爭

　　《黃老帛書》充滿著政治辯證思想，肯定雙方存在著矛盾，有著不同的形式、不同性質和不同程度的競爭性，是辯證法的重要理論之一，這種主張進行適度和適時的競爭的見解，與其對政治成功之道的認識，有密切的關係。《黃帝四經》第二篇《十大經》〈五政〉指出：「今天下大爭，時至矣，……。作爭者凶，不爭者，亦無以成功」。〔註79〕而在〈姓爭〉中，更進一步指出：「爭（靜）作得時，天地與之，爭不衰，時靜不靜，國家不定，可作不作，天稽環周，人反爲之客」〔註80〕，也就是說，以時機及形勢發展的需要爲條件的爭與不爭，興作與靜息的統一，是政治成功的一般規律，政治上的適時作爲和競爭，會在規律與形勢的推動與作用下達到目的。如果違反了時機與形勢，強行造作，必然顛躓。所以〈順道〉指出，在時機來臨之際，要抓住機遇，消滅敵對勢力。這就是：

　　　　胥雄節之窮而因之……愼案其眾，以隋（隨）天地之從，不擅作事，
　　　　以寺（待）逆節所窮。見地奪力，天逆其時，因而飾（飭）之，事
　　　　環（還）克之，若此者，單（戰）朕（勝）不報，取地不反。〔註81〕

這種適度與適時的競爭理論，其思想根源於因循天地之道，故知時知勢者成，昧於時勢者敗，所以說：「順天者昌，逆天者亡。」〔註82〕這就改變了帛書《老子》近於絕對不爭的思想傾向，而將其「不言而應」的論述，發展成爭相統一的辯證政治哲學。

（二）務時寄政的陰陽刑德

　　《管子・四時》曰：「是故陰陽者，天地之大理也。四時者，陰陽之大徑也。刑德者，四時之合也。刑德合於時則生福，詭則生禍。」〔註83〕所謂「務時寄政」，乃是要求治國理民的「刑德」，納入依春夏秋冬各發「五政」的四時政令中，刑的主要性質和功能是殺伐和威懾，德的主要作用是生養愛民，這兩種性質相反的統治手段，應該相互配合，兼而用之，所以《十大經・姓爭》篇認爲：

〔註79〕《黃帝四經今註今譯》第二篇《十大經》〈五政〉第3，頁295。
〔註80〕《黃帝四經今註今譯》第二篇《十大經》〈姓爭〉第6，頁327。
〔註81〕《黃帝四經今註今譯》第二篇《十大經》〈順道〉第14，頁393～398。
〔註82〕吳顯慶，〈論馬王堆四種黃老帛書中的政治辯證法思想〉，《黑龍江社會科學》，
　　　　2001年第3期，頁13～14。
〔註83〕《管子校注》卷14〈四時〉第40，頁838。

> 凡諶之極，在刑與德，刑德皇皇，日月相望，以明其當，望失其當，
> 環視其央（殃），天德皇皇，非刑不行，繆（穆）繆（穆）天刑，非
> 德必頃（傾），刑德相養，逆順若成。〔註84〕

黃老道家汲取歷史經驗明確反對片面地運用刑治或德治的辦法，認爲有德無刑或有刑無德，都是刑措失當的統治行爲，因此，《黃帝四經》第一篇《經法》〈君正〉中，還有「衣食足而刑伐（罰）必也」〔註85〕等先德後刑的論述。戰國中後期的道家和黃老學派，以至儒家所主張的德治，其核心是利民而得民，這種德治主張，是與刑治相結合的先德後刑的統治理論，刑德相養的思想，也是以因循之道爲理論基礎的，重在利民，是德治思想的具體表現。

黃老的刑德觀，在本質上即陰陽刑德思想，其刑德關係是以陰陽、四時爲理據的，這是治道依循天道的政治理論，換句話說就是以陰陽、四時論刑德，更精確地說，是用天道去證明、推衍和規定刑與德，它怎樣提供天道證明呢？首先它把刑德與四時聯繫起來，《十大經・觀》謂「春夏爲德，秋冬爲刑」〔註86〕，刑與德，即是天地自然發展規律在人間的反應與延伸。而四時更替的根本原因在於陰陽的交互作用。《十大經・姓爭》亦曰「刑陰而德陽」〔註87〕，戰國時期的宇宙觀認爲陰陽是天地之道的根本體現者，故老子有「道負陰而抱陽」之說，而天道涵攝治道，可借助於陰陽透顯出具體的內涵，陰陽經過錯綜的互動，造成四時的更替循環，由是，刑與德便依循四時與陰陽的關係模式而開展，而且，更重要的是，這種關係模式，同時也構成國家管理者施用德與刑的基本原則。所以黃老思想憑藉陰陽所申發的刑德關系，重點在於突出二者互相依養的整體性要求。〔註88〕

（三）剛柔相成的思想

剛與柔基本上是政治哲學的一對概念，剛與刑治，敢爭相關，柔與政治上的不爭，用德處後相連，《黃帝四經》第二篇《十大經・觀》在論述中，將它比喻爲「牝牡相求」，認爲：

〔註84〕《黃帝四經今註今譯》第二篇《十大經》〈姓爭〉第 6，頁 323～325。
〔註85〕《黃帝四經今註今譯》第一篇《經法》〈君正〉第 3，頁 112。
〔註86〕《黃帝四經今註今譯》第二篇《十大經》〈觀〉第 2，頁 276。
〔註87〕《黃帝四經今註今譯》第二篇《十大經》〈姓爭〉第 6，頁 325。
〔註88〕張增田，〈《黃老帛書》之刑德關系諸說辨〉，《管子學刊》，2002 年第 3 期，頁
40～44。

　　　　牝牡相求，會剛與柔，柔剛相成，牝牡若刑（形）。〔註89〕
凡在政治上片面地用剛或柔，都行不通，都很危險，《十大經·順道》，也指出
「守弱節而堅之，胥雄節之窮而因之」〔註90〕，要求在適當時機用剛圖強，而
《黃帝四經》第四篇《道原》，認爲道是一種「堅強而不撌，柔弱而不可化」〔註
91〕的東西，既然如此，剛柔相濟，本身即「道」的內在要求與表現。值得注意
的是《十大經·姓爭》認爲剛與柔，雖然具有相養和相成的關係，但兩者不宜
同時運用，因爲「天地之道，寒浧（熱）燥濕、不能并立，剛柔陰陽，固不兩
行，兩相養，時相成」。〔註92〕剛柔兼用的思想，充滿了歷史辯證的色彩，在實
際的政治運作中，應該是依據不同情況而有先後才對。這就改變了帛書《老子》
片面地把守柔用弱作爲普遍適用的最高原則的思想傾向，而且基於政治實踐的
經驗，明確指出，只屬陰處弱者，才應該以守柔爲原則，《黃帝四經》第三篇《稱》
更以大小強弱分別陰陽，非常重視其間的轉化運用，更主張「貴陽賤陰，達陽
窮陰」「制人者陽，制於人者陰」〔註93〕，進而提出屬陰陽者的不同行爲準則，
使其更具合理性與現實性。〔註94〕黃老思想的變化，是由老子哲學的「剛柔」
矛盾，以柔弱爲主導，逐漸轉向「剛柔」矛盾以剛健爲主導的趨向，正如〈易
繫辭〉所言：「乾爲陽剛（君尊），爲天下之至健」，「坤爲陰柔（臣卑），爲天下
之至順」〔註95〕，於是將「天尊地卑，乾坤定矣」固定化了，成就了尊君卑臣
的理論，以此爲鞏固封建君權服務。〔註96〕

第三節　黃老治術的興盛

　　　　從漢高祖開國到漢武帝即位之初，這七十餘年間，漢廷的政策走向甚爲
一貫，幾無重大改變，黃老思想堪稱是國家整體政策的指導者，這一黃老思

〔註89〕《黃帝四經今註今譯》第二篇《十大經》〈觀〉第 2，頁 268。
〔註90〕《黃帝四經今註今譯》第二篇《十大經》〈順道〉第 14，頁 393。
〔註91〕《黃帝四經今註今譯》第四篇《道原》，頁 474。
〔註92〕《黃帝四經今註今譯》第二篇《十大經》〈姓爭〉第 6，頁 329。
〔註93〕《黃帝四經今註今譯》第三篇《稱》，頁 464。
〔註94〕張增田，〈《黃老帛書》之刑德關系諸說辨〉，《管子學刊》，2002 年第 3 期，頁
　　　　14～16。
〔註95〕來知德（明），《周易集註》〈易繫辭〉下傳（新校慈恩本，臺北：夏學社出版
　　　　事業有限公司，1986 年 11 月），頁 1333。
〔註96〕胡家聰，《稷下爭鳴與黃老新學》（北京：中國社會科學出版社，1998 年 9 月），
　　　　頁 194。

想主導的歷史過程，又以文景之治，最具典範。政治思想本來就是現實政治的前衛，梁啓超先生曾說：

> 凡思想皆應時代之要求而發生，不察其過去及當時之社會狀況，則無以見思想之來源。凡一思想之傳播，影響必及於社會，不察其後此之社會狀況，則無以定思想之評價。〔註97〕

若以黃老盛行的時間而論，其前的法家和其後的儒家，都先後爲當政者定爲國教，黃老雖未獲此特殊的禮遇，正式成爲國教，然畢竟在文、景之際主導政局，倍受尊崇，凌駕於諸子之上，王鳴盛先生云：

> 漢初黃老之學極盛，君如文、景，宮闈如竇太后，宗室如劉德，將相如曹參、陳平，名臣如張良、汲黯、鄭當時、直不疑、班嗣，處士如處公、鄧章、王生、黃子、楊王孫、安丘望之等，皆宗之。〔註98〕

這段話突顯了黃老之學在西漢，是統治階層奉爲圭臬的政治理論，進而主導了整個國家的施政理念，對於當時的政經社會具有強大的塑造力量，其地位之尊崇與影響力的深遠，可比諸魏晉隋唐的佛學。韓愈在〈原道〉中曾感歎「火於秦，黃老於漢，佛於晉、魏、梁、隋之間」〔註99〕正簡潔有力勾勒出黃老思想在漢初得勢的情況。然自漢武帝罷黜百家，獨尊儒術之後，儒學取得了官方的正統地位，盛極一時的黃老，遂由盛轉衰，黃老的乍盛與驟衰，究竟是如何形成的？其間的轉折過程，又蘊涵著何種歷史意義呢？從歷史長期的演變來看，中國自封建社會崩解以來，經歷了數百年的轉型發展，終於開創了秦漢新帝國的局面，因此清儒趙翼先生說：「秦漢間爲天地一大變局」〔註100〕。秦、漢間所確立的政經制度與統治思想，成爲爾後兩千年帝制中國的基礎，日本學者西嶋定生先生認爲秦漢帝國在中國史上具有最值得重視的性質，這種統一國家的特徵是：（一）出現皇帝統治。（二）封建制轉爲郡縣制。（三）完成官僚體制的中央集權機構。（四）採用個別人身統治的理念。〔註101〕自此以降，兩千年來

〔註97〕梁啓超，《先秦政治思想史》（臺北：臺灣中華書局，1962年6月，臺3版），頁9。

〔註98〕王鳴盛（清），《十七史商榷》卷6〈司馬氏父子異尚〉條（點校本，臺北：大化書局，1977年），頁51。

〔註99〕韓愈（唐）著，馬其昶（清）校注，《韓昌黎文集校注》第1卷〈原道〉（臺北：漢京出版社，1983年初版），頁8。

〔註100〕趙翼（清）撰，《廿二史劄記》卷2〈漢初布衣將相之局〉條（臺北：華世出版社，1977年），頁34。

〔註101〕西嶋定生著，〈中國古代統一國家的特質——皇帝統治之出現〉，收在杜正勝

的政治格局和社會經濟形態，很少能脫離這軌範，其間學術與政治的關係，知識階層與權力結構的互動，都是一個重要的課題。然而自秦皇到漢武，諸家學說在國家意識型態上的競逐，都表現了強烈的企圖心，只因秦崇法尚刑，百家爭鳴轉而為萬馬齊瘖的窒息狀態，直至劉邦建立漢帝國以後，思想的禁錮才稍微鬆弛，然當時畢竟欠缺卓越的思想家，在廹於現實需要的情況下，漢廷的功臣們，對於摸索出一套治國的方略極為關心，而後才有曹參以黃老之術治齊的實驗與成就，而我們也可以把漢初到武帝時期，思想家們求索治國方略的過程，視為漢代思想家在面對秦政的失敗之後，企圖為新的政治環境與經濟基礎，重新建立一套上層建築的展現。〔註102〕然而由於漢初君臣與大批知識份子推崇黃老之學，遂使黃老道家的思想蔚然成風，信徒遍及全國，即司馬遷父子也是「論大道則先黃老而後六經」，這就充份表現了黃老之學的興盛。〔註103〕

一、黃老道家興起的歷史機緣

秦朝速亡之後，劉邦建立了西漢王朝，擺在面前的首要問題是：要以何種政治學說做為國家的統治思想？才能穩定剛成立的政權。對這一問題，劉邦一開始並無明確的認識。蓋以劉邦為首的淮泗集團，本無文化，安知治國之道？而陸賈趁機向劉邦指出「馬上」「馬下」的攻守異術的重要性和必要性時，才打動了劉邦。他要求陸賈「試為我著秦所以失天下，吾所以得之者何？及古今成敗之理。」〔註104〕遂有陸賈《新語》一書的問世。而《新語》的中心思想是「仁義」與「無為」，陸賈指出仁義是為人、從政的根本，是聖人治理天下的準則，他說：

夫謀事不竝仁義者必敗，殖不固本而立高基者必崩。〔註105〕
要行仁義就必須愛惜民力，不能專靠武力和刑罰，仗威任力，在陸賈看來，

編，《中國上古史論文選集》（臺北：華世出版社，1979年11月），頁729～748。
〔註102〕林聰舜，《西漢前期思想與法家的關係》（臺北：大安出版社，1991年4月），頁2。
〔註103〕吳光，《黃老之學通論》（杭州：浙江人民出版社，1985年6月），頁193～194。
〔註104〕《史記》卷97〈酈生陸賈列傳〉，頁2699。
陸生曰：「居馬上得之，寧可以馬上治之乎？且湯武逆取而以順守之，文武並用，長久之術也」。
〔註105〕陸賈（漢）撰，王利器校注，《新語校注》卷上〈道基〉第1（北京：中華書局出版，1997年10月，北京第3刷），頁29。

要避免秦朝滅亡的命運就必須行仁義，而要行義，就必須實行無爲，他說：

> 道莫大於無爲，……昔舜治天下也，彈五弦之琴，歌南風之詩，寂
> 若無治國之意，漠若無憂天下之心，然而天下大治。〔註106〕

「無爲」是實現「仁義」的手段和途徑，「仁義」是實行「無爲」的目的與歸宿。我們知道「仁義」是儒家思想的核心，「無爲」是黃老道家思想的精髓，而陸賈卻將兩者結合在一起，這充分體現了儒道整合的色彩，這是學術的新趨向。故號其書曰：《新語》，陸賈一方面鼓吹仁義，一方面又強調無爲，使漢初統治者對儒學與黃老學都給予高度的重視。劉邦本來很鄙視儒學和儒生，曾溲溺儒冠，然在陸賈等人的影響下，態度發生了改變，劉邦遂聘儒生叔孫通爲太子太傅，不久又在魯南宮接見了大儒申公及其弟子，劉邦過魯地時，以太牢祠孔子，開創了中國歷史上封建帝王祭孔的先例。而黃老的無爲思想，在漢初君臣心目中的地位，也越來越高，且在最終成爲漢朝的統治思想。這可從劉邦器重的大臣中得到消息，例如他令張良行太子少傅事，特別倚重陳平，而張良、陳平皆好黃帝、老子之術，丞相蕭何在平定天下以前是積極有爲的，在天下底定之後，即轉向清靜無爲。而劉邦在臨終前，指定曹參、陳平、周勃、王陵爲相國繼承人，這四人中，曹參和陳平都是崇尚黃老之學的。周勃與王陵則錐魯不文，毫無學術。而劉邦在眾多文武大臣中卻指定曹參爲相國第一繼承人，最主要的原因是曹參爲齊相時，奉行黃老治術，居然出現了「齊國安集」的效果，史稱：

> 參爲齊丞相……。聞膠西有蓋公，善治黃老言，使人厚幣請之。既
> 見蓋公，蓋公爲言治道貴清靜而民自定，推此類具言之。參於是避
> 正堂，舍蓋公焉。其治要用黃老術，故相齊九年，齊國安集，大稱
> 賢相。〔註107〕

劉邦看到了黃老治術的威力與成就之後，就決定以曹參爲相國的繼承人，以崇尚黃老思想的人爲相國的繼承人，這在事實上是明白無誤地確立了黃老思想，作爲西漢王朝的統治思想。這也說明黃老思想被確立爲國家的指導理論是劉邦的旨意。〔註108〕

〔註106〕《新語校注》卷上〈無爲〉第4，頁59。

〔註107〕《史記》卷54〈曹相國世家〉，頁2028～2029。

〔註108〕魯新山，〈西漢前期黃老思想與儒家學說的興衰浮沉〉，《西北第二民族學院學報》哲社版（2000年，第4期），頁14～15。

二、黃老思想的兩個側面

　　陸賈親自參與了西漢王朝的建立，他在經歷了戰國末年和秦漢之際的兩次政治變動之後，吸收了秦帝國速亡的教訓，知道攻守異術，因此，向劉邦提出了「逆取順守」和「文武並用」才是長治久安之策，而使劉邦深受震動，但由於漢初特殊的歷史條件，儒家學說並未被立爲統治思想，然思想家們爲漢建立長治久安之策及國家意識型態之努力，並未曾稍懈。此一努力乃是不同學派學者的共同目標，直至董仲舒方才完成。董仲舒所建立的儒學，對後世的影響，遠大於黃老，這並不全是帝王主觀的好惡所能解釋。事實上，其間之發展，有一定的脈絡可尋。而漢初黃老思想能夠當令，是很容易理解的，除了漢高祖的贊賞之外，黃老思想能夠契合時代的需要，才是主因，因爲黃老思想的主軸就是「以道全法」，所以具有「漢承秦制」與「清靜無爲」的兩個側面。於是透過黃老的「漢承秦制」〔註109〕保存了法家鞏固專制體制的功能，又可冲淡法家的色彩，具有雙重利益。其次黃老主張的清靜、無爲，在當時天下疲憊不堪的情況下，的確有助於生產力的恢復與民生的安定。因此，黃老的無爲，是在遵循刑名法治之下以道全法的柔性有爲，有利於發展經濟和蓄積國力，這種思想非常適合漢初的形勢，故爲當時在位的諸帝所激賞和採納，所以黃老之學在漢初取得獨尊的地位，絕不是偶然的。〔註110〕

　　漢初在採用黃老思想作爲政治指導原則之後，獲得相當大的成就，《史記·呂太后本紀》云：

> 孝惠皇帝、高后之時，黎民得離戰國之苦，君臣俱欲休息乎無爲，
> 故惠帝垂拱，高后女主稱制，政不出房戶，天下晏然。刑罰罕用，
> 罪人是希。民務稼穡，衣食滋殖。〔註111〕

這種政治的特色是「清靜」、「無爲」、「與民休息」，具體言之，是薄賦、減刑、優容諸侯王，並對匈奴採取和親的政策與放鬆經濟管制，這些措施，都是有意矯正秦法嚴酷的缺失。是懲秦之弊的大轉變，也是適應當時形勢的良方。

〔註109〕《史記》卷23〈禮書〉，頁1159～1160。
　　　　禮書云：「至秦有天下，悉內六國禮儀，采擇其善，雖不合聖制，其尊君抑臣，朝廷濟濟，……，叔孫通頗有所增益減損，大抵皆襲秦故。自天子稱號，下至佐僚及宮室官名，少有變改。」
〔註110〕林聰舜，《西漢前期思想與法家的關係》（臺北：大安出版社，1991年4月），頁228～230。
〔註111〕《史記》卷9〈呂太后本紀〉，頁412。

然而反省秦法嚴酷的缺失，主張清靜無爲，只是漢初政治的一個面相，若就現實的因素而論，漢之統治，實以「因襲秦制」爲基礎，蓋以淮泗集團爲核心的漢廷，其君臣多起自草野，素樸無文，「於貴族生活，初無染習，遂亦不識朝廷治體制。又未經文學詩書之陶冶，設施無所主張，而遽握政權，急切間惟有一仍秦舊，粗定規模」〔註112〕，黃老雖主張因循刑名，然秦政已深受垢病，因循秦之體制，又如何化解其與「清淨無爲」之間的矛盾呢？錢穆先生也有極佳的解釋：

> 蓋漢廷君臣，崛起草野，粗樸之風未脫，謹厚之氣猶在。又當久亂後厭倦之人心，而濟之以學者間冷靜之意態。三者相合，遂成漢初寬簡之治。故漢初之規模法度，雖全襲秦制，而政令施行之疏密緩急，則適若處於相反之兩極焉。其一動一靜，一寬一密之間，秦政乃戰國緊張局面之掉尾，而漢治則爲以後元氣恢復之開端。此中分界，並不在法規制度之相襲，而惟在心情意態之有異也。〔註113〕

因此，漢初的清淨無爲之治，既不能單純地視爲放任主義，也與秦朝法家的嚴刑重罰有所區別，而是一種桴應現實的產物，充分體現了黃老之治是一種契合農業經濟社會的理想政治形態。在既有的法律規範之下，佐以寬平的吏治，以曆民情，遂深獲民心。黃老的法學理論，本來就是將法置於道之下，以道做爲法的依據，才能發揮維護社會秩序的功能，這對未遑興革，亦不足以言興革的平民政府來說，多因循而少創制的黃老思想，正好爲這種做法提供了理論的基礎。曹參以黃老之道治國，重視「清靜而民自定」這種爲人稱頌的無爲，就事實而論，是「舉事無所變更，一遵蕭何約束」的無爲，而蕭何的「九章律」是帶有濃厚秦法色彩的。梁玉繩先生所撰《史記志疑》〈卷六〉云：

> 《漢書・刑法志》曰：漢興，約法三章，網漏吞舟之魚，然其大辟，尚有夷三族之令。又考惠帝四年，始除〈挾書律〉。呂后元年，始除三族罪、〈妖言令〉。文帝元年，始除〈收孥〉諸相坐律令。二年始除〈誹謗律〉。十三年，除肉刑。然則秦法未嘗悉除，三章徒爲虛語，《續古今考》所謂一時姑爲大言以慰民也。蓋三章不足禁姦，蕭何爲相，采摭秦法，做律九章，疑此等，皆在九章之內。〔註114〕

〔註112〕錢穆，《秦漢史》（臺北：東大書局，1985 年），頁 46～47。
〔註113〕錢穆，《國史大綱》（臺北：商務印書館，1983 年），頁 94。
〔註114〕梁玉繩（清）撰，《史記志疑》卷 6（臺北：臺灣學生書局，1970 年 7 月），

亦即曹參一方面以清淨無爲緩和「秦法之酷」，令一方面在體制上依然表現了強烈的秦法色彩，其政治運作，仍擺脫不了秦制的規模，因此除了刑法之外，漢初在官制、正朔、服色、五德之運，財計制度等，各方面皆沿習秦制。《漢書‧百官公卿表上》云：

> 秦兼天下，建皇帝之號，立百官之職，漢因循而不革，明簡易，隨時宜也。〔註115〕

道法合一，正是漢初黃老政治的特色，其清淨無爲，乃是一種循法的無爲，而其沿襲秦制，只是改變了法家對待人民的態度，卻依然保留了秦制中對帝王威權的肯定與讚頌。這對於最高統治者而言，正是鵠盼已久者，是以在法家之後，黃老能凌駕於儒學之上，深受漢初諸帝之重視，這在政治思想上自有其緣由，因此，清靜無爲與沿襲秦制之間，不是對立的、矛盾的，而是一種作爲的兩個面相，這正是黃老政治特殊之處。〔註116〕

三、黃老盛行的因素

史稱「漢興，接秦之斃」《史記‧平準書》〔註117〕，經過秦末農民起義和楚漢戰爭後建立起來的漢王朝，它所繼承的天下，實際上已白骨蔽野殘破不堪，無論從政治上或經濟上而論，其形勢都非常嚴峻。而黃老道家之學，第一次登上政治舞台，作爲治國安民的指導思想，是在西漢前期的六、七十年間，這是劉邦統一天下建立漢王朝後，順應政治形勢與思想潮流，而確定下來的。〔註118〕因此，漢之君臣在評論秦亡的原因時，率多指責秦始皇沒有及時改變統治的政策，且深受《韓非子》思想的蠱惑，仍依循商鞅之舊，故秦法不但絲毫未曾減輕，且愈趨嚴酷，「法令誅罰日益深刻」《史記‧李斯列傳》〔註119〕，終於造成「姦邪並生，赭衣塞路，囹圄成市」的慘象《漢書‧刑法志》〔註120〕而在統一戰爭剛剛結束之際，又急於南北拓邊，使人民更疲於奔

頁117。
〔註115〕《漢書》卷19上〈百官公卿表上〉，頁722。
〔註116〕林聰舜，《西漢前期思想與法家的關係》（臺北：大安出版社，1991年4月），頁25～32。
〔註117〕《史記》卷30〈平準書〉，頁1417。
〔註118〕余明光，《黃帝四經與黃老思想》（哈爾濱：黑龍江人民出版社，1989年8月），頁68。
〔註119〕《史記》卷87〈李斯列傳〉，頁2553。
〔註120〕《漢書》卷23〈刑法志〉，頁1096。

命，《史記‧平津侯主父列傳》云：

> 秦禍北構於胡，南挂於越，宿兵無用之地，進而不得退。行十餘年，
> 丁男被甲，丁女轉輸，苦不聊生。〔註121〕

秦始皇的強權統治，越來越脫離社會的實際，忽略了經濟基礎對國家安定的重要性，人民無法生產，經濟嚴重破壞，加速了社會的動盪，也動搖了秦的統治基礎，從而導致一系列決策的錯誤，因此司馬遷感慨的說：

> 秦離戰國而王天下，其道不易，其政不改，是其所以取之守之者〔無〕
> 異也。孤獨而有之，故其亡可立而待。〔註122〕

秦朝的迅速滅亡，宣告了統治者單純依靠嚴刑峻法統治的徹底失敗。〔註123〕因此，漢王朝在總結秦亡的原因時，面對政治的動盪不安，內心尤為忐忑，劉邦曾說：「天下匈匈，勞苦數歲，成敗未可知」，感到自己的天下並不牢固，因此不敢妄為，並及時調整統治政策，確立以「黃老思想」為主的治國理論，當時的功臣名將，也大都信奉黃老學說，並身體力行，將這種以道全法、文武並用、刑德相養、與民休息的無為而治的政策，貫徹於漢代經濟社會的重建實踐中，使得漢初動亂的形勢趨於穩定，並從穩定中得到發展與繁榮，為漢帝國奠定了強大的基礎，其所以成功的因素約有幾點：

（一）重視人民的生計

　　經過秦末的戰亂，到了漢初，由於時代的需要，當權者的提倡，使黃老思想開始盛行，且普及天下，從最高的統治者到一般官吏，多數是信奉黃老思想的，因而它才能成為當時的一種社會思潮而盛行，為黃老政治的形成奠定基礎，而亡秦之鑒，卻為之注入了催化劑，加速了黃老政治的施行。因此黃老思想在漢初的興盛，有其深刻的歷史因素，因為經過戰國到楚漢之間長期的分裂與戰亂，社會的資源已消耗殆盡，人民疲困已極，需要休息養生。而漢初君臣亦認識到，必先使廣大的編戶齊民，生活獲得保障，政權才得以穩定，遂積極的獎勵生產，並以減省賦稅來籠絡民心，《漢書‧食貨志》云：

> 漢興，接秦之敝，諸侯並起，民失作業，而大飢饉。凡米石五千，
> 人相食，死者過半。高祖乃令民得賣子，就食蜀漢。天下既定，民

〔註121〕《史記》卷112〈平津侯主父列傳〉，頁2958。
〔註122〕《史記》卷6〈秦始皇本紀〉，頁283。
〔註123〕田靜，〈秦亡與漢初的黃老政治〉，收在王慎行主編《人文雜誌》1994年第3
　　　　期（臺北：臺灣學生書局），頁117。

> 亡蓋臧，自天子不能具醇駟，而將相或乘牛車。上於是約法省禁，
> 輕田租，什五而稅一，量吏錄，度官用，以賦於民。而山川園池市
> 馳租稅之入，自天子以至封君湯沐邑，皆各爲私奉養，不領於天子
> 之經費。漕轉關東粟以給中都官，歲不過數十萬石。孝惠、高后之
> 間，衣食滋殖。〔註124〕

重視人民的生計，而實施薄賦政策，是漢朝的優良傳統，史書所載極夥，不
必詳述。例如漢初規定田租爲十五稅一，比秦時「收泰半之稅」輕得多，景
帝時又改爲三十稅一，讓人民有一定的糧食餬口，不至於凍餒而脫離農業生
產，三十稅一從此成爲定制，這是中國古代史上最低的稅率。秦及漢初又規
定，每個成年人每年要納賦一算（一百二十錢），到文景時期又減爲每人每年
納四十錢，從此農民不隱瞞人口，政府有效的控制了農戶，而輕徭薄賦還表
現在政府對徭役的徵發，有一定的節制。惠帝時修長城均利用農閒時間，每
次不超過三十天，以免耽誤農時。因此，重農固本是黃老政治的主要經濟內
容。在漢初六十多年裡，一直實行著程度不同的重農固本政策，漢高祖時曾
下令逃亡在外的人和復員的士兵回鄉務農，並給他們一定數量的田地，而文
帝即位「夙興夜寐，勤勞天下，憂苦萬民。」《漢書・文帝紀》〔註125〕，且親
自耕作田地，以勸農桑〔註126〕，更以便民、利民爲重，而以勞民傷財爲誡，
故《史記・孝文本紀》云：

> 孝文帝從代來，即位二十三年，宮室苑囿狗馬服御無所增益，有不便，
> 輒弛以利民。嘗欲作露臺，召匠計之，直百金。上曰：「百金中民十家
> 之產，吾奉先帝宮室，常恐羞之，何以臺爲！」上常衣綈衣，所幸愼
> 夫人，令衣不得曳地，幃帳不得文繡，以示敦朴，爲天下先。治霸陵
> 皆以瓦器，不得以金銀銅錫爲飾，不治墳，欲爲省，毋煩民。〔註127〕

這種自奉儉約的生活態度，是黃老所提倡的，因此以「清淨無爲」爲特色的
黃老思想在社會上風靡一時，而大臣們也普遍崇尚黃老，蕭何爲政「因民之
疾秦法，順流與之更始。」《史記・蕭相國世家》〔註128〕曹參更以「日夜飲醇

〔註124〕《漢書》卷24上〈食貨志上〉，頁1127。
〔註125〕《漢書》卷4〈文帝紀〉，頁129。
〔註126〕田靜，〈秦亡與漢初的黃老政治〉，收在王愼行主編《人文雜誌》1994年第3
　　　　期（臺北：臺灣學生書局），頁117。
〔註127〕《史記》卷10〈孝文本紀〉，頁433。
〔註128〕《史記》卷53〈蕭相國世家〉，頁2020。

酒，不治事」的做法，表示其執行「無爲」政策的堅定。正由於漢初當權人物的大力提倡，且符合當時人心思安的客觀條件，黃老思想才能佔統治地位，陸賈在《新語》稱讚有加的說：

> 道莫大於無爲，行莫大於謹敬。〔註129〕

> 是以君子之爲治也，塊然若無事，寂然若無聲，官府若無吏，亭落若無民，閭里不訟於巷，老幼不愁於庭。〔註130〕

黃老思想由於與當時客觀的政治經濟發展相適應，才能產生積極的作用，當時人心思安的客觀形勢，就是要求漢政權必須相對穩定，農民必須重新回到土地上去，這時，「單靠儒家思想是無能爲力的，道家崇尚自然的消極無爲思想也行不通，法家思想只能把形勢搞的更糟，只有文武兼備，德刑並用的黃老思想才正適用」〔註131〕，黃老思想所表現的是一種農業社會的勤勞儉約，在帝力於我何有的自然渾樸中，創造經濟奇蹟。文帝之提倡黃老之學，是爲了以守爲攻，牢固地守住劉家天下，深得謙退守成之道，休養生息固然合乎時勢，卻另有更重要的方面，即在經濟上，包含著各種積極的政策和方針，實質上，是開放一切致富門徑，放手讓民間經營鹽鐵等生產事業，政府不加任何限制和干涉，開關梁，馳山澤之禁，允許鹽鐵私營，促進工商業和農業生產的迅速發展，從而出現了「塞之斥也，唯橋姚已致馬千匹，牛倍之，羊萬頭，粟以萬鍾計。」〔註132〕的景象，徹底改變了漢初凋弊衰敗的經濟局面。這是從惠帝垂拱，高后女主稱制，政不出房戶，天下晏然之後，社會經濟情況的大躍進，黎民終得離戰國之苦，重享生民之樂。

（二）因循守成，實行開明政治

秦自商鞅變法以來，即有任刑的傳統，而秦始皇更「剛毅戾深，事皆決於法，刻削毋仁恩和義」《史記‧秦始皇本紀》〔註133〕，且重用李斯，推崇韓非，正式將法家定位爲國教。力主嚴刑重法，終使秦法「密如凝脂」且更爲深虐《漢書‧刑法志》云：

> 秦用商鞅，連相坐之法，造參夷之誅；增加肉刑、大辟，有鑿顚、

〔註129〕《新語校注》卷上〈無爲〉第4，頁59。

〔註130〕《新語校注》卷下〈至德〉第8，頁118。

〔註131〕余明光，《黃帝四經與黃老思想》（哈爾濱：黑龍江人民出版社，1989年8月），頁58。

〔註132〕《史記》卷129〈貨殖列傳〉，頁3280。

〔註133〕《史記》卷6〈秦始皇本紀〉，頁238。

> 抽脅、鑊亨之刑。至於秦始皇，兼吞戰國，遂毀先王之法，滅禮誼
> 之官，專任刑罰，躬操文墨，晝斷獄，夜理書，自程決事，日縣石
> 之一。而姦邪並生，赭衣塞路，囹圄成市，天下愁怨，潰而叛之。
> 〔註134〕

秦王朝所推行的法家政治，一方面具有高效的行政運作和控制能力，另一方面也具有極大的隱患和危險，它使巨大的人力、物力的調動和濫用成爲可能，而法家之法、術、勢，三者結合的精巧構思，都是服務於君主專制這一前提。其情況正如閻步克先生所說：

> 官僚體制自身也有一種把一切社會要素納入行政統治之下的天然傾
> 向……這與君主之權勢一拍即合，並且構成社會的沉重壓迫，進而
> 成爲社會的異化物和對立物。〔註135〕

秦王朝高效運行的官僚行政體制，一旦與統治者的權勢欲、奢侈欲相結合，「專以天下適己」，便敢於踐踏人民，殘虐天下，李斯久居丞相之位，他曾說：

> 夫賢主者，必且能全道而行督責之術也。……。是故主獨制於天下
> 而無所制也，能窮樂之極矣，賢明之主也，可不察焉！〔註136〕

爲了滿足統治者的窮奢極慾，官吏也繁令苛法，橫征暴斂以「稅民深者爲明吏」，以「殺人眾者爲忠臣」《史記·李斯列傳》〔註137〕終於導致全國人民揭竿起義，秦朝迅速土崩瓦解。秦帝國的吏治與行政體制曾發揮到最大限度，但終因喪失民心而瓦解。而漢承秦制，對漢初的社會來說，承襲這種業已獨立和專門化的官僚體制，乃是既定的形勢，同時也是漢朝立國的前程和基礎；另一方面，戰亂之後，百制俱廢的社會殘局，又迫使漢初的統治者，把這個官僚行政機器的運轉速度，降至最低，儘量減少承擔的事務，從而減緩社會壓力，使疲憊不堪的社會，獲得休養生息的機會。這也是漢初力矯秦之弊政的重要措施。〔註138〕

在秦末此起彼落的民變中，大批熟悉操作官僚行政體制運轉的秦吏被誅

〔註134〕《漢書》卷23〈刑法志〉，頁1096。

〔註135〕閻步克，《士大夫政治演生史稿》（北京：北京大學出版社，1998年），頁271及頁284～287。

〔註136〕《史記》卷87〈李斯列傳〉，頁2554。

〔註137〕《史記》卷87〈李斯列傳〉，頁2557。

〔註138〕鄧文鋒，〈武帝時代黃老之學的興衰〉，《學術論衡》社會科學論壇（2001年4月），頁40～41。

殺，這對漢初統治者來說，承秦之制可使這一機制降低運轉速度，是當時最
易操作，也是最現實可行的。而漢初百廢待舉的政治現實，確實爲主張「清
淨無爲」的黃老道家，提供了滋養的土壤和棲身之所，「黃老學說」也因此被
遵奉爲治國的指導思想，「無爲而治」就成爲它最重要的內容，「無爲」就是
以「因循爲用」而達到一種理想政治的境界，蕭規曹隨即其顯例。《史記·曹
相國世家》云：

> 參爲漢相國，清靜極言合道。然百姓離秦之酷後，參與休息無爲，
>
> 故天下俱稱其美矣。〔註139〕

漢初的黃老政治，雖主「清淨無爲」，但並非不重法治，只是強調「以道全法」、
「道法合一」，反對嚴刑峻法而已，故其治重在「因勢利導」、「因循守成」是
以「參代何爲漢相國，舉事無所變更，一遵蕭何約束」《史記·曹相國世家》
〔註140〕，曹參崇向黃老的無爲，表面上是日夜飲酒，一切都不聞不問，但其
最重要的義涵就是「避疑遠禍」〔註141〕，而最主要的任務，就是爲劉家牢牢
的守住天下，因循而無所變更，不是順乎自然，而是順乎法令，實質上是「責
大指」，把權力分散下放，依靠地方、鄉社、豪強的力量，繼續實行什伍連坐，
對人民嚴加控制，但糾正與改變了秦代對法治的濫用，其精神與意態走向舒
緩，此時的清靜無爲和約法省禁，與秦代的橫征暴斂和嚴刑酷罰相比，有著
一百八十度的大轉變，漢初的統治者，就在這樣寬容的面貌下，緊緊依靠著
黃老思想中所提倡的法令和吏制，作爲鞏固政權的可靠手段。所以黃老之治，
並非不要法治，而是要廢除嚴刑苛法，在漢文帝統治時期，更做到：

> 刑罰大省，至於斷獄四百，有刑錯之風。〔註142〕

文景之治的寬簡之風，是建之在人民衣食滋殖，和安居樂業的經濟基礎之上，
這就樹立了對人民少加干涉，實行仁義和慈惠的榜樣，也突顯了知雄守雌，
以弱勝強的黃老治術。

〔註139〕《史記》卷 54〈曹相國世家〉，頁 2031。

〔註140〕《史記》卷 54〈曹相國世家〉，頁 2029。

〔註141〕田靜，〈秦亡與漢初的黃老政治〉，收在王慎行主編《人文雜誌》1994 年第 3
期（臺北：臺灣學生書局），頁 80。

　　劉邦建之漢王朝後，爲鞏固統治，採取了建同姓以制異姓的措施，一些開國
元勳，就以「日夜飲酒」、「不治事」等方法，儘量避免惹禍和被猜疑，例如
蕭何「置田宅必居窮處，爲家不治垣屋」，張良功成不居，求仙訪道。陸賈於
呂后時，病免歸田，常乘車馬遨遊。

〔註142〕《漢書》卷 23〈刑法志〉，頁 1097。

　　黃老政治的另一成功典範就是「勿擾獄市」，這是曹參治齊的政策，後來推展至全國，所謂「夫獄市者，所以並容也，今君擾之，姦人安所容乎？吾是以先之。」〔註143〕勿擾獄市，就是要展現兼容並蓄，反對苛察為明，有意在官吏中造成一種不苛求細務，形成寬宏大度的政風，以矯正秦「專任刑罰」之弊，這是道家「我無為，民自化，我好靜，民自正」的具體發揮。故勿擾獄市政策的實施，保證了商品流通的順利進行，刺激了生產，使經濟變的活躍起來，同時也解決了一系列諸如就業、謀生等社會問題。到了文帝時，更開關梁、馳山澤之禁，逐步把先前的「抑商」變成「惠商」，放鬆對商人的限制，「是以富商大賈周流天下，交易之物莫不通，得其所欲」《史記・貨殖列傳》。〔註144〕從此，漢初的凋敝景象一掃而空，不僅農業恢復了舊觀，工商業也突飛猛進。

　　就整體而言，黃老學說，表現了「清淨無為」與「漢承秦制」的兩個側面，深深的契合了漢初無能為力的局面，當時疲憊不堪的社會，再也無力容納官僚行政體制的高效運行，貧乏困頓的人民，再也無力承擔統治者的繁苛重稅，即使統治者意欲積極有為，亦不可得，因此，漢初以黃老之學為立國之道，是從社會極端貧困出發，而統治者亦自覺地弱化政治對社會的控制和滋擾，務去奢侈和貪享的慾望而與民休息。〔註145〕故從高祖即位之初，便量民力取用，歷經孝惠、高后、孝文、孝景，繼續因循黃老之道，至武帝即位之時，天下已經殷實安富，《漢書・食貨志》云：

> 至武帝之初七十年間，國家亡事，非遇水旱，則民人給家足，都鄙廩庾盡滿，而府庫餘財。京師之錢累百鉅萬，貫朽而不可校。太倉之粟陳陳相因，充溢露積於外，腐敗不可食。〔註146〕

這就是後人所津津樂道的「文景之治」，社會呈現了高度繁榮的景象。

第四節　皇權一統與黃老的流弊

　　戰國時期，諸子蜂起，百家異說，各以不同的需要，構建新的思想體係，儒家言必稱堯舜，墨家則尊奉大禹，道家抬出了比堯、舜、禹更久遠更有影

〔註143〕《漢書》卷39〈蕭何曹參傳〉，頁2018。
〔註144〕《史記》卷129〈貨殖列傳〉，頁3261。
〔註145〕鄧文鋒，〈武帝時代黃老之學的興衰〉，《學術論衡》社會科學論壇（2001年4月），頁41～42。
〔註146〕《漢書》卷24上〈食貨志上〉，頁1135。

響的黃帝,以表明超越百代,尚來久遠,而黃老之學更順應時代發展的潮流,綜合概括儒、墨、名、法之長,融貫老子的道論,獨創了既不同於儒、墨、名、法又區別老莊思想的學說體系,成就了冠蓋百家之學,這反映了中國古代學術文化既多元又綜合發展的大趨勢,對中國傳統文化大格局的形成與發展,產生了歷史性的影響。正如吳光先生所言:

> 黃老之學的理論主張,既不像法家極端專制主義一樣「嚴而少恩」,又包含了維護君主專制的封建等級制度的內容,既不像儒家的「禮義」制度那樣博而寡要,又吸取了儒家的「愛民」「德治」政策和「仁義禮智信」之類的倫理觀念,既不像道家老莊之學那樣消極厭世,又吸收和發揮了他們「無為而無不為」的理論。〔註147〕

構成了表面看似駁雜,卻合乎漢初政治經濟形勢的理論特色,在司馬談父子看來,先秦諸家皆有短長優劣,唯獨黃老道家能兼容各家之長而避其短,遂能完成「究天人之際,通古今之變」的歷史轉型重任。黃老之學至漢初,已一躍而居主導地位,成為一股影響巨大的社會思潮,這除了學術文化長期發展的趨勢外,與漢初社會的政治、經濟形勢以及統治者的需要是分不開的。漢初的統治者,除了要求社會的穩定之外,最重要的就是追求王權的一統,漢初的君臣,早已透徹地意識到守國之道與奪權之術有所差別,奪取靠武力與詐謀,守國靠文化與人心。〔註148〕

因此,要穩固政權,必須尋找新的治國理論,才能長治久安,而兼採各家之善的黃老之學,既能穩定局面,又能開創新業,黃老思想由於兼具「德治」與「法術」的內涵,遂能由「無為而治」的具體運用,完成動態的「王權一統」,這是黃老之學最深的奧祕。

一、皇權的維護

在漢初六、七十年裡,黃老道家得勢,尤其在竇太后之世,更是權傾一時,《史記·儒林列傳》曾提到這種情形:

> 孝惠、呂后時,公卿皆武力有功之臣。孝文時頗徵用,然孝文帝本好刑名之言。及至孝景,不任儒者,而竇太后又好黃老之術,故諸

〔註147〕吳光,《黃老之學通論》(杭州:浙江人民出版社,1985年6月),頁233。
〔註148〕吳興明,《謀智·聖智·知智》(上海:三聯書店上海分店出版社,1995年),頁136。

博士具官待問，未有進者。〔註149〕

黃老思想本是道法合一的產物，有道家清靜無爲的思想，也有法家的刑名法術。漢初推行黃老之術，曹參乃至陳平，推行的是清靜無爲的治術，而文景時代，則重在刑名法術，司馬遷說文帝景帝「好刑名之言，不任儒者」，其眞正原因是暗示文、景之宗黃老，偏重於黃老之刑名法術，和曹參之偏重老子之清靜無爲，在行政措施上立場不同。〔註150〕而刑名之學是申韓法家學說的大端，司馬遷說文景好刑名，實際上是說文景好申韓法家之言，暗中諷刺文帝和景帝爲人苛察少恩。然「刑名」來自「形名」，「形名」即「循名責實」，而「刑名」是「形名」的狹窄化與法家化，其意涵到底爲何《漢書·元帝紀》云：

> 孝元皇帝，宣帝太子也。……。見宣帝所用多文法吏，以刑名繩
> 下，……。〔註151〕

顏師古注引劉向《別錄》云：「申子學號刑名。刑名者，以名責實，尊君卑臣，崇上抑下。宣帝好觀其君臣篇」〔註152〕。由此看來「刑名」實包括「循名責實」與「尊君卑臣」兩重意涵。故《黃老帛書》論「道」時，常曰：「故執道者之觀天下也，見正道循理，能與曲直。」《經法·名理》〔註153〕論道就是爲了推衍刑名，「道」即「刑名」，刑名是處事理政的根本，內可以定是非，別嫌疑，外可以建功名，推政令。而黃老學家提倡刑名，最主要的是想維持一個上尊下卑的政治倫理，《黃老帛書》云：

> 君臣易立（位）胃（謂）之逆，賢不宵（肖）并立（位）胃（謂）
> 之亂，動靜不時胃（謂）之逆，生殺不當胃（謂）之暴。逆則失本，
> 亂則失職，逆則失天，暴則失人。〔註154〕

黃老道家基本上是站在維護君權的基礎上，講求職責分明的刑名術的〔註155〕，因此深受漢初君主之青睞。而文帝是文、景之治的開創者，他即位的時侯，遇

〔註149〕《史記》卷121〈儒林列傳〉，頁3117。
〔註150〕司修武，《黃老學說與漢初政治平議》（臺北：臺灣學生書局，1992年6月），頁103～104。
〔註151〕《漢書》卷9〈元帝紀〉，頁277。
〔註152〕《漢書》卷9〈元帝紀〉，頁278。
〔註153〕《黃帝四經今註今譯》第一篇《經法》〈名理〉第9，頁245。
〔註154〕《黃帝四經今註今譯》第一篇《經法》〈四度〉第5，頁153。
〔註155〕陳麗桂，《戰國時期的黃老思想》（臺北：聯經出版社，1991年4月），頁72～77。

到了很多問題，諸如與元老功臣的關係，中央皇權與地方諸侯王的關係，統治階級與農民階級的關係，漢族政權與少數民族政權的關係，這些問題都非常棘手，而文帝治國成功的關鍵，在於創造性地採用了黃老之術，尤其重視把握「度」的原則，在舉止行措上表現得恰到好處，從而避免了保守性，又防止了過極失當，爲皇帝制度確立了典範，使帝制成爲中國人可以接受的制度。〔註 156〕

道家認爲眞正的王道是以聖人的智慧爲主，無爲而王，正如《老子》所說的：「我無爲，人自化；我好靜，人自正；我無事，人自富；我無欲，人自樸。」《老子・五十七章》〔註 157〕，然而在政治實踐中，怎樣做到「無事、無欲」，怎樣「行不言之教」，《老子》只提供了原則的指導，並無詳盡的說明。而黃老之學，則把「無爲而治」發展成政治實踐的治術。它顯著的特點是哲理與政術的密切結合，也是德治與法術的交相運用，因此，黃老的「無爲而治」實包含了兩個面向，而文帝能將它如實的運用，遂能收效宏大。

第一：要求主逸臣勞——慎到說：「君逸樂而臣任勞，臣盡智力以善其事，而君無與焉，仰成而已，故事無不治，治之正道然也」《慎子・民雜》〔註 158〕，黃老道家認爲以天下之大，王者不可能事事躬親，因此，一方面必須用臣，另一方面必須時刻防範，如果沒有「法」，君王就需凡事過問，勞而不周；如果沒有「勢」，君王之「法」就會喪失權威，有「法」而不治；如果沒有「術」，則無以考察、監督和防範臣下。因此，爲了駕御群臣，最重要的是制定一套切合實際，以明確等級、名分、職責的法令制度和規範，才能達到「君無爲而臣有爲」的政治目的。

第二：要循法而治——漢承秦制，也承襲秦律，爲了鞏固皇權，必須對秦律進行增刪和調整，且進一步完善了治吏之律——《吏律》，《吏律》規定：最重要的是各級官吏都要嚴格的體現中央皇權的意志。其條目有「謀反」、「大逆不道」、「大不敬」、「其謾」等，立法森嚴，一旦觸及這些條例，就會被棄市、腰斬或滅族。《漢書・刑法志》載：「至高后元年，乃除三族罪，祅言令」，但文帝時，「新垣平謀爲逆，復行三族之誅」〔註 159〕，可見一旦危及皇權，皇

〔註 156〕邵金凱，〈黃老術與漢文帝治國新論〉，《徐州師範大學學報》哲學社會科學版（第 28 卷第 3 期），頁 119。

〔註 157〕《老子校釋》〈老子德經五十七章〉，頁 149。

〔註 158〕慎到（戰國）撰，嚴一萍編，守山閣叢書，《慎子》〈民雜〉（臺北：藝文印書館，1968 年），頁 3。

〔註 159〕《漢書》卷 23〈刑法志〉，頁 1104～1105。

帝就會使用酷法嚴刑。

其次是嚴懲各級官吏的貪污罪行，貪污在漢代亦稱「贓罪」，西漢對贓罪懲治極嚴，有關該法的律目科條也很繁雜，有主守盜、受賄枉法、假借不廉、受故官送等。《漢書・刑法志》載：

> 及吏坐受賕枉法，守縣官財物而即盜之，已論命復有笞罪者，皆棄市。〔註160〕

政府對官吏的瀆職、失職行爲制裁極嚴，以督促官吏勸勉職事，恪守公職，凡有德不稱位，能不稱職者，都要受罰，故《漢書・景帝紀》云：

> 若買故賤，賣故貴，皆坐臧爲盜，沒入臧縣官。吏遷徙免罷，受其故官屬所將監治送財物，奪爵爲士伍，免之。無爵，罰金二斤，令沒入所受。〔註161〕

凡因贓罪而被罷免的官吏，必須終身禁錮，甚至殃及子孫。

從文獻上考察，漢律中的《吏律》，比從前更豐富、系統、細密。它是皇帝「無爲」，放權讓官吏「有爲」的政治保障。除了明文規定的《吏律》之外，皇帝的令、書、詔書等也具有法律效力，利用這些法度將臣下牢牢地控制，既使之「有爲」，又使之不敢「妄爲」，《漢律》的這一點，正是在政治實踐中，具體的體現了黃老的「無爲」思想。〔註162〕同時確保了皇權的穩固與吏治的清明。

二、皇權一統

漢文帝即位之後，在面臨諸多問題中，以諸侯王的問題最爲複雜，因此漢文帝的喜好刑名之言，最大原因是由於有諸侯王的緣故。當初，劉邦剪除異姓諸王，封建劉姓子弟時，爲了達到「承衛天子」的目的，對諸侯王不但給予廣大的領土，同時也賦予他們很大的權力。王在其封國內，除丞相是漢室中央所置外，其餘一概由王國任免，王國的官吏，有中尉掌軍事，並有御史大夫、九卿、博士。《史記・五宗世家》云：

> 太史公曰：「高祖時諸侯皆賦，得自除內史以下，漢獨爲置丞相，黃

〔註160〕《漢書》卷23〈刑法志〉，頁1099。
〔註161〕《漢書》卷5〈景帝紀〉，頁140。
〔註162〕鄭建萍，〈黃老思想及其對漢初治道之影響〉，《陝西師範大學學報》哲學社會科學版（1997年9月，第26卷第3期），頁74～77。

金印。諸侯自除御史、廷尉正、博士，擬於天子」。〔註163〕
由此可知漢初封建子弟時，並未預見封建制度與皇權專制在本質上是矛盾且
不相容的。然漢初在長年戰爭之後，農村經濟破產，人民衣食無著，全國上
下普遍貧窮，當時「天子不能具鈞駟，將相或乘牛車」，中央政府尚且如此，
諸侯王的困窘情形，當可想見。且諸侯王又大抵年幼無知，實權皆操在漢室
所置丞相手中，所以孝惠、高后在位期間，諸侯王與漢室中央，並無重大的
衝突。〔註164〕

　　但是文帝即位之後，情形完全不同了，因為從高祖崩殂以來，尤其是曹
參為相國以後的一段時間裡，民間社會安定，經濟繁榮，農村的復興非常迅
速，高祖即位之初，尚是「民無蓋藏」，但到了呂后稱制時，已經進步到了「衣
食滋殖」的程度了，農村戶口繁息，經濟復甦，但諸侯王國的強盛，非但未
能給國家帶來安和利樂，反而使中央與地方之間的矛盾日益加深，蓋劉邦分
封子弟時，中央僅保留十五郡，而關東六國舊壤，盡為諸侯地，諸侯大者跨
州連郡，宮觀之壯麗，僭於天子。〔註165〕漢室中央最初實行無為而治的政策，
對諸侯王採放任政策，無形中養成了諸侯王驕矜恣肆的心理，遂助長了諸侯
王的氣焰，也加深了雙方的矛盾。這就是文帝即位之後最嚴重的問題，賈誼
在〈治安策〉中，曾痛切指陳，歸納言之，有兩大問題：一是諸侯王實力過
大的問題；一是諸侯王自擬為天子的問題。這是文帝面對諸侯王時，最大的
難題，文帝處於這種矛盾的態勢中，他非常重視賈誼在〈治安策〉中所提供
的「眾建諸侯而少其力」的方法〔註166〕，一方面維持封建體制，一方面削弱
諸侯王的實力，以減輕他們對中央的威脅。而這種「彊幹弱枝」的策略，和
刑名之言的基本理論「尊君卑臣，崇上抑下」是相互照映的，由此可看出漢
文帝的好刑名之言的原因，一方面是面對諸侯的現實問題，另一方面是刑名
之言，給了他「強幹弱枝」的政策，提供了理論的支持，雖然賈誼「眾建諸
侯」的政策，朝廷並沒有以制度化的方式付諸實行，但由於文帝天才英縱，

〔註163〕《史記》卷59〈五宗世家〉，頁2104。
〔註164〕司修武，《黃老學說與漢初政治平議》（臺北：臺灣學生書局，1992年6月），
　　　　頁115〜116。
〔註165〕《史記》卷17〈漢興以來諸侯王年表〉，頁801〜802。
　　　　高祖末年，非劉氏而王者，若無功上所不置而侯者，天下共誅之。……而內
　　　　地北距山以東盡諸侯地，大者或五六郡，連城數十，置百官宮觀，僭於天子。
〔註166〕《漢書》卷48〈賈誼傳〉，頁2230〜2258。

在運用刑名之術時，表現得非常巧妙圓融，予人天衣無縫的感覺，不但消弭禍患於無形，更創造了制敵於機先的形勢。〔註167〕

實行強幹弱枝的第一件事情是削弱齊國：在劉邦所分封的劉氏子弟中，以齊國爲最大。齊國自春秋以來，經過管仲、晏嬰的經營，已非常富庶，漢初又由曹參做了九年的丞相，其富強可想而知，文帝利用諸呂之亂的機會，將齊分爲三，趙分爲二，同時以皇子武爲代王，參爲太原王，揖爲梁王。〔註168〕這著棋極具深意，因梁地北界泰山、西至高陽，共轄四十多個大縣，在東方是大國，而且位居東西交通的要衝，文帝將自己的愛子安置於彼，用以監視東方的諸侯王，這一著棋，正是文帝深謀遠慮的傑作，在吳楚七國之亂時，果然發揮了以親制疏的功效，不但抵擋了叛軍的攻勢，而且屏障了首都，這就是文帝的遠見。但齊經分化之後，文帝仍不放心，十六年，又將齊國一分爲六，吳楚之亂平後〔註169〕，齊地大部份都入於漢室中央，東方的威脅方告完全解除。

第二件事是削弱淮南，謀殺劉長：劉長是劉邦的小兒子，他被指控「謀反」的罪名，《史記・袁盎鼂錯列傳》云：

> 淮南厲王朝，殺辟陽侯，居處驕甚。袁盎諫曰：「諸侯大驕必生患，
> 可適削地。」上弗用。淮南王益橫。及棘蒲侯柴武太子謀反事覺，
> 治，連淮南王，淮南王徵，上因遷之蜀，輜車傳送。袁盎時爲中郎
> 將，乃諫曰：「陛下素驕淮南王，弗稍禁，以至此，今又暴摧折之。
> 淮南王爲人剛，如有遇霧露行道死，陛下竟爲以天下之大弗能容，
> 有殺弟之名，奈何？」上弗聽，遂行之。〔註170〕

文帝所以處心積慮，除掉厲王劉長，最直接的原因，就是猜忌他。因爲在當時，劉邦的兒子，就只剩他們兄弟兩人，文帝可以做皇帝，淮南王也可以做皇帝，基於此，文帝對淮南王，始終寢食難安，必除之而後快。因此，他對

〔註167〕司修武，《黃老學說與漢初政治平議》（臺北：臺灣學生書局，1992年6月），頁117～122。

〔註168〕《史記》卷10〈孝文本紀〉，頁423。

〔註169〕司修武，《黃老學說與漢初政治平議》（臺北：臺灣學生書局，1992年6月），頁126～127。

將齊國分封悼惠王六個兒子，閭爲齊王，志爲濟北王，賢爲菑川王，雄渠爲膠東王，卬爲膠西王，辟光爲濟南王，孝景三年，吳楚反，膠東、膠西、菑川、濟南四國皆響應，事平，伏誅，齊王亦自盡。

〔註170〕《史記》卷101〈袁盎鼂錯列傳〉，頁2738。

淮南王的驕恣，一味姑息縱容，待其多行不義，再借機剗除，而以「欲以爲有」的謀反罪名定讞。文帝十六年，終於三分淮南，封淮南屬王子安爲淮南王，勃爲衡山王，賜爲廬江王。

　　以上兩件事是文帝對付諸侯王的積極策略，除此之外，他在東西交通要道上設關防以備不測，也用了一番心計，當時建武關、函谷關、臨晉關，並規定出入關用傳，且禁止關中良馬出關，以防諸侯王壯大，賈誼《新書·壹通》云：

> 所爲建武關、函谷、臨晉關者，大抵爲備山東諸侯也。天下之制在陛下，今大諸侯多其力，因建關而備之，若秦時之備六國也。豈若定地勢使無可備之患，因行兼愛無私之道，罷關一通，示天下無以區區獨有關中者。……。〔註171〕

這些話，可以證明「漢承秦制」，對東方諸侯始終防備甚嚴，到了十二年方「除關無用傳」，這是因爲賈誼建議：「舉淮南地以益淮陽，而爲梁王立後，割淮陽北邊二三列城與東郡以益梁；……。梁足以扞齊、趙，淮陽足以禁吳、楚」〔註172〕，經過此番的調整佈署，漢廷進可以攻，退可以守，完全立於不敗之地，增加了制伏山東諸侯的把握，方敢「除關無用傳」。從此通關梁不異方，這是漢文帝運用刑名之術最成功之處。及景帝即位，採鼂錯之建議，大舉削藩，景帝三年（西元前一五四年）終於激起吳楚七國的叛亂，景帝命周亞夫領軍，一舉敉平叛亂。景帝遂趁機「抑損諸侯，減黜其官。」《漢書·諸侯王表》〔註173〕，改王國丞相爲相，廢除御史大夫、廷尉、宗正、博士等官，對大夫以下的其他官吏也予以裁減。把王國的行政權和官吏的任免權都收歸中央，令諸侯王不得復治國只許在封國內「衣食租稅」，太史公《史記·五宗世家》云：

> 高祖時諸侯皆賦，得自除內史以下，漢獨爲置丞相，黃金印。諸侯自除御史、廷尉正、博士，擬於天子。自吳楚反後，五宗王室，漢爲置二千石，去「丞相」曰「相」，銀印。諸侯獨得食租稅，奪之權。

〔註171〕賈誼（漢）撰，閻振益、鐘夏校注，《新書校注》卷 3〈壹通〉（北京：中華書局出版，2000 年 7 月），頁 113。

〔註172〕《漢書》卷 48〈賈誼傳〉，頁 2261。所謂「眾建諸侯而少其力」，賈誼在「治安策」中云：「割地定制，令齊、趙、楚各爲若干國，使悼惠王、幽王、元王之子孫畢以次各受祖之分地，地盡而止，及燕、梁它國皆然。其分地眾而子孫少者，建以爲國，空而置之，須其子孫生者，舉使君之。諸侯之地其削頗入漢者，爲徙其侯國及封其子孫也，所以數償之。頁 2237。

〔註173〕《漢書》卷 14〈諸侯王表〉，頁 395。

其後諸侯貧者或乘牛車也。〔註174〕

王國的官吏由中央任命，名義上是治政事，其實還負有監視諸侯王的責任。至此，王國在行政上等於中央直轄的郡縣。另一方面，景帝繼續推行賈誼強幹弱枝的政策，中六年，梁孝王武死，遂分其國為五，以王其五子。景帝時，最大諸侯是梁孝王，梁孝王一死，等於諸侯王的問題已獲紓解。漢室中央「尊君卑臣、崇上抑下」的刑名思想，得到徹底的實現，大一統的一人集權專制政體，愈加鞏固。而黃老之學作為漢初「守政治國」的策略，也確實達到了功效。〔註175〕完成了過渡型的任務。歷史的變動與轉型，終迫使黃老治術退出政治的舞台。

三、黃老衰微的外緣因素

黃老治術的衰微，其原因非止一端，然與儒法的再興實互為表裡，除政策走向之因素外，其間仍有極複雜的思想交錯存在。所以觀察黃老與儒法的興衰，對於釐清中國傳統政治的結構與意識之形成，應大有裨益。而黃老之衰微，實有其內緣與外緣之因素，也可以說有其外在客觀環境的制約，與內在學說無法回應挑戰所引起的困境。其外緣因素約有數端：

（一）中央集權的完成

漢初政權並未實現真正的大一統，而是由郡縣制與封建制並行，當劉邦剷除了異姓諸侯王的同時，又轉封劉氏子弟為王，封建了九個諸侯國，分地而治，這是迫不得已的形勢。在漢初政治格局中，屬漢廷直轄者僅有十五個郡，土地與人口都不足全國二分之一。漢初這種郡國並立多元的格局，是黃老學得以存在的政治外緣。而當時整個社會處於戰後「休息養生」的恢復階段，中央與地方並未發生齟齬，而政府在「清靜無為」的思想指導下，亦自覺地弱化政治控制力，主動「與民休息」，也無力大有作為。只能聽任地方王國各守其土，各盡職責。但到了文帝初，國家承平已久，經濟的恢復與發展，有了長足的進步。使得地方王國「國用富饒」，且形成地方特色。以至於出現了「天下殷富，粟至十餘錢，鳴雞吠狗，煙火萬里」的景象《史記‧律書》〔註176〕。但經濟實力的

〔註174〕《史記》卷59〈五宗世家〉，頁2104。

〔註175〕邵金凱，〈黃老術與漢文帝治國新論〉，《徐州師範大學學報》哲學社會科學版（第28卷第3期），頁122～123。

〔註176〕《史記》卷25〈律書〉，頁1242。

增強，卻導致諸侯王的驕恣，甚至不用漢法「自爲法令，擬於天子」《史記‧淮南衡山列傳》〔註177〕，而有文帝時淮南王劉長的謀反，景帝時的吳楚七國之亂。幸好，文、景皆力行「強幹弱枝」的政策，能預爲綢繆，最後終於達到強化中央集權的目的。然「大一統」政局的浮現，卻也使「清靜無爲」的黃老治術與「皇權至上」的中央集權體制捍格不入，尤其在漢武帝實行「推恩令」後，皇權益加膨脹，清靜無爲的思想，不再能適應新形勢的需要，而失去了存在的外緣，不得不讓位於積極進取的儒法學說。

（二）豪黨兼併、武斷鄉曲

漢初實行無爲而治，官箴鬆弛，導致吏治鬆弛，例如曹參上台伊始即：

> 擇郡國吏木訥於文辭，重厚長者，即召除爲丞相史。吏之言文刻深，欲務聲名者，輒斥去之。日夜飲醇酒。卿大夫已下吏及賓客見參不事事，來者皆欲有言。至者，參輒飲以醇酒，……，亦歌呼與相應和。……。〔註178〕

漢初功臣，鑒於異姓諸王慘遭夷戮，遂以醇酒婦人避禍，曹參不但自己整天喝酒，而且還聽任下屬官吏「日飲歌呼」，使整個丞相府包括吏舍，整日都沈浸在醇酒醉鄉中，曹參還獲得惠帝稱「善」，並且也「日飲爲淫樂，不聽政」。爾後，陳平爲右丞相，亦「爲相非治事，日飲醇酒，戲婦女」〔註179〕，於是全國都瀰漫於黃老的大氣候下，由於官吏軟弱散渙，社會財富不均，終造成豪強武斷鄉曲，連二千石也莫能制，導致：

> 罔疏而民富，役財驕溢，或至并兼豪黨之徒以武斷於鄉曲，宗室有土，公卿大夫以下爭於奢侈，室廬車服僭上亡限。物盛而衰，固其變也。〔註180〕

社會上出現了種種弊端，社會形勢的發展，使黃老的「無爲」，再難適應政治經濟日益繁榮與複雜的新情況的變化，必須有新的思想與政策取而代之，方能力矯時弊，爲新的帝國創下鴻猷，黃老注定走上沒落之路。〔註181〕

〔註177〕《史記》卷118〈淮南衡山列傳〉，頁3076。
〔註178〕《史記》卷54〈曹相國世家〉，頁2029～2030。
〔註179〕《史記》卷56〈陳丞相世家〉，頁2060。
〔註180〕《漢書》卷24上〈食貨志上〉，頁1136。
〔註181〕鮑新山，〈評漢初黃老思想的消極影響〉，《青海社會科學》（1998年第5期），頁83～84。

（三）對匈奴消極避讓，致使匈奴不斷南侵

　　漢自從平城之圍後，整個朝廷籠罩在強烈的「恐匈」氣氛中，認為匈奴是不可戰勝的，因此推行和親政策，以求苟安，然終非長久之計，孝惠時，呂后新寡，匈奴又致書羞辱，漢廷亦只能卑詞乞和。文帝時「匈奴入居北地，河南為寇」《漢書・文帝紀》文帝除了調兵保衛長安之外，也未能有效反擊，誠如賈誼所言：

　　　　今匈奴嫚侮侵掠，……，而漢歲致金絮采繒以奉之。……，勢既卑辱，而寇不息，長此安窮！……。今不獵猛敵而獵田彘，不搏反寇而搏畜菟，翫細娛而不圖大患，非所以為安也。〔註182〕

漢廷對匈奴一味遷就，反使匈奴之氣燄更為囂張，這都是奉行黃老無為治術的結果。面對這種嚴峻的外患，在國力逐漸充沛之後，自該改弦易轍，反守為攻，黃老消極避讓的對外政策，已到了窮途，非徹底揚棄，不足以言奮發進取。到了武帝時，終於採取主動北伐匈奴的決策。

四、黃老衰微的內在因素

（一）黃老學說本身缺乏治國的制度架構與法令措施

　　就黃老學說本身而言，其理論根據的經典即《老子》與《黃帝四經》，這種著作，重在基本原則的提示與掌握，幾乎沒有制度方面的內容，故對現實政治而言，雖能提供君人南面之術的原理，與時推移，因機變化，但於治國的制度架構與法令措施，則付諸闕如，只能因時為業，因物合時，依附現行的體制，使理論與制度合一，這就使得黃老與儒、法的競爭，明顯的居於下風，因儒學本源於六藝，乃是三代政教的根據，雖云邈古，然制度規模猶存大體，可為典範。而法家之學，本是戰國時期變法維新的產物，其法令刑罰，更是治國理民的行政工具，且執律令者，皆受過正規之訓練，形成國家之骨幹，是治國的中堅份子。故儒法一旦結合，不但法令規章早已燦然大備，即治國之理想，亦可遠紹三代，豈是黃老所能比擬？黃老之見棄，亦時勢之必然也。〔註183〕

〔註182〕《漢書》卷48〈賈誼傳〉，頁 2240～2242。
〔註183〕邢義田，《秦漢史論稿》〈秦漢的律令學〉（臺北：東大圖書公司，1987年），頁 285～295。

（二）黃老學派缺乏集體意識且其政治哲學甚為深奧其辭難知

另外儒、法兩大學派，其集體意識較為強烈，因此，集體運作的力量，十分強大，這非個人意識濃厚的黃老學派所能望其項背。蓋《老子》與《黃帝四經》的政治哲學，甚為深奧其辭難知，並非一般平民所能閱讀和理解，因此難以聚合力量，形成龐大的學術勢力，遂無能與儒、法抗衡。

這兩大內在的弱點，在政府機能職權不斷擴張時，首先便是學說無法提出務實的解決方案，突顯了窮絀之勢，再加上學術勢力不彰，容易致遭冷落而被棄絕。〔註184〕其次是黃老學自身的侷限，漢初政治的無力和百姓的任疲，使社會又退回到經濟落後的型態中，這使得主張「清靜無為」的黃老思想，得到了最大的生存空間，「無為」在當時社會情況下，反而成了最好的「有為」，無治的政府乃是最好的政府，這種功能混淆、領域不分的經濟落後型態，既是黃老學存在的根基，也是黃老學嚮往的社會理想，此即《老子》「小國寡民」〔註185〕的憧憬。這種「小國寡民」的理想，實取法於農村公社，而以葛天氏之民為榜樣，如《新語》〈至德〉篇所云：

> 是以君子之為治也，塊然若無事，寂然若無聲，官府若無吏，亭落若無民，閭里不訟於巷，老幼不愁於庭，近者無所議，遠者無所聽，郵無夜行之卒，鄉無夜召之征，犬不夜吠，雞不夜鳴，者老甘味於堂，丁男耕耘於野。〔註186〕

黃老之學對古代「小國寡民」的農村公社有某種程度的熱衷和迷戀，無疑的，對文、景之治後期不斷增強的中央集權與君主專制的歷史趨勢，具有極大的消極作用。正如金春峰先生所言：

> 黃老思想有反人文主義的實質，它的崇尚自然，儉樸而反對文教、文化、生活享受和物質文明進步的理想，終歸是和社會發展的要求背道而馳的。〔註187〕

黃老之學在政治哲理方面，表現了高度的辯證思維，不同於具體的、可以即時操作的政治措施，故黃老之治必須建立在「漢承秦制」的基礎上，借用法

〔註184〕洪進業，〈西漢初年的黃老及其盛衰的考察〉（國立台灣大學歷史研究所碩士論文，1991年6月），頁122～123。
〔註185〕《老子校釋》〈老子德經八十章〉，頁197。
〔註186〕《新語校注》卷下〈至德〉第8，頁118。
〔註187〕金春峰，《漢代思想史》（北京：中國社會科學出版社，1987年4月第1版第1刷），頁80。

家建立的制度始能深入基層而無礙，故這種長於思辯的黃老之學，只能稱之為「道術」，並歸之於「政治哲學」的範疇，它與法家依「法術」建立的兵制、刑法、財政、吏制等治國的具體法制，在內容與形式上都有嚴格的區分，故黃老之學只能做為守政的理論指導。〔註188〕在漢初全面倒退的經濟落後形態中，以當時的歷史條件，黃老之學雖欠缺關於兵刑錢谷、考課銓選等具體內容的詳實規劃，但並非當世急務。然到了文、景之治的晚期，社會日益殷富，中央政府也實現了政治上的「大一統」，而各種社會問題也日漸暴露。這一切，都必須納入體制嚴明規範有序的軌道中，「大而化之，恬淡無為」的黃老之學，就顯露出窮絀之相，其遭冷落，乃是社會發展的必然命運。因此到了漢武帝時代，被奉為「典範」的黃老道家，由於內在學理的缺陷和外緣的逐一喪失，終於導致「危機」，而另一種新典範——「霸王道雜之」的政治文化模式，終於取而代之，成了新的帝王治術。〔註189〕

第五節　武帝與獨尊儒術

　　西漢前期的思想家，鑒於秦亡之禍，最關切的是如何守住新建立的漢帝國，亦即建立一套能夠長治久安的國家學說或國家意識型態。此一努力，直到董仲舒，才算成熟，提出了比較圓滿而且涵蓋面較廣的國家學說。事實上，儒道兩家，是不同形態的思想，各有其時代的適應性，漢初，通過黃老治術「漢承秦制」的一面，既保存了法家鞏固專制政體的功能，又可沖淡法家色彩。其次黃老主張的「清靜無為」，符合漢初的實際，這種思想才是安定秩序，恢復經濟生產的好辦法。再者，道家的包容性大，可以吸收各家之長，發揮兼容並蓄的效果，最適合成為當時的統治學說，遂能迎合漢初諸帝的需要。〔註190〕準此以觀，一種學說能成為帝國的統治思想，既要有適應時代需要的內涵，也要獲得統治者的青睞才行。因此錢穆先生說：

　　　　學術之盛衰，不得不歸於時君世主之提抑。〔註191〕

〔註188〕鄭建萍，〈黃老思想及其對漢初治道之影響〉，《陝西師範大學學報》哲學社會科學版（1997年9月，第26卷第3期），頁75～76。

〔註189〕鄧文鋒，〈武帝時代黃老之學的興衰〉，《學術論衡》社會科學論壇（2001年4月），頁42～44。

〔註190〕林聰舜，《西漢前期思想與法家的關係》（臺北：大安出版社，1991年4月1刷），頁55～59。

〔註191〕錢穆，《先秦諸子繫年》〈自序〉（臺北：三民書局，1981年3月），頁24。

在傳統的政治架構下，「得君」常是「行道」的充分必要條件，君主個人的意向，具有絕對的影響力。在武帝「罷黜百家，獨尊儒術」之際，黃老學派並未出現任何的不滿，並據理力爭，可見黃老道家在政治結構中純屬個人意志的發揮，而無集體意識的展現，故只能托庇於時君世主，其散漫之弱點在與儒家競爭時，便暴露殆盡，因其學說非依附統治者及百官臣僚，則無由發生作用。而當時的政治態勢是竇太后新喪，舊日崇尚黃老的功臣勳貴，亦多無存，因此新統治者一旦改絃易轍，崇尚儒術，黃老存在的外緣，就此失勢。

一、漢武獨尊儒術的本意

漢武帝之推隆儒術，復古更化，一般人以為皆董仲舒之力，其實不然，蓋武帝以十七齡少主即位之初，其制詔賢良，已辭旨彰明，卓然有隆儒更化之意，仲舒之所對，特與朝旨訢合而已，非果由仲舒始開是意也，《史記·儒林列傳》云：

> 及今上（武帝）即位，趙綰、王臧之屬明儒學，而上亦鄉之，於是
>
> 招方正賢良文學之士。〔註192〕

則武帝一朝崇儒之端，其事實起於王趙也。王趙既用事，即議立明堂，並徵其師魯申公。然為太后所不喜，竇太后遂借事誅除，趙綰及王臧皆下獄自殺，武帝遂罷明堂事，申公亦病免歸，此乃武帝用儒之頓挫，然其後三年（建元五年），武帝終置五經博士，而儒術遂獨盛。

漢武帝接受董仲舒之議，獨尊儒術，《公羊春秋》的儒學遂成為當時官方的意識形態，這是西漢思想與政治層面一個最大的背景與最大的轉變，而其關鍵則在五經博士的設置。若依錢穆先生的觀點，認為六藝與諸子的區別乃在官學與私學的話，那麼，我們對武帝之立五經博士，就會有新的理解。所謂「罷黜百家，獨尊儒術」，即欲以學術上的大一統，終結分裂時期的百家爭鳴，反映朝廷企圖通過高度的學術統一以重建中央集權的政治需要。故漢武帝之罷黜百家而僅立五經博士，乃是達到鞏固中央集權最重要的文化措施，其用意則在藉隆官學而尊王以加強王權，而董仲舒最能體貼漢武帝之心意，故其《對策》曰：

> 百家殊方，指意不同，……。臣愚以謂諸不在六藝之科孔子之術者，

　　　　皆絕其道，勿使並進。〔註193〕

武帝之尊孔，乃尊其傳授古代王官之學，而仲舒之尊孔子，乃尊其傳六藝。
然漢人何以獨尊六藝？蓋六藝乃古代王官之學，與諸子之百家言〔註194〕，判
然對立。故秦人焚古代官書而仍立晚世家言爲博士，是爲了尊新王一朝之統，
此即荀卿所謂法後王也，不得稱之爲排抑儒家。而漢武罷斥百家，表章六藝，
其後爲博士所掌，意在恢復古代王官之舊，紹隆稽古考文之美，此即荀子所
謂法先王也。故漢之尊六藝，乃以其爲古代王官之學而尊，由於儒學繼承了
古代王官之學的傳統，所以尊官學的同時也尊儒學，因此《漢書‧儒林傳》
云：

　　　　六學〔藝〕者，王教之典籍，先聖所以明天道、正人倫，致至治之
　　　　成法也。〔註195〕

所以漢儒之尊孔子爲素王，實以孔子傳授六藝，而獨出於百家之上。此必明
瞭古代學術分野，漢志六藝與諸子分列之意，而後可以知漢武罷黜百家，獨
尊儒術的本心，意在法先王而紹隆三代。〔註196〕故其立五經博士的舉措，最
主要的目的，是借尊儒而尊王，這充分說明了武帝一朝陽儒陰法的實質與原
因。

　　因此，漢武帝之獨尊儒術，實包含了陽儒與陰法兩個側面。所謂陽儒，
就是在表面上以儒學文飾吏治，使其成爲治術的工具，所謂陰法，就是在施
政上以法家的尊君卑臣爲主軸，重新建立中央集權的君主專制政體，以恢復

〔註193〕《漢書》卷56〈董仲舒傳〉，頁2523。
〔註194〕錢穆，《兩漢經學今古文平議》（臺北：東大圖書有限公司，1978年7月），
　　　　頁181。
　　　　儒林傳：「竇太后好老子書，名問博士轅固生，固曰：此家人言耳，太后大怒
　　　　曰：安所得司空城旦書乎！乃使固入圈擊豕，景帝知固直言無罪，而爲太后
　　　　怒，乃假固利兵，虒
〔註195〕《漢書》卷88〈儒林傳〉，頁3589。
〔註196〕錢穆，《兩漢經學今古文平議》（臺北：東大圖書有限公司，1978年7月），
　　　　頁175～182。
　　　　蓋漢之初興，未脫創痍。與民休息，則黃老之說爲勝。及於文景，社會富庶，
　　　　生氣轉蘇與言休息，誰復樂從？而一時法度未立，綱紀未張，不得不一切裁
　　　　之以法，故文帝外取黃老之陰柔內主申韓刑名，其因應措施，皆有深思。及
　　　　景帝既平七國之亂，中朝威權一統，執申韓刑名之術，可以驅策天下，惟我
　　　　所向。然申韓刑名，正爲朝廷綱紀未立而設。若政治已上軌道，全國共遵法
　　　　度，則申韓之學，亦復無所施。當時物力既盈，綱紀亦立，漸達太平盛世之
　　　　境，而黃老申韓，其學皆起於戰國晚世，其議論治術，主於應衰亂。

古代的政教合一爲理想。所以漢武帝自獨尊儒術後，在政治上就採取主父偃「推恩令」的辦法，不斷削弱地方諸侯的力量，加強朝廷的統治，完成了「強幹弱枝」的目標。在思想方面，武帝則樹立了儒學的統治權威，他在太學立五經博士，並接受董仲舒「天人感應」的學說，使之成爲神化皇權的理論根據，而董氏的「三綱」論則成爲普遍的道德規範，自此之後，法家儘管受到重用，但也必須穿戴儒家的衣冠才能出場。另外漢武帝在經濟方面，也建立了一套集權中央的制度，以削弱地方割據勢力和富商大賈的經濟勢力，這就是自元狩六年（公元前 117 年）以來，分別頒布並推行的鹽鐵，官營、鑄幣和均輸，平準的詔令。朝廷藉由壟斷性的經營權力，加強對全國經濟命脈的控制，達到了增加朝廷財政收入的目的，從而使經濟集權中央成爲政治集權中央的基礎，這些都對專制政治體制的發展，有深刻的影響。〔註197〕

二、儒學成爲新國家學說之條件

　　黃老是以道家爲主體，具有統合各家思想，以作爲帝國統治思想的用心。然而到了武帝時，畢竟不得不讓位給儒家。這一轉變，除了前述所提到的內外因素之外，帝王的好惡，亦具主導作用，然黃老思想在作爲國家學說上，仍然有所欠缺。蓋一個成熟的國家學說，應該能作爲社會上層的政治、文化的核心，在執行時，它除了要有應付現實問題的能力外，應該能夠解決更深層、更根本的諸多問題，而自成一哲學體系，如馮友蘭先生所說的：

> 一種社會的上層建築名目繁多，有許多方面，但它又是一個統一的整體，必須有一個廣泛的包括宇宙、社會、人生各方面的哲學體係作爲中心。這個廣泛的體係，能夠把一種上層建築的各個方面，各個部門統一起來，聯貫起來，使它「如網在綱」。〔註198〕

〔註197〕白壽彝總主編，《中國通史》6（上海人民出版社，1995 年 11 月第 1 刷，2000 年 1 月第 5 刷），頁 165-166

〔註198〕馮友蘭，《中國哲學史新編》第三冊（北京：北京人民出版社，1985 年 3 月），頁 41。

　　這一個廣泛的哲學體系，應該包含多元的面向，諸如：(一)賦予統治權力「正當性」。(二)能深入各生活領域，成爲人民行爲的指導原則。(三)具有籠罩一切的宇宙觀，應手而倒，固得無死。」今考家人言，即平民私家之言，即對王官之學而說，揚子雲云：「詩書是泯家言是守」，以詩書家言對文，猶七略藝文志以王官六藝之學與九流十家對列也。成爲人民理解世界的基礎。(四)能兼顧各階級的利益。

黃老思想建立在以道生法的基礎上，並努力統合各家思想，但黃老在基本上是欠缺積極進取的思想，因此只適合過渡時期與郡國並行制的需要，無法勝任大一統的新國家學說的任務，最後被董仲舒新創的儒學取代了，董仲舒思想的規模相當龐大複雜，既有承襲，也有創新，但他卻能將各種思想重新建構，使之成為一個統一的哲學系統，建立起一個符合上層建築的大傳統政治理論，又能以小傳統的民俗去契合宗法社會，故能發揮了強大的影響力，堪稱儒學的重大轉變與奇蹟。他在《舉賢良對策》的第三次對策時，明確的說：

> 春秋大一統者，天地之常經，古今之通誼也。今師異道，人異論，
>
> 百家殊方，指意不同，是以上亡以持一統；法制數變，下不知所守。
>
> 臣愚以為諸不在六藝之科孔子之術者，皆絕其道，勿使並進。邪辟
>
> 之說滅息，然後統紀可一而法度可明，民知所從矣。〔註199〕

董氏提出了以「六藝之科，孔子之術」作為國家上層政治、文化的核心，並意識到思想文化的重要性。並冠以《春秋》大一統者，天地之常經，古今之通義也，作為他立論的根據。

在賦予統治權力的「正當性」方面，由於漢高祖是平民出身，對這方面格外重視。董仲舒遂有「君權神授」的提出，他說：「唯天子受命於天，天下受命於天子」《春秋繁露‧為人者天》〔註200〕，表明天子的權威由「天」所賦予。所以必須「屈民而伸君，屈君而伸天」《春秋繁露‧玉杯》〔註201〕，除此之外，更主張透過「改制」取得天命，董仲舒曰：

> 王者必受命而後王。王者必改正朔，易服色，制禮樂，一統於天下，
>
> 所以明易姓，非繼人，通以己受之於天也。王者受命而王，制此月
>
> 以應變，故作科以奉天地，故謂之王正月也。〔註202〕

新王受天命則必改制，而改制的具體內容，雖牽涉到「三統」與《春秋》應作新王」的複雜問題，但董仲舒透過改制活動，賦予統治者「正當性」的目的，卻相當明顯。至於「託乎春秋正不正之間，而明改制之義」〔註203〕，更

〔註199〕《漢書》卷56〈董仲舒傳〉，頁2523。

〔註200〕蘇輿（清）撰，鍾哲點校，《春秋繁露義證》卷11〈為人者天〉第41（北京：中華書局出版，2002年8月北京第3刷），頁319。

〔註201〕《春秋繁露義證》卷11〈玉杯〉第2，頁32。

〔註202〕《春秋繁露義證》卷7〈三代改制質文〉第23，頁185。

〔註203〕《春秋繁露義證》卷6〈符瑞〉第16，頁157。

有非力之所能致而自至者，西狩獲麟，受命之符是也，然後託乎春秋正不正之間，而明改制之義，一統乎天子。

是推崇孔子以《春秋》改制而作新王，因為孔子之《春秋》足當一王之法。換言之，孔子作《春秋》也等於是為新王創法〔註204〕，漢武之根據《春秋》而改制，不也等於孔子為漢朝創新法了嗎？大漢帝國更具有充足的正當性了。若從權力的本質而論，如果一個國家只依憑武裝暴力進行統治，其政權是不可能持續安定的，因此，國家權力的正當性獲得全民的認同，就成了政權穩定的基礎，而秦漢之際，是古代中國從封建體制轉向郡縣帝國的一大變局，從社會經濟結構，政治制度到文化思想，乃是一整體而典範式的大轉變，而這一新時代的出現，也意味著對當時權力的正當性，必須重新詮釋，而董仲舒的《舉賢良對策》，正是給予漢帝的「復古更化」以正當性的確認，所以能深契武帝之本懷而受重用。〔註205〕

若就國家學說應能深入各生活領域，作為人民行為的指導原則而論，董仲舒透過「陽尊陰卑」的理論來論證「三綱」的合理性，將君臣、父子、夫妻的關係絕對化，「三綱」之說，經過《白虎通》的全面論述與發展，忠君、孝道、順夫的綱常名教觀念，深植人心，成為爾後中國社會的行動準則，與專制政治的護身符，其影響不但深入社會各層面及角落，而且歷兩千年不衰，成了中國人具體的行動指導原則。

再者，董仲舒吸收了戰國以來陰陽五行的思想，建構出一套宇宙圖式，用以解釋天人之際的問題，並用這個方式解釋《春秋》，「使《春秋》成為天人感應的神學經典」。〔註206〕把「天」解釋為至高無上的主宰，而天志、天道皆由陰陽五行的運行而見，從此，他的政治學說，就有了宇宙觀的根據，他說：

　　　　是故明陰陽、入出、實虛之處，所以觀天之志。辨五行之本末順逆、

　　　　小大廣狹，所以觀天道也。〔註207〕

並由此來解釋人事的取捨，且注入儒家的道德觀念。董仲舒就藉著對陰陽五行的安排，解釋這個世界，並透過天人感應的理論，說明人事與天意（或陰

〔註204〕錢穆，《兩漢經學今古文平議》（臺北：東大圖書有限公司，1978 年 7 月），頁 242。

〔註205〕王健文著《奉天承運——古代中國的「國家」概念及其正當性基礎》（東大圖書有限公司，1995 年 6 月）頁 7～10。

〔註206〕侯外廬等著，《中國思想通史.第二卷——兩漢思想》（北京：人民出版社，1992年 9 月），頁 90。

〔註207〕《春秋繁露義證》卷 17〈天地陰陽〉第 81，頁 467。

陽五行）的關係，李澤厚先生對它的功能有一扼要的說明，他說：

> 董仲舒的貢獻就在於：他明確地把儒家的基本理論與戰國以來風行
> 不衰的陰陽家的五行宇宙論，具體地配置安排起來，從而使儒家的
> 倫常政治綱領有了一個系統論的宇宙圖式作爲基石，使《易傳》《中
> 庸》以來儒家所嚮往的「人與天地參」的世界觀，得到了具體的落
> 實。〔註208〕

侯外盧先生對它的功能，有切要的闡述，他說：

> 這種天人感應論，在宗教上是天的神權的最高證件，而在世俗中，
> 是皇權的最高護符，這種宗教的意識形態，通過中央專制主義的法
> 律制度，替中國的封建社會服務，並使人民相信它的合理與合法。
> 董仲舒建構的陰陽、四時，五行的宇宙圖式，塗上了神怪色彩，緊
> 密地與宗教相結合，弄成了自然律與道德律的統一形式，可以囊括
> 一切事物的對應屬性及其相互關係，這本源上是以君臣、父子、夫
> 婦爲範本推類而出，然後轉爲歷史觀、政治論、人性論及倫理學的
> 根據，這就使得統治階級的刑德主義，取得了神學的證明，漢武帝
> 的「陽儒陰法」，就靠它塗上了上帝的油漆。〔註209〕

這段話，說明了董仲舒建構的陰陽、四時、五行宇宙圖式與天人感應說，既
符合專制皇權的需要，也能溥應人民的認同，且首開儒家宇宙論的先河，爲
後來理學的形上論奠下基礎。最後，董仲舒的學說也顧及了各階層的利益，
在這方面，儒家自古即主張「民爲邦本，本固邦寧」，比較能關心全民利益，
董仲舒也繼承了這個傳統，重德不重刑，並主張：

> 限民名田，以澹不足，塞并兼之路。鹽鐵皆歸於民。去奴婢，除專
> 殺之威。薄賦斂，省繇役，以寬民力。〔註210〕

表現了關懷農民與大眾的胸懷，極度地切合當時社會的需要，因此從長治久
安的觀點而論，董氏的儒學，很適合擔當國家學說的角色，蕭公權先生對此
曾有概括的說明，他說：

> 強調天命、德治、人倫的極端重要性，以及講究禮樂功效的儒家思

〔註208〕李澤厚，《中國古代思想史論》〈秦漢思想簡議〉（臺北新店：谷風出版社，1986
年12月），頁162。
〔註209〕侯外盧等著，《中國思想通史.第二卷——兩漢思想》（北京：人民出版社，1992
年9月），頁102～109。
〔註210〕《漢書》卷24上〈食貨志上〉，頁1137。

想，能爲帝制體系作種種服務。它能對新王朝的建立與舊王朝的滅
亡，提供理性解釋，並爲鞏固帝國而採取嚴厲措施與政策作藉口，
亦有助於迫使臣民守規矩，它亦能粉飾帝制結構，並使君權顯得高
貴偉大。而最重要的，儒家思想是一種能爲朝廷贏得支持並具誘導
力的思想工具。〔註211〕

蕭公權先生所說的儒學功能，相當接近成熟的國家學說的條件，董仲舒就是
站在儒學的基礎上，進行建立國家學說的工作，因此，西漢前期的政治思想，
由黃老、賈誼，發展至董仲舒的儒學，是很合理的演變。〔註212〕

三、漢武帝陽儒陰法之背景

在漢初，黃老當政，無暇於學術，而漢武帝銳意改革，在文化思想上，
推尊儒學，定爲國教，但對於現實問題的解決，顯然更倚重法家的治術，而
學術與政治便呈現出分化的景觀，因此，漢武帝之崇儒，便有許多表裡層次
上的不同內容。此即學者所常言的「內法外儒」或「陽儒陰法」的作風，武
帝之獨尊儒術，本欲推崇六藝官學，紹隆三代，爾後，儒術竟淪爲緣飾之工
具，而法家卻大行其道，直至元、成之際，儒學才發揮全面性的功能，堪稱
其始作也細，將至也鉅。武帝一朝之實際政治何以如此？這除了涉及武帝個
人的才質性情之外，也與當時的內外形勢息息相關。終使法家再度躍上歷史
舞台。

（一）漢武多欲

漢武帝固推尊儒學，然其爲人頗類秦始皇，實爲一貪婪多欲且嚴酷妄爲
者，當時最能揭發武帝與儒學格格不入的，首推汲黯，《史記·汲鄭列傳》
云：

> 天子方招文學儒者，上曰吾欲云云，黯對曰：「陛下內多欲而外施仁
> 義，奈何欲效唐虞之治乎？」上默然，怒，變色而罷朝。〔註213〕

汲黯直指漢武之爲人「內多欲而外施仁義」，最能說明武帝個人的才質性情與

〔註211〕蕭公權，〈法家思想與專制政體〉收在氏著《蕭公權全集》之九《迹園文錄》
（臺北：聯經出版公司，1983年月），頁87～88。
〔註212〕林聰舜，《西漢前期思想與法家的關係》（臺北：大安出版社，1991年4月），
頁231～238。
〔註213〕《史記》卷120〈汲鄭列傳〉，頁3106。

儒學背道而馳的關鍵，因此，武帝所最重用的儒者是曾爲獄吏，「習文法吏事，而又緣飾以儒術」《史記・平津侯主父列傳》〔註214〕的公孫弘。而非同治《春秋》，儒學精湛的董仲舒，公孫弘一向以「曲學阿世」而聞名，在當時即爲士林所輕，只因封侯拜相，卻成了士子獵取功名富貴的榜樣。武帝之用人舉措如此，足見其人對儒學未有眞實的認知，故呂思勉先生評論漢武帝說：

> 武帝非眞知儒術之人也。武帝之侈宮室，樂巡遊，事四夷，無一不與儒家之道相背。其封禪及起明堂，則惑於神仙家言耳，非行儒家之學也。〔註215〕

吾人觀漢武即位之初，冊所舉賢良之文，雖曰：「欲聞大道之要，至論之極」，實際上卻不脫「三代受命，其符安在？災異之變，何緣而起？性命之情，或夭或壽，或仁或鄙」這類的問題，故其「稽古之遙情」，實欲爲漢覓得「君權神授」的正當性，與思想統一的合理性，與儒者之興禮樂，欲復古以更化，截然不同，徒用心於制度之文飾，以滿足其紹隆三代的虛榮，實無心於文武周公之方策，終導致禮樂淪爲虛名，儒家未能眞正得志。武帝個人之心術雖未能合乎儒學的要求，然置五經博士、罷黜百家，一統學術的措施，其影響之深遠，確非始料所及。

（二）徹底解決諸侯王的問題

諸侯王的問題，實即宗法封建與中央集權的郡縣制度之間的矛盾，漢高之分封異姓爲王，實廹於形勢，終繼之以殺戮，遂塡以同姓諸侯，作爲屛藩。然封建與郡縣制的矛盾本質，非親親之道所能化解，故賈誼言之深切，他說：

> 其異姓負彊而動者，漢已幸勝之矣，又不易其所以然。同姓襲是跡而動，既有徵矣，其勢盡又復然。殃釁之變，未知所移。〔註216〕

這種政治利害與骨肉親情的糾纏，一直是漢初以來最大的困擾。然在漢廷集權中央，強幹弱枝的要求下，對諸侯王的整頓，始終持續進行，在淮南王以謀反之名被分國之後，又有七國之亂被敉平，因此武帝即位之後，繼續強力削藩，而有「推恩令」的頒佈，這是主父偃推恩分封的主張，他說：

> 今以法割削，則逆節萌起，前日朝錯是也。今諸侯子弟或十數，而

〔註214〕《史記》卷112〈平津侯主父列傳〉，頁2950。

〔註215〕呂思勉，《秦漢史》（上海：上海古籍出版社，2005年7月第1版第1刷），頁88。

〔註216〕《漢書》卷48〈賈誼傳〉，頁2234。

> 適嗣代立，餘雖骨肉，無尺地之封，則仁孝之道不宣。願陛下令諸
> 侯得推恩分子弟，以地侯之。彼人人喜得所願，上以德施，實分其
> 國，必稍自銷弱矣。〔註217〕

主父偃的意見，實賈誼「眾建諸侯而少其力」政策的延伸，而「推恩令」就
是這個方針的制度化，在諸王死後，其國必由子弟分割繼承，且將子弟們都
降格爲列侯，於是王國被析爲許多小侯國〔註218〕。在七國亂後，漢之中央集
權實已確立，而武帝採用此策以制諸侯，其目的，乃欲徹底解決諸侯王問題，
不使餘燼死灰復燃也。到了淮南王被剷除，諸侯王的隱憂才完全解除，中央
集權的體制正式確立。因此，在功臣、外戚、同姓三大勢力皆已瓦解後，武
帝的施政，即無所牽制，而能盡興的發揮。

（三）內外因素倚重法家酷吏

漢武帝最偉大的成就，即在征伐四夷，開疆拓土，故曰：「中國之疆域至
武帝而後始定」。然而北伐匈奴，導致兵連禍結，征戰無度，造成了國庫耗竭，
民不聊生的慘劇，武帝爲了籌措財源，不能不重用言利之臣，以統制經濟的
手段，搜刮財富，然政府權力的大量擴張，必與地方豪族和富商巨賈的利益
互相衝突，爲了達成預定目標與鎮懾效果，便不能不倚重法家型的酷吏，嚴
賞重罰，故史稱其即位後：

> 外事四夷之功，內盛耳目之好，微發煩數，百姓貧耗，窮民犯法，
> 酷吏擊斷，姦軌不勝。於是招進張湯、趙禹之屬，條定法令，作見
> 知故縱、監臨部主之法，緩深故之罪，急縱出之誅。其後姦猾巧法，
> 轉相比況，禁罔寖密。律令凡三百五十九章，大辟四百九條，千八
> 百八十二事，死罪決事比萬三千四百七十二事。〔註219〕

酷吏的登進仕版，文、景之時，已有郅都、寧成之屬，然真正「用法益刻」，
實起於武帝時〔註220〕，這就可以看出外事與內政，具有很深的連環性，大舉
征伐四夷，實予法家之再崛起，提供了大好機會。而興利之臣與酷吏的深受
重用，亦是一體之兩面，因爲開邊拓土的政策，導致軍費龐大，國用不足，

〔註217〕《漢書》卷64上〈嚴朱吾丘主父徐嚴終王賈傳上〉，頁2802。

〔註218〕白壽彝總主編，《中國通史》5（上海人民出版社，195年11月第1刷，2000年1月第5刷），頁318

〔註219〕《漢書》卷23〈刑法志〉，頁1101。

〔註220〕《史記》卷122〈酷吏列傳〉，頁3131～3154。
「儒、道在寬省刑罰方面，有共同的斬向。」

於是以摧殘強宗豪族與富商巨賈，掠奪其經濟資源，作爲壟斷經濟的手段，這是儒家所反對的，尤其用法嚴酷，法令繁如秋荼，更爲儒者所不屑，以此觀之，武帝之陽儒陰法，乃是現實政治的產物。〔註221〕，因爲帝王是實際掌理全國大政者，必須針對既存問題，以及即將發生的問題，作通盤的考量，運用智慧，策定因應大計，故漢武之重用法家酷吏，實相應於當時政治環境，不得不之舉措。

西漢建立之初，揚棄秦之法家，崇尚黃老，武帝即位之後，罷黜百家，獨尊儒術，而治國理政，卻陽儒陰法，政治思想看似曲折蜿蜒，卻與唯物史觀所揭櫫的「社會存在決定社會意識，經濟基礎決定上層建築」這一根本原則，相互適應。當民生凋敝，郡縣制與封建制並行之際，是黃老治術最輝煌的時代，但到了武帝初年，社會殷富，中央集權再度確立，於是秦建立起來的以皇帝爲中心的君主專制制度，重新復活，究其原因，乃因這一制度是維護古代生產條件落後、地域遼闊、信息交通閉塞、效率低下而又分散的小農經濟大國的最佳方式。猶如一盤散沙般的小農經濟，必須有一個最高權威和力量中心，才能把他們收攏在一起，高度集權的君主專制制度完成了這一職能。它以其絕對威權和嚴密有效的行政官僚體系，履行了這一歸附和組織的任務。使生產效率低下而又分散的小農經濟匯聚能量，組織成爲一個強大的帝國。進行大型的水利工程建設和文化思想的建設，完成抵禦外侮和開疆拓土的任務。使遼闊而又生產落後的古代中國的民族共同體得到鞏固和擴大，這就是它在歷史上的決定性的作用。〔註222〕

因此，中國古代的聖賢，追溯到政治的根本問題，便不能不重視「權原」的人君，因爲國君才是眞正的政治主體，於是中國古代諸子所談的「治道」，歸結到底便是「君道」。〔註223〕而漢武帝的「陽儒陰法」，便成了新的帝王治術。

〔註221〕洪進業，〈西漢初年的黃老及其盛衰的考察〉（國立台灣大學歷史研究所碩士論文，1991年6月），頁115～120。

〔註222〕呂喜林，〈試論中國歷代君主專制制度的歷史作用〉，《陰山學刊》社會科學版（1998年，第2期），頁27。
皇帝制度正如太陽因佔太陽系總質量的百分之九十九點八六，才能吸引其他行星繞其運轉，而成爲太陽系一樣。中央集權的君主專制體制類似於此。

〔註223〕徐復觀著，蕭欣義編，《儒家政治思想與民主自由人權》〈中國的治道〉（臺北：臺灣學生書局，1988年9月），頁224。

第三章　漢代君道思想之轉變與君權之開展

第一節　黃老對原始道家君道思想的繼承

　　中國的王權，發軔於黃帝建國，歷經堯舜的禪讓，至夏之建立，王權漸固，到了殷商的盤庚時期，王權益張，逐漸取得壓倒性與絕對性的優勢，所以商代後期，死去的「王」，在甲骨文或文獻中又稱為「帝」或「王帝」，王與上帝相對應時，又稱「下帝」，或是在廟號前加上「帝」字。這時候，甲骨文中通常以「帝」來形容「人王」，上帝與人王同為「帝」，「帝」具有人神結合的性質，因此在政治上，常自稱「余一人」，這在《尚書·盤庚》〔註1〕中有記載，而甲骨文的卜辭，金文以及周代史籍中，也屢見不鮮，所以《春秋繁露》說：

　　　　受命之君，天意之所予也，故號為天子。〔註2〕

〔註1〕　《尚書注疏》卷11〈盤庚下〉，頁156。
　　　　殷周時代，統治者把天看成主宰一切的神，謂之「帝」或「上帝」，上帝的意志可決定人間的禍福吉凶，如甲骨文卜辭常有「帝其令雨」「帝其令風」「帝其降謹（饉）」等資料，殷王經常把王權與神權聯繫起來，借以欺騙人民，殷周雖同樣相信「天神」與「祖先」，然殷人的祖先崇拜，較重自然血緣，而周人則著重在政治和道德意義，所以提出了「以德配天」的命題，對殷人的「天命觀」進行改造，而有「天命靡常」「敬天保民」的新思維，真正建立了政治哲學的理論。參考：趙吉惠著，《中國先秦思想史》（西安：陝西人民教育出版社，1988年8月），頁21～22。
〔註2〕　《春秋繁露義證》卷10〈深察名號〉第35，頁286。

此時尚無「天子」一詞,「天子」是周代才出現的,《禮記·曲禮下》曰:

> 君天下曰天子。朝諸侯、分職、授政、任功,曰余一人。〔註3〕

余一人的政治內容,表示天下之大,四海之內,「余一人」為最高。上帝是至高無上的,只有王才能承上帝之命,是上帝的化身,也只有王才能繼承祖先,「余一人」處於承天繼祖和救民的地位,所以《尚書·盤庚中》曰:

> 予迓續乃命于天,予豈汝威,用奉畜汝眾。〔註4〕

這句話的意思是說:萬民的生命,都是由王從天帝那裡請求而來的,並且由王畜養,因此萬民的一切,都必須聽從王命,所以《尚書·盤庚上》就說:

> 勉出乃力,聽予一人之作猷。〔註5〕

這句話的大意是說,你們要付出全部的力量,是作是止,都聽我一人的,王權思想的抬頭,在此表現得最淋漓盡致。然而王權思想的內容,卻隨著時代的變遷而逐漸複雜化和深化,使中國的政治思想在這廣土眾民的大環境中,孕育出一套與其他國家不盡相同的體系與內涵。這就是中國特有的皇權理論。〔註6〕

繼殷而興的是周朝,王國維先生認為殷周之際,也是中國歷史變動最劇烈的時期,這時候是氏族政治從母系民主,完整轉型到父系君主的開端,也是國家從部落聯盟,轉向城邦聯盟的伊始。唯周室自武王克殷之後,除廣封先王之後,承認舊有的部落或國家之外,「故封建親戚,以蕃屏周」《左傳·僖公二十四年》〔註7〕其新封之國,蓋數十,而同姓子弟什居其七八,即一面承認舊有的部落,而又以新封國參錯其間,使舊部落成為新建國之「附庸」,間接以隸屬於周天子,故周人之封建,實係以周族為主幹的武裝殖民,其封建宗親,以藩屏周之初意。一在政治之守土,即化大為小,分散治理,使各地封國,成為王朝的地方政權。二在軍事屏藩,以扼制夷狄。而這個政治共同體,是以周族的王族為核心的,居於「中國」,向所有城邦發號施令,周王是上天的元子,稱為「天子」。在政治上是內服百官的最高首領,又是外服諸侯的共主。在經濟上,他的名義擁有全國的土地,所以說:「普天之下,莫非

〔註3〕 《禮記注疏》卷4〈曲禮下〉,頁78。

〔註4〕 《尚書注疏》卷10〈盤庚中〉,頁131。

〔註5〕 《尚書注疏》卷9〈盤庚上〉,頁130。

〔註6〕 王奇偉,〈論商代的神權政治——兼論商代的國家政體〉,《殷都學刊》(1998年第3期),頁7~8。

〔註7〕 《春秋左傳注疏》卷15〈僖公二十四年〉,頁255。

王土，率土之濱，莫非王臣」，而周武王是第一位天子，他擁有主祭權、分封諸侯、任官權、授爵權、軍事統帥權、國事最後決定權、巡狩以及接受諸侯朝覲等權。這時候，整個中國進入了封建社會，王權得到了加強，與商朝小邦林立，臣服部落叛服無常相比，這無疑是一種巨大的進步。周公所規劃建構的封建體係，使「天子」制度一開始即展現積極的功效。成、康兩代，遂蔚爲周代最繁榮和進步的時代，史稱「成康之治」。〔註 8〕

封建體系本由部落時代之元后群蛻變而來，惟彼之群后，固有文化，本極鷇薄，猶半就枯瘠之老樹。而周初新建侯國，則由一有力之文化統一分沁出來，別成一獨立之新根幹。故自周初實行封建之後，經數百年的蓄積滋長，中國文化歷經融合壯大，乃變爲多元的平均發展。至春秋戰國間，遂有千巖競秀，萬壑爭流的壯觀，此皆食封建之賜也。〔註 9〕

春秋戰國之際，百家爭鳴，各種學說蓬勃興起，當然有它的經濟和物質基礎，這是客觀現實的具體反映，當百家爭鳴之時，都離不了爲當時的政治服務與效命。因此政治思想亦於此時突然發展，且大放異彩，蓋自孔子以師儒立教，諸子之學繼之以興。持故成理之學說，乃風起雲湧，蔚爲大觀，若就歷史環境之大勢與文化進步之通則而論，政治思想之勃興於晚周，主要原因有二，簡言之，即經濟社會之迅速變遷，與偉大思想家之適生其會而已。〔註10〕然經濟社會環境，僅爲思想萌芽之條件，苟無天資卓越之思想家，亦無法造成此學術上之「黃金時代」，而諸子雖各有一套議論和主張，彼此有同有異，但他們的理想和目的，不外是以自己的議論與主張，遊說諸侯，讓自己的理想，實行於當時，來鞏固統治者的權位並維護社會秩序，因此司馬遷論述諸子百家的興起，喜用「干」字，他們在當時都曾干求時君世主，以求大用，

〔註 8〕　左言東，《中國政治制度史》（杭州：浙江古籍出版社，1989 年），頁 52～57。
　　　　　在西周中央王朝中，血緣貴族居於支配地位，他們不僅牢固地掌握軍事、行政、司法等權力，而且控制祭祀、占卜等神權，而掌管曆法、記事、策命、保管檔案、教育等方面的職務，也開始從神權中分化出來。而神權思想的動搖與削弱，使重民思想抬頭。
〔註 9〕　梁啓超，《先秦政治思想史》（臺北：臺灣中華書局，1962 年 6 月，臺 3 版），頁 42。
　　　　　殷周之際，所謂華夏民族者，其勢力不出雍歧河洛一帶，周家高掌遠蹠，投其親賢於半開之蠻族叢中，使之從事於開拓吸化之大業，經數百年艱難締造，及其末葉，而太行以南，大江以北，盡爲諸夏矣，此種同化作用，在國史中爲一最艱鉅之業，直至今日猶未完成，而第一期奏效最顯者，則周之封建也。
〔註10〕　蕭公權，《中國政治思想史》上（臺北：聯經出版社，1980 年 5 月），頁 2。

即包括孔子在內，也不能例外，《論語‧子路》說：「苟有用我者，期月而已可也，三年有成。」〔註 11〕又說：「如有用我者，吾其爲東周乎」《論語‧陽貨》〔註 12〕這是何等急切求用於世的心情？可惜孔子栖栖皇皇，周遊列國，其道終不行。〔註 13〕而《史記‧孟子荀卿列傳》也說：

> 自騶衍與齊之稷下先生，如淳于髡、慎到、環淵、接子、田駢、騶奭之徒，各著書言治亂之事，以干世主。〔註 14〕

他們干求時君世主的目的，無非是希望國君採納其政治主張，讓自己可以「得君行道」，從而維護和鞏固帝王們的權位，並進而富國強兵。蓋當時封建專制政體之下，國君才是眞正的政治的主體，也是政治權力的根源，因此諸子之講求治道，無不形成以「君主」爲中心的思考方式，一方面他們效忠的對象是君主，另一方面他們認爲侯王是國家治亂興亡的關鍵。《國語‧魯語上》曾記載魯太史里革的話說：

> 夫君也者，民之川澤也。行而從之，美惡皆君之由，民何能爲焉？
> 〔註 15〕

君主的言行，往往是群臣與萬民效法的榜樣，而其施政則直接關係國家興廢，因此諸子無不講求「君道」。

所謂「君道」，就是闡明做君主的道理，這門學問由來甚古，蓋人類社會有了政治組織以後，帝王貴族們想要以一人的聰明才力統治廣土眾民，使百姓悅服，確實不是一件簡單的事，於是一些臣僚或智識份子，爲了干求時君世主，便提出許多統治天下的原則和辦法。例如刑罰和禮制，這是有形的具體措施，若論統治天下的原則，最重要的，一是「主運」，一是「主道」。「主運」便是「五德終始說」，而「主道」就「君主之道」，即「君人南面之術」，所以古書多稱之爲「君道」，而《呂氏春秋》稱之爲「君守」〔註 16〕，《淮南子》則稱之爲「主術」〔註 17〕。足見諸子之議論主張，容有不同，但有關最

〔註 11〕《論語注疏》卷 13〈子路〉，頁 117。
〔註 12〕《論語注疏》卷 17〈陽貨〉，頁 154～155。
〔註 13〕張舜徽，《周秦道論發微》（臺北：木鐸出版社，1983 年 9 月），頁 3～5。
〔註 14〕《史記》卷 74〈孟子荀卿列傳〉，頁 2346。
〔註 15〕左丘明（周）作，韋昭等注，上海師範大學古籍整理研究所校點，《國語》卷 4〈魯語上〉（上海：上海古籍出版社出版，1995 年 5 月第 3 刷），頁 182。
〔註 16〕呂不韋（周）著，高誘（漢）註，《呂氏春秋》審分覽卷 17〈君守〉（臺北：藝文印書館，1974 年元月第 3 版），頁 452。
〔註 17〕劉文典撰，馮逸、喬華點校，《淮南鴻烈集解》卷 9〈主術訓〉（北京：中華書

重要的「君人南面術」，則不能置而不言，因此道家學說，固然以闡明「南面術」為主，而其他諸子，也都有專篇立論。即如孔子在《論語・衛靈公》也曾稱：

> 無為而治者，其舜也與，夫何為哉？恭己正南面而已矣！〔註18〕

墨子也說：

> 故善為君者，勞於論人，而佚於治官。〔註19〕

這些都是闡發「君人南面之術」的精要之言，可見「君道」理論是諸子百家所共同關注和闡發的主題。〔註20〕

一、老子對「道」的創發

　　老子對「道」的提出，乃是老子最偉大的創造與發明，很多學者都承認，老子的「道」是由「天道」觀念轉變而來的，這大致是不錯的，在老子哲學中，「道」和「天道」的聯繫是顯而易見的。首先在一些具體的論述中，老子把「道」和「天道」看成是一致的。例如《老子・七十七章》說：

> 天之道，其猶張弓！高者抑之，下者舉之，有餘者損之，不足者與
> 之。天之道損有餘而補不足；人道則不然，損不足，奉有餘。熟能
> 有餘以奉天下？其唯有道者。〔註21〕

其次傳統天道的觀念，是指日月星辰等天體運行的軌道和法則，或強調其過程、規律方面的意義，如「反者道之動」，「周行而不殆…字之曰大，大曰逝，逝曰遠，遠曰反」等，而道之所以不可道，正因為它處在不斷的運動變化中，因此老子將「道」與「天道」視為相同的範疇。但為了取代傳統的天道觀念，老子不得不提出「道」做為新的權威觀念，這主要是當時的天道充滿了占星術的迷信，認為天道與人事互相影響，而時人已經不再相信，如《左傳・昭公十八年》記載：

> 夏五月火始昏見。丙子，風……戊寅，風甚，壬午大甚。宋、衛、
> 陳、鄭皆火……禆竈曰：「不用吾言，鄭又將火，鄭人請用之」，子

　　　　局，1989 年 5 月，北京第 1 刷），頁 269。
〔註18〕《論語注疏》卷 15〈衛靈公第十五〉，頁 137。
〔註19〕孫詒讓（清）撰，《墨子閒詁》卷 1〈所染〉第 3（臺北：河洛圖書出版社，1975 年），頁 17～18。
〔註20〕張舜徽，《周秦道論發微》（臺北：木鐸出版社，1983 年 9 月），頁 73。
〔註21〕《老子校釋》〈老子德經七十七章〉，頁 191～192。

> 產不可……曰：「天道遠，人道邇，非所及也，何以知之，竈焉知天
> 道？是亦多言矣，豈不或信？」遂不與，亦不復火。〔註22〕

子產提出「天道遠，人道邇，非所及也」的主張，在相當程度上否定了占星
術的理論基礎，而作為掌天道史官的老子〔註23〕不得不突破占星術的傳統框
架，對舊「天道」進行改造，其具體表現就是在天道觀念的基礎上，提出了
「道」的觀念，剔除傳統天道中的神意內容，發展出天道自然的思想。並確
立「道」作為人事準則的地位，並且將「道」提升至絕對的地位，以道來否
定天的至高無上的地位。而以「道」高於「天」，因此老子宣稱道「先天地生」，
是「天地」之樞，同時，由於春秋以前的人們多把上帝和天等同，所以老子
也特別指出道「象帝之先」，「道」才是天地萬物之母，確立了「道」的權威
地位，而成了一個兼具本原與法則雙重意義的概念，也使「道」成了人事的
準則。〔註24〕

老子以「道」為天地萬物的本原，其目的是為了否定神學意義下的天及
天道概念，所以特別強調「道」的自然無為的特徵，道本身沒有意志，沒有
感情，沒有目的，其運行與表現都完全是自然而然的，所以老子說：「道法自
然」，這是作為史官的老子長期觀察天道，體證陰陽消息，所獨自創發的宇宙
論，具有形而上的意義，這在人類歷史上也是一項巔峰成就，他對「道」的
描述說：

> 視而不見，名曰夷；聽之不聞，名曰希；搏之不得，名曰微。此三
> 者不可致詰，故混而為一，其上不皦，在下不昧。繩繩分不可名，
> 復歸於无物。是謂无狀之狀，无物之象，是謂忽恍。迎不見其首，
> 隨不見其後。〔註25〕
>
> 孔得之容，唯道是從。道之為物，唯恍唯忽。忽恍中有象，恍忽中
> 有物。幻冥中有精，其精是真，其中有信。自古及今，其名不去。

〔註22〕《春秋左傳注疏》卷48〈昭公十八年〉，頁840～841。
〔註23〕《史記》卷27〈天官書〉，頁1343。
　　　　記載：「昔之傳天數者：高辛之前，重、黎；於唐、虞，羲、和；有夏，昆吾；
　　　　殷商，巫咸；周室，史佚、萇弘；於宋，子韋；鄭則裨竈；在齊，甘公；楚，
　　　　唐眛；趙，尹皋；魏，石申。」史記稱老子為周之守藏室史，而古代世官世
　　　　祿，故老子乃史官之後裔，掌天道，故能深觀宇宙消息。
〔註24〕王博，《老子思想的史官特色》（臺北：文津出版社，1993年11月），頁51～
　　　　54。
〔註25〕《老子校釋》〈老子道經十四章〉，頁33～35。

〔註26〕

有物混成，先天地生。寂漠！獨立不改，周行不殆。可以爲天下母。
吾不知其名，字之曰道；吾強爲之名曰□，□□逝，逝曰遠，遠曰
返。〔註27〕

老子認爲「道」既是天地萬物的本原，而又玄妙難識，因爲道超越感官經驗
及名言概念所能解釋的範圍之外，它視之不見，聽之不聞，搏之不得，既是
「無」，又「有象」、「有物」、「有精」、「有信」，具有絕對的充實性與眞實性，
是創造宇宙萬有的母力，它具有無窮的潛在力和創造力。萬物蓬勃的生長，
都是「道」的潛在力之不斷創發的一種表現，從萬物生生不息，欣欣向榮的
成長中，可以看出「道」有一種無窮的活力，它是無形的，又是無限的，它
雖永久長存，但不是固定不變，它是一個變體，一個動體，本身不斷地在變
動著，整個宇宙萬有都隨著「道」而永遠在「變」在「動」，任何事物在變動
中都會消失熄滅，而「道」則永遠不會消失熄滅，它永遠「周行而不殆」、「獨
立而不改」，由於道的變動，遂產生了天地萬物，所以《老子》說：「道生一，
一生二，二生三，三生万物」〔註28〕，道一層層地向下落實，而創生萬物，
創生萬物以後，還要長之、育之、亭之、毒之、養之、覆之，使萬物得到培
育覆養，「道」不僅創生萬物，還要內附於萬物，以蓄養它們，培養它們，所
以「道」乃萬物之母。〔註29〕

「道」是天地之母，萬物之源，它以無聲之聲，無臭之臭，無爲之爲，
生生萬有，亭毒萬物，卻不露任何形跡，老子洞察自然之道，以之應用於社
會人生，認爲政治上的作爲，應效法天地無爲之爲，所謂「無爲」，不是毫無

〔註26〕《老子校釋》〈老子道經二十一章〉，頁 56～57。
〔註27〕《老子校釋》〈老子道經二十五章〉，頁 64～65。
　　　老子以爲宇宙之成爲宇宙，即在人類經驗外，有一種自然力，宇宙之原始，
　　　出於此力，宇宙之現象，亦出於此力，此力育生天地萬物，而子母未嘗相離，
　　　此力包含天地萬物，而表裡本爲一體，未有天地之先，即有此力存。既有天
　　　地之後，長有此力在。天地萬物之體即力之體，天地萬物之際，亦此力之體。
　　　天地萬物之性，即此力所予。天地萬物之變，即此力所動。無物無此力。無
　　　處無此力，其體一而不可分析。其理玄而不可實驗。大包天地之外，細入毫
　　　芒之內。總之，此力乃宇宙之母體，老子名之曰：「道」，而余釋之爲宇宙之
　　　母也。參考：高亨所著，《老子正詁》（臺北：臺灣開明書局，1971 年 9 月），
　　　頁 2。
〔註28〕《老子校釋》〈老子德經四十二章〉，頁 112。
〔註29〕陳鼓應，《老莊新論》（臺北：五南圖書出版公司，1991 年 3 月），頁 5～7。

作為，而是效法自然之秩序與天然的順序，而不妄為，蓋「無為」乃是天道的寂然，也是天道的本然，天地無聲無臭，正顯示著大化運轉不落形跡，卻能涵煦萬物，無所不庇，故國君為政之道，亦應本乎自然，效法自然之「無為」。〔註30〕所以《老子・六十章》云：

> 治大國若亨小鮮。以道蒞天下，其鬼不神。非其鬼不神，其神不傷
> 人。非其神不傷人，聖人亦不傷人。夫兩不相傷，故得交歸。〔註31〕

有道之君臨蒞天下，清靜無為，自己無智，便能用眾人之智，自己無為，便能任運萬物之自為，使物各得其所，鬼神各有其序，人民便能安寧生活，勉力修德了。

二、老子的自然君道觀

張舜徽先生在其所著《周秦道論發微》一書中，稱先秦諸子之所謂「道」者，皆所以闡明「主術」，即《荀子・解蔽》所引道經「人心道心」〔註32〕二語，與《尚書・大禹謨》所載：「人心惟危，道心惟微，惟精惟一，允執厥中」〔註33〕十六字訣，亦悉為君人南面之術而發〔註34〕，實為臨民馭下之方，蓋古者國君臨政，主於任人而不任智，無為而無不為，故若有所不見，有所不聞，因此《莊子・天地》曰：

> 玄古之君天下，无為也，天德而已矣！〔註35〕

而《淮南子・原道訓》曰：

> 無為為之而合於道，無為言之而通乎德。〔註36〕

〔註30〕 魏元珪著，國立編譯館主編，《老子思想體係探索》下（臺北：新文豐出版公司，1997 年 8 月），頁 589～590。

〔註31〕 《老子校釋》〈老子德經六十章〉，頁 157～158。

〔註32〕 荀卿（周）撰，王先謙（清）集解，沈嘯寰、王星賢點校，《荀子集解》卷 15〈解蔽〉第 21（北京：中華書局。1996 年 2 月，第 3 刷），頁 394。

〔註33〕 《尚書注疏》卷 4〈大禹謨〉，頁 55。

〔註34〕 張舜徽，《周秦道論發微》（臺北：木鐸出版社，1983 年 9 月），頁 25。
所謂「人心」，便是說「用心於人」，指表現在外面的一切法度儀文而言，所謂「道心」，便是說「用心於道」，指蘊藏在腦內的一切權術機宜而言。帝王們的「用心於人」惟有使一切法度儀文高不可攀，人皆望而生畏，便不敢犯上作亂，所以說「人心惟危」，「用心於道」惟有使一切權術機宜隱不可見，人皆莫測高深，便無從投機欺主，所以說「道心惟微」。

〔註35〕 郭慶藩（清）撰，王孝魚點校，《莊子集釋》卷 5 上〈天地〉第 12（臺北：天工書局印行，1989 年 9 月出版），頁 403。

此處所謂道乃無爲之謂也，德乃不言之謂也，無爲與不言，皆君人南面之術。道既可通於德，德復可通於道。「道德」之旨，歸於無爲。其術以虛無爲本，以因循爲用，此即《漢書・藝文志》所謂「君人南面之術也」〔註37〕。自漢以上之學者，悉知「道德」二字爲「主術」，爲「君道」。是以凡習帝王之術者皆謂之修道德，或謂之習道論〔註38〕，而道論著之於竹帛者，謂之「道經」，《史記》稱老子著書上下篇，言道德之意五千言而去，所謂言道德之意者，猶云：「述人君南面之術耳」，後人遂名其書曰《道德經》，實即此意。〔註39〕《漢書・藝文志》也說：

> 道家者流，蓋出於史官，歷記成敗存亡禍福古今之道，然後知秉要執本，清虛以自守，卑弱以自持，此君人南面之術也。〔註40〕

這裡所提出的「此君人南面之術」，一語道破了道家學說的全體大用，給予後世研究道家學說的人以莫大的啓發和指示，可以稱得上是一句探本窮源的話。這句乃是劉向、劉歆父子在西漢學者所共知的理論基礎上提出來的。〈諸子略〉保存了這句寶貴的名言，應被後人視爲研究道家學說的指針。「君人南面之術」既是道家學說的全體大用，那麼君王的體制與君道的要求，就成了最高的政治建構原則。因此域中四大，君王必然要居其一，即使像莊子這般的遊乎方外，甚至玄冥內外者，當論及政治問題時，仍認爲君臣大義「無所逃於天地之間」〔註41〕，而有「應帝王」之說，對於政治的運作，則要求落實這種君王體制，並使之合理化，因此就提出了「內聖外王」的框架。在理論上和理想上要求國家由「聖王」型態的君王統治。〔註42〕

老子所以提出君道自然的主張，這和他身處亂世，對篡殺頻仍，亡國接

〔註36〕《淮南鴻烈集解》卷1〈原道訓〉，頁2。
〔註37〕《漢書》卷30〈藝文志〉，頁1732。
〔註38〕《禮記注疏》卷36〈學記〉第18，頁654。
　　　　學記曰：「能爲師，然後能爲長，能爲長，然後能爲君。故師也者，所以學爲君也」，蓋三代之學無他，學爲君師而已，可見古代君師同原，政教合一。
〔註39〕張舜徽，《周秦道論發微》（臺北：木鐸出版社，1983年9月），頁31～33。
〔註40〕《漢書》卷30〈藝文志〉，頁1732。
〔註41〕郭慶藩（清）撰，王孝魚點校，《莊子集釋》卷2中〈人間世〉第4（臺北：天工書局印行，1989年9月出版），頁155。
　　　　《莊子・人間世》：「臣之事君，義也，無適而非君也，無所逃於天地之間，是之謂大戒。」
〔註42〕楊儒賓，《先秦道家「道」的觀念的發展》（臺北：國立台灣大學出版委員會，1987年6月），頁103。

踵，道德淪喪，感受特別強烈有關，《史記・太史公自序》說：

> 春秋之中，弒君三十六，亡國五十二，諸侯奔走不得保其社稷者不
> 可勝數。〔註43〕

降及戰國情勢更為混亂，原本殘餘的一點周文形式，隨著政治、經濟、社會的巨大變動，也跟著蕩然無存，因此劉向書錄亦謂：

> 仲尼既沒之後，田氏取齊，六卿分晉，道德大廢，上下失序。至秦
> 孝公，捐禮讓而貴戰爭，棄仁義而用詐譎，苟以取強而已矣。夫篡
> 盜之人，列為王侯；詐譎之國，興立為強。是以傳相放效，後生師
> 之，遂相吞滅，并大兼小，暴師經歲，流血滿野，父子不相親，兄
> 弟不相安，夫婦離散，莫保其命，湣然道德絕矣。〔註44〕

春秋戰國時局的動盪不安，是刺激諸子百家興起的不可忽視的原因之一，也是諸子百家接受挑戰後，所急欲對治的一個主要問題，道家對於政治問題，始終秉持著自古以來重視「君人南面之術」的原則，不僅提出了「聖王」的觀念，更進一步主張「人君與道合一」，使聖王具有絕對的感化力量，可以凝聚所有「化而欲作」的因素，使整體趨向和諧，而且重新回到原始的渾沌。〔註45〕

　　《老子》一書本向侯王說法，故道家政治思想的樞紐，完全繫在國君一人的身上，國君有道，則國家跟著有道，國君無道，國家也跟著無道，政治秩序完全依托在國君的人格修養當中，這是中國古代「君國一體」的實質呈現，因為一個國君在尊祖敬宗和收族之餘，還要進一步平章百姓，他不只是一姓之宗子，更是邦國百姓的領袖和楷模。〔註46〕因此在政治領域當中，真正能替天行

〔註43〕《史記》卷130〈太史公自序〉，頁3297。

〔註44〕劉向（漢）集錄，《戰國策》〈劉向書錄〉（上海：上海古籍出版社出版，1995
　　　　年9月第4刷），頁1196。

〔註45〕梁啟超，《先秦政治思想史》（臺北：臺灣中華書局，1962年6月，臺3版），
　　　　頁100。
　　　　《老子》之論政治謂「民莫之令而自正」此與儒家所言「子率以正，孰敢不
　　　　正」正相同，都強調聖王的心理感化作用，因此胡適先生及蕭公權先生都認
　　　　為老子傾向虛君政治、但先決條件是聖王在位。

〔註46〕王健文著《奉天承運——古代中國的「國家」概念及其正當性基礎》（東大圖
　　　　書有限公司，1995年6月），頁108～116。「君國一體」之義來自《公羊傳》
　　　　莊公四年論九世復讎之義，其文曰：「國君何以為體？國君以國為體，諸侯世，
　　　　故國君為一體也」。君與國之所以一體，有兩層含義，一是建立在統治家族的
　　　　縱的連繫上，也就是先君以其「德」受命，這個「德」便成了該統治家族在
　　　　政治上居於支配地位的重要正當基礎，這是傳統中國必須嚴格遵守祖先家法

道的只有「聖王」，因為在政治建構中，只有他與「道」合，只有他掌握了「道」。其他學派的政治理論，也未嘗無「與道結合」的思想，但這些學派所說的「道」，已具有相當濃厚的人文色彩，因為他們非常重視「道」在政治社會上的實踐，因此它已從形而上的統一中分裂出來，且充滿世俗的色彩，政治社會之道與形而上之道，畢竟有相當顯著的差異。〔註47〕但道家的思想，卻想將已分裂出的政治社會結構，再還原到原始的渾沌中去，而掌握政治樞紐的聖王，也同時掌握了政治社會之道，此又與形而上的道體不可區分。因此只有國君才是體道者，只有國君才是「道體」在政治秩序中的代理人。道即君，君即道，所以透過國君的無為而治，臣民必然自正、自化、自樸〔註48〕，這就是「聖王與道合一」的彰顯與成就，這種「君王與道合一」的觀點，乃來自中國文化早期「天子與天命合一」思想的轉化，同時也是古代「君國一體」的反映。〔註49〕

（一）成就聖君的修養

做為君主要如何才能體道而成就「聖君與道合一」的崇高修養呢？首先要做的就是減損欲望的工夫，使心靈永保虛靜空靈的境界，才能與形上實體的「道」相契，所以說：

> 為學日益，為道日損，損之又損之，以至於無為。無為無不為。〔註50〕

其次是要做「滌除玄覽」的功夫：

> 致虛極，守靜篤。萬物並作，吾以觀其復。夫物云云，各歸其根。
> 〔註51〕

修養日久，道與心融，人的心境與人格都可透顯道的作用，表現出非常的氣

的理由，然而在傳統的正統論中，也講究王朝與王朝之間傳承的正當性，每個統治者都喜歡宣稱自己接續了堯舜禹三王之治的正統，於是三代聖王便成了君王的永恆典範，這是「君國一體」的另外一層意義。

〔註47〕余英時，《中國知識階層史論‧古代篇》（臺北：聯經出版社，2001 年 11 月初版第 6 刷），頁 54～57。
　　　　余英時站在比較宗教學的角度，認為先秦諸「道」的觀念的一個主要特色，就是「人間性」特別強。

〔註48〕蔡為煇，《老子的智慧》〈五十七章〉（臺北：國家出版社，1992 年 9 月初版），頁 243。
　　　　我無為而民自化，我好靜而民自正，我無事而民自富，我無欲而人民自樸。

〔註49〕楊儒賓，《先秦道家「道」的觀念的發展》（臺北：國立台灣大學出版委員會，1987 年 6 月），頁 104～109。

〔註50〕《老子校釋》〈老子德經四十八章〉，頁 123～124。

〔註51〕《老子校釋》〈老子道經十六章〉，頁 41。

象，所以說：

> 歸根曰靜，靜曰復命，復命曰常，知常曰明。不知常，妄作，凶。
> 知常容，容能公，公能王，王能天，天能道，道能久，沒身不殆。

〔註52〕

國君在體道之後，回歸虛靜的道體，也能動靜一如，透過道而參與了道的作用，結果道家的「聖王」與先秦諸子的君王相比，地位特別高漲，「聖王」不但具有政治的意義，而且也具有宇宙論的意涵，更重要的是：他的地位沒有人可以相比埒，因為在政治的範疇裡，只有「聖王」才是「道」的體現，具有感化天下的力量，傳統原已式微的「天子」觀念，經過了「體道」的辯證轉折，又在新的思想基礎上重新苗壯，而且產生了可以依循宇宙自然法則的神異力量，所以老子說：

> 道常无名。朴雖小，天下不敢臣。王侯若能守，萬物將自賓。天地
> 相合，以降甘露，人莫之令而自均。〔註53〕

又說：

> 不出戶，知天下。不窺牖，見天道。其出彌遠，其知彌近。是以聖
> 人不行而知，不見而名，不為而成。〔註54〕

老子最重要的概念就是「道」，最終極的關懷就是「與道合一」，「與道合一」是最高的成就，甚至是唯一的價值，道家既將所有的政治責任繫在這「與道合一」的聖王身上，那麼聖王就該推天理而明人事，將「道法自然」，「道無為而無不為」的道論，落實在政治層面，因此「君道無為」就成了老子政治學說最大的特徵。換言之，老子的君道無為說，是其形上學道論的自然延伸和演譯。〔註55〕

（二）行「無為之治」

老子君道思想的核心內容是「使知者，不敢為，則无不治。」《老子・三章》〔註56〕，在老子看來，為實現天下大治，為君之道，要為「無為」，所謂「無為」，就是順其自然，不干擾，不造作，不妄為。因此嚴復先生認為：「好的統治者，

〔註52〕《老子校釋》〈老子道經十六章〉，頁42～43。
〔註53〕《老子校釋》〈老子道經三十二章〉，頁83～84。
〔註54〕《老子校釋》〈老子德經四十七章〉，頁121～123。
〔註55〕楊儒賓，《先秦道家「道」的觀念的發展》（臺北：國立台灣大學出版委員會，1987年6月），頁104～108。
〔註56〕《老子校釋》〈老子道經三章〉，頁10。

應使人民自爲，讓人民的體力、智力和道德力充分發展。那麼，富強將實現。」
〔註57〕這就是「君道無爲」之後，方足以讓人民自爲，由於眾人皆自然而又自
發，順理成章的，就收到了「無爲而無不爲」的效果，所以說：

> 是以聖人處無爲之事，行不言之教。萬物作而不辭，生而不有，爲
> 而不恃，成功不居。夫唯不居，是以不去。〔註58〕

老子之所以崇尚「君道無爲」，這是與他的「道論」密切相關的。老子認爲「道」
是宇宙萬有的本根，「人法地，地法天，天法道，道法自然」《老子・二十五
章》〔註59〕。這裡，不僅說「道」要效法自然，其實天、地、人也要效法自
然，作爲萬民之主的君王「法自然」，就是要效法「道」，即像「道」那樣「無
爲」，「以輔萬物之自然而不敢爲。」《老子・六十四章》〔註60〕在老子看來，
君王唯有「無爲」，才能「無不爲」，表面上儘量不統治不管理，而實際上卻
無所不治，無所不理，如果不是「無爲」，而是「有以爲」，君王就不是處「無」，
而是佔「有」，這就可能被侷限而不能總攬全局，正因爲如此，所以老子反覆
強調「君道無爲」〔註61〕，他說：

> 我無爲，人自化；我好靜，人自正；我無事，人自富；我無欲，人
> 自樸。〔註62〕

又說：

> 天下神器，不可爲。爲者敗之，執者失之。〔註63〕

因此他主張：

〔註57〕王雲五主編，陳鼓應註譯，《老子今註今譯及評介》（臺北：臺灣商務印書館，
2002 年 10 月），頁 56～61。
所以福永光司說：「老子的無爲，乃是不恣意行事，不孜孜營私，以捨棄一己
的一切心思計慮，一依天地自然的理法而行的意思。在天地自然的世界裡，
萬物以各種形體而出生，而成長變化爲各樣的形態，各自有其一份充實的生
命之開展：河邊的柳樹抽發綠色的芽，山中的茶花開放粉紅的花蕊，鳥兒在
高空上飛翔，魚兒從深水中躍起，在這個世界，無任何作爲性的意志，亦無
任何價值意識，一切都是自爾如是，自然而然，絕無任何造作。」
〔註58〕《老子校釋》〈老子道經二章〉，頁 6～7。
〔註59〕《老子校釋》〈老子道經二十五章〉，頁 66。
〔註60〕《老子校釋》〈老子德經六十四章〉，頁 168。
〔註61〕丁文宏、蔡友和，〈老子「無爲」思想探索〉，《安徽大學學報》哲學社會科學
版（第 23 卷第 3 期，1995 年 5 月），頁 63。
〔註62〕《老子校釋》〈老子德經五十七章〉，頁 149。
〔註63〕《老子校釋》〈老子道經二十九章〉，頁 74。

1．不尚賢：就老子本旨而言，是嚮往聖王之治的，但第三章一開頭即說：

> 不上賢，使民不爭；不貴難得之貨，使民不盜；不見可欲，使心不
> 亂。聖人治，虛其心，實其腹，弱其志，強其骨。常使民无知无欲。
> 使知者不敢爲，則无不治。〔註64〕

老子所謂的「不尚賢」，本非反對聖哲賢良，而是反對以賢能爲標榜。事實上，在相互以賢能爲標榜之際，難免有不肖者沽名釣譽，因緣附會，故舉國尚賢的結果，必致魚目混珠，反使不賢者趁機抬頭，這是老子深以爲戒的。按尚賢政治的興起，其目的是爲了牢攏天下賢才，以鞏固政權。若就歷史發展的觀點而論，這種尚賢運動，正可打破森嚴的宗法制度，平民因之抬頭，乃是歷史的一大進步，未嘗不是一種好的信息，然在一片求賢聲中，被譽爲賢者的智勇之士，卻不以經世濟民爲念，厥在開疆拓土，一統天下，是以尚賢的結果，往往助長暴政，殘民以逞，徒成王侯的幫凶，此乃孟子所指斥宜受上刑者也，因此老子以敏銳的歷史洞察力觀之，毅然反對「尚賢」。〔註65〕

2．棄智倡愚

老子反對「尚賢」之餘，力主「聖人治，虛其心，實其腹，弱其智，強其骨。常使民无知无欲。使知者不敢爲，則无不治。」《老子・三章》〔註66〕。因此他提出了愚民的主張，老子說：

> 古之善爲道者，非以明人，將以愚之。人之難治，以其多智。以智
> 治國，國之賊；不以智治國，國之福。知此兩者，亦揩式，常知揩
> 式，是謂玄德。玄德深遠，與物反；然後乃至大順。〔註67〕

從語意看，老子確確實實提出愚民、反智之說，他要百姓除了滿足基本的生理欲望（實其腹），及充實基本的健康條件外（強其骨），最好不要再有任何的思慮及意志（虛其心，弱其志），人民就無競奔之心，可以「無知無欲」的過生活，其實這是一種誤解，我們必須將整章的義涵，放在老子思想體係中考量，才能窺見全貌，認識其獨特的意義。

　　首先，我們要瞭解老子爲何倡導「愚民」的原因：因爲老子認爲「民之

〔註64〕《老子校釋》〈老子道經三章〉，頁8～10。
〔註65〕魏元珪著，國立編譯館主編，《老子思想體係探索》下（臺北：新文豐出版公司，1997年8月），頁594～599。
〔註66〕《老子校釋》〈老子道經三章〉，頁9～10。
〔註67〕《老子校釋》〈老子德經六十五章〉，頁169～171。

難治，以其多智」，何謂「多智」？王弼注曰：「多智奸巧」〔註68〕，這種「智」，不同於我們通常所說的智慧，而是「奸巧」「私智」，即巧偽之智，所以范應元說：「不循自然，而以私意穿鑿爲明者，此世俗之所謂智也」。〔註69〕老子生當亂世，痛感人們，尤其是統治者，推尚巧偽之智，帶來許多不幸和災難，所以對「巧智」的負面意義，大加揭露，深表厭棄，遂大聲疾呼「絕聖棄智，民利百倍」《老子‧十九章》〔註70〕，又說：「智惠出，有大偽。」《老子‧十八章》〔註71〕，所以莊子也感歎說：世俗之「所謂知者，不乃爲大盜積者也？」《莊子‧胠篋》〔註72〕。爲了根絕人類欲望的追逐與理智的外求，眞正追求與道合一者，首務的工作就是要把原始生命往外馳逸的傾向，向內作迴環的努力，這也就是「爲學日益，爲道日損」，因此老子說：

　　絕學无憂。唯之與阿，相去幾何？善之與惡，相去若何？〔註73〕

這裡所謂絕學的「學」，可以包括一切出於心機、智巧和人爲造作的表現，即禮樂政教之學，亦該絕去，這是老子對歷史文化的批判和反省，也是對人性異化現象的深刻揭示。〔註74〕

其次，老子去智倡愚的主張所指的對象，並不是單單針對民眾百姓，而是包括一切人，自然也包括統治者，因而老子既講「愚民」，也講「愚君」，老子說：

　　聖人無心，以百姓心爲心。善者吾善之，不善者吾亦善之，得善。

　　信者吾信之，不信者吾亦信之，得信。聖人在天下，怵怵；爲天下，

　　渾其心。百姓皆注其耳目，聖人皆孩之。〔註75〕

老子將政治的最高責任交與「聖人」，「聖人」即「聖王」，聖人由體道而行道，所以當天下「百姓皆注其耳目」各用聰明時〔註76〕，他要「怵怵爲天下渾其

〔註68〕《老子校釋》〈老子德經六十五章〉，頁169～171。
〔註69〕王雲五主編，陳鼓應註譯，《老子今註今譯及評介》（臺北：臺灣商務印書館，2002年10月），頁282。
〔註70〕《老子校釋》〈老子道經十九章〉，頁47。
〔註71〕《老子校釋》〈老子道經十八章〉，頁46。
〔註72〕郭慶藩（清）撰，王孝魚點校，《莊子集釋》卷4中〈胠篋〉第10（臺北：天工書局印行，1989年9月出版），頁342。
〔註73〕《老子校釋》〈老子道經二十章〉，頁49。
〔註74〕朱曉鵬，〈老子的無爲思想三辨〉，《河北大學學報》哲學社會科學版（第25卷第3期，2000年6月），頁33～34。
〔註75〕《老子校釋》〈老子德經四十九章〉，頁125～126。
〔註76〕《老子校釋》〈老子德經四十九章〉，頁126。

心」，使百姓都常住在整體的渾樸和諧中，而且要做到「聖人皆孩之」，老子的「愚民」，不僅要反私智，也要「絕聖棄智」，以期「絕學無憂」，更要「絕仁棄義」、「絕巧棄利」，以期「見素抱樸」，因此當我們直入老子思想核心時，就知道他的「反智」是反具有奸巧作用的私智，「愚民」只是愚百姓向外馳求的競心，使之回歸渾樸。「愚」就是渾樸，聖人在去百姓之智，愚百姓之心前，先決的條件，就是要自己能去智愚己，做個「愚君」，更要以「愚人」自許。老子說：

> 眾人皆有餘，我獨若遺。我愚人之心，純純。俗人昭昭，我獨若昏。
>
> 俗人察察，我獨悶悶，淡若海，漂无所止。眾人皆有已，我獨頑似
>
> 鄙。〔註77〕

統治者如果不能首先做到「無知無欲」，成為「愚君」，就不可能「處無為之世，行不言之教」，而「以無事取天下」，因此「愚」正是老子十分強調的理想的君主，有道者的一個基本素質和高度的人格修養境界，聖人治國的奧秘，就是要使天下復歸渾沌，民愚君亦愚，上下一片天真純樸，整個社會都無知無識，無憂無慮，復歸「自然」，所以老子要求治國者奉「自然無為」之道，以「愚民化眾」，其表現出來的效果就是：

> 其政悶悶，其人醇醇。其政察察，其民缺缺。〔註78〕

整個社會成員都回復到渾沌愚昧的嬰兒狀態，從而達到自化而成，無為而治的最高理想境界。

（三）掌握「道」的規律

老子與莊子都嚴斥篡弒無道之君，但從理想考量時，卻也難脫歷史的限

《老子》的理想政治是「太上，不知有之」，是「其政悶悶，其民醇醇」，他希望在位者清靜無為，以至百姓不知其上有君主的存在，希望在位者無為無事，政績雖似昏暗不明，而人民卻能致淳厚樸實的境地，過著和諧富足的生活，卻無貪鄙爭奪的欲念，因為「民之難治，以其智多」，因此，老子才希望在社會上，不去特別表彰賢能的人，從而能夠「不尚賢，使民不爭，不貴難得之貨，使民不為盜，不見可欲，使民心不亂。」希望從根本上減少民眾爭奪的緣由，化解老百姓貪欲的可能成份。其目的只希望民常「無智無欲」而已。因此，不希望民眾過於精明聰慧，過於計較得失，這就是老子所以主張「非以明民，將以愚之」的真義了。參考：胡楚生，《老莊研究》（臺北：臺灣學生書局，2001 年 10 月初版 2 刷），頁 66。

〔註77〕《老子校釋》〈老子道經二十章〉，頁 52～54。
〔註78〕《老子校釋》〈老子德經五十八章〉，頁 150～151。

制，始終將「道治」的希望，寄託在「聖王」型態的君王身上，而君王要實現「道治」的理想，就必須透過修養，與道合一，才能深契「道」的規律性。「道」固然無形不可見，恍惚而不可隨，但它作用於萬物時，卻表現了某種規律，而這些規律卻可作爲我們人類行爲的效準，聖王想成就「道治」，就必須掌握「道」的規律，這樣才能使政治秩序，永遠在一定的軌道上運行。

　　老子身爲周之守藏史，不但飽讀古代典籍，而且精通天文，仰觀俯察，近取諸身，遠取諸物，深知宇宙中之天道、地道、人道之變化，彼此相通，互爲信息，實休戚相關，因此侯王要治理天下，就必須把握自然事物的運動和變化的規律，才能因應時事與政情。老子在深觀宇宙消息與天道運行之後，發現了「道」的總規律，所以他說：「反者道之動」《老子·四十章》〔註79〕，認爲事物經常的向相反的方向發展運動，同時事物的運動發展，總要返回到原來的基始狀態，因此「反」字通常有兩種講法：一是相反、對立面，二是「返」，如高亨說：「反，旋也，循環之義」〔註80〕王弼則釋爲「還返無爲」，都訓「反」爲「返」所以在老子的哲學中，道含有兩個概念，一是事物的對立面及其相反相成的作用，一是循環往復的規律性。

　　1. 對立轉化的規律

　　老子深知萬事萬物都彼此相生相剋，彼此相即、相需、相攝、相應，而又相斥、相拒，萬物呈現著一正一反、一陰一陽、一剛一柔，永遠都在消長、順逆的對立情狀中反覆交變著，彼此相互激盪，而又融和無閡，這種反覆交變的過程是無止境的，因此老子教人研判事物發展之形勢，不僅應看它的正面，也要先看它的反面，任何事物的發展，都有其必要條件與充分條件，一切現象都是在相反對立的狀態下形成的，因此他說：

〔註79〕《老子校釋》〈老子德經四十章〉，頁106。
　　　　老子曰：「反者道之動，弱者道之用，天下萬物生於有，有生於無。」道是動態的，動者，用之所以行，然而其所生動之體則是至靜而非動者也。靜者，體之所以立，一體一用，以成就宇宙之得以出入有無而生生不息。是以言道之體，靜而不動，無聲而無臭，不可道不可名，寂兮寥兮，超然而物外。言道之用，則萬有之生成造化，消息循環，無一而非是道用流行之所不至也。而「弱者道之用」，乃是宇宙萬物之創生法則也。道用之流行，由無以之有，道動之歸趨，則由有以入無，自有返無，然後爲道，故曰：「反者道動」。參考：鄭琳著，《老子微》（臺北：文史哲出版社，1984年3月），頁63～64。
〔註80〕王雲五主編，陳鼓應註譯，《老子今註今譯及評介》（臺北：臺灣商務印書館，2002年10月），頁201。

有无相生，難易相成，長短相形，高下相傾，音聲相和，前後相隨。

〔註81〕

老子認爲任何事物都有它的對立面，同時因著它的對立面而形成，並認爲「相反相成」的作用，是推動事物變化發展的力量，且體認到相反對立的狀態是經常互相轉化的，他說：

禍，福之所倚；福，禍之所伏。熟知其極？其無正。政復爲奇，善

復爲妖。人之迷，其日固久。〔註82〕

老子處處從事物的反面去觀照其正面，更從側面、鄰接面去把握事物發展的全局，老子教人們以近觀遠，以遠察近，凡事物皆應審視其正反、虛實，因此老子肯定「正復爲奇，善復爲妖」的至理，說明一切事物發展至極，終究必走向它自己的反面，所以說：「物極必反」，好比月之將缺，必極盈，花之將謝，必盛開，這此都是物勢的自然，所以智者應先察見形勢變化的徵兆，這就是「知幾」，唯有知幾，才能防患未然，且開創新機運。因此老子要侯王們「知其雄，守其雌，……知其白，守其黑」《老子·二十八章》〔註83〕。這樣才能在政局矛盾對立的鴻溝中，深觀彼此的消長轉化，而預爲綢繆，方能轉禍爲福。

2. 循環運動的規律

老子重視事物相反對立的關係和事物向對立面轉化的作用。但老子哲學的歸結點，卻是返本復初的思想。「返」和「復」與「周行」同義，都是循環的意思，所以「反者道之動」即是說「道」的運動是循環的，循環的運動是「道」所表現的一種規律。關於道的循環運動，老子說：

有物混或，先天地生。寂漠！獨立不改，周行不殆。可以爲天下母。

〔註81〕 《老子校釋》〈老子道經二章〉，頁 6。
〔註82〕 《老子校釋》〈老子德經五十八章〉，頁 151～152。
　　　　 在先秦諸子中，唯有《老子》提出宇宙創造論，因此，擁有最深奧的形上學，而老子眞正的用意，乃是希望將其形上的天道觀念，落實到人生、政治、社會等方面，作爲引領人生方向的指導原則，老子以爲在大宇宙之間，人也是宇宙的一份子，既不能自外於宇宙，就該順應宇宙的變化法則，遵循宇宙的常規，此即「人法天道」的精神，因此，老子常「假天道以明人事」，希望芸芸眾生都能深刻的體悟宇宙變化的法則，了解到人間寵辱得失，成敗存亡與禍福興衰的變幻無常和相倚相待，在「執古之道，以御今之有」時，獲致天人一貫的理想。參考：胡楚生，《老莊研究》（臺北：臺灣學生書局，2001 年 10 月初版 2 刷），頁 62～63。
〔註83〕 《老子校釋》〈老子道經二十八章〉，頁 72。

吾不知其名，字之曰道；吾強爲之名曰□，□□逝，逝曰遠，遠曰
返。〔註84〕

老子形容道是「周行而不殆」的，而這種運動即使周行無窮的遙遠，但最後
還會返本如初，「周」是圓圈、循環的意思，「周行而不殆」是形容「道」的
循環運動生生不息，他認爲紛紛的萬物，都是從道分離出來的，周流不息的
運動之後，就離道愈來愈遙遠了，然剝極必復，又回復到原點，返回本根，
所以說「歸根曰靜」〔註85〕萬物煩擾紛爭，都是不合自然的表現，只有返回
到本根，持守虛靜，才體合自然，不起煩擾紛爭，因此老子認爲統治者了解
自然的規律之後，就能知「常」（常是指事物變動的不變規律），應依循著自
然的規律去行事，如果不依循自然的規律而輕舉妄動，就會出現亂象。〔註86〕

　　面對世事的紛爭攪擾，老子提出君王宜「虛靜」的主張，而此司馬談在
《論六家要旨》時也說：道家思想是「以虛無爲本」的，可見虛的觀念在老
學中的重要性。老子說：

道沖，而用之久不盈。深乎！萬物宗。〔註87〕

「道沖」即是形容「道」狀是虛體的，它不但是萬物的根源，而且它所發揮
出來的作用是永不窮竭的，所以說：

天地之間，其猶橐籥。虛而不屈，動而愈出。〔註88〕

橐籥是形容虛空的狀態，天地之間雖然是虛空狀態，它的作用卻是不窮屈的，
道既然永遠在運動中，萬物就從這虛空之處湧現出來，可見這個「虛」含藏
著創造性的因子，它的儲藏量是無窮的，是創造宇宙的母力，「虛」這個觀念
如果應用到政治或人生方面的時候，就含有「深藏廣大」的意義，所以《史
記‧老子韓非列傳》說：

〔註84〕《老子校釋》〈老子道經二十五章〉，頁64～65。
　　　　細繹道德經文，得「道」之主要性質有十端：一曰道爲宇宙之母，二曰道體
　　　　虛無，三曰道體爲一，四曰道體至大，五曰道體長存而不變，六曰道運循環
　　　　而不息，七曰道施不窮，八曰道之體用是自然，九曰道無爲而無不爲，十曰
　　　　道不可名不可說。
〔註85〕《老子校釋》〈老子道經十六章〉，頁41～42。
　　　　致虛極，守靜篤。萬物並作，吾以觀其復，夫物云云，各歸其根。歸根曰靜，
　　　　靜曰復命，復命曰常，知常曰明。不知常，妄作，凶。
〔註86〕陳鼓應，《莊新論》（臺北：五南圖書出版公司，1991年3月），頁10～14。
〔註87〕《老子校釋》〈老子道經四章〉，頁11～12。
〔註88〕《老子校釋》〈老子道經五章〉，頁14～15。

　　　　良賈深藏若虛，君子盛德，容貌若愚。〔註89〕

一國之君，若能深蘊含藏胸懷廣大、不自滿、不自伐、不自矜，自能像《易
經》〈謙卦〉所云：「勞謙君子，萬民服也」〔註90〕，必然大吉大利。

　　萬物處「虛」時，必然呈現「靜」定的狀態，所以老子重視「虛靜」，國
君如果將「虛靜」著重在政治方面，必然產生「清靜以為天下正」《老子‧四
十五章》〔註91〕的效果，君王「清靜無為」，自然能模範天下，感化人民，所
以說：「不欲以靜，天下將自正」《老子‧三十七章》〔註92〕，人君如果不被
貪欲所激擾，就能清靜，表現出「無欲」的狀態，這樣才能「無為而治」，無
為則民自樸。民樸則足以自正，在老子看來，統治者若能樸實敦厚，就能清
靜而不縱欲，社會才能走向安定之路，因為他親眼看見統治階層，耽溺於縱
欲生活，追逐聲色之娛，因此發出警告說：

　　　　五色令人目盲；五音令人耳聾；五味令人口爽；馳騁田獵，令人心

　　　　發狂；難得之貨，令人行妨。〔註93〕

他認為一國統治者雖然享有豪華的生活，但在日常生活中卻該持守「靜重」，
安居泰然，不宜奢侈糜爛，所以說：

　　　　重為輕根，靜為躁君。是以君子終日行，不離輜重。雖有榮觀，燕

　　　　處超然。如何萬乘之主，以身輕天下？輕則失臣，躁則失君。〔註94〕

老子認為執政者不宜輕率急躁，對人民重稅壓迫，嚴刑苛虐，應遵守「清靜
無為」的治國原則，好像煎小魚一樣，不能常常翻動，才能體現任運自然之
道，所以說「治大國若亨小鮮」《老子‧六十章》〔註95〕這是老子治國的千古
名言。

　　3. 柔弱謙下的態度

　　老子說：「弱者道之用」《老子‧四十章》〔註96〕說明了「道」的創生作

〔註89〕《史記》卷63〈老子韓非列傳〉，頁2140。

〔註90〕來知德（明）撰，《周易集註》〈謙卦〉（新校慈恩本，臺北：夏學社出版事業
　　　　有限公司，1986年11月），頁511。

〔註91〕《老子校釋》〈老子德經四十五章〉，頁119。

〔註92〕《老子校釋》〈老子道經三十七章〉，頁95。

〔註93〕《老子校釋》〈老子道經十二章〉，頁29。

〔註94〕《老子校釋》〈老子道經二十六章〉，頁67～68。

〔註95〕《老子校釋》〈老子德經六十章〉，頁156。

〔註96〕《老子校釋》〈老子德經四十章〉，頁106。

用雖然是柔弱的，但「綿綿若存，用之不勤。」《老子・六章》〔註97〕「道」
的作用是綿綿不絕，永遠無窮的，正由於「道」所表現的柔弱，方使萬物不
感到是強力被造的，而是自生自長的。因此將柔弱的作用，運用到政治方面，
老子認爲「柔勝剛，弱勝強。」《老子・三十六章》〔註98〕這裡所說的柔弱，
並不是軟弱無力的意思，而是「柔韌」，含有無比堅韌不拔的意象，並且進一
步認爲：「堅強者死之徒，柔弱者生之徒」他說：

> 人生之柔弱，其死堅強。万物草木生柔脆，其死枯槁。故堅強者死
> 之徒，柔弱者生之徒。是以兵強則不勝，木強則共。故堅強處下，
> 柔弱處上。〔註99〕

老子在經驗世界中找到論證，說明「柔弱」的東西充滿生機，堅強的東西則
已枯槁，所以最能持久的東西不是剛強者，反是柔弱者，因此他說：

> 天下柔弱莫過於水，而攻堅；強莫之能先。其无以易之。故弱勝強，
> 柔勝剛，天下莫能知，莫能行。〔註100〕
>
> 天下之至柔，馳騁天下之至堅。〔註101〕

老子認爲世間沒有比水更柔軟的，然而滴水可以穿石，怒濤可以排壑。蓋水
就表面觀之，既柔且弱，但其來勢如排山倒海之時，卻莫之能禦，老子教人
當效水德之性，平時柔順，當剛強時，則該效水之衝力，以無比的洶湧浪濤，
向前奔騰，且江海因其低窪，所以有涵藏之功，故統治者爲政處事，尤當效
水之汪洋，老子說：

> 江海所以能爲百谷王，以其善下之，故能爲百谷王。〔註102〕

唯江海能「處下」、「處卑」，故能「不爭」，而消解爭端，培養容人的心量與

〔註97〕《老子校釋》〈老子道經六章〉，頁 17。
〔註98〕《老子校釋》〈老子道經三十六章〉，頁 93。
〔註99〕《老子校釋》〈老子德經七十六章〉，頁 189～190。
弱者道之用，弱之一義爲漸，自然之道，漸積而成，道之理雖可以頓悟，然
而道之用則不可以頓進，弱者，漸也，乃循序漸進，以輔萬物之自然。任何
巨大之事，必是日將月就，循其自然之序，點點滴滴漸積而成。道之爲物，
無形無象，其發而爲用，則唯柔唯弱，正如天道之潛移默化，在不知不覺的
柔弱漸進中，四時行焉，百物生焉。萬物均在此行其所無事之柔弱漸進中，
得以生化成就。參考：鄭琳著，《老子微》（臺北：文史哲出版社，1984 年 3
月），頁 86。
〔註100〕《老子校釋》〈老子德經七十八章〉，頁 193～194。
〔註101〕《老子校釋》〈老子德經四十三章〉，頁 114。
〔註102〕《老子校釋》〈老子德經六十六章〉，頁 171。

謙德，方能薈萃天下的力量，且涵澤萬有而不計較，凡所施爲莫不善仁，所以老子極端推崇水之爲德，他說：

> 上善若水。水善利萬物，又不爭。處眾人□所惡，故幾於道。居善地，心善淵，與善人，言善信，政善治，事善能，動善時。夫唯不爭，故无尤。〔註103〕

老子以水性喻人之善德，因水好施與而不與萬物爭，更處世人不願處的卑下之地，故相似於道。因此君王應效法水性之寧靜，至平至正，能方能圓，曲直隨形的特質，並展現以柔爲懷的剛強，唯有能柔能剛的彈性力量，始能勝過一切艱困和險阻，而善利萬物。在修養方面，更應該居心善良，言語信實，治事公正，且善於把握時機，才能達到「無爲而無不爲」的境界，這說明聖王之治天下，亦唯有心善淵才能幾於道，而發揮出無比的智慧，以拂照天下，庶可收無盡的裨益。〔註104〕

第二節　法治與禮治

　　西漢黃老治術向獨尊儒術的轉變，乃是古代政治思想的一次大變動，其間涉及很多曲折的政治鬥爭和複雜的內容，但貫串於其中的一大主流思想，即是法治的要求，故漢武的復古更化，乃是道法向儒法的一次大轉折，而法家思想始終是治國的中流砥柱，這就突顯了秦漢時期法治已取代周朝禮治的事實，這是春秋戰國以來，經濟社會變動發展的自然結果。

一、法、禮與刑

　　中國法律的起源，若以法律隨國家的形成而產生、發展的觀點來看，學術界普遍認爲是在夏朝，根據考古資料的發掘，證明夏朝已具備國家的形態，然而國家和法制，都是在漫長的發展過程中逐漸演化而來的，而中國法的起源，具有自己的特點，最主要的是帶有濃厚的氏族制度的痕跡，所以特別注重家族主義和階級觀念〔註105〕，從習慣法向成文法的演變過程，極爲緩慢，

〔註103〕《老子校釋》〈老子道經八章〉，頁19～21。
〔註104〕魏元珪著，國立編譯館主編，《老子思想體系探索》下（臺北：新文豐出版公司，1997年8月），頁645～649。
〔註105〕瞿同祖，《中國法律與中國社會》（臺北：里仁書局，1984年9月），頁1。

而其內容是以刑法爲主，表現了相當的保守性〔註106〕，中國法的形成，有很多解釋，如《漢書・刑法志》云：

> 洪範曰：「天子作民父母，爲天下王。」聖人取類以正名，而謂君爲父母，明仁愛德讓，王道之本也。愛待敬而不敗，德須威而久立，故制禮以崇敬，作刑以明威也。聖人既躬明悊之性，必通天地之心，制禮作教，立法設刑，動緣民情，而則天象地。故曰先王立禮，「則天之明，因地之性」也。刑罰威獄，以類天之震曜殺戮也；溫慈惠和，以效天之生殖長育也。書云「天秩有禮」，「天討有罪」。故聖人因天秩而制五禮，因天討而作五刑。〔註107〕

由此可知，中國法的形成，禮和刑是主要的法律形式，沈剛伯先生曾指出，任何社會，由極簡單的部落以至非常複雜的近代國家，都是用禮和刑來治理的，古今所不同者，只是古代禮繁刑簡，近世禮簡刑繁。古代的刑簡而酷，近世的刑繁而輕〔註108〕，因此，探討中國法律之形成與發展，必先了解禮與刑的關係。

　　禮的本義是一種祀神祭祖的器皿，《說文解字》曰：「禮，履也。所以事神致福也，從示从豊。」〔註109〕後來隨著國家的逐漸形成，才被引申爲一種禮儀形式和典章制度，成爲社會中人與人之間的普遍行爲規範，早在三代，中國便已有禮制的出現，孔子《論語・爲政》曾說：

> 殷因於夏禮，所損益可知也，周因於殷禮，所損益可知也。〔註110〕

由此可知，禮都是隨著時代的變遷而有增益或減損，它在中國具有久遠的歷史，因此禮在古代具有兩種性格：其一，禮是一種綜合概念，包括一般禮儀和國家制度，並無道德、法律、習俗之分，統稱之爲禮，「禮與刑」也可統稱之爲「法」，而「禮」是「刑」的指導原則。其二，從總體上看，禮具有法律的性質，經封建國家確定之後，可以強制執行，如「出禮入刑」之禮及「禮律」等。但一部份具有道德的性質，屬行爲規範，如「禮教」、「禮義」等。

〔註106〕 張耕，〈試論中國法的起源及其特點〉，收錄於曾憲義、鄭定編著，《中國法律制度史通覽》（天津：天津教育出版社，1987 年），頁 97。

〔註107〕 《漢書》卷 23〈刑法志〉，頁 1079。

〔註108〕 沈剛伯，〈從古代禮、刑的運用探討法家的來歷〉，《大陸雜誌》（第 47 卷第 2 期，1973 年），頁 55～62。

〔註109〕 許慎（漢）撰，段玉裁（清）注，《新添古音說文解字注》第一篇上（臺北：洪葉文化事業有限公司，1999 年 11 月增修版），頁 2。

〔註110〕 《論語校注》卷 2〈爲政〉，頁 19。

〔註111〕禮與法性質相近，故在封建社會可以泛指國家制度，而非狹隘的法律
意義，與後世之法律比較切近者，當時稱之爲「刑」。禮法實包羅萬象，內容
博雜，舉凡諸侯朝聘之禮、封建典禮、封建階級秩序、封建君臣體制、甚至
連軍賦或封疆之管理經營也包括在內。〔註112〕

　　至於「刑」，本來是針對異族的鎮壓與懲罰而來，因此，具有強烈的殘酷
性，中國古代刑法的建立，據《尚書·呂刑》云：

> 苗民弗用靈，制以刑，惟作五虐之刑曰法，殺戮無辜，爰始淫爲劓
> 刵椓黥。〔註113〕

中國古代五刑的確立，可能深受苗族刑制的影響，其目的在嚴懲異族，此即
「德以柔中國，刑以威四夷」〔註114〕觀念之由來。刑既專以對待異族，所以
古代兵刑往往不分，如《國語·魯語上》臧文仲曰：

> 大刑用甲兵，其次用斧鉞，中刑用刀鋸，其次用鑽笮，薄刑用鞭扑，
> 以威民也。〔註115〕

國際間的征伐，也是刑罰的一種，此即臧文仲所謂「大者陳之原野」者也，
征討異族與異國，就是大刑用甲兵的表現，這反映了當時兵刑不分的實際情
況，所以先秦時代的司法官吏，常被稱之爲「士」或「司寇」，他們既是司法
長官，同時也是軍事指揮官，兼具司法鎮壓與軍事鎮壓的雙重職能，這顯示
三代兵刑不分的歷史真相。〔註116〕

　　「禮與刑」是中國古代法律的表現形式，而《禮記·曲禮》曾記載「禮
不下庶人，刑不上大夫」〔註117〕，因此，近代有些學者指出禮與刑都有其特
定的範圍，如栗勁、王占通兩位先生說：

> 奴隸社會的刑，僅僅是刑法而沒有法律內容。禮才是普遍適用的行

〔註111〕段秋關，〈中國古代法律及法律觀略析——兼與梁治平同志商榷〉，《中國社會
　　　　科學》（1989年第5期），頁3～14。
〔註112〕杜正勝，《編戶齊民——傳統政治社會結構之形成》（臺北：聯經出版事業公
　　　　司，1990年3月），頁230～231。
〔註113〕《尚書注疏》卷19〈呂刑〉，頁296。
〔註114〕《春秋左傳注疏》卷16〈僖公二十五年〉，頁263。
〔註115〕左丘明（周）作，韋昭等注，上海師範大學古籍整理研究所校點，《國語》卷
　　　　4〈魯語上〉（上海：上海古籍出版社出版，1995年5月第3刷），頁162。
〔註116〕陳光中、沈國峰，《中國古代司法制度》（北京：群眾出版社，1984年），頁1
　　　　～2。
〔註117〕《禮記注疏》卷3〈曲禮上〉，頁55。

爲規範。奴隸社會的禮，既具備道德規範的形式，又具備法律規範
的形式，既符合道德規範的結構，又符合法律規範的結構，因此，
禮具有道德與法律的雙重屬性。〔註118〕

禮與刑的關係確實十分密切，兩者都具有法律的性質，但禮著重於教化而刑
著重於罪罰，禮所去者，才是刑所取者，這便是「出禮入刑」的意義。而「禮
不下庶人」之意，也僅指過宗廟下車之禮不下庶人，並非一切禮都不下庶人。
而「刑不上大夫」，乃指大夫無黥、劓、刖，三種肉刑，非大夫無刑也。〔註119〕
所以中國法的產生形成是一個緩慢的過程，乃是隨著原始國家的誕生從習俗
過渡到習慣法，並以禮與刑爲其表現之形式，直至戰國，成文法典才正式成
立。〔註120〕故梁啓超說：「以法治國的觀念，至戰國而始成立，古無有也，古
代所謂法，殆與刑罰同一意義」。〔註121〕

二、由禮向法的轉化

　　諸子百家的出現，依牟宗三先生之見，都是基於對周文疲弊的反省，儒
家反省的結果是重新肯定周文，即透過禮樂教化與仁義道德的施爲，以積極
的態度肯定之，而道家與法家則持否定的態度，認爲以禮樂制度爲主的周文，
本是貞定政治、社會的一套具有高度人文價值的制度〔註122〕，可是當時在禮
崩樂壞之後，已經徒具形式，因此，必須否定周文，堅持改革路線。而法家
最具洞見，主張順勢完成政治、經濟、社會的轉型，以強化君權和中央集權
爲改革的目標，從此禮崩樂壞的形勢，終導致周代封建制度的瓦解，這在周
平王東遷時，已見端倪，《左傳·僖公二十二年》曰：

〔註118〕栗勁、王占通，〈略論奴隸社會的禮與法〉，《中國社會科學》（1985 年第 5 期），
　　　　頁 195。
〔註119〕杜正勝，《編戶齊民——傳統政治社會結構之形成》（臺北：聯經出版事業公
　　　　司，1990 年 3 月），頁 240。
　　　　《左傳》襄公十九年曰：「婦人無刑，雖有刑，不在朝市。」杜《注》：「無黥、
　　　　刖之刑。」孔《疏》以爲亦含劓刑。所以婦人無刑，即指黥、劓、刖等三種
　　　　肉刑，循此義，所謂大夫無刑，恐怕也指無肉刑而言，這樣與史實比較符合。
〔註120〕金善珠，〈秦律的形成與發展〉（臺北：臺灣大學歷史研究所博士論文，1991
　　　　年 6 月），頁 15～19。
〔註121〕梁啓超，《先秦政治思想史》（臺北：臺灣中華書局，1962 年 6 月，臺 3 版），
　　　　頁 46。
〔註122〕牟宗三，《歷史哲學》（臺北：臺灣學生書局，1988 年 8 月，9 版，臺 7 版），
　　　　頁 30～52。

> 初，平王之東遷也，辛有適伊川，見被髮而祭於野者，曰：「不及百
> 年，此其戎乎？其禮先亡矣！」〔註123〕

周定王十三年（西元前五九四年）魯國「初稅畝」，開始實行按畝徵稅的制度，
實際上就是廢除「籍法」，公開確認私田的合法性，進一步破壞了封建制度的
經濟基礎——井田制度，所以《左傳》說：「初稅畝，非禮也。穀出不過藉，
以豐財也。」《左傳·宣公十五年》〔註124〕至於春秋戰國時代，政治社會的變
遷，除了井田制度的崩潰外，即編戶齊民的出現，而兵制的變革是一大關鍵，
然兵制變革的重點不在兵農分離，或兵農合一，而是逐步地擴大徵兵，由國
而都邑，從國人到野人，最後達到舉國皆兵，故晉「作州兵」之後五十五年，
魯國也在周定王十七年（公元前五九〇年）「作丘甲」，而季康子在周敬王三十
七年（西元前四八三年）則始「用田賦」，凡有田者皆賦，全國舉農皆兵，編
戶齊民正式在中國出現。〔註125〕這標示著春秋戰國時代經濟、社會的重大變
化與封建秩序的解體，再加上列國君權的強化與法律的制度與實施，共同導
致歷史「由禮向法」的轉化。

中國古代成文法的公布，始於春秋時代鄭國子產於魯昭公六年（西元前
五三六年）的鑄刑書。《左傳》曰：

> 三月，鄭人鑄刑書。叔向使詒子產書，曰：始吾有虞於子，今則已
> 矣，昔先王議事以制，不為刑辟，懼民之有爭心也。猶不可禁禦，
> 是故閑之以義，糾之以政，行之以禮，守之以信，奉之以仁，……，
> 夏有亂政，而作禹刑，商有亂政，而作湯刑，周有亂政，而作九刑。
> 三辟之興，皆叔世也。〔註126〕

所謂「鑄刑書」，就是將刑法的條文鑄於青銅器上而公布於市。子產鑄刑書之
後，除了受到叔向嚴厲的批判外，孔子亦傷之曰：「禮樂不興，則刑罰不中，
刑罰不中，則民無所錯手足」，然周敬王七年（西元前五一三年），晉國也跟
著「鑄刑鼎」，孔子曰：

〔註123〕《春秋左傳注疏》卷15〈僖公二十二年〉，頁247。
〔註124〕《春秋左傳注疏》卷24〈宣公十五年〉，頁410。
〔註125〕杜正勝，《編戶齊民——傳統政治社會結構之形成》（臺北：聯經出版事業公
司，1990年3月），頁49～54。
　　「所謂作州兵，是起用國人之餘子為兵，作丘甲是徵戰略要地之人服兵役，
　　用田賦則全農皆兵，不復有正夫餘子之別，也沒有國野的區分」。
〔註126〕《春秋左傳注疏》卷43〈昭公六年〉，頁749～750。

> 晉其亡乎！失其度矣。夫晉國將守唐叔之所受法度以經緯其民，卿
> 大夫以序守之，民是以能尊其貴，貴是以能守其業，貴賤不愆，所
> 謂度也。文公是以作執秩之官，爲被廬之法，以爲盟主。今弃是度
> 也，而爲刑鼎，民在鼎矣，何以尊貴，貴何業之守？貴賤無序，何
> 以爲國？〔註127〕

「鄭鑄刑書」與「晉鑄刑鼎」爲代表成文法之制定與頒佈，極具歷史之重要
意義，實際反映了春秋時代「由禮向法」的轉變趨勢，且意味著刑法地位的
確立。從此「罪刑法定主義」的條件在古代的中國已經具備，並逐漸發展成
爲有系統的理論。〔註128〕晉國遂擁有最先進的法律傳統，到了戰國，被韓、
趙、魏三家所繼承，三晉便成爲當時變法的中心，同時產生了李悝、申不害、
吳起及商鞅、韓非等重要的法家人物。其中李悝制定的「法經」，乃是魏國變
法的根據，集春秋及戰國初期成文法之大成，爲後世立法的藍本，亦是中國
第一部比較有系統的法典，在中國法制史上具有重大的意義。〔註129〕從此三
代的刑，轉變爲戰國的法，這是「改刑爲法」的具體成就，此即《韓非子》
所言：「法者，編著之圖籍，設之於官府，而布之於百姓也」《韓非子·難三》
〔註130〕，法自然成爲全國上下的行爲準則，而法治也成了時代的要求和立國
的基礎。

三、儒、道與法的整合

　　法在戰國之後，既已成了治國的憲令，法家且要求「君臣上下貴賤皆從
法」《管子·任法》〔註131〕可見法是取代周文禮樂制度，完成改革的唯一關鍵
所在，黃老學的興起，爲了用世的需要，也順勢的援法入道，讓道法做有機
的結合，所以馮友蘭先生認爲「黃老之學是道家與法家的統一」，黃老最獨特
之處，即在於對法的特別重視，《經法》曰：

〔註127〕《春秋左傳注疏》卷53〈昭公二十九年〉，頁926。
〔註128〕慶明，〈鑄刑鼎辨證〉，《法學研究》（1985年第3期），頁63。
　　　　慶明先生據此認爲「鑄刑鼎」乃道德習俗與法律混爲一體，法與刑分立的「禮
　　　　法」形態轉爲道德與法律分立，法與刑統爲一體的「法律」形態的分水嶺。
〔註129〕梁治平，〈「法」辨〉，《中國社會科學》（1986年第4期），頁74。
　　　　李悝「著法經」，就是「改刑爲法」的改革。古代法典以刑、法、律三字爲主
　　　　要名稱，三代稱之爲刑，春秋戰國稱爲法，秦漢以後則以律爲主。
〔註130〕《韓非子集釋》卷16〈難三〉第38，頁868。
〔註131〕《管子校注》卷15〈任法〉第45，頁906。

> 道生法。法者，引得失以繩，而明曲直者毆（也），故執道者生法而
> 弗敢犯毆（也），法立而弗敢廢〔也〕。……。〔註132〕

道生法一語，熊鐵基先生認爲這是《黃老帛書》一書的總綱，《經法》以下九篇都在申論法在各方面的重要性。〔註133〕《帛書》把法的地位提升到由道直接生法的層次，並以其爲推行法治的準則，且依此建立起法的權威性與永恆性，徹底的超越了法家「憲令著於官府」的層次，而實施的對象，也不只是人民，還包括君主，要求君主執法公平無私，這主要是從限制君權的角度著眼的。故黃老在提倡君德方面也超越法家，《帛書》曰：

> 天法皇皇，非刑不行，繆（穆）繆（穆）天刑，非德必傾，刑德相
> 養，逆順若成，刑晦而德明，刑微而德章，其明者以爲法，而微道
> 是行。〔註134〕

由於黃老學對道的重視，提出了道這一客觀的形上實體的運行規則，希求君主「法道無爲」以稀釋君權，這是兩漢儒者與董仲舒以「天」規範君主的先聲。〔註135〕

兩漢儒學不同於先秦儒學的地方，乃是切入關注點的不同和擴展領域的不同，即肯定人文價值，創發文化價值意涵的方向不同，而非從根本否定禮樂教化與倫理道德。因爲肯定人文價值與創發文化價值乃儒學的本質所在，而漢儒除了在儒學根源處，對道德主體性的把握之外，即基於對現實政治和社會的強烈關切，表現出不同於先秦的成就，此即漢儒在儒家外王之學的發展上，進入了一個嶄新的境域。

漢儒內聖外王之學的建立，以賈誼開其端緒，由董仲舒集其大成，董氏整合儒、法、道與陰陽，建立天人感應的儒家神學，展現王霸並用的理想，它反映了中國古代文化諸形態發生發展的內在必然性和規律性，它是中國古代封建社會上層建築，即傳統政治文化形態建設的一個重要階段。就政治思想而言，它在先秦內聖外王的基礎上，進一步提出了聖王相分〔註136〕，完成

〔註132〕《黃帝四經今註今譯》第一篇《經法》〈道法〉，頁48。
〔註133〕熊鐵基，《秦漢新道家略論稿》（上海：上海人民出版社，1984年），頁84～85。
〔註134〕《黃帝四經今註今譯》第二篇《十六經》〈姓爭〉，頁325。
〔註135〕黃漢光，《黃老之學析論》（臺北：鵝湖出版社，2000年5月初版），頁42～44。
〔註136〕冷德熙，《超越神話——緯書政治神話研究》（北京：東方出版社，1996年5月），頁4～5。

了政教合一的更化復古，有學者指出這是「外儒內法」的實踐，也是禮法的交融，使先秦原儒的基本精神，移植到法家的政刑體制內，進行了「轉化性的創造」。〔註137〕因此，它具有三層意義：一、為以儒家的理論提出而實踐上為法家的主張，其中有「儒家化」的法家，也有「法家化」的儒家。二、為在政治上以儒家掌「教化」，而以法家掌「吏治」。三、為在意識形態上，提倡儒家的理想，而在現實政治上實行法家的制度。〔註138〕這些說法揭示了漢代儒法與王霸之道在特定歷史條件下的聯繫，表達了倫理道德與法律的結合，也說明了儒學思想是法律制度的指導與規範，這樣才能鞏固並完善大一統帝國的政治秩序。

第三節　黃老道家新君權理論

　　起源於戰國時期的黃老思想，過去由於史料缺乏，具體內容無從得知，直到一九七三年，長沙馬王堆三號漢墓帛書的出土，帶來了珍貴的直接史料，才為我們揭開研究黃老學的序幕，透過對黃老帛書思想的分析，可以發現，不論《黃帝四經》，還是《伊尹九主》都充滿道法色彩，都從天道上去講治道，它們以老子的「道」，去解釋刑名，認為道即刑名，為「刑名」取得合理的根源，也用「刑名」去詮釋老子的「無為」，使道法形成有機的統一，繼承並改造了老子的君道自然的哲學，將其轉化為以尊君卑臣和循名責實為主，而以文武並用和刑德相養為輔的政術，同時擷取諸子百家的理論，去調和潤飾「因道全法」的綱領，以達成君道「無為而無不為」的理想，這便是戰國以迄西漢之間黃老思想具體而詳細的內容。而《呂氏春秋》與《淮南子》則把自黃老帛書以來的重要論題，都發揮得淋漓盡致，而於「君道」理論的修正與闡揚，更是不遺餘力。〔註139〕

一、養生與治國的君術

　　有了《黃老帛書》的思想為準據之後，首先發現《管子》中的〈內業〉，

〔註137〕李澤厚，《己卯五說》（北京：中國電影出版社，1999年），頁79～80。
〔註138〕張純、王曉波，《韓非思想的歷史研究》（臺北：聯經出版事業公司，1984年3月第2刷），頁249。
〔註139〕陳麗桂，《戰國時期的黃老思想》（臺北：聯經出版事業公司，1995年4月），頁3～4。

有著中國最早期的人體科學論著，強調人的生命潛能是極爲驚人的，而〈內業〉即由精氣及其蘊藏的生命潛能論證君主治術，這是由於古代中國人，習用類比思維的緣故，在陳述治國之道時，往往將國家「身體化」，一旦在醫經中詮釋身體時，則又常把身體「國家化」。〔註140〕它們從治心之理去論治國之道，由自然之道去講「君道」，並用「精氣」去詮釋形、神修養問題，也兼揉道德、理、法爲一，最終都以一個「道」字來貫串治心、治事、治國之術，因爲道家認爲「萬物皆從道所生」，所以天人皆統一於道，天道與人道同，天人可以相通，因此，虛靜養神，方能體悟大道，而養神就是體道、守道的過程，故體道與守道，乃是治身與治國的總原則，由是觀之，黃老道家發展了老子身國同構與治身和治國同理的思想。〔註141〕此即老子所云：「其未兆易謀，……。爲之於未有，治之於未亂。」《老子·六十四章》〔註142〕。馮友蘭先生認爲「治身與治國同出一理」，乃是黃老學的要點，確屬一針見血的行家之論。〔註143〕

　　《管子》〈心術上、下〉、〈內業〉、〈白心〉這四篇名稱雖異，意思卻相同，原來就是一體的，〈心術〉者，乃治心之術，從實際內容來看，〈心術上、下〉以「心」與「九竅」擬對「君」與「官」，主張煉氣煉意，用意念導氣，以開發潛能和智力，這是由形神合一的理論出發，認爲國家天人都爲一有機的生命共同體，君與萬民和臣僚之間可借精氣感應而互通，這是宇宙同情，生命共感的體現，借氣機之流行而感知天人，此即「一意摶心，耳目不淫，雖遠若近。」《管子·內業》〔註144〕治心即治國的君術。而〈白心〉和〈內業〉者，

〔註140〕蔡璧名，《身體與自然——以《黃帝內經素問》爲中心論古代思想傳統中的身體觀》（國立台灣大學出版委員會，1997 年 4 月），頁 304。

〔註141〕胡孚琛，呂錫琛，《道家道論——道家道教·仙學》（北京社會科學文獻出版社，1999 年 1 月），頁 168。

〔註142〕《老子校釋》〈老子德經六十四章〉，頁 166。

〔註143〕馮友蘭，《中國哲學史新編》第二冊第十七章〈稷下黃老之學的精氣——道家向唯物主義的發展〉（北京：人民出版社，1984 年 10 月），頁 197～198。
　　　　《管子》一書，在《七略》中，原只著錄法家十八篇，胡家聰先生以爲是齊國法家學派的作品，而今本《管子》八十六篇（亡十一篇，實存七十五篇）則是劉向改編而成，除了原來十八篇外，又加添了許多黃老和原始道家作品，因此，周立升、王德敏認爲《管子》大部份之作品，應爲稷下學者的著作。故馮友蘭先生認爲《心術上、下》與《內業》《白心》四篇充滿道法色彩與唯物主義，應是黃老學的代表作品。

〔註144〕《管子校注》卷 16〈內業〉第 49，頁 943。

也是講內心的修養工夫，其修養要領則從清心靜慮，虛室生白，凝神來精，正靜執一開始，希望由內在的反性自得，平和節適，以達到應物不失，談的也是由治心以治天的道理〔註145〕，蓋黃老道家認為一個成功的執政者，必須是身心雙美，形貌神修的，不但內在要有靈明的素養，外在也要有健全的形身。所以《管子·內業》說：

> 人能正靜，皮膚裕寬，耳目聰明，筋信而骨強，乃能戴大圓而履大方。鑒於大清，視於大明，敬慎無忒，日新其德，徧知天下，窮於四極。〔註146〕

在黃老道家看來，人類是天地所生，所以每一個人的身體都是一個小宇宙，一個人形神專美，身心兩全，才足以頂天立地，洞鑑得失，肩負大任，由這樣的君王執政，才能冀其有遠大的成果。而君王的卓越智慧則來自精氣，精氣是「道」的轉化和物化，因此《管子·內業》說：

> 凡物之精，此則為生。下生五穀，上為列星。流於天地之間，謂之鬼神。藏於胸中，謂之聖人。〔註147〕

精氣既無形無相，又是生命的本源，然精氣內含智慧種子，是生命的基因，而宇宙萬有也都是精氣化生的結果。故可生五穀，化列星，又充滿天地之間，所以「道」即精氣，於是一切有關道的作用和功能，便都是精氣的作用了。因此君王如果懂得累積精氣，再運作煉精化氣，煉氣化神的修養工夫，就可以開發無窮的潛能，此即〈內業〉所言：「精之所含，而知之所生」，所以《管子·心術下》說：「形不正者德不來」〔註148〕，又說：

> 正形飾德，萬物畢得。翼然自來，神莫知其極。昭知天下，通於四極。〔註149〕

君王擁有健全的身形和暢旺的生氣，才能孕生靈明的智慧，修養卓越的品德，這是治術成功的第一步。黃老道家以精氣論為基點，強調身心相關，形神互相影響之後，乃開始敷論治心與治國相通之理，它們把君王和百官的關係比喻作「心」和「九竅」，所以說君之在國都，如心之在身體，道德定於上，則

〔註145〕陳麗桂，《戰國時期的黃老思想》（臺北：聯經出版事業公司，1995年4月），頁117。
〔註146〕《管子校注》卷16〈內業〉第49，頁939。
〔註147〕《管子校注》卷16〈內業〉第49，頁931。
〔註148〕《管子校注》卷13〈心術下〉第37，頁778。
〔註149〕《管子校注》卷13〈心術下〉第37，頁778。

百姓化育於下，因此從心制九竅的自然生理去講人君宰御百官的潛御之術，
《管子・心術上》說：

> 心之在體，君之位也。九竅之有職，官之分也。心處其道，九竅循
> 理。嗜欲充益，目不見色，耳不聞聲。故曰：上離其道，下失其事。
> 〔註150〕

根據這理論：一、心總宰九竅，卻不代司任何功能。二、心正則九竅運作正
常，所以〈內業〉說：「我心治，官乃治。我心安，官乃安。」〔註151〕而「虛
靜、專一」乃是治心得道之方，聖王宜積精氣以修之。三、君王只宜「正靜」
其身其德，居於君位之上，一切官能自然可以正常有效地運作。〔註152〕因此
《管子・心術上》說：

> 毋代馬走，使盡其力。毋代鳥飛，使獘其羽翼。毋先物動，以觀其
> 則。動則失位，靜乃自得。〔註153〕

養生之理，講求精氣流通於人身百骸，君主既積精氣生智慧，自可識人用賢，
而不用代下司職，自然可以靜而聖，動而王，無為而尊，天下莫能與之爭美，
否則「生德不通，民欲不達，此國之鬱也。國鬱處久，則百惡並起而萬災叢
至矣，上下之相忍也，由此出矣」《呂氏春秋・達鬱》〔註154〕。帝王積精氣就
是積道德，君王守精氣即與道德同歸，能做到守善而不舍，驅逐邪淫，去掉
浮薄，充分領會守善的最高原則，返於「道德」，君王積精氣就可神契天道，
產生超常智能〔註155〕，它使人能有洞徹萬事萬物的大智慧，可將天下運於掌

〔註150〕《管子校注》卷13〈心術上〉第36，頁759。
〔註151〕《管子校注》卷16〈內業〉第49，頁938。
〔註152〕陳麗桂，《戰國時期的黃老思想》（臺北：聯經出版事業公司，1995年4月），
頁136。
〔註153〕《管子校注》卷13〈心術上〉第36，頁759。
〔註154〕《呂氏春秋》恃君覽卷20〈達鬱〉，頁588～589。
《呂氏春秋》一方面繼承《老子》「道」的基本體性，另一方面又以精氣去填
充「道」的內容，這是黃老道家推衍《老子》道論的普遍形態，帛書第四篇
《道原》說道「濕濕夢夢，未有明晦」，道是一種近乎原始物質的狀態，「道」
就是「氣」或「精氣」，精氣是撐持生命的根源」，精氣暢旺則官能通達，反
應敏捷，故身心雙美的關鍵在於一個「動」字，多運動才能生機暢達。
〔註155〕劉長林、胡煥湘，〈《管子》心學與生命的自我超越〉，《中國文化月刊》165
期（1993年11月），頁6～22。
人還可能產生超常智能，為一般人所不具有…經過虛靜專一的內心修煉，人
有可能產生一種與耳目視聽本質不同的感知能力，…這種超時空的感知能
力，不同於一般邏輯思維，而是虛靜專一的心神修煉所致。

上，君王日理萬機，需要超人的體力與智慧，這是以養生之道治國的重要理論。它隱喻國君在整個權力運作過程中，要以虛制實，以靜制動，以名制形的真理。〔註156〕

二、君道深藏周密

　　「無爲而治」乃是道家的新帝王學，其「君人南面之術」，上法自然天道，涵蓋知人、知事兩個側面，然政海詭譎，國君要如何掌舵，才能使臣僚竭智盡力，爲國家效忠呢？黃老道家提倡「君無爲，臣無不爲」的新思維，國君領導群臣，以道德率之正，以形名督其事，其術「以虛無爲常，以因循爲用」，國君施政，必須在無形之中澤及百姓，這就是「聖人無心，以百姓心爲心」《老子·四十九章》〔註157〕的彰顯，君德無形即是最理想的政治。所以說：

　　　　道也者，動不見其形，施不見其德，萬物皆以德，然莫知其極。〔註158〕

君德無形是承受老子，「太上，下知有之，其次，親之豫之」的影響《老子·十七章》〔註159〕，君王施政，澤及四海，但不必百姓感恩，更不須百姓親之譽之。亦即道家潛隱了君主的形象，他是一位隱身幕後，不爲群眾所知的聖人。在爲君的立場上和行政措施上，他儘量的深自隱晦，深藏不露，無爲而治，功成不居，表現無私無我的胸懷，使百姓自然向化〔註160〕，因此《管子·心術上》說：

　　　　人主者立於陰，陰者靜，故曰動則失位。陰則能制陽矣。靜則能制

　　　　動矣。故曰靜乃自得。〔註161〕

黃老道家在這裡提出了一個「以陰制陽」，「以靜制動」的原則，人君處陰位，用靜術，才能御下且穩操勝算，這是從老子所言的「國之利器不可以示人」的警語中，領悟出來的。並以此去詮釋並開展了《老子》的陰柔哲學，終於

〔註156〕王慶光，《荀子與戰國黃老思想的辯證關係》（臺北：文史哲出版社，1997年8月初版），頁52。

〔註157〕《老子校釋》〈老子德經四十九章〉，頁125。

〔註158〕《管子校注》卷13〈心術上〉第36，頁770。

〔註159〕《老子校釋》〈老子道經十七章〉，頁43～44。

〔註160〕胡楚生，《老莊研究》（臺北：臺灣學生書局，2001年10月，初版2刷），頁37。

　　　　儒家爲政理想是在彰顯聖君的仁政王道，強調仁義道德的教化功能，而道家爲政的理想是在深藏君主的所作所爲，強調自然無爲的運用。

〔註161〕《管子校注》卷13〈心術上〉第36，頁767。

領悟了君道深藏周密的原理。所以說:「藏之無形,天之道也。」《管子‧形勢》〔註162〕又說:「凡道,必周必密」《管子‧內業》〔註163〕這就含寓著深藏不露的君主領導統御原則。

春秋戰國之際,道家勃興,田齊開放言論,再發展爲稷下學者群〔註164〕,帶動知識領域的反禮樂運動,而體制變革出現了君道無爲、有爲之爭,稷下黃老道家提出了「君無爲而臣無不爲」的主張,從煉氣化神,智謀深藏,論證君術周密始能接祿長久,所謂「周密」就是國君臨朝及決策:

> 不出於口,不見於色,言無形也。四海之人,孰知其則?言深圄也。
> 〔註165〕

齊法家認爲人主不周密,則正言直行之士危,而人臣結黨成群,則國君權勢日侵,因此將「君術周密」與否和權力結構之穩定或傾危,互相關聯,而主張:

> 人主不可不周,人主不周,則群臣下亂。寂乎其無端也,外內不通,
> 安知所怨?關閉不開,善否無原。〔註166〕

做爲一國之君,不要輕易地顯現出自己的好惡和成見,應保持周密,形色不露,才不會被臣下所乘,甚至被臣下所愚弄,方可避免出現群臣百姓挾其私而邀寵其主的局面。所以韓非子說:

> 淺薄而易見,漏泄而無藏,不能周密,而通群臣之語者,可亡也。
> 〔註167〕

黃老道家堅持君主,應該淵默沈靜,其處也若無知,其應物也若偶之,讓人覺得莫測高深,方能展現虛靜恬淡的寂寞無爲,以此南向,自能洞察巨奸,以德化民,因此帛書《黃帝四經》,極力肯定積精氣可以確保「君術周密」,其論述說:

> 靜則平,平則寧,寧則素,素則精,精則神,至神之極,〔見〕知不
> 惑,帝王者,執此道也……審三名以爲萬事〔稽〕,察逆順以觀於

〔註162〕《管子校注》卷1〈形勢〉第2,頁42。
〔註163〕《管子校注》卷16〈內業〉第49,頁942。
〔註164〕蕭萐父,〈道家、隱者、思想異端〉,《江西社會科學》(1990年6期),頁55
　　　　～62。
〔註165〕《管子校注》卷13〈心術上〉第36,頁770。
〔註166〕《管子校注》卷18〈九守〉第55,頁1044～1045。
〔註167〕《韓非子集釋》卷5〈亡徵〉第15,頁267。

（霸）王危亡之理，知虛實動靜之所爲，達於名實〔相〕應，盡知請（情）僞而不惑，然後帝王之道成。〔註168〕

三、因任與刑名

黃老思想將養生與治國兼論，力主道、法融合，黃老帛書因此從天道去論治道，以能法天道而行治道者爲優秀的君王，《經法·道法》云：

> 故唯執道者，能上明於天之反，而中達君臣之半，富密察於萬物之終始，而弗爲主。故能至素號至精，浩彌無刑，然後可以爲天下正。〔註169〕

整篇的《經法》所討論的，就是如何從井然有序的天道中，去提煉出一套與其相應的政治原則，從而建立「刑名」理論，因此，刑名的建立是根源於天道的，名分既定，天綸乃得。所以《呂氏春秋·情欲》說：

> 古之治身與天下者，必法天地也。〔註170〕

而作爲《呂氏春秋》最高理論綱領的〈圓道〉，更開宗明義的標出了天道，治道一體相通的總綱，它說：

> 天道圓，地道方，聖王法之，所以立上下。何以說天道圓也？精氣一上一下，圓周復雜，無所稽留，故曰天道圓。何以說地道之方也？萬物殊類殊形，皆有分職，不能相爲，故曰地道方。主執圓，臣處方，方圓不易，其國乃昌。〔註171〕

就天道言，天圓地方，就治道言，主圓臣方，人事法天道，由此轉化出虛靜無爲的君術，與分官分職的刑名術。從天道的圓轉不已，歸結出君道的不拘不執，無爲無處，以一馭萬，然後很自然地轉論君使臣的「方」道，要求君臣之間要明別，則主尊臣卑，如此就可做到下之從上如響之應聲，臣之法主，如影之隨形，故上令而下應，主行而臣從，聖君身佚而天下大治，黃老道家認爲人君統馭群臣，就好像人使令四肢百骸，而臣道分職，各審其「分」，治其事，遂由此遞轉爲刑名之說，因此《呂氏春秋·審分》說：

> 凡人主必審分，然後治可以至，姦僞邪辟之塗可以息。〔註172〕

〔註168〕《黃帝四經今註今譯》第一篇《經法》〈論〉，頁189。
〔註169〕《黃帝四經今註今譯》第一篇《經法》〈道法〉第1，頁79。
〔註170〕《呂氏春秋》仲春紀卷2〈情欲〉，頁56。
〔註171〕《呂氏春秋》季春紀卷3〈圓道〉，頁85。
〔註172〕《呂氏春秋》審分覽卷17〈審分〉，頁445。

在政治事務上，名分不定，責任歸屬不明，必產生推諉塞責的弊端，因此「審分」的同時，也強調「正名」，它主張透過正名的手法，去給君臣，乃至各層所涵攝的一切事物，分別訂立許多高下不等的「位」，所以說：

> 凡事無大小，物自為舍，逆順死生，物自為名，名刑已定，物自為
> 正。〔註173〕

國君應將這種「定名審分」的道理，用在整頓政治的紀綱上，在分官定職時，要按照臣下的實際能力授官予職，一切按其實而審其名，以求其情，聽其言而察其類，無使放悖，確實的驗對名實，則工拙立判，賞罰循法，一切姦欺，自無由滋生。順著刑名法術的推動與實踐，必然產生君靜臣動，主逸臣勞的「靜因」之術。《呂氏春秋‧知度》說：

> 故有道之主因而不為，責而不詔，去想去意，靜虛以待。不伐之言，
> 不奪之事，督名審實，官使自司。〔註174〕

可見「因循」之術是與治官的「刑名術」互相縐合的，黃老顯然把老子守愚示弱的精神，術化成一種無我無主的靜因之術，要君主學鏡子與權衡，因隨外物，如實照鑑，忠實反應，才能無為而治，一方面貼合了虛己不露的原則，另一方面也從守愚無主中令天下「自極」，而自己則廣收助力，儲蓄無窮的政治潛力。〔註175〕這樣才可以不窮於智，不窮於能，而達到「去智用眾」的功效。《呂氏春秋》說：

> 故善為君者無識，其次無事，有識則有不備矣，有事則有恢矣……。
> 〔註176〕
> 夫君也者，處虛素服而無智，故能使眾智也。智反無能，故能使眾
> 能也。能執無為，故能使眾為也，無智、無能、無為，此君之所執
> 也。〔註177〕

先秦的黃老道家推闡「靜因」的政術，大用於人事，使發展成為君主循名責實以考核任用臣下的政術，認為「因」是順自然之勢不操主動，人君全然地隱藏自己，杜絕一切流洩天機的管道，去己去智，不預設立場，乃為闡述「君

〔註173〕《黃帝四經今註今譯》第一篇《經法》〈道法〉，頁74。
〔註174〕《呂氏春秋》審分覽卷17〈知度〉，頁470。
〔註175〕陳麗桂，《戰國時期的黃老思想》（臺北：聯經出版事業公司，1995年4月），頁191～192。
〔註176〕《呂氏春秋》審分覽卷17〈君守〉，頁454。
〔註177〕《呂氏春秋》似順論卷25〈分職〉，頁713～714。

道無爲，臣道有爲」的重要政治原理，所以說：「天道因則大，化則細」《愼子‧因循》〔註178〕君王執此「因循」之術，用於政治，就可成就「無爲」的治術。〔註179〕

四、知時知變

黃老道家除了將《老子》的道論，轉化爲精氣論，以論證君道之外，又因天道推衍治道，推衍出《黃老帛書》一系的刑名術與尊君理論，使《老子》的因順自然向社會改革與政治結構的改造轉化，而且提供了處理主客關係的思想原則與方法，另一方面黃老道家擷取《老子》的雌柔哲學作爲處事的指導原則，以「無不爲」作爲目標，積極地術化《老子》的「無爲」哲學，使之轉化爲「靜因」的君術。因此老子的「無爲而無不爲」就被奉爲最高的原則，從「無爲」到「無不爲」就體現了尊重客觀律與發揮人性主觀能動的有機統一，而因循無爲的柔弱之道就成了處理人與自然和人與社會關係的普遍方法。〔註180〕《淮南子‧原道訓》說：

> 所謂志弱而事強者，柔毳安靜，藏於不敢，行於不能，恬然無慮，動不失時，與萬物回周旋轉，不爲先唱，感而應之，……託小以包大，在中以制外，行柔而剛，用弱而強，轉化推移，得一之道，而以少正多。〔註181〕

《老子》講柔弱有寓弱於強的意味，而《淮南子》推衍《老子》的柔弱哲學，強調柔弱不是癱軟死寂，而是潛藏實力，蓄勢待發，相機而動，一舉蔚爲強大，「後」也不是消極、退縮、保守，而是積極、耐心的等待，或苦撐待變，這就是「行柔而剛，用弱而強」的眞理，因此又說：「得道者志弱而事強」弱志只是一時權宜的手法，強事才是終極目標。《淮南子‧原道訓》說：

> 所謂其事強者，遭變應卒，排患扞難，力無不勝，敵無不凌。應付揆時，莫能害之。是故剛者必以柔守之，欲強者必以弱保之，積於

〔註178〕愼到著，嚴一萍編，守山閣叢書，《愼子》〈因循〉（臺北：藝文印書館，1968年），頁3。

〔註179〕陳麗桂，《秦漢時期的黃老思想》（臺北：文津出版事業公司，1997年2月），頁28～45。

〔註180〕丁原明，《黃老學論綱》（濟南：山東大學出版社，1997年9月），頁199。

〔註181〕《淮南鴻烈集解》卷1〈原道訓〉，頁24。

柔則剛，積於弱則強。〔註182〕

黃老道家強調弱志只是爲了強事，它將《老子》寓弱於強的哲學，大大的轉化，處心積慮地追求強大，這樣君王在運用時，就可以方圓、陰陽、左右、剛柔面面俱到，使「道」成爲應變無窮的「神明之術」，而成就強事。

在黃老道家看來，天底下的事情，沒有一樣是絕對的利或害，對或錯，可行或不可行。其間的關鍵，往往在「時」，所以君王主政，應重視時機的把握與拿捏，更強調臨場的機智與應變。一切的關鍵，都只爲了相準那成熟的時機，希望一舉致勝，因此時機的恰當與否，遠比「先後」問題更重要，君王舉措只要「動不失時，與萬物回周旋轉」，「正確把握時機，無限靈活機動」，就能成就霸業。〔註183〕所以《呂氏春秋‧首時》說：

> 有近之而遠，遠之而近者，時亦然。……。聖人之見時，若步之與影不可離。故有道之士未遇時，隱匿分竄，勤以待時。時至，有從布衣而爲天子者，有從千乘而得天下者，有從卑賤而佐三王者，有從匹夫而報萬乘者，故聖人之所貴唯時，……，故人雖智而不遇時，無功。……。事之難易，不在小大，務在知時。……。當其時，狗牛猶可以爲人唱……，以魯衛之細而皆得志於大國，遇其時也。〔註184〕

〈呂覽〉認爲事情的成敗，處理的手法與要領固然重要，所謂因循之數不可不講求，但時機的把握則更重要，按照黃老道家的說法，事物的發展有一定的過程和時效，掌握時效，可以化腐朽爲神奇，轉黑暗爲光明，然時效一旦過去了，情勢便要逆轉，如果一味地「因循」，終不免失敗，因此國君當政，除了「知時」外更該「知變」，例如：殷變夏，周變殷，春秋變周，而五帝貴德，三王用義，五霸任力，三代聖主賢君制禮立法，沒有一成不變的《淮南子‧氾論訓》說：

> 夏、商之衰也，不變法而亡。三代之起也，不相襲而王。故聖人法與時變，禮與俗化，衣服器械各便其用，法度制令各因其宜。故變古未可非，而循俗未足多也。〔註185〕

聖王治國理民，固該知道相時、待時，更該乘「時」而「變」，故云：聖人「應

〔註182〕《淮南鴻烈集解》卷1〈原道訓〉，頁24。
〔註183〕陳麗桂，《秦漢時期的黃老思想》（臺北：文津出版事業公司，1997年2月），頁92～97。
〔註184〕《呂氏春秋》孝行覽卷14〈首時〉，頁330～332。
〔註185〕《淮南鴻烈集解》卷13〈氾論訓〉，頁427。

時偶變」《淮南子・氾論訓》〔註186〕一旦時機到來就該動不失時，審慎而有原則的「變」，這是經過深思熟慮之後的「漸變」，而非「突變」，這就是事變而道不變，強調重要的原則不能變，事物本身所賴以存在的基礎理據不能變，而處理事物的手段與方法可以隨時改變。因為歷史的發展有一定的軌跡，不可能「突變」，因此時機的強調和應變的講求，是黃老道家對《老子》雌柔哲學和《慎子》因循說的轉化與改造，黃老學者將「因循」與「時變」並重，把因、時、變三個觀念互濟互補，這是黃老在君道與治道方面，特異於老子之處，也是其卓絕而富於實用的成就。

第四節 復古更化的新皇權

西漢王朝經過七十多年的發展，到漢武帝建元元年（公元前一四〇年）左右，進入全面繁榮時期，此時的西漢帝國已經一改初年百業凋敝的景況，在黃老「清靜無為」的思想指導下，文帝、景帝推行與民休息的政策，輕徭薄賦，出現了前所未有的治世，漢之經濟基礎始臻穩固，統一國家的根基，遂莫之能動搖，因此國力逐漸增加，漢武帝意欲有所作為，要尋求較諸黃老「清靜無為」更適宜的政治指導思想，於是董氏公羊學應運而興，儒學被定於一尊。後經過漢元帝進一步崇儒，終於鞏固了儒學在政治思想領域的主導地位。

凡政治思想之產生，必與實際政治環境息息相關，環境能孕育思想，有勢力之思想也能影響或改變環境，兩者互為因果，有環境而無思想，則環境將因而失色，有思想而無環境，則思想無法成長茁壯。因此思想與環境之關係，密不可分。而董仲舒政治思想之形成，除受儒家與陰陽家之影響外，與當時政治環境之變遷，關係至為密切。漢歷經文、景之治，至武帝時已完成大一統之專制政治局面，董仲舒生長於斯世，其思想之形成，亦無非是為了因應大環境的需要，而其學說之問世，卻又對環境產生影響〔註187〕，曾繁康先生曾謂：「仲舒學說出，而後王權乃始獲得學理方面之有力擁護」〔註188〕可謂的論。

〔註186〕《淮南鴻烈集解》卷13〈氾論訓〉，頁429。
〔註187〕賴慶鴻，〈董仲舒政治思想之研究〉（臺北：國立政治大學政治研究所博士論文，1980年7月），頁47。
〔註188〕曾繁康，《中國政治思想史》（臺北：大中國圖書公司，1971年8月再版），頁300。

　　武帝即位，受趙綰、王臧之影響，嚮往儒學，於是招賢良方正之士，董仲舒適時而出焉。董仲舒博通五經，然其學問之根柢在春秋公羊學，於武帝時上「天人三策」，力陳公羊學要旨可佐天子治國，而董仲舒概括《公羊春秋》的基本精神爲：

> 是非二百四十二年之中，以爲天下儀表，貶天子，退諸侯，討大夫，
> 以達王室而已矣。〔註189〕

董氏認爲《春秋》的微言大義，是別嫌明微，撥亂反正，嚴格以三綱五常爲核心的封建等級制度，目的在樹立大一統的封建君主的權威。董仲舒在《公羊春秋》的闡釋中，融合吸收了黃老和法家、陰陽家的思想，以黃老與法家、陰陽家思想對孔孟之道進行補充，從而使儒學發生了部分的質變，因此有些學者指出：董仲舒釋《春秋》近於法家，所謂「貶天子，退諸侯，討大夫」正是把《春秋》的基本精神，確立爲嚴格的等級制度的「法治」，充滿了大義滅親的精神，這對漢初諸侯的不斷叛亂，大臣貴戚違法逾制，強凌弱，眾暴寡，貧富分化嚴重的社會，具有強烈的針對作用。蓋黃老的清靜無爲，導致禮制廢弛，等級混亂，尤其諸侯的壯大與恣肆，對統治秩序，造成了嚴重的危害，在這種形勢下，董仲舒講公羊學，強調嚴肅宗法和政治綱紀，嚴格等級秩序，提倡正名分，大一統等，堪稱對症下藥，反映了時代的特殊要求。〔註190〕

　　董仲舒提出春秋公羊學大一統之理想，非特標示其學術之要旨，更重要者，欲使在漢代君主統治下，「通過公羊來來建立當時已經成熟的大一統專制的理論根據」。〔註191〕其目的非僅建立一學說而已，李源澄先生云：

> 大一統之政治，必有尊君之學說，而後可以維持天下而至不叛離，
> 則《春秋》大一統之義也。《春秋》尊王而重民，上下相顧，不似法
> 家無限制之尊君。董仲舒、公孫弘皆以明《春秋》顯於漢武之世，
> 經學在漢代《春秋》獨重，漢人以《春秋》爲漢制作，以《春秋決
> 獄》，夫豈偶然之事乎？〔註192〕

蓋學術乃世運潮流所趨，兼以政治之需求，儒學因之興起，而於儒學典籍中，

〔註189〕《史記》卷130〈太史公自序〉，頁3297。
〔註190〕金春鋒，《漢代思想史》（北京：中國社會科學出版社，1987年4月第1版1刷），頁208。
〔註191〕徐復觀，《兩漢思想史.卷二》（增訂本，臺北：臺灣學生書局，1976年6月初版），頁329。
〔註192〕李源澄，《秦漢史》（臺北：臺灣商務書局，1968年），頁51。

欲尋一精神特質適用者，厥爲《春秋公羊傳》。蓋《公羊傳》本身具有大一統、尊王、正名、善惡、經權、仁義、復讎、華夷說等要義，復加上爲漢制作，與時推移，進化革新之精神，使得《公羊傳》於漢初儒家諸典籍中，獨受推崇，而促其大興盛之另一重大因素，則爲漢武帝之提倡，《漢書·儒林傳》云：

> 武帝時，江公與董仲舒並。仲舒通五經，能持論，善屬文。江公吶於口，上使與仲舒議，不如仲舒。而丞相公孫弘本爲公羊學，比輯其議，卒用董生。於是上因尊公羊家，詔太子受公羊春秋，由是公羊大興。〔註193〕

漢武帝尊公羊而抑穀梁，除了董仲舒「善屬文」外，公羊學所闡發的君道思想，符合時代的需要，爲武帝心所獨鍾，亦爲主要因素。從此之後，董仲舒遂獨擅漢代之公羊學，那麼公羊學的君道思想有何特色呢？

一、回歸君權神授

中國歷代君位的取得不外革命、篡弒、繼承或禪讓，至於君主權力的來源，則歸諸於天命，亦即上帝或上天，因此君主必須向上天負責，亦必須對人民負責，董仲舒說：

> 天以天下子堯舜，堯舜受命而王天下。〔註194〕

董仲舒說堯舜受命於天，即是基於「天人相與」的思想而產生的「君權神授」說，這種君權神授說，主要是根據夏、商二代有神論的「天命觀」而來，這是古代儒學的重要基因之一，也是「天人感應」的依據，仲舒以爲萬物皆有本源，如就天與人的關係而言，則天爲君之元，如就人事而言，則父爲子之元，君爲臣之元，故曰：「元者爲萬物之本」〔註195〕「元」既是萬物之本原，故「元」實即「天」之意，元與天地實爲一事之兩名。所謂「天地之氣，合而爲一」，則表示天可統地，也是群物之祖，而天既爲萬物之本原，因此天對人具有無上的權威，人世間的所有行爲或制度，無不須遵照天之意志，爲舒展天之意志，於是天派遣其「德侔天地」之「子」，作爲天與人之媒介，以統理天下，因此仲舒曰：

〔註193〕《漢書》卷88〈儒林傳〉，頁3617。
〔註194〕《春秋繁露義證》卷7〈堯舜不擅移湯武不專殺〉第25，頁219。
〔註195〕《春秋繁露義證》卷5〈重政〉第13，頁147。

> 德侔天地者稱皇帝，天佑而子之，號稱天子。〔註196〕

天子之責任即在秉承天意，替天行道，因此王權貫通天地與人，故爲宇宙萬物之中心《春秋繁露》云：

> 古之造文者，三畫而連其中，謂之王。三畫者，天地與人也。而連
> 其中者，通其道也。取天地與人之中以爲貫而參通之，非王者孰能
> 當是？〔註197〕

在董仲舒的思想中，「天」是至高無上的權威，也是君王權力來源正當性的基礎，故曰：「道之大原原於天」，天是一切的根源，堯、舜、禹、湯承之於天而一脈相傳，董仲舒把儒家的仁愛精神歸於天道，認爲君道法天，除了施行仁義之外，也要配合陰陽五行和四時，使儒的德治主義和巫師色彩濃厚的陰陽家思想結合在一起，突顯了儒家的綜合創造力，故其思想以天道爲至高無上的權力，是影響君王施行仁政，並且使大一統的政治理想得以實現的根源。

有神論的天、上帝、昊天的信仰，在夏、商二代一直是時代的主流，而儒家的「天命觀」，即來自「巫師傳統」，《說文解字》曰：

> 儒，柔也，術士之偁，從人需聲。〔註198〕

許愼指出儒是術士的名稱，從人需聲，是以形聲兼會意訓之，而「需」字是有鬍鬚的人站著求雨，如果從文字學考察，「儒」是術士的名稱，其原始意思是指一個作法術，祈求上天降雨，消除旱災而留有鬍鬚的人，也就是求雨的巫師，因此章太炎先生釋儒曰：

> 儒之名，蓋出於「需」，需者雲上於天，而儒亦知天文、識旱潦。
>
> 〔註199〕

〔註196〕《春秋繁露義證》卷7〈三代改制質文〉第23，頁201。
〔註197〕《春秋繁露義證》卷11〈王道通三〉第44，頁328～329。
〔註198〕許愼（漢）撰，段玉裁（清）注，《新添古音說文解字注》第八篇上（臺北：
　　　　洪葉文化事業有限公司，1999年11月增修版），頁370。
〔註199〕章太炎著，《國故論衡・三卷》〈原儒〉（臺北：廣文出版社，1967年11月版），
　　　　頁151～155。綜合章太炎的說法，則儒有三義：
　　　　達名之儒，指一切有術有能之士，則以古代之儒爲史巫類之術士。
　　　　類名之儒，指以道得民，教之以禮樂射御書數。
　　　　私名之儒，指助人君順陰陽明教化，內容以六經、仁義、堯舜、文王武王爲
　　　　主，以孔子爲宗師。
　　　　而所謂「助人君，順陰陽明教化」就是巫師的制度化，祭司化，又演變到理
　　　　性化儒者，也就是我們提起儒者時，一般大都是以範圍最小的私名之儒爲主，
　　　　但是要探討儒者的深層結構就必須窮其流，竭其源找到原始儒家的根源，也

章太炎先生說：「古之儒知天文占候，謂其多技，故號遍施於九能，諸有術者
悉識職矣」所以原始之儒就是通曉天文氣候，作法求雨的術士，實際上就是
巫祝卜史之類。張光直先生亦曾指出「儒」在甲骨文卜辭中，寫作「濡」即
沐浴齋戒以祈禱上蒼的術士，在朝廷中「濡」負責相禮的工作，故「儒」的
起源甚古，後來被引申爲有道術之士。所以探討儒者的深層結構，就必須窮
其源流，而古儒的本義，就是巫師。楊向奎先生引章太炎先生之說，又借助
人類學的材料，認爲原始的儒，確從事巫祝活動，「原始的儒是術士，可能起
源於殷商，殷商是最講究喪葬之禮的，相禮成爲儒家所長」。〔註200〕胡適先生
在中國哲學史中，亦曾提及儒是以相禮爲生的助祭者。根據他的看法，儒在
商代是一種宗教性的神職人員，與巫祝相似。日本學者白川靜先生在討論巫
祝傳統的時候，也指出：

> 牲牲用巫祝，被當作斷髮而請雨的牲牲者，需也。需係含有需求降
> 雨而斷髮之巫的意思，如此的巫祝，乃儒之源流也。此牲牲者──
> 巫，又有時會被焚殺。〔註201〕

因此當我們探求儒者的深層結構，追尋儒者的巫師傳統時，必須從夏商周三
代文化中的巫師角色去闡幽發微。並了解巫史集團是當時國家文化的最高掌
舵者，因此，有些學者認爲上古學術皆出於巫史之流，而儒者亦包含於其中。
近代人類學家興起，企圖從原始文化的研究上，對人類文明的起源作更深入
的了解。他們都把巫術的研究做爲理解原始文化的主要途徑，把巫術文化當
作原始文化的主導形態，並且視之爲宗教與科學最初發展的階段，Frazer, James
George（弗雷澤）先生說：

> 人類較高級的思想運動……，大體上是由巫術發展到宗教，更進而
> 發展到科學的這個階段。〔註202〕

中國文化雖博大精深，但它的發芽與茁壯，也是經由這幾個階段，逐漸蛻變

就是達名之儒，古儒的本義，那就是巫師，亦即祝、史之流了。參考：吳文
璋，《巫師傳統和儒家的深層結構》（高雄：復文圖書出版社，2001 年 6 月），
頁 21～25。

〔註200〕楊向奎，《宗周社會與禮樂文明》（北京：人民出版社，1998 年），頁 414。

〔註201〕白川靜著，加地伸行、范月嬌合譯，《中國古代文化》（臺北：文津出版社，
1983 年），頁 121。

〔註202〕Frazer，James George（弗雷澤）著，汪培基譯，《金枝──巫術與宗教之研
究》（臺北：久大出版，桂冠圖書經銷，1994 年 3 月），頁 1019。

而發展出來的。〔註203〕

　　先秦儒家經過孔、孟、荀三位大儒的難苦奮鬥，都無法使國君真正的重視儒學，重用儒術，無法使他們推行仁政，兼善天下，甚至在秦朝大一統的時代中，還遭遇到「焚書坑儒」的悲慘命運。然而在秦帝國崩潰之後，漢朝重建大一統的盛世，董仲舒卻使得儒家首次成功地取得了官方的意識型態，而且使儒者變成了官僚集團，董仲舒為什麼能在漢朝百家爭勝中，建立獨尊儒術的地位呢？這成就讓許多學者感到詫異，尤其董仲舒的思想中充滿了陰陽、五行、天命、災異、天人感應之類的學說，遠離正統的儒教，但後人如果了解董仲舒的思想，是由儒家的「巫師傳統」開其端緒，從有神論有天志的「天命觀」，再接受儒家自周公以來「以德受命」的「天命無常，唯德是依的尊祖崇德論」，最後發展成「綜合的巫師傳統」，這一系列辯證發展的深層結構，就能充分了解董仲舒的思想體係，包羅深遠廣大，乃一縱貫古今的儒家思想，從外表看，似乎違反儒家傳統的人文特色，但從深層結構加以剖析，儒家思想的源流，確實具有發展成董仲舒這套思想的基因。董仲舒所標舉的「天道」和「天命」，實為對儒家古代的巫師傳統的繼承與發展，因此其天人關係、天人相與和君權神授，都可視為對古代巫師傳統的回歸。唯古代的巫師傳統尚未構成一個嚴密的體係，到了董仲舒才形成一個龐大的思想體系，徐復觀先生說：

> 到了董仲舒，才在天的地方，追求實證的意義，如四時、災異。更
> 以天貫通一切，構成一個龐大的體系。〔註204〕

這個體係就是以「天人感應」作為論述的核心，首言天道與天命。〔註205〕

　　中國古代賢哲與思想家在思考問題時，所憑依的終極依據，就是「天」，「天」在中國古代的知識、思想與信仰世界中，作為天然合理的秩序與規範，不僅支持著天文與曆法的制定，支持著人們對自然現象的解釋，還支持著王權和等級社會的成立，政治意識形態的合法，祭祀儀式程序的象徵意味，支持著城市、皇宮甚至平民住宅樣式的基本格局，甚至支持人們的遊戲及其規

〔註203〕吳文璋，《巫師傳統和儒家的深層結構》（高雄：復文圖書出版社，2001年6月），頁21～28。

〔註204〕徐復觀，《兩漢思想史.卷二》（增訂本，臺北：臺灣學生書局，1976年6月初版），頁371。

〔註205〕吳文璋，《巫師傳統和儒家的深層結構》（高雄：復文圖書出版社，2001年6月），頁259～260。

則，以及文學藝術對美的感悟與理解。〔註 206〕可見「天」在中國古代具有神聖性，古人總是用它作爲自己思想的最後依據。但自從孔子創立了儒家之後，又增加了人文的本質，從而形成了天與人以「合一」貫通的方式。這種「天人合一」的模式，歷來思想家雖有論述，但缺少邏輯辯證的完整性。然而董仲舒卻能超越前賢，建立了一個無所不容的，以宇宙爲本，以王者爲核心的社會政治體係，並涵蓋天人的秩序觀念，董氏最偉大的貢獻，即在於建立了一套宇宙圖式，補足儒家在宇宙創生論方面的嚴重不足，而在闡述「天」與「人」作爲知識、思想和信仰的終極依據時，卻能突出「聖王」的地位，論證「天」絕不是一個具有外在超越傾向的自在物，天具有無上的權威，天成爲王的象徵，而「人」更不是以個爲體單元的自足體，人只是附屬於天，唯王是依，在中國自古以來即「政教合一」的社會結構中，及其沈澱而來的觀念裡，使「天」與「人」都失去了獨立性，「天」逐漸的「人化」，而「人」亦逐漸的「天化」，它們都被賦予特殊的面貌與規則，只有「聖王」能貫通「天人」並加以掌握，這種貫通天人的「聖王」，因集天道的神聖與人本的崇高於一體，才具備了不證自明的最權威的本質。於是聖王取得了文化主體的地位，一切思想都可以從聖王這裡說開去，並從聖王那裡得到終極證明，於是聖王成爲中國文化的偶像，王權成爲歷史的圖騰。

當一個以君主權威爲軸心的等級制度的存在，是維持封建秩序的唯一可靠的保障時。尊君就變得格外重要，而圍繞君主權威而設計的制度與體系日臻完善時，君主又變成了秩序的象徵。思想家們自然要借助「天」的權威性，以一元的「道」，統攝整齊劃一的「天」，「天」就成爲「王」的象徵〔註 207〕，「天」與「王」連結成一體，成爲統合宗教與政治的理念，這樣才能重新建構「政教合一」的新體制，專制主義與大一統的思想，才能暢行無阻的進入全民的信仰世界，這就是董仲舒論述天人天人關係，而主張「君權神授」的始意，從此王權主義與儒家思想緊密結合，相依相存，中國的文化思想，成爲政治的折射，而王權專制成爲政治的核心。〔註 208〕

〔註 206〕葛兆光，《中國思想史.第一卷——七世紀前中國的知識、思想與信仰世界》（上海：復旦大學出版，1997 年 11 月），頁 47。

〔註 207〕《春秋繁露義證》卷 15〈郊義〉第 66，頁 402。
「天者，百神之大君也，王者之所最尊也。」

〔註 208〕楊陽，《王權的圖騰化——政教合一與中國社會》（臺北：星定石文化出版有限公司，2002 年 6 月），頁 19～25。

　　天命神權盛行於上古，至周季而中衰，然戰國時君權大張，漸趨專制，國君的神化，荀子已開其端，然人本主義畢竟是孔孟之眞傳，至董仲舒提出「君權神授」之說，儒家的王權天命理論，不止回歸上古的巫師傳統，而其神化與專制，更有了跳躍式的發展，這在秦漢政權更迭之際，利用此種學說一則可以摧毀舊日政權，他方又有利於新政權之鞏固，所以董仲舒說：

　　　　君人者，國之本也。夫爲國，其化莫大於崇本，崇本則君化若神，
　　　　不崇本則君無以兼人。無以兼人，雖峻刑重誅，而民不從，是所謂驅
　　　　國而棄之者也，患孰甚焉？〔註209〕

董仲舒說：「君人者，國之元」《春秋繁露・立元神》〔註210〕國君就是國家的根本，治理國家，施行教化，沒有比崇尙根本更重要的了。尊君就是崇尙根本，君主尊若大神，其教化就像神明一般，此謂之「君化若神」，人民如不尊君，不崇尙根本，君主就無法施政，雖嚴刑峻法，人民還是會拋棄國家造成大禍。因此國君受到尊崇以後，應郊祀致敬以奉天本，秉耒躬耕以奉地本，感以禮樂以奉人本，以和爲德，以德爲國，常盡其下，故能「君化若神」，這就是董仲舒回歸上古，神化國君的思想，所以他又說：

　　　　體國之道，在於尊神。尊者所以奉其政也，神者所以就其化也，故
　　　　不尊不畏，不神不化。夫欲爲尊者在於任賢，欲爲神者在於同心，
　　　　賢者備股肱則君尊嚴而國安，同心相承則變化若神，莫見其所爲而
　　　　功德成，是謂尊神也。〔註211〕

在董仲舒的心中，認爲治理國家之道，在於尊敬國君如尊敬天神，如果君主地位不崇高，人民就不敬畏他，國君要想具有崇高的地位，必須任用賢人，必須上下同心，如果都做到了，君主就會尊嚴而國家也能安定，上下同心互相契合，國君就顯得變化莫測，有如神明一般，人民莫見其作爲，但是功業德行已經完成。皇帝居然等同神明了。因此董仲舒將王權闡釋爲無所不包，無所不統與至高無上的絕對權力。試觀《春秋公羊傳》對魯隱公「元年春王正月」之解釋：

　　　　元年者何？君之始年也。春者何？歲之始也。王者孰謂？謂文王也。
　　　　曷爲先王而後言正月？王正月也？何言乎王正月？大一統也。〔註212〕

〔註209〕《春秋繁露義證》卷6〈立元神〉第19，頁168。
〔註210〕《春秋繁露義證》卷6〈立元神〉第19，頁166。
〔註211〕《春秋繁露義證》卷6〈立元神〉第19，頁170。
〔註212〕《春秋公羊傳注疏》卷1〈隱公元年〉，頁8～9。
　　　　　公羊學是中國傳統儒學中最具獨特性質者。因爲孔子所創的儒學，以「禮」與

此之所謂大一統，即指王權爲了維護天下之統一，可以擁有無所不包，與無所不統之權力，《春秋公羊傳》對此義發揮甚多〔註213〕，而董仲舒曰：

> 君人者，國之元，發言動作，萬物之樞機。樞機之發，榮辱之端也。
> 〔註214〕

由此可知王權爲各種權力之總樞，乃朝廷百官與四方萬民所應絕對服從之權力。故云：

> 王者，民之所往。君者，不失其群者也。故能使萬民往之，而得天
> 下群者，無敵於天下。〔註215〕

王權至高無上，無人敢與之抗衡，故能無敵於天下，董仲舒更根據其天人相與之宇宙哲學，將王權推之極邽，他說：

> 爲人君者居無爲之位，行不言之教，寂而無聲，靜而無形，執一無
> 端，爲國源泉。〔註216〕

王權既貫通天地與人，不僅至高無上且成爲宇宙萬物之中心，於是西周「天——祖——人」的宇宙結構圖式，遂轉變成爲「天——聖王——人」的模式，現實的王權被擬化成爲「聖朝」和「聖王」，於是「聖」與「王」，「政」與「道」高度的一體化，從此開創了新的「政教合一」的體制，也樹立了王權的新典範。〔註217〕

「仁」爲兩大內涵，後來儒學的發展，就按其所關注的對象的不同，分爲心性儒學與政治儒學，心性儒學以思孟學派和宋明理學爲代表，而政治儒學則以公羊學爲代表。心性儒學關注的重點是個體生命的成德成聖，要解決的是生命的價值問題和存在的意義。但公羊學則不同，公羊學關注的重點是政治社會的形上根基問題（如大一統），政治秩序的合法性問題（如改正朔、易服色、設官法天問題），政治制度的變革存廢問題，公羊學所要解決的是政治的價值問題，所以關注政治是公羊學的根本特徵。因此，公羊家特別隆禮重制，把復禮看作是天下歸仁的先決條件，把改制看做是實現王道的唯一希望，在公羊家看來，《春秋》就是一部實現天下歸仁的大禮書，萬世之儀表皆在《春秋》，故漢代公羊家最大的期盼，就是救周文之弊革秦政之酷以建立新制，因此，公羊學一方面是黑暗時代裡的實踐儒學，一方面又是具有開放結構的外王之學，乃是歷史的新希望。參考：蔣慶著，《公羊學引論——儒家的政治智慧與歷史信仰》（瀋陽：遼寧教育出版社，1995年6月第1版第1刷），頁1〜7。

〔註213〕曾繁康，《中國政治思想史》（臺北：大中國圖書公司，1971年8月再版），頁299。

〔註214〕《春秋繁露義證》卷6〈立元神〉第19，頁166。

〔註215〕《春秋繁露義證》卷5〈滅國上〉第7，頁133。

〔註216〕《春秋繁露義證》卷6〈保位權〉第20，頁175。

〔註217〕楊陽，《王權的圖騰化——政教合一與中國社會》（臺北：星定石文化出版有

二、王霸並用

在秦漢思想中，董仲舒是最具影響力的重要人物，由於當時政治、社會、經濟和思想文化的客觀需要，以及漢武帝個人的性格與才智，再加上儒學思想家的極力提倡等多種因素，形成了董仲舒以《春秋公羊傳》爲核心的，爲維護封建大一統和專制皇權的新儒學，這種「大一統」的主張，在政治上要求實行君主集權，將一切權力集中到武帝手裡，在思想上要求「罷黜百家，獨尊儒術」，以「孔子之術」來統一諸子百家思想，在法律上要求「大德小刑」，德主刑輔。董仲舒的理論學說，是在先秦儒學的基礎上，吸收道、法、陰陽各家學說中有益的成份而形成的，這種以儒法合流爲特色的新封建思想體係，貫穿了中國封建社會兩千多年的歷史，從此法家的「法治」精神與原則，完全的融入這一思想體係中，並且進一步得到完善與發展，而儒法合流展現在政治上的作風，就是王霸並用。〔註218〕

司馬遷說：「仲尼厄而作《春秋》」，認爲《春秋》是孔子個人憂患的產物，而董仲舒則認爲《春秋》不止是個人憂患的產物，而是「加憂於天下之憂」，以除天下之患的產物。因此董仲舒的公羊學，不論是推陰陽、講災異，不論是「奉天法古」，不論是「托古改制」，其目的都在「憂天下之患」，而力求「撥亂反正」。若以董仲舒所上的《高廟火災對》〔註219〕加以分析，並聯繫其對當時政治社會形勢的看法，當時漢代的社會現實正是郡國並行，諸侯僭越的情況，因此《高廟火災對》的重點就在針對「諸侯遠正（遠於正道，爲非作惡）

限公司，2002 年 6 月），頁 286。

〔註218〕馬珺，〈法家法治原則與儒法合流〉，《河南省法政管理幹部學院學報》（2001年第 2 期），頁 69。

〔註219〕金春峰，《漢代思想史》（北京：中國社會科學出版社，1987 年 4 月第 1 版 1刷），頁 209。

武帝建元六月遼寧高廟災；四月，高圓便殿火，董仲舒對曰：「漢受亡秦之敝，又亡以化之；繼二敝之後，承其下流，兼受其猥，難治甚矣。又多兄弟親戚骨肉之連，驕揚奢侈，恣睢者眾，所謂重難之時也。故天災若語陛下，當今之世，雖敝而重難，非以太平至公，不能治也。視親戚貴屬在諸侯遠正（远于正道，爲非作惡）最甚者，忍而誅之。視近臣在國中處旁仄及貴而不正者，忍而誅之，如吾燔高圓殿乃可云耳。」在董仲舒看來，諸侯、貴戚、近臣驕揚奢侈，恣睢暴戾，是當時亟待解決的重大問題。參考：董仲舒（漢）撰，王灝（清）輯，嚴一萍選，《董子文集》，收錄於《畿輔叢書》據光緒定州王氏謙德堂刊本影印，國立臺灣大學裝訂本（臺北：藝文印書館印行，1966 年），頁 19～20。

最甚者」及「貴而不正者」，忍而誅之，一舉掃蕩諸侯、貴戚、近臣中驕揚奢侈，恣睢暴戾者，在實質上，施行嚴格的等級制，並採行更稱號、改正朔、易服色，興禮樂教化的措施，以解決日益尖銳的諸侯背叛，因此《春秋繁露》的根本精神就在於「除患」，在於「撥亂反正」，正不正而反之正。因此董仲舒總結《春秋繁露》撥亂反正的經驗，指出其基本精神，可以歸納爲一句話：「王霸並用」〔註220〕，認爲王業與霸業同是仁德與天心的表現，這就遠離了孔孟貴王賤霸的原儒精神，例如〈保位權〉說：

> 爲人君者居無爲之位，行不言之教，寂而無聲，靜而無形，執一無端，爲國源泉。因國以爲身，因臣以爲心。以臣言爲聲，以臣事爲形。……。故爲君虛心靜處，聽聽其響，明視其影，以行賞罰之象。擊名考質，以參其實。賞不空施，罰不虛出。是以群臣分職而治，各敬而事，爭進其功，顯廣其名，而人君得載其中，此自然致力之術也。聖人由之，故功出於臣，名歸於君也。〔註221〕

像這些在《經法》和韓非著作中反覆論述的法、術、勢思想，作爲《春秋繁露》思想的組成部份，在《春秋繁露》中被大篇幅的系統地加以發揮，使原爲「禮義之大宗」的《春秋繁露》，充滿了韓非的法家思想，且成爲王霸並用，儒法合流的「法典」。

　　在漢朝初年，法治嚴酷，但尚有法可依，自從董仲舒開始以《春秋》決獄後，由於強調以誅心、誅意、原心論罪，引經文以斷獄，在宗法血緣關係內部，實行法治，其結果不僅使封建等級制和君臣父子關係，滲透著嚴而少恩的法治精神，法律本身也經常地被隨意解釋、濫用而無可依。《春秋繁露・精華》云：

> 春秋之聽獄也，必本其事而原其志。志邪者不待成，首惡者罪特重，本直者其論輕。〔註222〕

此即公羊所謂「原情定罪」與「誅首惡」之主張，所謂「原情定罪」，即判決

〔註220〕金春峰，《漢代思想史》（北京：中國社會科學出版社，1987年4月第1版1刷），頁209～210。
　　　　董仲舒則說：「有非力之所能致而自致者，西狩獲麟，受命之符是也。然後託乎春秋正不正之間，而明改制之義，一統乎天子，而加憂於天下之憂也，務除天下所患」《春秋繁露・符瑞》
〔註221〕《春秋繁露義證》卷6〈保位權〉第20，頁175～176。
〔註222〕《春秋繁露義證》卷3〈精華〉第5，頁92。

刑案，首明其「動機」，此即《鹽鐵論・刑德》所云：

> 春秋之治獄，論心定罪，志善而違於法者免。志惡而合於法者誅。

〔註223〕

即以武帝元朔六年（西元前一二三年），淮南王劉安謀反為例，事覺，朝廷使仲舒弟子呂步舒持斧鉞治淮南獄，步舒以春秋誼顓斷於外，株連者數萬人，皆以輕罪受重誅〔註224〕，歷來學者對淮南王謀反事件，頗表懷疑，錢穆先生謂：「淮南王謀反，半出影響，半出羅織，似無實際」，然《公羊傳》以「誅心」之論，視淮南王有謀反之心，雖無行動，等同叛變，嚴予誅殺，這正是董仲舒公羊學精神的體現。這種大義滅親的作法，既是法家傳統的延續和發展，也是《公羊春秋》學的基本精神。所以董仲舒說：

> 變天地之位，正陰陽之序，直行其道而不忘其難，義之至也。是故脅嚴社而不爲不敬靈，出天王而不爲不尊上，辭父之命而不爲不承親，絕母之屬而不爲不孝慈，義矣夫。〔註225〕

孟子曾說：「孔子之徒，無道桓文之事者」，又說：「春秋無義戰」，認為仁義與霸道是絕對對立的，但董仲舒講《春秋繁露》則與孟子大異其趣，他不講「父爲子隱」，而主張「大義滅親」，這可說法家傳統的存續與發展，他否定了法家強調法治，以吏爲師，不要文教德治的片面性，卻吸收了它的集權專制和注重刑法的思想。他又提倡「王道三綱」的理論，既「屈民伸君」，也「屈君伸天」，強調「天不變，道亦不變」，完成儒法合流，因此《春秋繁露》的〈俞序〉說：「春秋之道，大得之則以王，小得之則以霸。……霸王之道，皆本於仁。」〔註226〕王業與霸術被認爲同是仁德和天心的表現，從而一部集禮義之大宗的《春秋繁露》，成了王霸雜用，儒法合流的「法典」，法家的法術勢思想成了禮義王道的當然組成部分。〔註227〕從此，《春秋繁露》大一統之義，就成了儒家的正統思想。

〔註223〕桓寬（漢）撰，王利器校注，《鹽鐵論校注》卷10〈刑德〉第55（北京：中華書局，1996年9月，北京第2刷），頁567。

〔註224〕《史記》卷118〈淮南衡山列傳〉，頁3093～3094。
「上下公卿治，所連引與淮南王謀反列侯二千石豪傑數千人，皆以罪輕重受誅。」

〔註225〕《春秋繁露義證》卷3〈精華〉第5，頁87。

〔註226〕《春秋繁露義證》卷6〈俞序〉第17，頁161。

〔註227〕金春峰，《漢代思想史》（北京：中國社會科學出版社，1987年4月第1版1刷），頁210～214。

三、災異譴告

　　災異理論思維的發展，是經過長期的累積與演變。因爲在遠古社會，民智未開，人們對天象的變異，會產生恐懼與警覺之心，以爲冥冥之中有神在主宰。根據甲骨文卜辭的記載，殷商時期所有的行事作爲皆聽命於上天，求之於鬼神，以定禍福休咎，精神生活完全依賴巫術與神靈，由殷人的事事占卜，求取鬼神的指示，事事祈禱，求取鬼神的福祐，可以知道災異理論的基礎——「天人感應」的思維，由來已久，其影響力之深，涵蓋之廣，至今猶存，可說是中國古代最重要的思想之一，古人將天變與人事對應起來，以進行占卜，就是天人感應的觀念，例如《帝王世紀》云：

　　炎帝神農氏，姜姓也，曰任姒，有蟜氏之女，名女登，爲少典正妃，
　　遊於華山之陽，有神龍首感女登於常羊，生炎帝。〔註228〕

這種以感應來解釋古代聖王的身世，不僅爲政權之神祕性提供了合理的說法，同時也突顯出思維本身的重要，「感」字可以說是關鍵的線索。從「感」的觀念出發，同類可以相感，同氣可以相聚，共同致力於福國利己之事業，就可以得到互利與道義的善果，推而廣之，物類亦可相感，譬如古人相信樂舞可以招來神異之物〔註229〕，如《史記・五帝本紀》稱：

　　禹乃興九招之樂，致異物，鳳皇來翔。〔註230〕

古人相信音樂的演奏可與人互相感應，因此禮法與音樂都可以成爲教化的工具，將感應思維進一步推廣，透過音樂就能判斷一國政治之清濁與盛衰，春秋時有名的季札觀樂，就是這種感應理論的實例。〔註231〕

　　而古代的天人關係，也是以感應爲基礎而展開的，就是說自然現象可以感通人類行爲，這是一種動態的感應，乃是天人關係的重心，其最明顯的實例，就是天體現象的變異，是肇因於人事的感應，此即〈深察名號〉所言：「天人之際，合而爲一」〔註232〕，即是說明天上的變易現象，正是警告人君所顯現的徵兆，設若君王的行事如有不當，而異乎正常，天即會感應而顯現異常的現象，天所以顯現異常，即所謂「災異」。君主的行事如何能感天而使之相

〔註228〕皇甫謐（晉），《帝王世紀》（北京：中華書局出版，1985年），頁3。
〔註229〕黃肇基，《漢代公羊學災異理論研究》（臺北：文津出版社，1998年5月），
　　　　頁16～17。
〔註230〕《史記》卷1〈五帝本紀〉，頁43。
〔註231〕《春秋左傳注疏》卷39〈襄公二十九年〉，頁664。
〔註232〕《春秋繁露義證》卷10〈深察名號〉第35，頁288。

應呢？董仲舒說：

> 天地之物有不常之變者，謂之異，小者謂之災。災常先至而異乃隨
> 之。災者，天之譴也；異者，天之威也。譴之而不知，乃畏之以威。
> 詩云：「畏天之威。」殆此謂也。凡災異之本，盡生於國家之失。國
> 家之失乃始萌芽，而天出災害以譴告之；譴告之而不知變，乃見怪
> 異以驚駭之，驚駭之尚不知畏恐，其殃咎乃至。以此見天意之仁而
> 不欲陷人也。〔註233〕

天人感應就是天的系統與人的系統之間的控制和反饋，董氏之意，實欲借天
之力量對君主有所警戒，此即「以元統天，以天統君」，這種災異是上天對人
的譴責與告誡，也是對君王的一種約束。災異之來，是由小而變大，在這個
範圍之內，人君儘可改過自新，如果「尚不知變」，殃咎必隨之而來，其中最
大者乃是「徭役眾，賦稅重，百姓貧窮叛去，道多飢人」，這就表明政權發生
了動搖，即將崩潰。所以董仲舒天人感應的災異理論，最主要的目的在促使
人君「內以自省」，而對君王的使命，予以清楚的規範，其重點在強調百姓的
安樂才是上天所最關注的，若君王不以民為念，上天將予奪王之位，這是「更
化受命」的必要之義。也就是以「災異」為手段，而以「限制君權」為目的，
希望國君「修德善群」的一種政治哲學和倫理標準。所以天人感應說推論極
至，則為易代革命，故陰陽災異之說，必為「革命論」，蓋非革命無以言五行
生剋易代，亦無以警懼人君。這是天人感應說的中心思想，然漢室統有天下
已久，言天人感應說者為了擁護漢政權，乃修改革命論而造漢室可「再受命」
之說，其中以翼奉之遷都論和夏賀良之改元易號，可以更始改運之議，最具
代表性，認為人君只要遷善改過，就可以維新更始，這多少對皇帝產了警惕
和限制作用。〔註234〕

〔註233〕《春秋繁露義證》卷8〈必仁且智〉第30，頁259。
〔註234〕廖伯源撰，《秦漢史論叢》（臺北：五南圖書出版股份有限公司，2003年5月，
　　　　初版1刷），頁9～13。
　　　　再受命說雖屬後出，然信奉者不少，流傳甚廣，然陰陽災異說主張人君改過
　　　　修德，力行向善，則可自新更始，此義久已深入人心而見信奉，故自陰陽災
　　　　異說流行，人君不敢極盡恣欲，其善者乃兢兢業業努力求好，以長保祖宗社
　　　　稷為念，故《漢書・谷永傳》曰：「上（成帝）使尚書問永，受所欲言。永對
　　　　曰：……陛下誠肯發明聖之德，昭然遠寤，畏此上天之威怒，深具危亡之微
　　　　兆……夙夜舉舉，婁省無怠，舊愆畢改新德既章，纖介之邪不復載心，則
　　　　赫大異庶幾可銷，天命去就庶幾可復，社稷宗廟庶幾可保。」參考《漢書・

　　天人相與的關係，表現在社會與政治上，最重要的是「天命」的觀念與
「敬」的態度，「天命」的觀念在西周時已特別被強調，到了春秋時代更成為
普遍流行的思維，春秋繼承了周初「修德獲天命」的信仰，認為人事可影響
天命，更強調人君應修德以決定自己的命運，所謂「修德」，即是敬事上天，
一方面表現對天命的慎重，一方面則表現對王事的敬謹，如果為政不善，必
有「天變」，因此《春秋》重災異，每有災異必書，可見孔子《春秋》之書災
異，應有其憂患警覺之深意，何況《春秋》褒貶之筆，盡在《公羊》〔註235〕，
因此到了漢代，「天變」與「災異」在天人感應系統中，成為上天意志的符號，
帶有限制君權的作用，這是士大夫的微言，也是武帝所提「善言天者必有徵
於人，善言古者必有驗於今」應有的措施。這個制約，主要表現在反對任刑
濫殺，所以董仲舒一再強調「德」是「陽」，「刑」是「陰」，天是好仁惡殺的，
因此他說：王道「任德而不任刑」《春秋繁露・基義》〔註236〕力主王者承天意
以從事，任德教而不任刑，這都是漢代思想家們總結出來的秦亡經驗。因此
董仲舒才把「天變」與「災異」提升到宇宙論的層次，以制約絕對君權。如
他自己所說的：「春秋之法，以人隨君，以君隨天。」《春秋繁露・玉杯》〔註
237〕這才是董仲舒哲學的特徵，君既是民的絕對統治者，民只有通過「天」才
能制約君權，因此天人之間的交通感應，重在彼此的和諧統一與穩定持久，
這就是「道」，既是「天道」，也是「人道」，既是自然的法則，也是人間的統
治秩序。此即「天不變，道亦不變」，站在這意義上講，方可發揮「正其誼不
謀其利，明其道不計其功」的儒學內涵，這固然不同於法家的功利理論，也
不同於原始儒家的「罕言利」，因為這已超過漢代宗法社會的血緣倫理，而是
從客觀的宇宙立論。〔註238〕

　　董仲舒以《春秋》災異事例為主軸，從天人相與之際，談論王道的治亂
興衰，再以《春秋》災異的褒貶為起始，闡釋天人之徵，並申論浸明浸滅與

　　　谷永傳》，頁 3463～3464。

〔註235〕黃肇基，《漢代公羊學災異理論研究》（臺北：文津出版社 1998 年 5 月），頁
　　　1～2。
　　　大至山陵崩頹，小至霜不殺草，二百四十二年間，未嘗或缺，與其所記弒君
　　　三十六，亡國五十二的禍亂相彷彿，其慎重如此。

〔註236〕《春秋繁露義證》卷 12〈基義〉第 53，頁 351。

〔註237〕《春秋繁露義證》卷 1〈玉杯〉第 2，頁 31。

〔註238〕李澤厚，《中國古代思想史》（臺北新店：谷風出版社 1986 年 12 月），頁 166
　　　～168。

治亂之道，發揚了《春秋》大義，使災異思維成了漢代天人感應的關鍵，以符合當時政治、社會的需要，用來發皇儒家倫理道德的精神，使新儒家得以嶄新的面貌活躍於漢代的經學思想中，成為「獨尊」的局面，不僅立下了兩漢《春秋》學的規模，也成為漢儒「通經致用」的鵠的。公羊學說既是經世致用之學，故它所關心的不只在成己成德而已，更進而希望從改制立法中，達到兼善天下的目的。〔註239〕因此董仲舒以回歸上古君權神授的思想，獨尊君權，並闡揚王霸並用的理論以適應大一統帝國的需要，為往後「禮法」並用的君道思想，奠下了紮實的理論基礎，使皇帝制度可為全國人民接受，然君權既已獨尊，限制為難，董氏卻希冀藉天人感應的災異理論，以譴告人主，他說：

> 為人主之道，莫明於在身之與天同者而用之。〔註240〕

如此把天道貫通到政治，期望借自然現象的失調，以求人主醒悟己身的過失，進而敬懼修德，體認君王之舉動全在上天監臨之下，若人君違背天德，人民也相對的會違背君命，如此可賦予王者，深一層的警覺與責任，使之明白「崇始正本」、「重德不重刑」的旨意，從而限制君權。〔註241〕但從史實察照，凡雄才大略之君主，皆喜恣睢肆行，無忌於天道，更何況災異？董仲舒在遼東高廟事件中，慘遭繫獄，即是例證。因此，董仲舒尊君有餘，制君不足的政治理論，徒然煽起兩漢陰陽緯讖之邪風，事實昭然，足可論斷矣。然其改造儒學空疏化之傾向，並吸收百家之長，以利於其作為封建社會統治思想在社會生活各個領域的貫徹，極富現實性，而其汲取法家的尊君思想又最具體化，幾與墨子「尚同」之原則相似。《墨子·尚同上》云：

> 上之所是，必皆是之，所非必皆非之，上有過則規諫之，下有善則傍薦之，⋯⋯。國君者，國之仁人也。⋯⋯？察天下之所以治者何也？天子唯能壹同天下之義，是以天下治也。〔註242〕

董仲舒尊君的核心目的，就是要統一天下的思想與意志，形成寶塔式的逐級

〔註239〕《史記》卷121〈儒林列傳〉，頁3128。
　　　　「以春秋災異之變推陰陽所以錯行，⋯⋯。行之一國，未嘗不得所欲。」
〔註240〕《春秋繁露義證》卷12〈陰陽義〉第49，頁341～342。
〔註241〕黃肇基，《漢代公羊學災異理論研究》（臺北：文津出版社，1998年5月），頁124～125。
〔註242〕孫詒讓（清）撰，《墨子閒詁》卷3〈尚同上〉第11（臺北：河洛圖書出版社，1975年），頁3～4。

服從制，最後由天子決定一切，而天子則對天負責，天子遂如百神之大君，高踞金字塔的頂端，獨攬天下之大權，他說：

> 受命之君，天意之所予也。故號爲天子者，宜視天如父，事天以孝道也。號爲諸侯者，宜謹視所候奉之天子也。〔註243〕

董仲舒的君道理論，汲收諸家之長，而成立自己獨特的思想架構，顯出廓大兼容並包的特色，爲中國的皇帝制度，開創了新紀元。〔註244〕

四、君主專制的一元化社會

在人類歷史上，國家的出現也意味著王權的產生，中國古代的君王是在父系家長制和家族公社的基礎上，由部落酋長發展而來的，所以早期中國的王權既帶有氏族民主制的遺存，又有宗族制的特點，此即「軍事民主制」。中國專制王權產生的主要原因是君主乃由部族首領轉化而來，他們都是世襲的大氏族的族長。中國古代的宗法制度，保證了早期君王擁有氏族內的一切大權。中國早期的君主既是國家首腦，又是氏族的族長，擁有國家和宗族的雙重權力，這是中國早期專制王權發展的條件。由於夏、商、周三代，剛從氏族母系社會脫離不久，所以部落時代的民主制在一定程度上得以保留，王只是天下共主而已，而宗親貴族則可以借參政、議政、輔政，合法地限制王權。〔註245〕而中國是由農業部族發展起來的國家，貢賦制度是中國早期君王積聚財富的手段和賴以生存的基礎。中國的帝王把徵收而來的財富據爲己有，從而視國家爲私產，並以此對大臣進行封賞，建立起等級森嚴的君臣關係，並擁有對大臣生殺予奪的權力，使中國王權向專制主義發展，而家族繼承制度

〔註243〕《春秋繁露義證》卷10〈深察名號〉第35，頁286。

〔註244〕黃朴民，《董仲舒與新儒學》（臺北：文津出版社，1992年7月），頁91～93。公羊家的大一統思想，是要求通過王權，統繫整個政治社會，實現六合同風，九州共貫的大一統王道政治，這是一種超越的政治價值。但是公羊家大一統思想，強調的是「一統」而不是「統一」，一統是通過道德文化的力量來維繫整個政治社會，感召四周的異族，最後達到遠近大小若一的王道理想，而統一則是透過武力的征服，劃一政治社會，故兩者截然有別，因此，大一統思想的精髓是以道德文化統繫天下，是孔子「貴王賤霸」思想的體現，它是發自人性深處的永恆價值，也是人類的終極關懷。若論公羊學對中國人思想影響最大的，恐非大一統思想莫屬了。參考：蔣慶著，《公羊學引論——儒家的政治智慧與歷史信仰》（瀋陽：遼寧教育出版社，1995年6月第1版第1刷），頁293。

〔註245〕朱誠如，《中國皇帝制度》（武漢：武漢出版社，1998年4月），頁11。

是專制王權的主要特徵。因此中國自夏、商、周王朝建立開始,王權就帶有向專制主義發展的傾向,到了秦王朝統一中國之後,廢除封建,實行郡縣制,官僚政治正式形成,皇權空前強大。〔註246〕

然而西漢初年,統治者總結秦王朝滅亡的教訓,以又根據當時的形勢,認為秦王朝的短命是沒有實行分封制,於是對皇室諸子進行分封。由於漢代文化、經濟的發展,其程度遠遠高出西周社會,所以西漢皇權與諸侯國之間的矛盾急劇尖銳化,以致釀成吳楚七國之亂。故景帝至武帝時期,採取削藩,以推恩令的政策,打擊諸侯王,達到眾建諸侯少其力的目標,使諸侯國名存實亡,再也無力與中央皇權抗衡。漢武帝又採取鹽鐵專賣,打擊商人的政策,徹底推毀了富商大賈的經濟實力。並且利用酷吏剷除豪強地主,維護了專制皇權的絕對地位與利益。接著漢武帝支持董仲舒「罷黜百家,獨尊儒術」,從思想領域奠定了皇權的至尊地位。至此空前強大的專制主義的中央集權完成建構,大一統的封建帝國終於形成。這個偉大的成就,主要依靠「法家」以法治全力推動郡縣制度及官僚化的管理,最終完成了對一元化的君主專制政體的搏鑄。而儒家則在董仲舒借《公羊春秋》大一統之名義下,完成儒法之整合與王霸之並用,且以王權專制為基本立足點,將政治問題納入其王權專制的系統中,最終究完成了與這一體制相應的文化價值系統的營造。到了西漢,儒法這兩股在先秦截然對立的思潮合而為一,共同建構了「專制王權」的傳統政治,與「政教合一」的社會形態,成就了政治文化開新的使命,從此「專制王權」永遠盤踞在國家的頂端,而「政教合一」則做為一種超穩定的社會結構與政治文化模式,長期存續下來。〔註247〕

秦代曾經試圖建立一個完全依賴刑治與法律管理的國家,並將王權推向頂峰,可惜失敗了,而董仲舒以《春秋公羊傳》論述君道宜「王霸並用」的主張,符合當時大一統的國家需要。因此君主地位擁有不可置疑的合理性與權威性,對安定社會有一定的需要,然而隨著中央集權的日益鞏固,皇權也隨之膨脹,漢武一朝為了北伐匈奴,南壓反叛,使皇權向專制主義的極權化發展,不惜破壞宰相制度,殺宰相如犬羊,又任用大量酷吏以殘害蒼生,從

〔註246〕李玉潔主編,《中國早期國家性質》(臺北:雲龍出版社,2003年2月),頁2～5。

〔註247〕楊陽,《王權的圖騰化——教合一與中國社會》(臺北:星定石文化出版公司,2002年6月),頁226。

此合理的官僚體系與運行機制，成了皇帝的私人工具，客觀的官僚制度在中國無法獨立存在，而權力移至內朝的結果，又開啟外戚與宦官禍國的契機。專制王權遂重蹈秦始皇的覆轍。〔註248〕而專制政治就成為中國傳統政治制度與政治運行的實際，在這個政治體系內，專制王權不僅成為政治生活的中樞，而且還成為整個社會生活的中樞和支配力量。因此黃宗羲曾痛心疾首地指出，自戰國之後，中國就變成了「以君為主，天下為客」的社會，因此，自秦漢以來兩千年的中國，就是一個以君主意志為軸心，以君主利益為本位的社會，君權凌駕一切，皇帝至高無上，「君主專制」就成了中國傳統社會的基本特徵，除了君主之外，全國上下都「躋之僕妾之間而以為當然」《明夷待訪錄・原臣》〔註249〕失去了獨立的意志與人格。〔註250〕這種中央集權的君主專制，始終未能開創出真正的人文主義，也無法建立客觀的政治體系，孔孟學說所主張的文制，永遠停留在日常生活的層面，而未能轉出政治體制的文制。〔註251〕故政治形態始終停留在封建主義的君主專制上，成為中國歷史停滯不前的原因之一，徐復觀先生也感慨地指出：「中國兩千年的專制，乃中華民族一切災禍的總根源。」〔註252〕

〔註248〕李玉潔主編，《中國早期國家性質》（臺北：雲龍出版社，2003年2月），頁542。

貫山向漢文帝上書中，述及皇帝的威勢是「雷霆之所擊，無不摧斷者，萬鈞之所壓，無不糜滅者，今人主之威，非特雷霆也，勢重，非特萬鈞也。」

〔註249〕李振興校閱、李廣柏注譯，《新譯明夷待訪錄》〈原臣〉（臺北：三民書局，1995年4月），頁15。

〔註250〕李玉潔主編，《中國早期國家性質》（臺北：雲龍出版社，2003年2月），頁14〜16。

皇帝以個人及家族利益為本位，以天下民眾為工具，「是以其未得之也，屠毒天下之肝腦，離散天下之子女，以博我一人之產業，曾不慘然，曰：『我固為子孫創業也』。其既得之也，敲剝天下之骨髓，離散天下之子女，以奉我一人之淫樂，視為當然，曰『此我產業之花息也』」。《新譯明夷待訪錄・原君》。

〔註251〕牟宗三，《道德的理想主義》（臺北：臺灣學生書局，1985年版），頁154〜156。

〔註252〕徐復觀，《中國思想史論集》（臺北：臺灣學生書局，1983年版），頁257。

君主專制支配中國傳統社會的諸多領域，徐復觀先生曾對此作過精彩之論：「兩千年來的歷史，政治家、思想家，只是在專制這副大機器之下，作補偏救弊之圖。補救到要突破此一專制機器時，便立即會被這一機器軋死。一切人民，只能環繞著這副機器，作互相糾纏的活動；糾纏到與此一機器直接衝突時，便立刻被這副機器軋死。這副機器，是以法家思想為根源；以絕對化的身分，絕對化的權力為中核；以廣大的領土，以廣大的領土上的人民，及人民散漫的生活形式為營養；以軍事與刑法為工具所構造起來的。一切文化、

　　董仲舒根據《春秋公羊傳》提出的「王霸並用」的君道主張，雖被漢武帝的極權化作風，破壞殆盡，儒術只成了緣飾的工具，但是董仲舒的思想，畢竟已成了漢朝當代的指導政策，因此在漢武崩殂之後，「王霸並用」的君道主張，逐漸落實，當元帝為太子時，見宣帝多用文法吏，以刑名繩天下，曾從容建議云：「陛下持刑太深，宜用儒生。」宣帝作色云：

　　　漢家自有制度，本以霸王道雜之，奈何純〔任〕德教，用周政乎！
〔註253〕

是知漢自昭宣後，實兼用王道與霸道，這種具體的君道精神，君主具有不容置疑的權力，但也有不容置疑的責任，這種責任包括兩個方面，一方面是「以威勢成政」，也就是制定刑律法規。〔註254〕一方面是「必有教化」，要以德為主〔註255〕，重視教育，君主應該同時掌握政治權力與文化權力，才能展現君威與君德。在古代中國思想世界中《春秋》本來就象徵著德與刑，所謂「德」，就是教化，所謂「刑」就是法治，過去教育要依靠文士，法制要倚重官吏，但是董仲舒建議之後，造就文士，要立太學，習五經、重選拔、崇道德，官吏治理國家要任賢才、重考績、精律令、明功過。這是兩種很不一樣的職業與人生，也需要不一樣的價值系統，前者可歸入「道統」，後者可歸入「政統」，但在董仲舒的思想與政策中，竟然出現了「道統」與「政統」合一的取向〔註256〕，而這個由董仲舒參與並確立起來的教育與政治合一，即士與官僚合一的嶄新系統，乃是中國歷史上的一件大事。〔註257〕從此董仲舒的「王霸並用」的君道思想，就成了「儒法合流」的治國理論，開創了「政教合一」的新體制，不但為漢室所宗奉，且成為往後兩千年王權專制的標竿。

　　　　經濟只能活動於此一機器之內，而不能軼出於此一機器之外，否則只有被毀滅。」
〔註253〕《漢書》卷9〈元帝紀〉，頁277。
〔註254〕《漢書》卷60〈杜周傳〉，頁2659。
　　　　引杜周之言：「前主所是著為律，後主所是疏為令，當時為是，何古之法乎！」杜周在政治上是一名酷吏，凡酷吏皆以執行皇帝的詔令，體貼皇帝的天心為要務，在他們的心目中，根本無視法律的存在，故其行政舉措，皆以皇帝之意旨為天憲，直為皇帝的鷹犬耳目，與法家之法治需求，在本質上風馬牛不相及。
〔註255〕《春秋繁露義證》卷11〈為人者天〉第41，頁319。
〔註256〕葛兆光，《中國思想史·第一卷——七世紀前中國的知識、思想與信仰世界》（上海：復旦大學出版社，1997年11月），頁379～380。
〔註257〕李澤厚，《中國古代思想史論》（臺北新店：谷風出版社，1986年12月），頁169。

第四章　漢代名教思想的確立與禮法合一

第一節　漢代名教思想的歷史背景

　　周秦諸子之政治思想，有一共同趨勢，即尊王與統一運動之思想，秦之得以夷滅六國，完成中國之統一，就是因爲深得此種思想意識與精神力量之支持，方能成就大業，而開萬古未有之奇。然中國既經成爲統一的國家，則秦之君臣所面臨者，乃如何始能治理國家之問題。蓋周秦諸子，雖倡尊王與統一之思想，然均未及見中國之統一，因此無法提供治理統一國家之具體有效之辦法。然中國古代的政治思想家早已注意到建立「政治宗教」，對於維護政治穩定，具有十分重要的意義，所謂政治宗教就是政治與宗教的有機結合，以貫徹政治價值的信仰爲目標，其主要特徵有三，第一、政治信仰，第二、政治信仰的傳輸機制，第三、權力神聖。〔註 1〕而秦賴商鞅變法而崛起，故法

〔註 1〕　張榮明，《權力的謊言──中國傳統的政治宗教》（臺北：星定石文化，2001
　　　　　年 5 月），頁 6～7。
　　　　　傳統的政治包括兩個問題，一是政治價值觀念與信仰，一是政治文化的歷史
　　　　　過程。它包括兩層含意：其一，一定的政治體制的形成有賴於一定的文化背
　　　　　景，其二，一定政治體制的存在和運行，受到文化因素的制約。若僅從制度、
　　　　　法律、規定、強制等範疇來談政治是遠遠不夠的，還必須結合一定的文化背
　　　　　景，才能更深入理解政治的運行和發展。而政治文化對人們的政治行爲模式，
　　　　　政治人格和政治心理等現象，影響極大，一旦形成，就控制了人們的政治行
　　　　　爲和思維方式。例如「尊君卑臣」，「君命臣從」的觀念，當人們視之爲「當
　　　　　然」的時候，就會產生一種穩定的「心理取向」，從此成爲公認的價值準則，

家之流如韓非、李斯之見解，以爲惟有實行專制，加強控制，嚴刑酸法，方能有效統治此一廣土眾民之國家，故其「以吏爲師」的政治宗教理論，頗合秦政之實際，遂爲秦始皇所採納，然法家畢竟爲亂世之富國強兵理論，只適用於戰時體制，對於立國的文化精神與根本原理，並無見解。因此秦始皇雖統一中國，而身殁未幾，竟告土崩瓦解。用是引起當時人之覺悟與反省，認爲其立國精神與政治措施，必有嚴重缺陷。在政治思想上，首先提出反秦問題的是陸賈，自此以降，漢之公卿鴻儒，無不以秦亡爲戒，且鬱發而爲漢初蓬勃之反秦政治思想，而漢初君臣本亦不知所以安集中國之道。但因深受當時思想上反秦運動之影響。〔註 2〕遂深懷恐懼戒慎之心，而處處以秦爲戒。大凡天下之事，每能以失敗者之經驗爲經驗者，即常爲成功之經驗，故漢初的反秦之道，竟使國家得以乂安，事實上，經過秦末大亂與楚漢相爭，天下疲憊已極，「大城名都散亡，戶口可得而數者十二三」〔註 3〕。這時縱想大有作爲，形勢也不允許，能使人民休息，養生的「無爲」「清靜」思想，才是安定秩序，恢復經濟生產力的好辦法，因此道家得以受重用，而登上歷史的舞台。

秦帝國的覆滅，標示者皇帝制度與中央集權體制的失敗，也印證了法家的政治思想首度在中國廣土眾民之上的實驗，是一次嚴重的錯誤，因此法家的立國精神與行政措施，遭到無情的批判與指責，陸賈說：「秦以刑罰爲巢，故有覆巢破卵之患，以趙高、李斯爲杖，故有傾覆跌傷之禍，何哉？所任非也」《新語・輔政》〔註 4〕，陸賈對秦法的指責，是眾人有目共睹的事實，然而我們如果能跳出焚書坑儒這一類事件，回到歷史的大方向觀察，則秦代的重要性，乃在於能夠結束兩千年來的部落聯盟與城邦聯盟，開啓往後兩千年的中央集權體制與皇帝制度，因此法家的最後結局雖然失敗了，但其建構的政治體制，在中國歷史上具備轉振點的地位，而且影響深遠，是毋庸置疑的。〔註 5〕

於是臣民在君主面前，就沒有獨立的人格可言，在「聖旨之前」，就無是非可論。

〔註 2〕 曾繁康，《中國政治思想史》（臺北：大中國圖書公司，1971 年 8 月），頁 284～288。
〔註 3〕 《史記》卷 18〈高祖功臣侯年表〉，頁 877。
〔註 4〕 陸賈（漢）撰，王利器校注，《新語校注》卷上〈輔政〉（北京：中華書局，1997 年 10 月北京第 3 刷），頁 51。
〔註 5〕 孫廣德・朱浤源編著，《中國政治思想史》（臺北縣：國立空中大學印行・1997 年 1 月），頁 179。

一、皇帝制度的出現

　　就大體而言，秦初以皇帝爲首的官僚體制，基本上是戰國時代列國政治體制的延續與升級，就延續而言，以君王爲中心層級的中央集權政治，已經是戰國諸邦政治的基本型態。各國君主集軍政大權於一身〔註6〕，其下有總攬一切的的宰相以及漸趨系統化和專業化的文武官員，在地方上則有君主直接任命的郡縣令長。這些大小官員不再是憑藉宗法血緣身份的封建世卿，而是以才學干祿的平民俊秀，其榮辱升黜皆在君王手中。皇帝的地位較諸戰國時期，更爲提高，臣民的地位則較前降低。在先秦，君主對大臣的尊敬，是因爲大臣屬於世卿世祿的貴族階級，與君主同爲世襲，不是君主可以隨意支配。但到了秦漢，眞正的特權階級已經消滅，君主遂獨制天下，無人與之抗衡，戰國時期雖已演化到國君獨裁的階段，但一方面因春秋時代的傳統殘餘，一方面因爲列國競爭之下，人才的居奇，所以君主對臣下仍有相當的敬意。然秦漢大一統之後，形勢大變，君主無需再存客氣，天下萬民的生命財產在皇帝面前都毫無保障，從此以後，皇帝就是國家，國家就是皇帝，皇帝不止是政治上獨裁的元首，並且公然地將天下視爲他個人的私產。〔註7〕《史記・高祖本紀》云：

> 高祖大朝諸侯群臣，置酒未央前殿。高祖奉玉卮，起爲太上皇壽，
> 曰：「始大人常以臣無賴，不能治產業，不如仲力。今某之業所就熟
> 與仲多？」殿上群臣皆呼萬歲，大笑爲樂。〔註8〕

皇帝視天下爲私產，群臣不以爲怪，反呼萬歲，大笑爲樂，這與春秋戰國時代，「認爲三代之君」君爲守社稷者，而非私社稷者的見解，已經完全不同。從此皇帝制度，成爲秦漢以後兩千年歷史中，唯一維繫天下的勢力。

〔註6〕　邢義田，〈奉天承運──皇帝制度〉，收在鄭欽仁主編《立國的宏規》（臺北：聯經出版事業公司，1982年），頁45～46。

〔註7〕　雷海宗，〈皇帝制度之成立〉，收在韓復智主編，《中國通史論文選集》上（臺北：南天書局，1990年9月2版2刷），頁305～310。

〔註8〕　《史記》卷8〈高祖本紀〉，頁386～387。
由於皇帝「私天下」心理之作祟，在外則廣建宗廟，宗廟成了天下繫於一姓的重要象徵，因此，漢代秦之後，劉邦曾令天下郡國諸侯王皆立太上皇廟，以爲立宗廟，可以「建威銷萌──民之至權也」。而對內則憑藉私心，將整個官僚系統的客觀權力運作，予以扭曲或破壞，將權力交給自己的近側或親屬，主要是宦官和外戚。皇帝有時也大權獨攬，事必躬親，因此，士大夫都成了皇權的工具。

　　中國的皇帝制度，是秦始皇沿著商鞅變法以來的發展趨勢，在加強中央集權的同時，依據法家理論，尤其是韓非子的論述，由李斯執行而建立起來的制度，因此中國皇帝制度的建立，是法家的傑作，在春秋戰國時代，社會經濟急劇分化、轉型，當時的政治變遷有三個明顯的方向：一是兼併戰爭愈演愈烈，政治上逐漸呈現歸於一統的態勢。二是中央集權的體制，逐漸為列國採用，國家權力一元化的體制逐漸形成。三是思想界雖百家爭鳴，但對構築「大一統」的政治模式，充滿熱情與渴望。因此法家就順著這個政治、社會的轉型，趁機崛起，且完成了「大一統」的夢想。建立了中央集權的國家體制，和思想一元化的皇帝專政制度〔註9〕，可謂開創了萬古未曾有之嶄新局面，因此討論名教思想與皇帝制度的關係，就顯得極有必要。名教思想的產生，正是以皇帝制度的出現為歷史背景。

　　皇權專制是中國傳統政治文化與政治制度交互作用的產物，任何制度都有其價值和當時存在的必然性與必要性，同中國古代經濟和社會發展相比，其政治制度是相對成熟的。中國古代的經濟，其主流一直是自給自足的小農經濟，發展速度極為緩慢，社會文明也一直處於較低的水準，但在政治上，從秦代建立了皇帝制度，直到清王朝被推翻的兩千多年裡，高度膨脹的皇權是中央集權專制政治的軸心，對政治、經濟、文化、社會的控制，日益嚴密，形成了古代中國特有的政治性格及政治氣質，而漢代興起的名教思想，就是這種性格與氣質的反映，這是古代中國的政治發展的特徵之一。〔註10〕

　　專制皇權的發展，是中國古代政治制度的靈魂與核心。它是由專制王權轉化而來的。專制王權在秦以前行使了將近兩千年，不論在理論方面，還是在典章制度方面，都為皇權專制奠定了基礎，可以說沒有王權的充分發展，就不會有後來的專制皇權，皇權是王權進一步發展的結果。在夏商周三代，總體來說，生產力的水平很低下，社會經濟文化也很落後，雖說「普天之下莫非王土，率土之濱莫非王臣」，但在當時的社會歷史條件下，是很難做到這一點的，即殷王或周天子，也只是諸侯方國的盟主。相反的，王權還受到各種因素的制約，由王權向皇權的發展過程，可以說是王權不斷擺脫這種制約

〔註9〕　楊陽，《王權的圖騰化——政教合一與中國社會》（臺北：星定石文化出版有限公司，2002年6月），頁256。

〔註10〕朱誠如主編，《中國皇帝制度》（武漢：武漢出版社，1998年4月第2刷），頁1～9。

與束縛的過程，其中最大的制約是來自貴族階層與諸侯方國，其次是受到天地、鬼神、祖先等宗教信仰的限制。然而歷史的發展總是複雜多變的，各種機緣犬牙交錯地交織在一起，當王權在西周達到了頂峰之後，從春秋戰國時代起，在文化上出現了百家爭鳴的局面，諸子百家各自從不同的角度，論證了中央集權的君主專制主義的合理性，爲日後的大一統奠定了思想的基礎。正是在這樣的歷史背景下，公元前二二一年，秦王嬴政完成了統一天下的大業，在政治制度上開創了皇權專制制度的先河。從此，王權轉變爲專制皇權，奠定了往後兩千多年中國政治制度的基礎。

　　嬴政統一中國之後，建立皇帝制度便是從更換名號開始，「皇帝」名號是對先秦時代，王的名號的揚棄與昇華，是中央集權專制的標誌，這一名號的本身，就包含了皇帝至上的地位和無限的權力。皇權就其本質而言，是至高無上、無所不包，無所不統的，所有的典章制度都圍繞著皇權這根主軸來制定和運轉，一切的法令和措施，都是以皇帝的意志爲轉移的。皇帝的意志就是法律，皇帝制度的一切規定和程序，都是爲了保證皇帝暢行無阻地行使權力。而整個皇帝制度的根本關鍵乃在於「家天下」，自秦始皇統一天下之後，就建立了一套極爲繁複的宗廟、宮室、輿服、陵寢和儀節制度，來象徵並維護帝王至高無上的權威和形象，並昭告天下，帝位已爲一姓所有，可以傳之二世、三世乃萬世。自此之後，「家天下」的觀念遂入人心，並非只是帝王一人的信念而已，漢高祖曾說：

　　　　故父有天下傳歸於子，子有天下尊歸於父，此人道之極也。〔註11〕

景帝時，竇嬰亦曾說：「天下者，高祖天下，父子相傳，漢之約也」。《漢書·竇嬰傳》〔註12〕在漢人心目中，以爲天下本應爲高祖子孫所有。因此，漢哀帝欲法堯舜禪讓，將帝位傳給倖臣董賢時，仍有人以爲不可，曰：

　　　　天下乃高皇帝天下，非陛下之有也。陛下承宗廟，當傳子孫於亡窮。

　　　　統業至重，天子亡戲言！〔註13〕

名臣師丹甚且說：「天下者，陛下之家也」《漢書·師丹傳》〔註14〕在當時人之心目中，國爲家有，漢乃劉氏之天下，無非天經地義，因此，漢朝人甚至

〔註11〕　《漢書》卷1下〈高帝紀下〉，頁62。
〔註12〕　《漢書》卷52〈竇田灌韓傳〉，頁2375。
〔註13〕　《漢書》卷93〈佞幸傳〉，頁3738。
〔註14〕　《漢書》卷86〈何武王嘉師丹傳〉，頁3504。

稱天子爲「國家」。而這種皇帝制度「家天下」的本質，自秦漢而後，始終支
配著中國的政治體制達兩千年之久，而名教思想所倡導的「尊君」主旨，正
可作爲皇帝制度「家天下」的支持與掩護，這也是兩漢以來皇帝所以大力提
倡名教思想的根本原因之所在了。從此名教思想變成了政治宗教，也就是「國
教」，這是董仲舒在對策中反覆強調天子受命於天，一再論證「君權神授」的
道理，想透過「名教」將「尊君」的觀念，貫徹到人民的心靈深處。因此，
皇權不僅在政治領域是專斷的，在思想文化領域的權力也是專斷的。於是封
建專制政體與文化專制主義形成了一個不可分割的整體。極端專制的政體，
必須用文化專制的措施加以維護。同時，皇帝把仕途與名教思想結合在一起，
封死了其他學說發展的道路，儒學正式成了有系統的政治宗教，思想的統一，
成了皇權神聖化的基礎。即便是儒學內部的分歧，也要由皇帝裁定，在皇權
專制制度下，臣民不僅沒有政治自由，亦無思想之自由，兩漢的名教思想，
就在這種情形下，迅速成長茁壯。〔註15〕

二、法家的反智與愚民

漢代興起的名教思想，是以「尊君」爲主旨，這固然需要儒家「禮樂教
化」的配合，但在「家天下」的個人私心裡，「卑臣」與「愚民」卻是「尊君」
的必要條件，爲了達到尊君、卑臣、愚民的目的，法家對「反智論」做了最
充分的發揮，也可以說中國政治傳統中的反智思想是淵源於法家的，而愚民
的主張，也是由法家做得最絕，堪稱是「政治宗教」的異化與絕對化，而與
法家匯流的黃老道家，以及法家化了的儒家，也都有不同程度的反智傾向，
儒家最後還成了漢代的政治宗教，且成爲往後兩千年的中國國教，這種政治
上的反智與愚民，是由整個文化系統中各種因素凝聚而成。那麼，何謂「反
智論」呢？余英時先生曾爲它下了一個定義：

> 「反智論」是譯自英文的 anti-intellectualism，也可以譯作「反智識主
> 義」。「反智論」並非一種學說，一套理論，而是一種態度；這種態度
> 在文化的各方面都有痕跡可尋，並不限於政治的領域。中國雖然沒有
> 「反智論」這個名詞，但「反智」的現象則一直是存在的。〔註16〕

〔註15〕朱誠如主編，《中國皇帝制度》（武漢：武漢出版社，1998 年 4 月第 2 刷），頁
　　　　19。

〔註16〕余英時，《歷史與思想》（臺北：聯經出版公司，1999 年 4 月初版第 21 刷），

所以中國的政治傳統中一向瀰漫著一層反智與愚民的氣氛，而「絕對君權」的傳統，正是這一反智與愚民思想的泉源。因此，法家的反智論是和他們要樹立君主的絕對領導權威分不開的，而「尊君卑臣」就是反智愚民的核心思想。從秦漢以後的歷史看，法家的反智論，在中國的政治傳統中，造成了持久而深刻的影響，漢武帝的獨尊儒術，與董仲舒的推崇名教，實踐三綱五常，即是顯例。

　　首先，法家表現在反智思想上的，即愚民政策的主張，這在中國歷史上是史無前例的。老子也曾提出愚民的思想，但其所指之「愚民」，實以「樸民」為內涵，具有高度的哲學意義，然而法家卻策劃了一套具體的實施辦法，《韓非子・五蠹》云：

> 故明主之國，無書簡之文，以法為教，無先王之語，以吏為師，無私劍之捍，以斬首為勇。是境內之民，其言談者必軌於法，動作者歸之於功，為勇者盡之於軍。〔註17〕

法家思想的終極目標是要達到「富國」與「強兵」，因此其所重視者，唯勞動人民與軍隊，前者可以富國，後者可以強兵，至於知識份子，因為具有高度的獨立思考，早為法家所顧忌，列為打擊的對象。因此，主張「以法為教」「以吏為師」，建立吏學制，把普及法律知識與宣傳農戰作為人民的教育內容，法家思想成為秦國的官方哲學。〔註18〕全國只有一種思想標準，這樣就可以收「萬眾一心」之效，使全國成為「政教合一」的國家，因此，法家主張愚民政策，《韓非子》云：

頁1。

自古以來，君主是民眾的統治者，但君主又依存於民眾，歷史上某些帝王的子孫失去了政權，這是因為他們使民眾不安定。而有些庶民百姓，卻變為君主，這是由於他們能使民眾安定。故「社稷無常奉，君臣無常位」的關鍵，在於君主是「靖民」還是「亂民」。到了春秋時代，統治者對民眾力量的認識，更為深化，於是提出利民足民的政治主張，這是當時政治思想的主流。不過，與此相反的，也有人從君主專制統治的立場出發，強調困民與愚民的傳統方略，主張民眾不該有知識，認為民眾愚昧和貧困，是削弱民眾力量最好的良方，這樣才能使民眾在統治者面前畏怖，從而達到鞏固君主專制的目的，法家學派即其代表。朱日耀主編，《中國古代政治思想史》（長春：吉林大學出版社，1988年4月第1版1刷），頁28～29。

〔註17〕陳奇猷校注，《韓非子集釋》卷19〈五蠹〉第49（臺北：河洛圖出版社，1974年3月），頁1067。

〔註18〕吳福助，《睡虎地秦簡論考》（臺北：文津出版社，1994年7月），頁4～5。

> 今不知治者必曰：『得民之心』。欲得民之心而可以爲治，則是伊尹、
> 管仲無所用也，將聽民而已矣。民智之不可用，猶嬰兒之心也。⋯⋯，
> 夫民智之不足用亦明矣。故舉士而求賢智，爲政而期適民，皆亂之
> 端也，未可與爲治也。〔註19〕

在法家眼中，人民都是無知的，這在古代，頗符合社會的實際，而戰國晚期的
另一部法家重要著作《商君書》，對愚民思想亦有不同重點的發揮，〈墾令〉云：

> 無以外權爵任與官，則民不貴學問，又不賤農。民不貴學則愚，愚
> 則無外交。無外交，⋯⋯，則國安不殆。國安不殆，勉農而不偷，
> 則草必墾矣。〔註20〕

商鞅的愚民論，主要是爲了「靜民」，唯有將人民固著於土地之上，社會才能
安定，因爲在法家之政治路線下，只有農民與戰士兩類人受到歡迎，其他職
業的人民，都受到攻擊與排斥，《商君書·算地》說：

> 故事詩、書談說之士，則民游而輕其君；事處士，則民遠而非其上；
> 事勇士，則民競而輕其禁；技藝之士用，則民剽而易徙；商賈之士
> 佚且利，則民緣而議其上。故五民加於國用，則田荒而兵弱。〔註21〕

商鞅所以攻擊這五種職業的人民，即他們擁有專門的知識與技能。而詩書之
士尤喜「好古非今」，議論朝廷，誹謗今上，所以法家希望人民都普遍地愚昧
無知，這樣才能俯首帖耳地接受君主的領導。而韓非集法家之大成，其反智
與愚民之思想，亦是總結戰國以來之政治經驗，使之成爲專制政治的最高指
導原則之一，最後的目的，就是要將「尊君卑臣」的理論，徹底貫徹且推展
到極致，他說：

> 明君無爲於上，群臣竦懼乎下。明君之道，使智者盡其慮，而君因
> 以斷事，故君不窮於智，賢者敕其材，君因而任之，故君不窮於能，
> 有功則君有其賢，有過則臣任其罪，故君不窮於名。是故不賢而爲
> 賢者師，不智而爲智者正，臣有其勞，君有其成功，此之謂賢主之
> 經也。〔註22〕

「反智論」發展到韓非才算深文周納，「尊君卑臣」論發展到韓非才達到登峰

〔註19〕《韓非子集釋》卷19〈顯學〉第50，頁1103～1104。
〔註20〕蔣禮鴻撰，《商君書錐指》卷1〈墾令〉第2（北京：中華書局出版，2001年
8月北京第3刷），頁7。
〔註21〕《商君書錐指》卷2〈算地〉第6，頁46～47。
〔註22〕《韓非子集釋》卷1〈主道〉第5，頁67。

造極，而「有功則君有其賢，有過則臣任其罪」，即後世所謂「天王聖明，臣罪當誅」，君臣尊卑之分，猶如商周時代，人民崇敬上帝，而天子是上帝的嫡子，也是上帝的化身，服從天子，即等於服從上帝，皇權徹底的體現了君權神授的威嚴。〔註23〕西方基督教徒說：「一切榮耀皆歸於上帝。」韓非的「明君」正是這樣的上帝。〔註24〕

後來的秦始皇與李斯更在其總結的理論中開創了一個反智愚民的新政治傳統，「焚書」與「坑儒」這兩件事，就是法家反智愚民在政治實踐上的最後歸宿，我們從李斯的奏議中可以清楚地看出，其奏議曰：

> 古者天下散亂，莫之能一，是以諸侯並作，語皆道古以害今，飾虛言以亂實，人善其所私學，以非上之所建立。今皇帝並有天下，別黑白而定一尊。私學而相與非法教，人聞令下，則各以其學議之，入則心非，出則巷議，夸主以爲名，異取以爲高，率群下以造謗。如此弗禁，則主勢降乎上，黨與成乎下，禁之便。臣請史官非秦記皆燒之。非博士官所職，天下敢有藏詩、書、百家語者，悉詣守、尉雜燒之。有敢偶語詩書者棄市。以古非今者族。吏見知不舉者與同罪。令下三十日不燒，黥爲城旦。所不去者，醫藥卜筮種樹之書。若欲有學法令，以吏爲師。〔註25〕

秦之下令焚書，就是爲了防止知識份子對法家政治的批評，據此知當時書籍實分三類：

一曰史官書，除秦記外六國史記全部燒毀。

二曰詩書百家語，非博士官所職全燒。

三曰秦史及秦廷博士官書，猶存。

秦之焚書，意在禁絕「私學」，徹底執行以吏爲師，以法爲教的吏學制，使知識份子不敢非議皇帝所立之「法教」，如果任令知識份子「以古非今」，將會損害人主的威信與地位。因此，故秦廷之焚書與坑儒，重在禁絕言論與思想之自由，其意在使天下懲之不敢爲妖言誹上。〔註26〕可見「焚書」與「坑

〔註23〕 張榮明，《權力的謊言──中國傳統的政治宗教》（臺北：星定石文化，2001年5月），頁12～14。

〔註24〕 余英時，《歷史與思想》（臺北：聯經出版公司，1999年4月初版第21刷），頁28。

〔註25〕 《史記》卷6〈秦始皇本紀〉，頁255。

〔註26〕 錢穆，《兩漢經學今古文平議》〈兩漢博士家法考〉（臺北：東大圖書有限公司，

儒」兩件事，是完全針對當時一般知識份子批評法家路線和非議秦始皇而起，儒家首當其衝，是毫無疑問的。而諸子也在焚燒之列，已由「百家語」三個字完全證明了，明令不去的書籍只有秦國史乘和技術性的東西，則秦廷這一舉措，完全爲了統一文化思想，將法家奉爲新的政治宗教，是可想而知的。我們在這裡清楚地看到，法家爲了「尊君」論，不惜以焚書坑儒的手段控制文化思想，建立新的政治宗教體系，然後一步一步地走向反智與愚民；尊君必先卑臣，正是開創「尊君卑臣」的局面的一個始點。〔註27〕

尊君論包括積極與消極兩方面的內容，在積極方面，君主必須把一切最高的權力掌握在自己的手上，擁有絕對的權力，不能容許大權旁落，發生臣強主弱的情況。在消極方面，則必須建立政治宗教，統一政治思想，確立政治信仰，而這種信仰的內涵，必須體現皇權的神聖化與理想化，才能使天下歡然心服。法家在治國的實踐中，強調「尊君」必歸「卑臣」，而且非卑臣亦無以見君之尊，爲了達到這目的，法家有一套鞏固統治的積極辦法，這就是「一賞」、「一刑」與「一教」的三合一政策，什麼是一賞呢？《商君書》的〈賞刑〉說：

> 所謂壹賞者，利祿官爵摶出於兵，無有異施也。夫固知愚、貴賤、
> 勇怯、賢不肖皆盡其胸臆之知，竭其股肱之力，出死而爲上用也。
> 〔註28〕

這就是說，唯有在戰場上建立軍功者，方能享受爵祿，此外對於一切有德性、學問、技能的人，皆不足以膺國家之榮賞。這樣可使每個人都肯爲政府在沙

1978 年 7 月臺再版），頁 167～171。

大抵先秦學官有二，一曰史官，一曰博士官。史官自商周以來已有之，乃貴族封建宗法時代王官之舊傳。博士官則自戰國始有，蓋相應於平民社會自由學術之興起。諸子百家既盛，乃始有博士官之創建。博士官與史官分立，即古者王官學與後世百家言對峙之象徵也。然此次李斯之請焚書與秦廷之禁令，並不以焚書爲首要。其最要者乃爲以古非今，其罪至於滅族。次則偶語詩書，罪亦棄市。良以諸儒之師古而議上，偶語詩書，雖未及議政，然彼既情篤古籍，即不免有以古非今之嫌，故偶語詩書，明令棄市。因此，秦廷此次之焚書，其首要者，厥爲六國之史記，以其多譏刺秦國，且涉及政治也。其次爲詩書，即古代官書之流傳民間者，以其每爲師古議政者所憑藉也。再次乃及百家語，似是牽連及之，然並不重視。

〔註27〕 余英時，《歷史與思想》（臺北：聯經出版公司，1999 年 4 月初版第 21 刷），頁 30。
〔註28〕 《商君書錐指》卷 4〈賞刑〉第 17，頁 96。

場上賣命。什麼是「壹刑」呢？

> 所謂壹刑者，刑無等級，自卿相、將軍以至大夫、庶人，有不從王
> 令，犯國禁，亂上制者，罪死不赦。有功於前，有敗於後，不爲損
> 刑；有善於前，有過於後，不爲虧法。〔註29〕

這是說，如有犯上作亂者，都一律判處死刑，縱使以前立過再大的功勞，也
不能減輕刑罰。最後，什麼是「壹教」呢？

> 所謂壹教者，博聞、辯慧、信廉、禮樂、修行、群黨、任譽、清濁
> 不可以富貴，不可以評刑，不可以獨立私議以陳其上，堅者被，銳
> 者挫，雖曰聖知、巧佞、厚樸，則不能以非功周上利然。富貴之門，
> 要存戰而已矣。〔註30〕

法家的「一教」，便是統一教育、統一思想、統一價值標準的集權思想，這種
集權思想是中國文化的一個重要因素，強調同一和集權的必要性。而集權正
是大一統觀念的基礎，其理論體係在獨尊儒術以後，才逐漸完成，並成爲民
族的凝聚力。

　　其實，中國早期的思想和學術，除了道家之外，主要的取向，都是政治
上的集權思想和專制主義，所不同者，僅在於各家尋找的方式有異耳。故秦
之「一教」，乃是商鞅變法到統一全國的一貫政策，而且是中國自古以來的傳
統文化，並非秦之獨創。史學家章學誠先生對這傳統文化有清楚的闡述，他
說：

> 以吏爲師，三代之舊法也，秦人之悖於古者，禁《詩》、《書》，而僅
> 僅以法律爲師耳。三代盛時，天下之學無不以吏爲師。《周官》三百
> 六十，天下之學備矣，其守官舉職而不墜天工者，皆天下之師資也。
> 東周以還，君師政教不合一，於是人之學術，不盡出於官司之典安。
> 秦人以吏爲師，始復古制。而人乃狃於所習，轉以秦人爲非耳。秦
> 之悖於古者多矣，猶有合於古者，以吏爲師也。〔註31〕

章氏所云，三代確實如此，當時之庠序，皆由各級學官，學吏爲師執教，而
且是與生活、政治、綱常、倫理揉和在一起的。這種以吏爲師之學，必然是

〔註29〕《商君書錐指》卷4〈賞刑〉第17，頁100。
〔註30〕《商君書錐指》卷4〈賞刑〉第17，頁104。
〔註31〕章學誠（清）撰，《文史通義》〈史釋篇〉（臺北：史學出版社，1974年4月），
　　　　頁149。

有利於集權的，進而也有利於促進思想學術的專制。其所以如此，重在宣導帝王權力的神聖，從而建立政治價值的認同和政治信仰，而有利於國家的管理和穩定。《國語·晉語八》云：

> 圖在明訓，明訓在威權，威權在君。君掄賢人之後有常位於國者而立之，亦掄逞志虣君以亂國者之後而去之，是遂威而遠權。民畏其威，而懷其德，莫能勿從。〔註32〕

訓即是教，對人民實行教化，必須靠威權貫徹推廣。這種威權在君不在臣，秦始皇在統一全國之後，宣布李斯的主張，以吏爲師。其後，又有焚書坑儒的舉動，看似兩回事，然其根本的指導觀念是一樣的。此即思想理論上的集權和政治上的一統，爲了保證秦一統天下的中央集權體制的存在，並「傳之久遠」所以思想理論上的統一，也必須付諸實行，這是秦始皇所深切了解，且念茲在茲的，故不惜訴諸暴力以求實現。〔註33〕

章學誠先生說東周以後，社會經濟結構產生變化，連帶的政治制度亦跟著變化，所以君師政教不再合一，君主不再兼教主，作之君，作之師的歷史傳統，遂告斷絕。其實不然，先秦諸子之學術雖有獨創，而其思想理論始終圍繞著政治，除了道家外，其核心內容依然是君主專制與政體集權。即使是漢初當政的黃老道家，在面對知識份子的「理性」與「智性」時，也認爲君主該有運用駕馭之方，於是黃老學派便提出了「道」的理論。所謂「道」就是「一」，這個「一」是一個最高原則，而且變化莫測，具有無窮的妙用，是放諸四海而皆準的普遍眞理，掌握這唯一眞理的人，便能「操正以用奇，握一以知多」，那麼誰掌握這眞理呢？《經法》云：「帝王者，執此道也」。在黃老思想中，唯有人君始能掌握「道」，除了《黃帝四經》外，《伊尹·九主》也說：

> 得道之君，邦出乎一道，制命在主，下不別黨，邦無私門，諍李（理）皆塞。〔註34〕

這番話用意更深，不但反對「處士橫議」，即臣下的諍諫和諍議也要嚴加禁止，

〔註32〕左丘明（周）作，韋昭等注，上海師範大學古籍整理研究所校點，《國語》卷14〈晉語八〉（上海古籍出版社出版，1995 年 5 月第 3 刷），頁 448。

〔註33〕劉漢東，〈中國傳統文化中的集權思想〉，《廣州師院學報》社會科學版（1999年，第 3 期），頁 40～42。

〔註34〕嚴一萍編，《帛書竹簡》〈伊尹九主〉（臺北：藝文印書館，1976 年 3 月），頁4。

黃老道家的「帝王」，在理論上就成了「道」的化身，他的一言一行都是合乎「道」的，「聖王是法，法則明分」，於是人王與教主合一，內聖而外王，成為耶穌與凱撒合一的顯現，在這種情況下，還有誰能對他諍諫和批評呢？因此，《伊尹‧九主》又說：

> 二道之邦，長諍之李（理），辨黨長爭，……主輕臣重，邦多私門，……以命破戚（滅）。〔註35〕

黃老學派認為在帝道之外，若還存在著另一個「道」，必然形成天有二日，地有二主之爭。其結果則是「主輕臣重」，政權不保。

　　黃老思想同法家一樣，也反對士人議政與訕上，事實上就是一種反智與愚民的立場。故從理論上言，黃老的反智論，實根源於它的「一道」論，所以在《伊尹‧九主》篇裡，「道」與「政」是一而二，二而一的觀念，它說：

> 剸（專）授（專授是指君主將權柄給予臣下），失道之君也，故得乎人，非得人者也，作人邦，非用者也，用乎人者也是□□得擅主之前，用主之邦，故制主之臣。是故剸（專）授，失正（政）。之君也，過在主。〔註36〕

可見「道」即「政」。黃老既將「道統」與「政統」徹底的合一，因此，只有帝王可以持「一」以「正」民，那麼，整個國家就成為「一道」的社會，君主即教主，政教合一。這與原始儒家分「道統」與「政統」為二，而且肯定道統高於政統，是截然有別的。反而與法家的「一教」，在精神上是相通的。而法家的「一刑」和「一賞」乃是「一教」的雙重保證，這三者，是三位一體的，合起來便相當於黃老的「一道」，其目的都在「尊君卑臣」，讓皇權重新體現君師政教合一的神采，只是法家以商、韓的思想為政治宗教，而黃老以即道即君的形上理論君臨天下，更具超越的形象而已。這是法家與黃老能「得君行道」的關鍵所在，從此亦可見中國君權專制的傳統是反智愚民的主要泉源。〔註37〕

〔註35〕嚴一萍編，《帛書竹簡》〈伊尹九主〉（臺北：藝文印書館，1976年3月），頁5。

〔註36〕嚴一萍編，《帛書竹簡》〈伊尹九主〉（臺北：藝文印書館，1976年3月），頁5。

〔註37〕余英時，《歷史與思想》（臺北：聯經出版公司，1999年4月初版第21刷），頁16～20。

第二節　漢代名教思想的內涵

　　秦朝滅亡之後，漢朝代興，在秦始皇時代早已不容存身的儒學，經過漢初黃老當權時代的沈潛，竟然在漢武帝時「定於一尊」，這是中國歷史上的一個奇蹟，這個奇蹟的出現，說明了在這幾十年中，客觀的政治環境已發生了重大的變化，而儒學在政治性格方面的改變，正是它可以成為政治宗教的理由，也是它受到獨尊的原因。這說明儒學的發展，對宗法社會和專制王權有良好的適應性，正因為有這樣的條件，儒學才能歷經千百刼而屹立不搖，最後成為「國教」，其中最主要的原因是它能適應大變動的社會經濟和政治的需要，就以儒學的創立而論，春秋戰國是一個大變動的時代。周天子統轄下的國家轉為諸侯紛爭的戰國，成為「禮崩樂壞」的亂世。儒學的創立，正是適應解決這些社會矛盾的需要，具有鮮明的時代性與針對性，在當時是一種新學說，而其核心思想是「仁學」，其政治精神則在延續「周禮」與「尊君」，「仁學」是孔子的創造，它反映了領主經濟向地主經濟的轉化，君臣上下各方面都有不同的客觀要求。因此，孔子的「仁學」在當時是一種進步的思想。〔註38〕

　　其次，儒學的發展離不開對前人思想智慧的繼承，戰國時代儒學的大發展，孟子是最有貢獻者，當他周遊列國闡揚儒學的時候，列國人民仍苦於虐政、戰亂，亟盼國家的統一。孟子正視了這個時代的問題，應用和發展了孔子的仁學，建立了他自己的仁政學說。因此，孔孟之道的建立，發展離不開繼承，在繼承與創新之中，後來又有荀況與孟軻的分歧。這種不同學派之間的交流與辯難，不僅沒有妨礙儒學的發展，反而加強了儒學探討問題的深度，和加速儒學的發展的條件，加以儒學為了爭取當政者的採納，不得不回應現實問題，這又為儒學提供了與政治聯繫的實際。因此，儒學在漢武帝時，能借著「復古更化」的政治措施，取得獨霸的局面，其幕後的因素，乃在於「儒學的法家化」，並兼採陰陽的學說，它最具特色的表現，即在於君臣觀念的根本改變。漢儒拋棄了孔子君君、臣臣的「相對論」，孟子的「君輕論」，以及荀子「從道不從君論」，而代之以法家的「尊君卑臣論」。〔註39〕

〔註38〕鄒永賢，〈官方哲學地位對儒學發展的影響及其啟示〉，《廈門大學學報》社會版（1998年，第3期），頁51。

〔註39〕余英時，《歷史與思想》（臺北：聯經出版公司，1999年4月初版第21刷），頁32。

一、儒學的法家化

在秦漢嬗代之際，陸賈曾經著述《新語》十二篇，討論「行仁義、法先聖」〔註40〕的道理，希望透過「儒家的政治理論」，誘使當權者採納儒者的學說與思想，且很有意識地強調：

> 制事者因其則，服藥者因其良，書不必起仲尼之門，藥不必出扁鵲
> 之方，合之者善，可以爲法，因世而權行。〔註41〕

這種思想充滿了現實與理性，希望借著知識與權力分庭抗禮，強調治國之方，可以因機變化，不必拘泥學派之見。但世事畢竟已變，大多數的儒者，在那種急需確立思想「定於一尊」的時代，認爲儒家學說必須改變純粹的道德主義，以適應大環境的需要。爲了儒學的生存與學說的實現，其實從荀子起，儒學就已經具備了一種十分實用的入世傾向〔註42〕，而漢代第一個在政治上得意的儒生是高祖時代的叔孫通，他是爲漢朝確立了儀禮制度的大儒，同時也是一個極其靈巧善變的謀略之士，他諷刺固執理想的儒者「不知時變」，因此他奉命到魯地去徵召他的弟子「共起朝儀」時，就很識時務地「採古禮與秦儀雜就之」，可見叔孫通所立之朝儀，應以「秦儀」爲主，「古禮」僅是名稱而已，南宋的朱熹便看穿了叔孫通的心術，《朱子語類》云：

> 叔孫通爲緜蕝之儀，其效至於群臣震恐，無敢喧嘩失禮者。比之三
> 代燕享，君臣氣象，便大不同。蓋只是秦人尊君卑臣之法。〔註43〕

叔孫通曾任秦廷博士，他所立的漢代朝儀，實秦廷「尊君卑臣」那套禮節的翻版。難怪在施行之後，劉邦要說：「吾迺今日知爲皇帝之貴也」。司馬遷評論叔孫通說，他之所以成爲「漢家儒宗」，是因爲他知道「與時變化」，儒家的理想主義，終於向現實主義靠攏，而儒者的思想學說也終於向「尊君卑臣」的政治意識形態傾斜。〔註44〕叔孫通最終制定了漢代的禮儀制度，實現他用

〔註40〕《新語校注》卷上〈道基〉，頁9：
於是先聖仰觀天文，俯察地理，圖畫乾坤，以定人道，民始開悟，知有父子
之親，君臣之義，夫婦之別，長幼之序。於是百官立，王道乃生。
〔註41〕《新語校注》卷上〈術事〉，頁44。
〔註42〕葛兆光，《中國思想史.第一卷——七世紀前中國的知識、思想與信仰世界》（上
海：復旦大學出版社，1997年11月），頁368～369。
〔註43〕黎靖德（宋）類編，《朱子語類》卷135〈歷代二〉（濟南：山東友誼書社出版，
1993年12月），頁5262。
〔註44〕余英時，《歷史與思想》（臺北：聯經出版公司，1999年4月初版第21刷），
頁32～33。

儒家禮樂建立政治秩序的目的，而他的成功也終於使儒者懂得，一種思想學
說要成為國家的法律制度或意識形態，必須借助策略，不能單憑理想。〔註45〕
叔孫通就這樣成為漢代第一個法家化的「儒宗」。從此「尊君卑臣」就變成了
儒家政治制度的一部份。皇帝的地位，不再是秦以前的天子所能比擬其崇高
的，這不是靠神權建立起來的，而是靠法家的法術所建立起來的，以人工的
法與術建立起來的獨裁專政，比假託神意的古代天子更為嚴酷，皇帝的尊嚴
從此至高無上。〔註46〕成了全國唯一的「政治人物」，集父權、族權與政權於
一身，這是封建專制主義的基本特點，其突出的表現，就是皇權至上，皇權
世襲的「家天下」主義。〔註47〕

在漢武帝時代，另一個取得極大成功的儒者是公孫弘，他同樣採取一種
極為柔媚諂曲的策略來獲取政治地位。他每次參加朝廷的會議，只提意見，
而不下結論，「使人主自擇，不肯面折庭爭」，「奏事有所不可，不肯庭辯」，
這種態度等於閹割了先秦儒家的「諍諫」傳統，進而把「尊君卑臣」的原則，
推廣到君臣的生活對應之中，遂成為中國歷史上第一個「封侯拜相」的儒生，
《史記・平津侯主父列傳》云：

> 丞相公孫弘者，……。每朝會議，開陳其端，令人主自擇，不肯面折
> 庭爭。於是天子察其行敦厚，辯論有餘，習文法吏事，而又緣飾以儒
> 術，上大說之。二歲中，至左內史。弘奏事，有不可，不庭辯之，嘗
> 與主爵都尉汲黯請閒，汲黯先發之，弘推其後，天子常說，所言皆聽，
> 以此日益親貴。嘗與公卿約議，至上前，皆倍其約以順上旨。〔註48〕

公孫弘就是摸透了漢武帝喜歡獨斷的個性，所以曲順上意，因此漢武帝極喜
歡他，雖然他是學《春秋》出身的儒者，卻又「習文法吏事，緣飾以儒術」，
靠著這種策略，他封侯拜相，從某種意義上言，公孫弘的崛起，象徵了儒學
向儒術的轉型。建元六年（公元前一三五年）竇太后去世，被黜的田蚡再次
當政，便向雄心勃勃的漢武帝奏道：

> 絀黃老、刑名百家之言，延文學儒者數百人，而公孫弘以春秋白衣

〔註45〕葛兆光，《中國思想史.第一卷——七世紀前中國的知識、思想與信仰世界》（上
　　　　海：復旦大學出版社，1997年11月），頁369。
〔註46〕徐復觀，《兩漢思想史.卷一——周秦漢政治社會結構之研究》（臺北：臺灣學
　　　　生書局，1985年3月7版（臺6版）），頁135。
〔註47〕王玉波，《歷史上的家長制》（臺北新店：谷風出版社，1988年6月），頁88。
〔註48〕《史記》卷112〈平津侯主父列傳〉，頁2949～2950。

　　爲天子三公，封平津侯，天下之學士靡然鄉風矣。〔註49〕

公孫弘所以能致身卿相，乃在於漢武帝欣賞他以儒術緣飾吏事，這是一種高談孔孟仁義道德與禮樂教化，卻又陰使法家刻忌的行事風格，即所謂「陽儒陰法」，所以在公孫弘以白衣爲三公之後，大批的文法吏都踵事其塵，勤學儒術，改頭換面變成了儒生，更加速了儒學的法家化。

　　不過，在那個皇權逐漸膨脹的時代，一種思想學說的命運興衰，往往要靠信奉這種思想學說的人的策略運用，才能將這種思想學說轉化爲國家意識形態，另外，獲得若干決定性人物的特別支持，也很重要。因此，在西漢時代，黃老思想與儒家思想轉換的過程中，除叔孫通制定禮儀，使朝廷上下尊卑秩序得到釐清，皇權得到確認外，還有一些事件也極爲關鍵，例如：漢文帝時博士諸生奉命撰寫《王制》，仿照周禮的體制與規模，也使君主意識到「溥天之下莫非王土」〔註50〕的可能，對裁抑諸侯王，完成中央集權的決心，就更堅定了，而張蒼根據五德終始的理論和天象曆法的技術，爲漢家確立律曆。吹律調樂，入之音聲，及以此定律令。〔註51〕把秦作爲潤餘而以漢作爲正統，從宇宙論上爲漢家找到了合理的依據，這對儒家的受朝廷倚重，有絕對的影響。而漢武帝時，請來了申公，擬建設明堂，並以巡狩、封禪、改曆、易服色等一系列計劃，使天子的合理性與權威性得到確認。這一系列的舉措，顯然影響了君主與政府的選擇取向。〔註52〕這就是後來儒學能夠獲得獨尊的潛在因素。

　　自從漢武帝罷黜百家之後，他所最嚮往的治道就是「以儒術緣飾吏事」，《漢書‧循吏傳》曰：

　　　孝武之世，……，惟江都相董仲舒、內史公孫弘、兒寬，居官可紀。
　　　三人皆儒者，通於世務，明習文法，以經術潤飾吏事，天子器之。

　　〔註53〕

〔註49〕《史記》卷121〈儒林列傳〉，頁3118。

〔註50〕鄭玄（漢）注，賈公彥（唐）疏，《周禮注疏》卷1〈天官冢宰〉第1（阮刻《十三經注疏》本，臺北：藝文印書館，1993年，第12刷），頁11：
　　　周禮分天官冢宰、地官司徒、春官宗伯、夏官司馬、秋官司寇。冬官考工記，
　　　乃是周代治國的藍圖，故曰：唯王建國，辨方正位，體國經野，設官分職。
　　　周禮就是以王權爲中心；分立百僚以佐王均邦國的典章制度。

〔註51〕《史記》卷96〈張丞相列傳〉，頁2681。

〔註52〕葛兆光，《中國思想史.第一卷——七世紀前中國的知識、思想與信仰世界》（上海：復旦大學出版社，1997年11月），頁370～371。

〔註53〕《漢書》卷89〈循吏傳〉，頁3623～3624。

所謂「以經術潤飾吏事」，亦即以「經義斷獄」，除了引用法律條文之外，還要在儒家經典中找尋根據，這才稱爲「緣飾」或「潤飾」，《史記・酷吏列傳》說：

> 是時上（武帝）方鄉文學，湯決大獄，欲傅古義，乃請博士弟子治
> 尚書、春秋補廷尉史。〔註54〕

董仲舒吸收了法家的威勢與權術的思想，並將其與儒家的治國之道互相結合，使二者在功能上，互爲補充，交相爲用，也就是說大吏決獄，除了要遵循漢律外，更要有儒家經典的依據，當時以董仲舒爲代表的漢儒就提出了「引經決獄」「以經釋律」的意見，這兩項提議獲得了漢武帝的認可，且都具有法律的效力，於是「引經決獄」與「以經釋律」，在漢朝廣受重用，興盛至極，而董仲舒所著的《春秋斷獄》（又叫「春秋決事比」）一書，就徹底地將《春秋》化爲一部法典，成爲斷獄的根據，這就是「儒學法家化」的典型例證。

所謂「引經決獄」，概而言之，即以儒家思想爲斷獄指導思想。具體而言，是要求司法官吏在審理案件過程中，用儒家經義作爲分析案情，認定犯罪的根據，並按經義的精神解釋和適用法律。所謂「經義」，即儒家經典闡述的具體思想和觀點。漢代「引經決獄」者常引用的儒家經典有《詩》、《書》、《易》、《禮》、《春秋》等五經，五經之中，又以《公羊春秋》爲主，因此，「引經決獄」又稱做《春秋》決獄。這是另一種以禮入刑的新途徑，王充在其所著《論衡・程材篇》說董仲舒解釋法律是：

> 表《春秋》之義，稽合於律，無乖異者。〔註55〕

實際上就是通過解釋，使法律條文符合儒家經義，這樣一來，現行的漢律，雖不是在儒家思想指導下制定的，也能夠有效的爲儒家政治路線服務了。

二、法律儒家化

漢朝在春秋決獄的過程中，形成了許多儒家的法律觀點，逐漸奠定了封建法律儒家化的基礎。「引經決獄」重在「引經」，它要求審理具體案件時，能夠找出儒家具體法律觀點，作爲量刑定罪的理論依據。然而先秦儒家論述法律的具體言論很少。於是「引經決獄」者，就只能以儒家基本的政治法律

〔註54〕《史記》卷122〈酷吏列傳〉，頁3139。
〔註55〕楊寶忠，《論衡校箋》卷12〈程材篇〉（上海：河北教育出版社，1999年1月），頁402。

思想爲指導，從「經義」中演繹出所需要的法律觀點，在這過程中，逐漸形成了一系列符合儒家思想的具體法律觀點。例如：漢律始終維護以「尊尊親親」爲核心的封建等級制度和封建社會秩序，作爲基本內容。按照周禮的規定，親親父爲首，尊尊君爲首，從這一基本原則出發，漢律把所謂子對父的不孝，臣對君的不忠行爲，都視爲大逆不道，有「不敬」、「不孝」、「大不敬」等罪名，又根據周禮「刑不上大夫」的主張，漢律又確定了對官僚貴族特權的保護。按照孔子「父子相隱」的理論，漢律也規定了「親親得相首匿」的刑罰原則。凡此種種，都說明禮之入於刑，不僅可以使刑法更能充分發揮保護「君爲臣綱、父爲子綱、夫爲妻綱」的封建倫理綱常的作用，而且還能爲司法鎮壓，披上一件仁義教化的道德外衣，以掩飾封建倫理的欠缺公平正義。〔註56〕

　　因爲《春秋》決獄的突出特點就是「原心定罪」，所謂「原心」就是視其動機，動機善，其結果惡也無妨，如果動機惡，其結果善亦有罪，例如《漢書》〈霍諝傳〉記載：

> 有人誣諝舅宋光於大將軍梁商者，以爲妄刊章文，坐繫洛陽詔獄，
> 掠考困極。諝時年十五，奏記於商曰：「……。諝聞《春秋》之義，
> 原情定過，赦事誅意，故許止雖弒君而不罪，趙盾以縱賊而見書。
> 此仲尼之所以垂王法，漢世所宜遵前脩也。」〔註57〕

這裡所說的「赦事誅意」就是原心定罪的意思，這是一種走向極端的動機論，只要動機好，即使造成了嚴重的後果，也可不追究。其最初的目的，是誘導人們爲善去惡，但是一個人動機的善惡，深藏其心，非旁人所能臆測，於是「經義斷獄」的「原心定罪」，就成了法家酷吏舞文弄墨，故意陷人於罪的憑藉，他們用穿鑿附會的方式，以儒家經典定是非，「緣飾」兩個字就不只是裝潢門面而已，而是一種最徹底的殺人手段，《史記·淮南衡山列傳》記述淮南王謀反被定罪的情形說：

> 趙王彭祖、列侯臣讓等四十三人議，皆曰：「淮南王安甚大逆無道，
> 謀反明白，當伏誅。」膠西王臣端議曰：「淮南王安廢法行邪，懷詐

〔註56〕轟秀娥，〈論儒家思想對中國封建法律的影響〉，《雲南師範大學哲學社會科學學報》（第27卷第5期，1995年10月），頁14～15。
〔註57〕范曄（劉宋）撰，李賢（唐）等注，楊家駱主編，《後漢書》卷48〈楊李翟應霍爰徐列傳〉第38（新校本，臺北：鼎文書局，1987年，第5版），頁1615。

僞心，以亂天下，熒惑百姓，倍畔宗廟，妄作妖言。春秋曰『臣無
將，將而誅』。安罪重於將，謀反形已定。臣端所見其書節印圖及他
逆無道事驗明白，甚大逆無道，當伏其法。〔註58〕

根據漢律，「謀反」與「大逆不道」的罪名已足夠置淮南王於死地，而膠西王
更引《春秋》「臣無將，將而誅」之文，顯然意有所指，蓋「君親無將，將而
誅焉」一語，出自《春秋·莊公三十二年》〔註59〕，其意乃指臣對君，子對
父不允許有犯上作亂的思想，即使只有犯上作亂的思想而沒有行為，也屬大
逆不道。漢代的統治者對此大加提倡與發揮，遂成為決斷觸犯皇權及皇帝尊
嚴或安全的犯罪理論根據之一，其涵義有三：一是君臣、父子之間的關係，
必須各安其位，絕不允許違反。弒君、殺父之罪重於其他任何罪。二是尊尊
原則，高於親親原則。漢朝的體制，推崇親親，是為了榮顯尊尊，因而任何
侵犯皇權，損害皇帝尊嚴及危害皇帝安全的行為，即使是皇帝尊長所為，也
要受到嚴厲的制裁。三是人臣對於君主不僅不能有反抗的行為，即使有這種
思想，也被認為是犯罪。〔註60〕

　　由於漢代士人崇尚以《春秋》經義決獄，因此，一些有名望的學者，紛
紛以儒家的觀點去解釋現行的法律，而叔孫通更嘗「益律所不及，傍章十八
篇」《晉書·刑法志》〔註61〕，這顯然是在為統治者，擴大並加密法網，竟至
傍及律外，讓帝王殺人與法家酷吏更便於羅織罪名，所以馬端臨論《春秋決
事比》時曾沈痛地指出：

決事比之書與張湯相授受，度亦災異對之類耳。（武）帝之馭下，以

〔註58〕《史記》卷118〈淮南衡山列傳〉，頁3094。
〔註59〕《春秋公羊傳注疏》卷9〈莊公三十二年〉，頁112。
　　　　中國文化之發展，以儒家之經學為正統思想，乃始自漢武帝一朝，然五經之
　　　　地位並不相同，其中以《春秋公羊傳》詮釋為準的《春秋經》，被視為五經之
　　　　冠冕最為突出，最後且成為西漢王朝的立國大憲章，這與帝國體制的維繫，
　　　　有密切關係。因為《公羊傳》政治倫理的主旨，就是圍繞著「大一統」觀與
　　　　「尊君卑臣」而開展，所以《春秋經》是一部闡釋君臣倫理關係的典籍，其
　　　　要義就是尊君卑臣，凡違背君臣倫理的，其罪皆不容於赦。參考：張端穗，《西
　　　　漢公羊學研究》（臺北：文津出版社，2005年3月），頁3～5。
〔註60〕轟秀娥，〈論儒家思想對中國封建法律的影響〉，《雲南師範大學哲學社會科學
　　　　學報》，
　　　　（第27卷第5期，1995年10月），頁15。
〔註61〕房玄齡（唐）等撰，楊家駱主編，《晉書》卷30志第20〈刑法〉（新校本，臺
　　　　北：鼎文書局，1976年），頁922。

深刻為明；張湯之決獄，以慘酷為忠。而仲舒乃以經術附會之，王
（弼）、何（晏）以老莊宗旨釋經，昔人猶謂其深於桀、紂，況以聖
經為緣飾淫刑之具，道人主以多殺乎？其罪又深於王、何矣。又按
漢刑法志言，自公孫弘以春秋之義繩下，張湯以峻文決理，於是見
知腹誹之獄興。湯傳又言，湯請博士弟子治春秋、尚書者補廷尉史。
蓋漢人專務以春秋決獄，陋儒酷吏遂得因緣假飾。往往見二傳（按
公羊、穀梁）中所謂「責備」之說、「誅心」之說、「無將」之說，
與其所謂巧詆深文者相類耳。聖賢之意豈有是哉！〔註62〕

馬端臨這番痛切的剖析，可謂將陋儒酷吏經義斷獄的實際一針見血的道出，
才真正揭破了漢代「春秋斷獄」的真相。兩千年來，歷朝屢以「文字獄」摧
殘知識份子，正是這種「誅心」、「腹誹」之類的內在罪狀羅織的翻版，這是
儒學法家化的必然結果。就董仲舒的本意而言，其主觀願望或許想因勢利導，
逐漸以「德」化「刑」，使眾人去惡為善。然而西漢儒者既開了「誅心」之路
後，卻有更多的法家酷吏，用穿鑿附會的方式，羅織罪名，鍛鍊成獄，禍害
天下，因此，近人劉師培先生在《儒學法學分歧論》中指出：

及考其所著（指董仲舒「春秋決獄」），則又引「公羊」以傅今律，
名曰引經決獄，實則便於酷吏之舞文。時公孫弘亦治《春秋》，……
緣飾儒術，外寬內深，睚眥必報，……擬類之辭，曲相符合，高下
在心，便於舞文，吏民益巧，法律以歧，故酷吏由之，易於鑄張人
罪，以自濟其私。〔註63〕

漢朝建立之後，鑑於秦政的苛暴，法家之治實已不可行，而儒家思想的基本
主張，則較適應當時的社會需要。因此，儒家主張的「國以民為本，治國之
本在治民，治民之本在治心，得民心者得天下」的學說，有一定的說服力，
尤其在得天下之後，更顯得重要，很多統治者亦深諳此道，知治民之本在治
心，所以將思想統治視為專制主義治國治民的根本。

　　我們如果把董仲舒的「賢良對策」與李斯的「奏議」對照一下，就可以
看出兩者都是要統一思想，要禁絕異端，當時的政治家與思想家都深刻的明

〔註62〕馬端臨（元），《文獻通考》卷182〈經籍考九〉（臺北：新興書局，1963年），
　　　　頁考1567。
〔註63〕引自劉黎明、紅玉，《春秋之謎》（成都：四川教育出版社，2001年12月第2
　　　　刷），頁215。

瞭統一思想是統一大帝國的基礎。所不同者,董仲舒是用儒學代替法家的正統,用「春秋大一統」代替黃老的「一道」,和法家的「一教」,從此,大一統的思想深入人心,成為中國人心靈深處的政治符號,兩千年來,中國雖歷經戰亂與分裂,而又能再統一者,即拜此種思想之賜。而李斯對付異端的手段是使用暴力,董仲舒則用利誘,要求天下士人唯有讀儒家的經書,才有官作,《漢書·儒林傳》說:

> 武帝立五經博士,開弟子員,設科射策,勸以官祿。〔註64〕

設五經博士正是給董仲舒「獨尊儒術」作後盾的,董仲舒「復古更化」的具體內容就是要以儒家的經義整合法家的律令,使之成為新的政治宗教,以收到「尊君卑臣」的客觀效果,於是漢武帝遂緣儒飾法,陽尊儒學,陰行法術,從此儒學法家化,而且不限於漢代,它幾乎貫穿了全部的中國政治史。〔註65〕這種現象,一直伴隨著中國的政治,兩千年來,未嘗稍離,其最大目標就是要維護和鞏固「尊君卑臣」的體制,而「反智愚民」的政策,更是帝王們不遺餘力要貫徹的宗旨,因為它為統治者的權力和地位,提供了最有力的保障,而「名教思想」,就是朝廷執行「反智愚民」的工具,它始終是被統治者所利用的,名教思想順著先秦孔、孟、荀和韓非子這一脈思想的承續與轉折,在漢代由於帝王的大力提倡,終於使儒學成為國教,是兩千年來中國社會的最高政治信仰。

三、董仲舒的教化論

　　董仲舒的學說思想十分龐雜,然其立論之所以能確立兩漢之名教思想,並使之蓬勃發展,且對中國之政治與歷史造成鉅大的影響,乃肇因於他在整合諸子百家時借用了法家「尊君卑臣」的理論,極端的支持與維護專制體制,使儒學法家化,帝王才能借著儒家的「尊君」觀念,大力推行名教思想並使之蓬勃發展,例如他在《春秋繁露》中說:

> 人主立於生殺之位,與天共持變化之勢,……。天地人主一也。〔註66〕
> 是故春秋君不名惡,臣不名善。善皆歸於君,惡皆歸於臣。臣之義

〔註64〕　《漢書》卷88〈儒林傳〉,頁3620。
〔註65〕　余英時,《歷史與思想》(臺北:聯經出版公司,1999年4月初版第21刷),頁36～37。
〔註66〕　《春秋繁露義證》卷11〈王道通三〉第44,頁332～333。

　　比於地，故爲人臣者，視地之事天也。〔註67〕

漢武帝之所以接受董仲舒的建議，「罷黜百家，獨尊儒術」，就是因爲董氏巧妙地運用儒家的外衣，包裹了法家「尊君卑臣」的政治內核，才使得外施仁義而內多欲的武帝，得以操縱自恣，假借「禮樂教化」，建立一個特定的社會價值觀，而這種價值觀是一種「思想鎖定」，一旦普及社會，就成爲一種生活宗教，可以安定人們的精神和心靈。〔註68〕爲自己的權勢與帝位，提供了更多的憑藉。而董仲舒把「尊君卑臣」的原則，推廣到政治社會方面，也爲漢代的名教思想建立了理論的基礎，其中最重要的就是「三綱」「五常」之說，這種名教思想，事實上是基植於他對人性與教化的觀點上的。

　　就人性而言，董仲舒的思想，比較接近荀學的精神，但又有區別，荀子強調性惡，他則強調人心對惡的強制作用，《春秋繁露・深察名號》說：

　　柝眾惡於內，弗使得發於外者，心也。〔註69〕

這裡所謂心，就是理性、智慧。故董仲舒強調學習，認爲人的自然之性本具善質，可以透過教育使惡性轉爲善性，所以〈深察名號〉云：

　　性如繭如卵。卵待覆而成雛，繭待繰而爲絲，性待教而爲善。〔註70〕

董氏認爲人性的形成與發展，教育具有極大的作用，人性中包含著善性與惡性，同時包含了現實性與可能性，所以他說：

　　天生之，地養之，人成之。天生之以孝悌，地養之以衣食，人成之
　　以禮樂，三者相爲手足，合以成體，不可一無也。〔註71〕

董仲舒的人性論，可以說是孟、荀人性觀點的綜合，而又從善惡的內涵分析入手，具有很強的辯證性。〔註72〕可惜董仲舒對教化的論點與孔、孟完全不同。孔子認爲外在的「禮」，須返溯至內在的「仁」；而孟子則言善性與擴充四端，孔孟都從「心性論」出發，主張德性的自覺。而董仲舒卻從「天人感應」說立論，把「天」神秘化、宗教化，建立「法天」的天權教化思想，而且將教化之權完全轉移至帝王的手中，他說：

〔註67〕《春秋繁露義證》卷11〈陽尊陰卑〉第43，頁325～326。
〔註68〕張榮明，《權力的謊言——中國傳統的政治宗教》（臺北：星定石文化，2001年5月），頁2。
〔註69〕《春秋繁露義證》卷10〈深察名號〉第35，頁293。
〔註70〕《春秋繁露義證》卷10〈深察名號〉第35，頁300。
〔註71〕《春秋繁露義證》卷6〈立元神〉第19，頁168。
〔註72〕金春峰，《漢代思想史》（北京：中國社會科學出版社，1987年4月第1版1刷），頁190～191。

> 天生民性有善質，而未能善，於是為之立王以善之，此天意也。民
> 受未能善之性於天，而退受成性之教於王。王承天意，以成民之性
> 為任者也。〔註73〕

帝王既然受命於天，秉承天意，統御人間萬事萬物，而教化萬民，又是帝王
的職責大任所在，於是帝王可以重回「神道設教」的天權時代，可以根據「君
權神授」的理論，推行封建專制的教化思想，使「天道」與「人道」合一，
經過這一思想的轉折，儒家心性論中「德性源於主體自覺」〔註74〕的精義喪
失殆盡。攸關教化的重大之事，從此受制於帝王，難怪韋政通先生說：

> 這樣仲舒的教化論，無異是為統治的合理化建立了人性論的依據，
> 孔、孟那種強調自覺、自發、自信的教化精神，在與現實專制的整
> 合中，完全被扼殺了。〔註75〕

董仲舒為了替帝王的統治，建立專制理論，遂將儒家君臣、父子、夫婦以及
忠孝仁義的論點，與法家「尊君卑臣」的觀念互相結合，發展成「三綱五常」
的教條，這些理論，就成了名教思想發展的基礎，因為名教思想最重要的目
的，即在於使天下眾人馴服於忠君順君的教條之下。因此，當董仲舒將人性
的教化權完全轉接至君王手中時，三綱五常之說，乃為名教思想的發展，建
立了有力的支柱。

四、董仲舒的「三綱五常」之說

　　董仲舒將法家「尊君卑臣」的原則，運用到倫理方面，其核心思想與首
要目標，就是確立三綱五常的神聖地位。這種封建教條，支配中國社會兩千

〔註73〕《春秋繁露義證》卷10〈深察名號〉第35，頁302。
〔註74〕勞思光，《中國哲學史》第2卷（臺北：三民書局，1981年1月），頁7。
〔註75〕韋政通，《中國思想史》上冊（臺北：大林出版社，1980年12月），頁462。
　　　　西漢初期是在編戶齊民的社會基礎上，建立了統一的大帝國，而《公羊傳》
　　　　的大部份內容，就是以此背景而提出的，因此，具有很強的時代適應性，漢
　　　　廷亟需要依賴《公羊傳》所提出的政治倫理來約束和教育君臣及百姓，以維
　　　　繫帝國秩序的穩定，而儒家經典中，也確實只有《公羊傳》具備最相應和最
　　　　完整的內容，可適用於漢初政局的需要。因為《易經》是卜筮之書，是探討
　　　　天道的，《詩經》是文學作品，只能發揮諷諫作用，《書經》是三代政書，與
　　　　現實過份遙遠，《禮經》是三代制度之書，更不具備現實感。因此，《公羊傳》
　　　　的政治倫理思想和道德精神，最足以維繫帝國的統治。參考：張端穗，《西漢
　　　　公羊學研究》（臺北：文津出版社，2005年3月），頁13。

年，其目的就是要透過名教思想的深入，達成神道設教的效果，故尊君當如尊神，所以董仲舒進一步提出「尊神」的主張，他說：「體國之道，在於尊神。尊者所以奉其政也，神者所以就其化也，故不尊不畏，不神不化。」《春秋繁露・立元神》〔註76〕只有神其政而化其民，政治才能穩固，這種思想，一般人以爲是儒家的產物，其實，「三綱」之說乃出自法家。《韓非子・忠孝》曰：

> 臣事君，子事父，妻事夫，三者順則天下治，三者逆則天下亂，此
>
> 天下之常道也，明王賢臣而弗易也。〔註77〕

在等級制度中，君臣、父子、夫婦是最基本的倫常等級關係，從天道的日月星辰到社會的君臣父子夫婦，這三種關係是支配籠罩一切的，韓非早已提出「三綱」的思想，他說：「太上禁其心，其次禁其言」《韓非子・說疑》〔註78〕主張把「思想的統制」放在言論控制之前。董仲舒則說：「王道之三綱，可求於天」，以天道的陰陽關係，爲「三綱」做了充分的論證，他說：

> 丈夫雖賤皆爲陽，婦人雖貴皆爲陰。陰之中亦相爲陰，陽之中亦相
>
> 爲陽。諸在上者皆爲其下陽，諸在下者皆爲其上陰。〔註79〕

認爲君對臣，父對子，夫對妻的統治和後者對前者的忠誠與服從，是絕對的。因此又說：

> 天子受命於天，諸侯受命於天子，子受命於父，臣妾命於君，妻受
>
> 命於夫。諸所受命者，其尊皆天也，雖謂受命於天亦可。〔註80〕

董仲舒從古代家國同構的封建社會中，提煉出神化君父與家父的權力至上性和神聖性。由此可見董仲舒所要建立的尊卑順逆的絕對秩序，根本上是儒家法家化的結果。

封建社會等級統治的基礎是自給自足的小農經濟，因此鞏固與強化家族的宗法倫常統治，是「三綱」的根本環節，所以董仲舒把孝道提到了首要地位，他說：

> 百姓不安，則力其孝弟。孝弟者，所以安百姓也。……。雖天子必
>
> 有尊也，教以孝也；必有先也，教以弟也。〔註81〕

〔註76〕　《春秋繁露義證》卷6〈立元神〉第19，頁170。
〔註77〕　《韓非子集釋》卷20〈忠孝〉第51，頁1107～1108。
〔註78〕　《韓非子集解》卷17〈說疑〉第44，頁913。
〔註79〕　《春秋繁露義證》卷11〈陽尊陰卑〉第43，頁325。
〔註80〕　《春秋繁露義證》卷15〈順命〉第70，頁412。
〔註81〕　《春秋繁露義證》卷11〈爲人者天〉第41，頁319～320。

在封建社會裡，提倡孝道的根本目的是要安輯百姓，鞏固小農家庭這一封建統治的基礎，然孝與忠是一件事情的兩個方面，是密切聯繫不可分割的，因為家國一體，忠孝一致。而在古代的農業社會裡，有土斯有財，土地是人民生存的依據，因此，陰陽五行的「土德」既是孝道又是忠道，所以他說：忠臣之義，孝子之行取之土，因為土地財產的封建所有關係，決定了家父在家庭，享有至高無上的尊嚴與地位，也決定了君主在國家的至尊無上的地位，因為國家是家庭的擴大，皇權是父權的延伸，因此，《春秋繁露‧為人者天》曰：

> 唯天子受命於天，天下受命於天子，一國則受命於君。〔註82〕

中國狹小而分散的農村經濟，必需有高踞於自己頭上的強大的專制權威，保護自己的利益。而專制君主的權威利益，也需要無數「家族」來維持。故兩者都不能想像，除了封建的宗法關係，社會還能有其他關係。董仲舒運用陰陽五行理論整齊萬物，建立家國一致，忠君與孝親一體的政治倫理秩序。於是君父大義就這樣取得了尊嚴與神聖的地位，都是「天之經，地之義」，所以董仲舒說：

> 五行者，乃孝子忠臣之行也。……。事君，若土之敬天也。〔註83〕

他認為下事上如地事天也，可謂大忠矣，董氏對孝道的論證就原封不動地轉變成對忠道的論證，以生產、養育為目的的宗法家族關係，從此與專制的政治制度密切聯繫。〔註84〕

〔註82〕《春秋繁露義證》卷11〈為人者天〉第41，頁319。
　　　　《春秋》一書在本質上並非歷史著作，而是孔子托事明義之書，公羊家所謂張三世之說，即將歷史劃分為所傳聞世（據亂世）、所聞世（昇平世）和所見世（太平世）三個階段，也就是將歷史發展的標準定於人類道德的進步，認為人類主觀的道德努力與政治實踐，才是人類歷史發展的真正動力。因此，公羊學堅決反對陰陽五行的歷史生剋循環論，認為這是一種宿命論，應予揚棄而主張歷史依道德而演進之說，故君主制度只是據亂世與昇平世所適用的制度，至於太平世就不再適用世及以為禮的君主制度，而是適用選賢舉能，天下為公的制度。公羊學這種反對君主制度永恆的思想，主要體現在三世之說與大同思想中，所以漢代儒者眭弘與蓋寬饒據此要求漢帝禪讓，終為儒家理想而殉道。公羊學既以「世界大同」做為人類最終的理想，因此，認為天子可貶，諸侯可退，大夫可討，君主制度可廢，這就是《春秋》的微言大義。由此可以顯示出《春秋》正是歷史智慧與政治智慧的總匯。參考：蔣慶著，《公羊學引論——儒家的政治智慧與歷史信仰》（瀋陽：遼寧教育出版社，1995年6月第1版第1刷），頁13～16。
〔註83〕《春秋繁露義證》卷11〈五行之義〉第42，頁321～322。
〔註84〕金春峰，《漢代思想史》（北京：中國社會科學出版社，1987年4月），頁193

　　封建社會，維繫「三綱」的道德範疇，除了忠孝，還有仁義、禮、智、信「五常」，董仲舒別稱之爲「五紀」，同樣是以「五行」爲基礎加以論證亦即假借天道以護持人事，終極目標是爲了統一思想，希望從新的理論高度，爲開創新局做出貢獻。他提出「三綱五常」的封建倫理道德，是企圖用神權來論證君權、父權和夫權的合理性與永恆性。並用來指導國家的政治及法律，所以《春秋繁露・深察名號》說：

> 號爲諸侯者，宜謹視所候奉之天子也。號爲士夫者，宜厚其忠信，
>
> 敦其禮義，使善大於匹夫之義，足以化也。〔註85〕

董仲舒強調「封建等級制的尊卑」的關係，主張人們若能遵行三綱五常之教，天下必能平治，而「三綱」之中，「君爲臣綱」是最重要的，這點可謂深契漢武之心，叔孫通與公孫弘，看清楚了帝王之心，知道儒者想眞正當權，首先就得法家化，力行「尊君卑臣」之事，事君如事天，才能封侯拜相，而董仲舒也因爲能「因機變化」，借《春秋》大一統之義，闡揚「三綱五常」之道，達到鞏固君權的目的，名教思想才得以蓬勃發展，然名教思想，終使中國的政治長期陷溺於「尊君卑臣」的格局中，而貫穿於其中的核心思想就是「忠君」，而且強調忠臣必出於孝子之門，於是「忠孝節義」就成爲封建道德的最高準則，朱子云：

> 黃仁卿問：「自秦始皇變法之後，後世人君皆不能易之，何也？」曰：
>
> 「秦之法，盡是尊君卑臣之事，所以後世不肯變。且如三皇稱『皇』，
>
> 五帝稱『帝』，三王稱『王』，秦則兼『皇帝』之號。只此一事，後
>
> 世如何肯變！」〔註86〕

董仲舒「尊君卑臣」的理論，是爲了適應大一統的觀念與維護中央集權的政治體制，乃是儒學法家化的結果，因此含有王道與霸道整合的思想體系。這一過程，由來已久，是從先秦政治求同而緣起，乃思想統一的先聲。秦始皇統一中國，在中央集權政體形成之後，便開始構設大一統理論，書同文、車同軌、廢封建、設郡縣、更號爲皇帝，都表達了這一傾向，而焚書坑儒予人們的啓示就是秦已不能容忍自由的傳播，但秦終未能完成大一統理論的構

　　　　～195。

〔註85〕《春秋繁露義證》卷10〈深察名號〉第35，頁286。

〔註86〕黎靖德（宋）類編，《朱子語類》卷134〈歷代一〉（濟南：山東友誼書社出版，1993年12月），頁5254～5255。

設。所以，中國傳統文化中的集權思想，尚未上升到理論的高度，就是在西漢初年，也還在朦朧之中，沒有利用理論體系來統一各種不同的觀念和思想。到了漢武帝的時代，理論體系的建立，對於已經發展成熟的中央集權體制，已有了迫切的需要，因為當時有必要將文化價值，政治價值和社會價值綜合起來，承認中央集權與皇帝體制的合理性與合法性。從而，使各種政治資源與全國人心都傾向於對這種政體的支持與認同，於是，學術思想自然地走向「罷黜百家，獨尊儒術」，中國傳統文化中的「名教思想」，就在獨尊儒術的基礎上，進一步定型和發展，從此在中國傳統文化中沈積下來，儒家學說與集權思想也上升到理論的高度，成為中華民族國家精神的巨大凝聚力。〔註87〕

第三節　經學成為帝王學

　　治國方略是指導國家治理與社會發展的重大方針問題，具有全面性、長遠性與根本性，而在中國傳統的治國方略中，儒家主張禮治，法家主張法治，形成兩大政治思想的分野。在春秋戰國時期，這兩大學派相互對峙，其尖銳與激烈的程度，形同冰碳水火。其實禮治是儒家依三代的文化價值理想以指導政治運作的治術，禮是依靠尊卑等級以確立社會秩序，所謂禮治，即是以禮：

> 經國家、定社稷、序民人、利後嗣者也。〔註88〕

西周乃是古代典型的實行禮治的朝代，曾經創造出四十年刑措不用的成康之治，就本質而論周朝是「由宗法所封建的國家，諸候與周王室的關係，一面是君臣，一面是兄弟伯叔甥舅。而基本意義上，伯叔兄弟甥舅的觀念，重於君臣的觀念」〔註89〕，正因為「國家混合在家族裡面」〔註90〕所以西周的社會系統呈現家（血緣關係）與國（地緣關係）二元合一的結構模式，這種家國同構體的城邦型的國家，沒有專制的君主，也不知專制政治為何物，這時候不可能出現秦始皇或漢武帝。所以通過禮治的實踐，常為後代思想家所贊許，這種王道的思想文化被儒家所繼承和發展，而孔孟的學說，都是在新的

〔註87〕劉漢東，〈中國傳統文化中的集權思想和早期的獨尊儒術〉，《廣州師範學院學報》社會科學版（1994年第3期），頁42～43。

〔註88〕《春秋左傳注疏》卷4〈隱公十一年〉，頁78。

〔註89〕徐復觀，《兩漢思想史.卷一——周秦漢政治社會結構之研究》（臺北：臺灣學生書局，1985年3月，7版（臺6版），頁28。

〔註90〕侯外廬，《中國古代社會史論》（北京：人民出版社，1963年出版），頁32。

歷史條件下，對禮治理論的深化與系統化，使傳統的文化得到保存與闡揚。

　　然而，秦朝以法家學說爲指導，崇奉王權，力行專制，提出以武力總結諸侯取天下治天下的霸道，這種思想在秦國得到貫徹，也完成了中國的大一統，法家的理論與思想，也隨著秦滅六國而凝結爲與周制截然不同的新型政治體制，從此，國家正式從家族的軀殼中掙脫出來，建立了獨立的政治系統。然家族的組織結構依然存在於社會中，於是國家與社會二元合一的結構走入歷史，遂分化爲兩截。加以秦嚴刑酷法，導致滅亡，終使「暴秦」的形象留在歷史的記憶中，令人望而生畏。因此，秦朝作爲古代典型的法治朝代，與西周作爲典型的禮治朝代，形成鮮明對照的兩極。我們似乎可以套用王國維先生的語氣，作如是的論斷：「中國政治與文化之變革，莫劇於周秦之際」。〔註91〕

　　至此，古代的治國實踐對傳統治國方略的選擇，曾經歷了兩次。西周實行禮治，這是第一次的選擇，儒家學說就是這一次選擇的理論總結。秦朝實行法治，這是第二次選擇，法家學說就是這一次選擇的理論指導。但是到了西漢，基於對秦朝因實行法家暴政而崩潰的警惕，在面臨第三次選擇時，多所猶豫，前期六、七十年的黃老道家之治，雖對經濟之復甦，卓有貢獻，但也留下許多難解的後遺症，因此，西漢前期的思想家歷經實證與思索，總結了經驗，提出了「禮法合一」的新治國理念，而董仲舒乃是其中之集大成者。就實際而論，禮與法具有不同的治國功能。禮治的特長在於政治思想與社會的宗法結構互相契合，其正面效果是易於攬取民心，而負面效果則因尊尊親親而失之軟弱，可能導致國力衰微。與此相反，法治的特長在於剛決，其正面效果是易於創造國力，而其負面效果則因失之殘暴而導致民心叛離。因此，禮與法在治國的功能上是互相對應的，也具有互補的效果，所以從西漢實行禮法兼治以後，德刑並用與政教合一，就是傳統治國方略的主要形式，爲往後的政治所依循。〔註92〕而儒家千百年來，就扛著「序得其道」的周制爲旗幟，追求政治力量與社會力量統一的王道政治，強調文化價對政治運作的指導意義。所以從漢武帝「獨尊儒術」起，儒家知識份子就以士大夫群體，進入帝國官僚體制，在國家與社會衝突矛盾中，充當上下溝通的調節器，起著潤滑劑的效果。

〔註91〕陳明，《中古士族現象研究——儒學的歷史文化功能初探》（臺北：文津出版社，1994年3月初版），頁19～22。

〔註92〕盛奇秀，〈禮法兼治與德刑並用〉，《中央社會主義學院學報》第 5 期（2003年10月），頁49～51。

一、博士建官

儘管諸子百家為未來的社會組織，提供了種種的理論設計，然最有系統的，厥為法家與儒家。儒法兩家都在不同程度上與現實結合。而法家是從最高統治者的政治需要出發，致力於新國家的政治實體的創建，儒家則站在民為邦本的立場，承繼三代以來的社會組織原則及價值規範，從整體上協調了國家與社會的關係，冀圖建立新型的社會理想。所以我們可以斷定，漢武帝雖然「罷黜百家，獨尊儒術」，但是他對儒學的理解與董仲舒是有距離的。質言之，董氏是基於信仰，將儒學理解為道，是一種社會理想以及實現這一理想的途徑方法，著重於儒學的價值屬性。而漢武帝則是出於統治天下的需要，力圖提高行政秩序的水平和控制的有效性，將儒學理解為軌則百姓的手段，看中儒學的工具（術）屬性。希望以儒家的王道潤飾法家的霸道，達成霸王道雜之的治國方略。〔註93〕可見所有的帝王真正關心的是統治的手段與秩序，然而賈誼、董仲舒、公孫弘等儒生已讓文帝和武帝明白，這種秩序不能建立在法家「廢先王德教之官而獨任執法之吏治民」的基礎上。雖然「漢承秦制」，霸道已成，但必須通過儒學的教化功能，以儒學的「道統」，作為社會文化價值的理想，制約以帝王權益為核心的「政統」，才能實踐王道對霸道的輔助調整作用。這就是漢儒力圖「以禮統法」的努力。而漢武帝也欣然接受了董仲舒首倡的置五經博士的建議。

博士之制的建立起於六國之末，乃是齊國稷下學宮的新發展，而稷下學宮的創建，則是魏文侯、魯繆公養賢辦法的制度化，錢穆先生〈兩漢博士家法考〉云：

> 《史記》〈循吏傳〉曰：「公儀休，魯博士，以高第為魯相」，博士之稱始見於此。而《漢書》〈賈山傳〉亦稱「山祖父袪，故魏王時博士弟子也。」要之，戰國時，魯魏皆有博士，公儀休當魯繆公時，賈袪應在其後。魯繆公曾尊養曾參子思之徒，魏文侯則師事子夏而友田子方。故儒術之盛自魯魏始。而博士之官亦輾轉傳至六國，《說苑》〈尊賢篇〉稱博士淳于髠，此即《五經異義》謂「戰國時，齊置博士之官」是也。然他書皆稱稷下先生，不稱博士，蓋二者異名同實。故漢高祖拜叔孫通為博士，而號稷嗣君，乃嗣風於稷下。大儒鄭康

〔註93〕陳明，《中古士族現象研究——儒學的歷史文化功能初探》（臺北：文津出版社，1994 年 3 月初版），頁 53。

　　成書贊，曾謂我先師棘下生孔安國，棘下即稷下也。孔安國爲漢廷

　　博士，而鄭康成稱之爲稷下生，故知博士與稷下先生實同而名異，

　　晚漢猶存此義。史稱稷下先生多至七十人，而秦漢博士之員額亦七

　　十。當時諸侯尊仰孔子，故官置養賢亦以七十爲準。〔註94〕

由此可證博士設官源於儒術，是信而有徵的。則秦之置博士，即本乎戰國，
是可以理解的。蓋相應於平民社會自由學術之興起。諸子百家既盛，始有博
士官之創建。而博士官與史官分立，即古者王官學與後世百家言分歧之象徵。
然錢先生謂博士與稷下先生「異名同實」，實已正確地指出博士制度之源流，
然兩者之實質內容與外在風格，確實已大不相同，蓋博士制與稷下制最大的
不同有二：第一，稷下先生命曰列大夫，是爵比大夫，不在正式官制中，但
秦漢的博士，則是太常的屬官，秩比六百石，是官師合一的復古，準此而論，
秦的博士制即是「以吏爲師」的制度化，通過博士制度的建立，以前身份自
由的「師」，便轉化爲官僚系統中的「吏」了。第二，先秦之士持「道」與
「勢」相抗。所以稷下先生與王侯之間，是師友關係的形式化與制度化。但
秦漢的博士，既爲官僚系統中的一員，他和皇帝之間，只能是君臣關係，安
有稷下先生抗禮王侯的氣概。〔註95〕

　　漢代儒學的興盛與夫博士之限於儒生經師，其事始自武帝，而議則創自
董仲舒，史稱：

　　仲舒對策，推明孔氏，抑黜百家。學校之官，州郡舉茂才孝廉，皆

　　自仲舒。〔註96〕

此謂尊儒崇孔之議始自仲舒，故建元五年，武帝終置五經博士，《漢書・儒林
傳》贊曰：

　　武帝立五經博士，……，書唯有歐陽，禮后，易楊，春秋公羊而已。

　　〔註97〕

先前之博士，乃以通古今，待顧問爲職責，故諸子百家皆得爲博士，非專經也。
至武帝時專隆儒術，乃特稱五經博士，而後博士之性質遂與先前迥異，從前諸

〔註94〕錢穆，《兩漢經學今古文平議》〈兩漢博士家法考〉（臺北：東大圖書有限公司，
　　　　1978 年 7 月臺再版），頁 165～172。
〔註95〕余英時，《中國知識階層史論.古代篇》（臺北：聯經出版社，2001 年 11 月初
　　　　版 6 刷），頁 73～74。
〔註96〕《漢書》卷 58〈董仲舒傳〉，頁 2525。
〔註97〕《漢書》卷 88〈儒林傳〉，頁 3620～3621。

子百家並立的局面，變成儒學獨尊。其後十二年（元朔五年），又爲博士置弟子員。由太常擇補，此乃選士之始，而郡國有好文學者，亦得舉詣太常，這是國家選吏的開端。且每歲必課，能通一藝以上，則補文學掌故缺。高第者可以爲郎中。〔註98〕自是而後，博士弟子始獲國家之優復，又列爲仕途正式之出身，儒學遂成爲國家教育的主要內容，而儒士則成爲國家官僚的主要來源。這是朝廷獎掖儒學之一端，從此之後，學者益眾，遂使董仲舒首倡的置五經博士的建議，發展成爲明經取士的制度，成爲士人做吏爲官的渠道。而公孫弘自己則以治《春秋》封侯拜相，爲天下學子所仰望效法。先秦儒者所嚮往的人生道路遂正式開通，從此，「士之仕也，猶農夫之耕也」《孟子·滕文公》。〔註99〕儒學自此取得獨尊的統治地位，於是從早期對君主專制的有限度接受與批判，轉而發展爲一套全面擁護中央集權的君主專制政治體制的意識形態，而從前對倫理道德的重視轉爲全面維護三綱五常的教條規定，儒學固有的人性化色彩，遂告消失，變成了官僚哲學，成了法家理論的附庸和外衣，在中國歷史上，它始終是君主集權專制的「御用」學說，而君主專制的中央集權主義與封建主義，才是社會的最高價值與終極目標。〔註100〕

二、經學入仕

由於帝王的大力提倡，再加上風氣的習染，士人在數量上不但大爲增加，其社會地位亦水漲船高，於是經學地位不斷提升，通經成爲晉陞利祿的終南

〔註98〕《漢書》卷88〈儒林傳〉，頁3594。
　　　　爲博士官置弟子五十人，復其身。太常擇民年十八以上儀狀端正者，補博士弟子。郡國縣官有好文學，敬長上，肅政教，順鄉里，出入不悖，所聞，令相長丞上屬所二千石。二千石謹察可者，常與計偕，詣太常，得受業如弟子。
〔註99〕《孟子注疏》卷6上〈滕文公下〉，頁109。
〔註100〕李伏明，〈儒法合流與儒學的歷史地位新探〉，《井岡山師範學院學報》哲學社會科學版（第21卷第3期，2000年11月），頁79。
　　　　中國長期忽視文化的研究，缺少將「文化」理解爲一種涵括從價值系統到生治方式之全部的概念。因此，只將文化定義爲倫理道德，且集中於士大夫階層，這是中國文化的侷限，然中國士階層自春秋戰國以來，即已發展了一種群體的自覺，以文化傳統的承先與啓後自任，這就是當時所謂「道尊於勢」或道統高於政統的觀念，故自漢武獨尊儒術之後，儒學雖淪爲附庸，但仍有氣節之士，據「道」批判現實政治，因此，「道」仍爲士階層理想主義的托身之所。參考：余英時，《中國知識階層史論·古代篇》〈自序〉（臺北：聯經出版社，2001年11月），頁3。

捷徑，因此，漢自宣元以後，朝廷博士，遂多增設，《漢書‧儒林傳》贊云：

> 自武帝立五經博士，……。初，書唯有歐陽，禮后，易楊，春秋公
> 羊而已。至孝宣世，復立大小夏侯尚書，大小戴禮，施、孟、梁丘
> 易，穀梁春秋。至元帝世，復立京氏易。平帝時，又立左氏春秋、
> 毛詩、逸禮、古文尚書，所以罔羅遺失，兼而存之，是在其中矣。
> 〔註101〕

五經博士，初不限一家一人，而博士也不限於專治一經，故有一經數博士者，亦有一博士而兼通數經者。惟自博士官既置弟子，則博士教授之經學亦自漸趨專門之途，由於說經乃利祿之捷徑，於是說經者日眾，而經說日益詳密，然每經之異說則更加分歧，乃不得不謀整齊以歸一。於是漢宣帝在石渠閣會諸儒，稱制臨決，講論五經之異同，使之歸於一是，勿再生分歧。史稱：

> 詔諸儒講五經同異，太子太傅蕭望之等平奏其議，上親稱制臨決焉。
> 乃立梁丘易、大小夏侯尚書、穀梁春秋博士。〔註102〕

這是漢代統治階級思想宗教化的一個轉折點，也是董仲舒、公孫弘以經術宗教化為漢制法的進一步發展，從此思想統制更為加強，由公卿大夫士吏，彬彬多文學之士，到「弟子萬餘」，到博士員數百人，說明石渠閣會議為儒學的宗教化，奠定了欽定的基礎，而學校寺院化的組織更見擴大，開始由中央擴及郡國及地方的縣級階層，經學則通過了「官學」的形式，再度復活，西周學在官府的古制，反映了當時氏族貴族的專政和禮制的統一，而漢代的太學與博士制度，則使儒學成為政治宗教，帝王則成為經義的統一者和正統思想的欽定者，經學成為籠罩天下的新神學，其正統思想與中央集權體制和皇權專制，遂成三位一體的密切組合。〔註103〕，大將軍王鳳的一段話，可資佐證：

> 河平五年（公元前一一四年），東平王劉宇，上疏求諸子及太史公書，
> 上以問大將軍王鳳，對曰：「……。諸子書或反經術，非聖人，或明
> 鬼神，信物怪；太史公書有戰國從橫權譎之謀，漢與之初謀臣奇策，
> 天官災異，地形阨塞：皆不宜在諸侯王。不可予。不許之辭宜曰：『五
> 經聖人所制，萬事靡不畢載。王審樂道，傅相皆儒者，旦夕講誦，

〔註101〕《漢書》卷88〈儒林傳〉，頁3620～3621。

〔註102〕《漢書》卷8〈宣帝紀〉，頁272。

〔註103〕侯外廬等著，《中國思想通史‧第二卷——兩漢思想》（北京：人民出版社，1992年9月），頁191～194。

足以正身虞意。夫小辯破義，小道不通，致遠恐泥，皆不足以留意。

諸益於經術者，不愛於王。』」對奏，天子如鳳言，遂不與。〔註104〕

在「官學復古」的形式下，實際上政權與教權逐漸合一，而帝王則兼教皇，集政教大權於一身，學校則如金字塔，循著自上而下的集權途徑，由中央深入於郡國，因此在設置五經博士及博士弟子員而外，又增設了五經百石卒吏，及六經祭酒，完成了學校普遍化的金字塔形式，《漢書·儒林傳》云：

> 昭帝時舉賢良文學，增博士弟子員滿百人。宣帝末增倍之。元帝好儒，能通一經者皆復。數年，以用度不足，更為設員千人，郡國置五經百石卒吏。成帝末，或言孔子布衣養徒三千人，……。歲餘，復如故。〔註105〕

武帝時，即令天下郡國皆立學校，到了平帝時，學校的設立已非常普遍，郡國曰學，縣道邑侯國曰校，鄉曰庠，聚曰序。除此之外，私人教授講學之風也十分興盛，如《漢書·朱博傳》云：「耆老大儒，教授數百人」〔註106〕，當時名儒碩彥聚徒講經的盛況可見一斑，經學也呈現空前繁榮的景象，而前漢諸儒最偉大的成就，就是「通經致用」，經學不再是紙上的空理，而是應用於實際政治上的理論與最高指導原則。這點可謂史無前例。〔註107〕《漢書·儒林傳》對此有明確的闡釋：

> 古之儒者，博學乎六藝之文。六〔藝〕者，王教之典籍，先聖所以明天道，正人倫，致至治之成法也。〔註108〕

從武帝開始，經學就成為政治上的工具，被當作是治國平天下或經世濟民的學說，然其內容是廣泛的。我們可以下一個定義說：「所謂經學，乃是在宗教、哲學、政治學、道德學底基礎上，加以文學的藝術的要素，以規定天下國家或者個人底理想或目的的廣義的人生教育學。」從此，經學就成為道術與治術的總匯，具有多面性，不但為統治者所利用，且為被統治者所接受。〔註109〕

〔註104〕《漢書》卷80〈宣元六王傳〉，頁3324～3325。

〔註105〕《漢書》卷88〈儒林傳〉，3596。

〔註106〕《漢書》卷83〈薛宣朱博傳〉，頁3400。

〔註107〕本田成之，《中國經學史》（臺北：廣文書局，1979年5月），頁143。

〔註108〕《漢書》卷88〈儒林傳〉，頁3589。

〔註109〕吳雁南、秦學頎、李禹階主編，《中國經學史》（福州：福建人民出版社，2001年9月），頁9。

　　總之，在中國一說到學問，首屈一指的就是經學，而歷代帝王或宰相，其經營天下的理想標準，必得依從經學。至於評價人物底標準，也是以合於經學上的理想爲依歸，此即在古代的中國，不論其爲國家或個人，其生存的目的與理想，如果不是在經學上有根據的，即不能承認其價值，這樣看來，經學實在是中國文化的最大權威，若從其內容說，則是中華民族底哲學、宗教、與政治、文學的基礎。因此，《周禮・天官》將「經學」解釋爲「體國經野，設官分職」〔註110〕《孟子・盡心章句下》則說：

　　　君子反經而已矣，經正則庶民興，庶民興，斯無邪慝矣。〔註111〕

這裡表現了「經德不回，非以干祿」的治國理想，所以西漢之人將聖人底六藝或五經稱爲「經」，而把諸子百家之說或解說五經之書叫做「記」或「傳」，從階級的區別上，將「經學」定位爲最上的聖典。〔註112〕而其他諸子則降爲文化的點綴，只是儒學的補充。

　　西漢是經學的形成時期，國家採用經學以統一全國思想，這一形式屢受非議，其實在戰國中期和晚期，一些大國的政界與學界都以實現帝制爲其理想，當時的儒家以及其他一些學派，都已初步的採用了經學形式，作爲完成統一的手段。若從這一意義上說，西漢政治上的「大一統」和學術上的經學定於一尊，乃是戰國時期政治學術發展的必然結局，也可以說，思想統一是政治統一的基礎。從此，經學形式在中國文化中普遍存在著，因而中國傳統思維方式以至整個中國傳統文化模式，都以「經學形式」爲其主要特徵。〔註113〕而經學的理論就成了兩千年來中國傳統政治的最高指導原則。

　　秦雖建立了中國第一個「大一統」的封建帝國，卻以法家的霸道治國，要求「一道同風」而焚詩書，坑儒者，然不旋踵而亡。漢代繼起之後，爲了適應大一統形勢的需要，必須完成從政治、經濟到思想文化的變革，因此，在「漢承秦制」的基礎上，加以改革完善之外，最重要的是建構一個適應「大一統」需要的文化思想，使之成爲變革過程中指導政治，標示理想的方針。而漢武帝在諸子百家中，選擇了儒學，作爲指導政治和思想文化的理論重心，確立了統治思想的模式，爲推動「大一統」封建制的發展打下了基礎，並爲

〔註110〕《周禮注疏》卷1〈天官冢宰〉，頁11。
〔註111〕《孟子注疏》卷14下〈盡心下〉，頁263。
〔註112〕本田成之，《中國經學史》（臺北：廣文書局，1979年5月），頁1～3。
〔註113〕王葆玹，《西漢經學源流》（臺北：東大圖書公司，1994年6月），頁7。

往後的歷代封建王朝所繼承。從此儒學的學術發展，與皇權的興衰互為表裡，成為統治國家的正宗思想與官方學術。〔註114〕皇權的「治統」與聖人的「道統」就彼此結合，形成「經典政治」。

所謂儒學的政治化，一是指官學化、經學化的儒學，旨在發展完善儒家的政治倫理，以便為君主集權的專制政治服務，一是指統治者和學者們，都非常重視儒學的政治功能。儒學本來就是所謂的「內聖外王」之學，而「外王」是以「內聖」為前提，漢代以前，雖然儒家各派或偏重「外王」，或偏重「內聖」，但偏重「外王」的亦注意「內聖」，偏重「內聖」的亦注意「外王」，基本上主張「聖」、「王」兼修。漢代初期，賈誼已經根據社會政治形勢的需要，強調禮治和禮制建設，也即側重「外王」的成份。到了董仲舒，在發揮「內聖、外王」之學時，更側重彰顯「外王」之義，遂使儒家學者也多踵武其塵，重視「外王」之義的闡發張揚，以政治為終極關懷，並希望借重選舉制度，使儒士登上政治舞台。「選舉」一詞本從「周官」所記載的「鄉舉里選」簡化而來，乃指政府選才任官之意，又稱為荐舉或察舉。察舉制度的興起，與世官制度的衰落有關。春秋戰國以來，由於經濟社會的變動，世官制度走向崩潰，政府官員的來源，逐漸由察舉取代。秦雖和周一樣採行世官制，但在統一六國前後，亦兼採選舉制度，其具體的選拔方式有保舉、軍功、客卿、吏道、通法和徵召多種。〔註115〕

西漢王朝建立之後，選舉制度的發展，逐漸由簡單到複雜，由粗疏走向嚴密，而中國的傳統政治，一向重視人才，各家學說也都有尚賢的思想，如孔子有所謂的「尊賢為大」，荀子則有「賢能不待次而舉」的論點，墨家言治，主張「列德尚賢」，即便是法家，管子亦曾舉「賢良雋才」以治齊，由於這些思想的導向，漢朝建立之後，自然也產生了選拔賢才的制度。〔註116〕所以高祖於十二年下詔曰：

> 吾立為天子，帝有天下，十二年于今矣。與天下之豪士賢大夫共定天下，同安輯之。其有功者上致之王，次為列侯，下乃食邑。……

〔註114〕 李景明，《中國儒學史》〈秦漢卷〉（廣州：廣東教育出版社，1998 年 6 月），頁 1～3。

〔註115〕 韓復智等編著，《秦漢史》（臺北：國立空中大學，1996 年 8 月初版），頁 187～188。

〔註116〕 王俊南，〈鄉舉里選——漢代文官察舉制度之探討〉，《復興崗論文集》（1992 年 6 月），頁 183～197。

吾於天下賢士功臣，可謂亡負矣。〔註117〕

可見高祖欲以祿位爵賜，使天下才智之士盡入彀中，表示其愛才如命之心，但細究其動機，可知高祖除了想牢籠士人之心外，也企圖藉由察舉人才，對功臣與外戚形成制衡與防抑之作用，他在十一年下詔取士時曾說：

賢人已與我共平之矣，而不與吾共安利之，可乎？賢士大夫有肯從

我游者，吾能尊顯之。〔註118〕

在這一段話裡，高祖之用意在尊顯「肯從我游者」之地位，由此可知，在高祖眼中，士人之能否受到重用，其先決條件在於肯不肯臣服於他，這就顯示了察舉制度最重要的內涵就是尊君卑臣的「名教思想」，而劉邦的求賢詔，是漢代察舉制度的濫觴。選舉制度在漢文帝時進入另一個新的發展階段，漢文帝曾兩下詔書，要求舉賢良直言極諫之士。從此察舉制度由兩個管道進行，一爲特舉，一爲常舉。特舉又稱「詔舉」，由皇帝下詔徵取人才，以賢良方正與文學爲主，目的在廣開言路，而常舉是地方政府選舉人才向中央政府推荐的辦法，爲定期之選舉，以「察舉孝廉」爲主要科目。

兩漢透過選舉制度，取士選官，唯在任用前後，尙須經過考試，因此，無論詔令特舉的賢良、文學，還是郡國歲舉的孝廉、茂才，到了中央之後，均要複試，而考試內容，主要是經學與章奏，考試的方法則有對策與射策。經過皇帝策問之後，按對策的高下授官，故文帝時可謂選舉制度的正式產生期。到了武帝時，選舉制度則走向完備和確定，《漢書・武帝紀》稱：

建元元年冬十月，詔丞相、御史、列侯、中二千石、二千石、諸侯

相舉賢良方正直言極諫之士。〔註119〕

漢代的選舉，廣開仕進之路，因此，除了賢良方正與孝廉兩項外，還有明經（通曉經術）、明法（通曉法令）、博士、茂才異等、孝悌力田等多途〔註120〕，然大致可分爲文學與吏道兩種《文獻通考・選舉考八》云：

今按西都公卿大夫、或出於文學、或出於吏道，亦由上之人，并開

二途以取人，未嘗自爲揚抑，偏有輕重，故下之人隨以進身。〔註121〕

〔註117〕《漢書》卷1下〈高帝記下〉，頁78。

〔註118〕《漢書》卷1下〈高帝記下〉，頁71。

〔註119〕《漢書》卷6〈武帝紀〉，頁155～156。

〔註120〕陳茂同，《歷代職官沿革史》（上海：華東師範大學出版社，1988年3月），頁123～127。

〔註121〕馬端臨（元），《文獻通考》卷35〈選舉考八〉（臺北：新興書局，1963年10

漢朝在實行黃老治術期間，政治上並沒有任何積極的理論建樹，也沒有在布衣將相集團之外，培養出適應大一統帝國需要，具有政治文化品格的官吏隊伍，所以《漢書‧武帝紀》云：

> 朕聞昔在唐虞，畫象而民不犯，日月所燭，莫不率俾。周之成康，
> 刑錯不用，德及鳥獸，教通四海。……，上參堯舜，下配三王！〔註122〕

武帝在面對揚棄黃老治術，改採推尊儒術的局面時，他也痛感人才缺乏制度未完。

於是詔告天下，舉賢良對策，後來又採董仲舒之議，罷黜百家，獨尊儒術。往後更建立五經博士，推尊經學，自此之後，一個與布衣將相之精神風貌，迥乎不同的士大夫階層開始出現，無疑的，此事可視爲漢代政治思想，乃至整個社會組織發生巨變的標誌。故徐復觀先生指出：

> 漢代政治思想，在漢武以前，多偏在原則性建設方面。昭、宣以後，
> 則多偏在具體性補救性方面。〔註123〕

所謂原則性建設即是在「漢承秦制」的基礎上，實行黃老之治，徐氏所謂的「具體性補救方面」，就是在以秦制爲主幹的政治結構中，吸收一定量的周代文物典章，以遠紹三代之隆爲目標。亦即雜以王道，崇尚經學，依照經學的內容察舉天下的賢士，使之進入官僚體係。因此，董仲舒對策的實際意義，不在天人關係，而在政教合一，亦即藉天人感應之說以完成政教合一的理想，將被秦朝法家顛覆的三代的政治與文化的聯繫，重新依照王道的精神建立起來，使國家與社會二元的分裂，重新以文化思想爲基礎，再度統一。而以文化理想統攝政治秩序，用道統指導政統，董仲舒的思想體系雖然很龐雜，但確實能以孔子的思想爲核心，有機地整合其他諸子的政治理論，故能以這種先秦儒家的精神，開創了兩漢的經學，進而拉開了儒生走向政治舞台的序幕。〔註124〕

秦漢之際，士人之數量本來極少，但自從武帝爲「博士官置弟子員」，又令天下郡國皆立學校之後，士人的數量激增，而經學講授的風氣也愈往後愈

月），頁考330。
〔註122〕《漢書》卷6〈武帝紀〉，頁160～161。
〔註123〕徐復觀，《兩漢思想史.卷三》（臺北：臺灣學生書局，1979年9月初版），頁143。
〔註124〕陳明，《中古士族現象研究——儒學的歷史文化功能初探》（臺北：文津出版社，1994年3月初版），頁47。

普遍，所以《漢書・儒林傳》贊曰：

> 自武帝立五經博士，開弟子員，設科射策，勸以官祿，訖於元始，
> 百有餘年，傳業者寖盛，支葉蕃滋，一經說至百餘萬言，大師眾至
> 千餘人，蓋祿利之路然也。〔註125〕

這不只是單純的量的變化，更重要的是士人的社會身份，已隨著這種增加而發生了本質的改變。在西漢政權建立之初，少數儒生如酈食其、陸賈、叔孫通等，與戰國時代單身的「游士」，本無差別，他們除了知識外，別無社會憑藉，但自從武帝獨尊儒術之後，因五經博士之設與明經選士之確立，儒士遂成國家官僚之主要來源。士人已不再是無根的「游士」，而是具有深厚的社會基礎的「士大夫」。這種社會基礎，具體地說，便是宗族。士與宗族的結合，便產生了中國歷史上著名的「士族」。士族的產生，是在武帝之後經社會巨大變化所形成的新階級。士族的發展，似乎可從兩方面推測；一方面是強宗大姓的士族化，另一方面是士人在政治上得勢之後，再轉而擴張家族的財勢。這兩方面經常是互為因果的社會循環。而所謂「士族化」，便是原有的強宗大族使子弟讀書，因而轉變為「士族」，在當時的經濟物質條件下，若非地主或官僚階級，很難有機會使子弟受教育。因此，西漢自武帝以後，必然有許多強宗大姓，逐漸轉變為士族，此乃不容懷疑的事實。〔註126〕這些強宗大姓以儒學之士入仕，必然與現實政治發生聯繫而產生一個龐大的社會系統，他們的通經入仕，確實讓社會的結構起了極大的變化，儒士所具有的實力與能量也與日俱增，眾多的地方豪族，也自然而然地憑藉有利條件轉向經學之途，儒宗地主的陣容就更趨穩定發展與壯大。

三、國學與帝王學

　　武帝本崇儒，班固在《漢書・禮樂志》中，曾寫道：「至武帝即位，進用英雋，議立明堂，制禮服，以興太平。」〔註127〕，然儒學在漢代之所以能夠生根茁壯，除朝廷之獎掖外，亦與儒學最具周文之封建宗法思想，而與當時之封建宗法社會最能互相適應有關，蓋春秋戰國時期，氏族雖漸趨解體，但

〔註125〕《漢書》卷88〈儒林傳〉，頁3620。
〔註126〕余英時，《中國知識階層史論.古代篇》（臺北：聯經出版社，2001年11月初版6刷），頁112～118。
〔註127〕《漢書》卷22〈禮樂志〉，頁1031。

宗族結構仍然保存下來，並未隨政治、社會及經濟結構之改變而瓦解，且「在封建體制的建立過程中，依附於封建制度」〔註128〕，因此在秦滅六國之後，仍然是構成地緣社會的細胞，也就是說，家族宗法關係，在所謂的新型的封建社會階段，依然承擔著組織經濟、宗教和其他生產活動的功能，這種村社組織，代表著社會存在的自然狀態，也蘊含著較多傳統文化的合理性，它是以傳統社會的「禮治」爲基礎的。正是因爲這樣的意義，費孝通先生指出：

> 禮並不是靠國家權力來推行的，而是從教化中養成的個人敬畏感，
>
> 使人服膺，所以禮是維持社會規範的傳統，而傳統是社會所累積的
>
> 經驗，是一種文化。〔註129〕

儒學在精神上，就是這種宗族血緣與村社組織的源頭活水，而在現實中也以之爲生長的土壤，頑強的存在著，兩千年來，始終相依相存。故從漢武帝確立察舉制度以來，就非常重視「名教思想」，希望借此從廣大的宗族社會中，選取賢才，因此，在眾多的察舉項目中，最重「孝廉」，希望被察舉的人才，不僅在家中要孝順父母，在郡國中善事官長，在朝廷裡效忠皇帝，而且能夠把「忠君」與「孝親」完全結合在一起，根據《孝經》所言：「移孝作忠」，將「忠君」的思想，做爲儒士品行的最高準則，從此儒學走向帝制化。帝制化的儒學，最重要的表徵就是將「原儒」所強調的「父子」血緣關係「君臣化」了，君權成爲父權的延伸，並具有絕對的權威性與宰制性，從此，新型的封建國家與封建社會、封建家族就三位一體了。〔註130〕

西漢通過經學及以此爲基礎的新的官僚選拔體系，社會上的領袖人才被納入皇朝的政治權力結構之中，由經學這種很明顯地具有傳統文化色彩的政治通道而建構起來的皇朝與地方社會秩序的政治合作關係中，最大的受益者，無疑的是那些有著文化傳統和經濟勢力的地方豪族。所以武帝時期的經學是由私家教授與官學同時發展，對選官制度及以後政權結構的改變，是一件重要的事情。〔註131〕所以武帝以經取士的做法，可以視爲西漢「以師爲吏」

〔註128〕侯外廬等著，《中國思想通史.第二卷——兩漢思想》（北京：人民出版社，1992年9月），頁35。

〔註129〕費孝通，《費孝通選集》（臺北：天津人民出版社，1988年5月），頁110～111。

〔註130〕林安梧，《儒學與中國傳統社會之哲學省察——以「血緣性縱貫軸」爲核心的理解與詮釋》（臺北：幼獅文化事業公司，1996年4月初版），頁40～42。

〔註131〕趙沛，〈漢武帝時期的經學與政治〉，《山東大學學報》文史研究（2002年2月），頁93。

的創舉，往後習經之風日熾，經學終成「皇朝國學」，不但是士人「經世致用」之學，也成為漢代的「帝王學」。通經方足以致用，就成了往後兩千年士人立身處世的基本條件。

儒學「經世致用」的文化傳統是經過長期積澱而形成的，六經除《春秋》外，其餘皆為孔子以前的文獻，孔子將其視為先王的政典，從中學習積極用世的經驗，在環繞「皇極」的過程中，積極干謁帝王，以得君行道作為傳統，這種文化精神在荀子的身上表現得更為突出，荀學的內涵與重點就是「帝王之術」《史記・李斯列傳》〔註132〕，而他也常以帝王之師自況，遂培養出像韓非、李斯等為「帝王師」的人物，這說明儒學做為帝王師的內容，比其他學說更有可師法性。質言之，做為帝王師的文化能量與內涵，在秦漢之際，雖由法家人物發其端倪，但文化的根卻在儒家的荀學裡面。〔註133〕

漢代視儒學為「帝王之學」是從陸賈以儒學研究成敗之理拉開序幕的，他讓劉邦重新評價並認識《詩》、《書》，因此才有惠帝承父命以儒生叔孫通為師的開端，到了武帝以後，更開創了以經學為帝王之學的新局面，最主要的是表現在帝王為太子擇師和以經師充當帝王的侍講方面。在帝王的推動下，經學便成了帝王學，成了太子在登基前必不可少的功課。由於上行下效，此風亦影響到民間，如霍光奏議立來自民間的宣帝時，其理由乃是宣帝曾「師受詩、論語、孝經，操行節儉，慈仁愛人，可以嗣孝昭皇帝后，奉承祖宗，子萬姓。」《漢書・宣帝紀》〔註134〕，可見經學作為帝王學，是西漢中期以後選擇嗣君的一條基本原則，也是培養嗣君的重要途徑。自此之後，帝王主動自覺的學習經學，所以在西漢中後期，經學迅猛地發展，乃至西漢許多大儒在家貧無以自立的情況下依然手不釋卷，刻苦研習經學而成為帝王之師，如匡衡鑿壁引光即其一例。

西漢帝王習經的傳統確立以後，其文化素質大大地提高，不但在詔令中每每引用經書，而且親自擬詔，乃至出現武宣之間經學大昌，以〈禹貢〉治河，以〈洪範〉察變，以《春秋》決獄，以三百五篇當諫書的局面，直接把研習經學視為經世致用的根本，這種世風的形成，在西漢中後期產生了一種雙向流動

〔註132〕《史記》卷87〈李斯列傳〉，頁2539。
〔註133〕張強，〈西漢帝王與帝王之學及經學之關係〉，《淮陰師範學院學報》第23卷哲學社會科學版（2001年2月），頁214～215。
〔註134〕《漢書》卷8〈宣帝紀〉，頁238。

的效應，一方面經師們以經學干預朝政，另一方面帝王則引經據典把握朝政，這種雙向的交流便密切著經學與帝王的關係，遂使習經成為一時的風尚，而將潛藏存在的社會心理中的「皇極意識」，進一步的強化，推動著西漢進一步開創為皇權政治服務的經學時代，從此名教思想更深入人心。經學的繁榮，固是帝王獎掖的結果，但也導致宗派之爭與互相攻訐，漢宣帝為了平議五經異同，特別於石渠閣「稱制臨決」，這在經學史上是一件大事，它標示著王權凌駕於思想之上。政治權力與思想解釋權合而為一，其結果是極大地提高了經學的地位，有效地利用經學維繫了大一統的局面。質言之，西漢的經學在轉化成為政治宗教的過程中，已經成為西漢最有代表性的宗教化政治，西漢帝王將皇權與經學的解釋權抓緊在手中，實際上顯示著帝王企圖通過經學實現思想箝制的野心，讓思想統一成為穩定政治社會的基礎，希望經學成為「帝王學」之學後，能忠心地為皇權服務，讓名教思想永遠成為新型的封建王朝的印記。〔註135〕所以「以經治國」就成了武帝以後政治的基本特點。

第四節　儒法整合的完成

　　秦漢之際的社會變革在中國歷史的轉變中，具有極為重要的地位和意義，若以春秋戰國以來的大變動而論，秦漢間為天地一大變局，這一變化最主要的是政治上為了大一統的實現和鞏固，當時的政治家與思想家在社會變革要求下，立足於政治現實的需要，為了鞏固大一統的局面，以「政教合一」為思想導向，從政治制度與文化建設的結合，做了一系列的開創性工作，使官吏選拔與教育制度互相絡合，既落實了儒家「學而優則仕」的理想，也進一步強化了宗法封建社會「家國同構」的政治功能，使儒家忠孝一體的理想成為制度範疇，並轉化成為人們的行為模式，這種陽儒陰法的治國方略。〔註136〕使上古以多元

〔註135〕張強，〈西漢帝王與帝王之學及經學之關係〉，《淮陰師範學院學報》第 23 卷
　　　　哲學社會科學版（2001 年 2 月），頁 216～218。
　　　　例如：武帝太子劉據初立，恪守儒訓的石廣被禮聘為太子太傅，巫蠱之禍後
　　　　有意傳位於少子劉弗陵，遂擢光祿大夫蔡義以《詩》進授劉弗陵。而元帝為
　　　　太子時，經師疏廣為太子太傅，皇太子年十二通《論語》、《孝經》，後蕭望之
　　　　為傅，以《論語》、《禮服》授皇太子，又有高嘉以魯《詩》授元帝，孔霸以
　　　　中大夫授太子《尚書》，由以上太子習經的情況，可見帝王為太子擇師，基本
　　　　的標準是以熟習經學的程度為準則。
〔註136〕李宗桂，〈論董仲舒對封建制度文化的整合〉，《學術研究》（1994 年第 1 期），

為特徵的社會文化，變為統一的新格局。這種政治文化的整合，是立足於政治操作的層面，以現實政治對學術思想進行整理與組合，具有強制的人為因素，可稱得上是有意識、有目的、有方向的思想文化整合，是當時政治家與思想家逐漸覺悟而最後構建的一種新型的政治文化模式。〔註137〕

一、封建法制的儒家化

這種新型的政治文化模式就是「以禮統法」的儒法整合新模式，就是以儒家的「禮」做為根本大法，以統御諸多的具體的法律活動，漢初儒學在獨尊之後，引禮入法，給現行法律制度注入了儒家「禮」的精神，這是儒學成為「真理」之後，進一步將思想體系轉化為法律的實踐系統，並借助權力使之傳播到習俗之中，從此深刻地滲入到封建法制體系中，並發揮重大的作用，影響了中國封建社會儒學的發展進程，中國新興的封建法制的儒家化，固然與當時統治者推行獨尊儒術有關，但假使沒有大一統專制集權體制的長期穩定存在，沒有新型的封建社會特殊的選官制度，沒有與之配合的教育體制，中國新興的封建法制的儒家化是不可能出現的。但更重要的是封建法制乃政治上層建築的重要組成部份；它建立在新型的封建經濟基礎之上，並受經濟基礎的制約和影響，由於這種以地主經濟為主體的新型的封建經濟，長期以來只有少量的進步與發展，遂使「禮法結合」的政治文化也長期的綿延不絕，這種新型的封建經濟基本上有幾個明顯的特徵。〔註138〕

首先，這種新型的封建經濟的特徵，決定了統治者必須運用兩手策略進行統治：古代的中國，在經濟結構上，農業始終占絕對的優勢，工商業居於次要地位，即在戰國時期的變革年代，各國無不推行農戰政策，大力發展農業，獎勵生產，嚴懲游惰，而秦之變法更確立「重農抑商」的政策，且為歷代所繼承，導致古代經濟結構長期以農業為主導，由於工商業深受壓制，遂使經濟僅有少量的進步與發展，而商鞅變法所形成的小農經濟與地主經濟，就成了生產組織的主要形式。這種形態的農業經濟與統治者的主觀願望互相矛盾，，於是統治的帝王在尋求解決問題的辦法時，最終都採用兩手策略，

頁55。

〔註137〕韓星著，陳明主編，《儒法整合──秦漢政治文化論》〈序二〉（北京：中國社會科學出版社，2005年1月），頁10。

〔註138〕王霄燕、陳凱，〈中國封建法制儒家化原因初探〉，《山西大學學報》哲學社會科學版（1998年，第4期），頁52。

一是運用政權和法制的強制力量，維持國家的統治。一是運用道德教化，從精神上規正人民，恩威並施，雙管齊下，一方面用法律強制人民勞動，一方面用儒家的道德馴化社會，努力地將儒家的制度與文本滲入法律中，使儒學成為刑法的內在核心，以圖達到治理天下的目的。所以陳寅恪先生認為儒家對中國的影響集中於法政制度和公私生活，而這一切莫不與法典相關，而法典就成了儒家學說的具體實現。〔註139〕

其次是在同一的經濟基礎上，決定了為同一目的服務的儒法兩家，必須結合在一起。春秋戰國時代新形成的中央集權的君主制，是伴隨著經濟社會的深刻變革而確立的，在這一變革中曾引發政治領域與思想領域的激烈鬥爭，而儒法之爭，實質上是因政治理論與文化思想不同而引發的爭論。對於這種變革，儒家採取的態度是：在新的封建基礎上，堅持禮治，即堅持宗法分封，刑法祕而不宣。而代表新興的王權專制的法家，反對貴族世襲的特權，主張建立君主集權的官僚體制，用法律的強制手段和兼併戰爭來維持霸權，進而統一中國。可見，儒法之爭乃是基於文化思想與政治理論之不同，但在維護已經確立起來的新的封建地主經濟與君主專制上，兩家並無二致。正由於服務同一經濟基礎，又有共同效忠的對象，所以儒法可以整合，法家在歷經戰國、秦朝由盛而衰的過程之後，到了漢武帝正統的儒學終於吸收了法家的思想，並逐步的改造漢律，使「以禮統法」的政治文化成為兩千年來歷代王朝的統治者的主導思想。〔註140〕

二、依禮施令行法

自秦漢建立大一統的專制集權帝國之後，強調「皇權至上」就成為政治的核心，因此，董仲舒為了神化皇權而推出的「法自君出」的論證，就成了金科玉律，為了維護專制皇權的獨大，「以禮統法」的名教思想不但倍受推崇，

〔註139〕孫順華，〈"獨尊儒術"與儒學傳播形態的轉變〉，《東方論壇》（2002年第2期），頁71。

〔註140〕王霄燕、陳凱，〈中國封建法制儒家化原因初探〉，《山西大學學報》哲學社會科學版（1998年，第4期），頁53。
因為統治者希望統一，而小農經濟有很大的分散性，統治者希望勞動人民安心生產，但勞動人民因生活困苦又很難安穩下來；統治者希望經濟繁榮，而重農抑商政策又阻礙了經濟的發展，統治者欲使政權鞏固，但全國的經濟發展又極不平衡，不利於政治的穩定；經濟發展的規律是從小農經濟向大規模農業經濟轉變，但統治者最害怕勞動人民聚眾造反，這是因為統治者與傳統的經濟形態互相矛盾的緣故。

而且付諸實踐，所以中國新興的封建法制之能夠儒家化，極重要原因便是「法自君出」「法令一統」的思想，適應了古代社會生產力的需要，符合當時社會政治關係，同時也滿足了封建帝王日益膨脹的權力欲望，所以便統一到皇權至上，統一到正統的儒家法律思想上來。而新興的封建法制的儒學化主要途徑有二：即「禮儀與律令同錄」和「依禮書的規定和綱常倫理施令行法」，這是中國舊律實行禮法結合的開端。

　　所謂「禮儀與律令同錄」，實際上是說「禮儀就是法律」，違背禮儀，就是違背法律，要受法律制裁，《漢書‧禮樂志》曾說：「今叔孫通所撰禮儀，與律令同錄，臧於理官」〔註141〕，這充分體現漢代以禮統法的精神。可見禮儀是由法官掌握，可以像律令一樣，懲罰違法者。而叔孫通是西漢初期的禮學家，爲漢定「禮儀」、「傍章」及「漢禮器制度」等，這「禮儀」、「傍章」就是法律制度。如禮儀之一的「朝儀」，王侯百官都必須遵守，違者嚴罰。所以《漢書‧叔孫通傳》云：

> 自諸侯王以下莫不震恐肅敬。至禮畢，盡伏，置法酒。諸侍坐殿上皆伏抑首，以尊卑次起上壽。觴九行，謁者言「罷酒」。御史執法舉不如儀者輒引去。竟朝置酒，無敢讙譁失禮者。〔註142〕

這裡談的「御史執法舉不如儀者則引去」，就是對違反「朝儀」規定者，立即加以驅逐並懲罰。至於「傍章」十八篇也是一種禮儀。《晉書‧刑法志》稱其「益律所不及」〔註143〕，所以違者有免職、遣歸、警告、治罪、論殺等處罰。如武帝時：

> 秺侯商丘成，坐爲詹事侍祠孝文廟，醉歌堂下曰「出居，安能鬱鬱，」大不敬，自殺。〔註144〕

〔註141〕《漢書》卷22〈禮樂志〉，頁1035。
〔註142〕《漢書》卷43〈酈陸朱劉叔孫傳〉，頁2128。
　　　　秦始皇建立起以君主專制爲核心的中央集權制度，皇帝大權獨攬，自然是言出法立，即所謂「命爲制，令爲詔」，皇帝的詔令，具有至高無上的權威，它可以取消法津，更改法津，代替法律或補充法律，這種「法自君出」的思想，後成爲各封建王朝立法的一項基本原則，因爲皇帝命令體現了天意，臣民必須絕對服從。因此，漢代的法律就在儒家特重「尊卑貴賤」的森嚴等級中，實行維護君權的禮制，遂使禮儀也成爲法律之一種。參考：楊鶴皋主編，吳博文整理，《中國法律思想史》（臺北：漢興書局，1993年10月），頁257～258。
〔註143〕房玄齡（唐）等撰，楊家駱主編，《晉書》卷30志第20〈刑法〉（新校本，臺北：鼎文書局，1976年），頁922。
〔註144〕《漢書》卷17〈景武昭宣元成功臣表〉，頁663。

而張湯的《越宮律》、趙禹的《朝律》,實際上也是「益律所不及」的禮儀,
不僅王侯,官吏對皇帝、太后要十分恭敬,皇帝、太后,對王侯、官吏也以
禮相待。在這個禮儀制度中,充分體現了禮法結合,以法護禮的精神。〔註145〕
所以漢禮多表現在律令中,漢律的儒家化,是以禮制的儒家化爲主體。韓星
先生說:

> 法律的儒家化集中地體現在中國第一部法律史——《漢書·刑法志
> 上》。這是一部通過儒法思想整合,體現漢代政治文化特色的重要著
> 作。〔註146〕

儒法整合的成功,具體的實踐了「王霸並存」的政治文化模式,符合了漢代
政治變革的需要。

所謂「依禮書規定和綱常倫理施令行法」,就是依「三綱五常」的封建倫
理爲原則,而以「尊尊、親親」爲中心,要求確立並遵行貴賤、親疏、上下、
長幼的嚴格等級秩序,而後在司法審判中,就依這種等級秩序,做出不平等
的判決,這表現出儒家的綱常名教對中國封建司法的強烈影響。〔註147〕就禮
書而論,西漢時已將《儀禮》、《禮記》、《大戴禮記》立於學官,《周禮》開始
流行於民間,到王莽時也立於學官,爲社會各界廣泛傳誦,深入研究。當時
不少案件的處理,不少詔令的擬定,往往都根據《周禮》、《禮記》的規定。
如《周禮》有「八辟」也叫「八議」〔註148〕,這是對皇族、故舊、官吏、功

〔註145〕華有根,〈西漢的禮法結合及其在中國法律史上的地位〉,《復旦大學學報》社
會科學版(1995年,第6期),頁60。

〔註146〕韓星著,陳明主編,《儒法整合——秦漢政治文化論》(北京:中國社會科學
出版社,2005年1月),頁209。

〔註147〕周家峰,〈論儒家思想對我國封建司法的影響〉,《前沿》(1996年第4期),
頁5。
儒家是三代的王官之學,在政治上代表封建貴族的立場,主張教育人民安分
守己,建立統一的貴族政體,所以維護宗法等級秩序,便成爲儒家法律思想
的基本點,因此,提出一套維護「禮治」重視「德治」,強調「人治」的法型
觀點。所謂維護「禮治」,即要求建立以家族爲本位,以倫理爲中心,以等級
爲基礎的法律制度。所謂重視「德治」,即要求法律強制,不僅是推行「君臣
父子」道德準則的輔助手段,更主張「以德服人」。而強調「人治」,則指「聖
人治國」,將大權集中於君主,同時將君主個人的智能道德與權威置於法律之
上。參考:楊鶴皋主編,吳博文整理,《中國法律思想史》(臺北:漢興書局,
1993年10月),頁53。

〔註148〕《周禮注疏》卷35〈小司寇〉。頁124:
凡王之族,有罪不即市,……以八辟麗邦法附刑罰,一曰議親之辟,二曰議

臣、賢者、能者、貴族、先朝之後等八類權貴賢能之人有罪，司法單位不能逕自審判，當先請示皇帝，予以免罪或減輕，即所謂「公侯嗣子有罪，耐以上先請」。而《禮記・曲禮》有「刑不上大夫」〔註149〕的規定，這是要求對貴族官吏有罪不上刑、不坐牢，重罪可以廢退，也可以賜死或令自殺。文帝在接受了賈誼的建議之後予以執行，所謂「上深納其言，養臣下有節。是後大臣有罪，皆自殺，不受刑。」《漢書・賈誼傳》〔註150〕這就體現了封建等級制的司法審判不公，而其不平等首先是以「尊君」維護皇權的神聖不可侵犯。其次是維護各類「尊者」的特權，再次是維護家長的特權，而且明確規定卑幼禁止控告尊長，此律爲後代歷朝所繼承，這與儒家學說是一脈相承的。

　　至於綱常倫理，特別是三綱中的「君臣之綱」，乃是最大的禮法，因爲這是名教思想的核心，西漢時期，凡違背君臣之禮，均以大逆無道論處，故謀反，謀爲大逆，罔上不道，均處以嚴刑酷罰，如高帝時韓信與彭越因謀反而滅三族即其例。另外，綱常倫理又有一重要方面，即表現在家族的關係而予以免刑或加重。在古代的中國，家族制度本身就是封建宗法倫理的體現，也是封建宗法社會的基礎；所以說法律生於政體，政體生於禮教，禮教生於風俗，風俗生於生計，因此，家族制度本身就是禮的重要內容。如《周禮・族師》將「相保相受，刑罰慶賞，相及相共」〔註151〕的族制，作爲禮的內容，便是最好的見證。所以到了宣帝時，朝廷更重家族關係，曾下詔說：「父子、祖孫、夫婦有罪而相互隱匿，可以免罪，即使死罪，上報皇帝後，可以減刑」。但違背家族中尊卑上下秩序，男女有別、夫婦有義等規定，而不孝長上或亂搞男女關係的，都必須重罪嚴刑，如宣帝時，代王劉年與女弟私通生子，結

故之辟，三曰議賢之辟，四曰議能之辟，五曰議功之辟，六曰議貴之辟，七曰議勤之辟，八曰議賓之辟。

〔註149〕《禮記注疏》卷3〈曲禮上〉，頁53。
漢代之法律，大都依據《周禮》與《禮記》，故有「八辟」及「刑不上大夫」的優遇，但漢律也有其獨特之處，此即「禁錮」之刑。「禁錮」之初起，本非刑罰之名，蓋貶抑限制商賈之律令，使其不得仕官爲吏。至文帝時，始明令吏坐贓者，禁錮不得爲吏，這是以不得仕官懲罰犯貪污罪之官吏，以後擴大至妖巫犯之親屬、重大罪官之門生故吏以及朋黨罪之親屬門生故吏及其他，因此，禁錮之刑，可謂是專爲士大夫而設，是朝廷控制鎮壓士大夫之手段。而皇帝下詔旨乃是解放禁錮的唯一方法。參考：廖伯源撰，《秦漢史論叢》（臺北：五南圖書出版股份有限公司，2003年5月初版1刷），頁245～264。
〔註150〕《漢書》卷48〈賈誼傳〉，頁2260。
〔註151〕《周禮注疏》卷12〈族師〉，頁186。

果有司奏淫亂，坐廢爲庶人，即其顯例。這就體現了以法或令維護綱常名教
的精神，從此，禮法的結合，獲得了具體的貫徹與實施。〔註152〕

三、禮法合一的體現

當禮法整合落實於政治實踐之後，這種名教思想就開始貫穿整個政治制
度和社會結構，成爲民族文化的主要精神，爾後隨著皇權的涵蓋一切，禮法
的整合必然轉化成「王霸並用」的局面，所以漢宣帝劉詢爲漢家政治，提出
了「霸王道雜之」的論斷。從此，「王霸並用」就成了漢朝的治國方略。然就
事實而論，「王霸並用」的思想，從劉邦開始就已不自覺的運用了，據皇甫謐
《帝王世紀》云：

> 觀漢高祖之取天下也，遭秦世暴亂，不偕尺土之資，不權將相之柄，
> 發迹泗亭，奮其智謀，羈英雄鞭驅天下。或以威服，或以德致，或
> 以義成，或以權斷，逆順不常。霸王之道雜焉。〔註153〕

在中國歷史上，每一朝代的開國者，無論取天下或治天下，幾乎都是「王霸
並用」的，除了秦以外。因爲權謀霸術與德政仁義交相互用，才是致勝之道，
也是長治久安之計，而劉邦以英特之姿，不自覺的運用，毋乃自然之事。爾
後遂成漢家之定制成法。這點宋朝的王應麟曾指出：「王霸之辨，漢室爲尤甚」
〔註154〕，漢室由於「漢承秦制」，法家思想一直在政治法律的實踐中發揮作用，
逐漸形成了文吏的官僚群體。同時，儒學逐步的復興，到了武帝之時，明確
的將儒學定位爲統治思想，自此之後，儒學爲歷代封建王朝所宗奉。然武帝
之施政，重在追求霸主吏事，儒術只是外在的潤飾而已，直至宣帝時，才十
分精當地概括了西漢政治的基本思路，而且在政治實踐中，很自覺地將「王
霸並用」奉爲漢家制度。因此，在他統治時期，儒學進一步發達，儒生的地
位進一步上升。儒學作爲社會的統治思想，具有兩重性：一方面具有箝制學
術與思想的作用。另一方面儒以六藝教民，儒者成了教師，是各類學校的主
辦者，並保存和代表著封建文化的典籍。因此，尊儒與提倡名教思想，又等

〔註152〕華有根，〈西漢的禮法結合及其在中國法律史上的地位〉，《復旦大學學報》社
會科學版（1995年，第6期），頁61～63。
〔註153〕皇甫謐（晉），《帝王世紀》（北京：中華書局出版，1985年），頁41。
〔註154〕王應麟（宋）撰，孫通海點校，《困學紀聞》〈卷13〉（瀋陽：遼寧教育出版
社，1998年），頁253。

同直接的提倡了文化和教育，使知識份子的地位大大的提高。〔註155〕越來越多的儒生就順勢的進入了官僚機構，爲漢代的政治注入了新鮮血液，提高了官僚隊伍的素質，更新了漢代吏治的面貌。這在實質上等於實踐了「以禮統法」的整合。〔註156〕

　　西漢儒家王道大行的理想，是以董仲舒的「王道思想」爲具體的內容。這是一個由《春秋》大一統說、天人合一說、王霸互用說、五德終始和三統三正等組合而成的。其政治目的就是「君權神授」「皇權至上」，以王道之正解決當時的政治、社會、經濟問題，但其實效卻只能在「漢承秦制」的基礎上，與霸道配合實現，所以漢宣帝說：「漢家自有制度，以霸王道雜之」，確屬洞見。〔註157〕故「以禮統法」的「王霸並用」之道，是漢興以來，一直積極進行的基本思路，也是「名教」的主要內容，最後在武、宣時期形成了「霸王道雜之」的政治文化模式，這是中國古代統治者，治國之道的精髓。這反映了中國上古文化歷經春秋戰國的社會變革，與秦漢之際的文化變遷，逐步的轉型，步上了新的歷史航道。

　　當「王霸並用」形成國家的政策綱領之後，也標示著統治方式除了採用「暴力專制之外，同時實行「思想教化」，而思想教化的主要內容，就是「名教思想」，透過經學的闡述，大力推崇「尊君卑臣」以及「三綱五常」，實行文化專制，使全國的人民都只讀一定的書，即四書五經，而且要遵守一定的注釋，寫一定的文章，發一定的議論，製造出千篇一律的儒者，這種「定於一尊」的政策，禁錮了自由思想，把整個國家社會的思想，摶鑄成一個固定的模式，於是「思想統一」就成了治國治民的根本，也是最徹底的愚民政策。

〔註155〕金春峰，《漢代思想史》（北京：中國社會科學出版社，1987 年 4 月第 1 版 1 刷），頁 204。

〔註156〕韓星著，陳明主編，《儒法整合──秦漢政治文化論》（北京：中國社會科學出版社，2005 年 1 月），頁 241～242。
　　　　韓星云：「宣帝重用儒生，不等於將政治領域，全面向經術開放，因爲宣帝對文法吏依然重用，文法吏可以說是自秦漢現實政治運作所依靠的主要力量，即法律制度的建設，也得依賴他們進行」。

〔註157〕張國華，《中國法律思想史新編》（臺北：揚智文化事業有限公司，1994 年 7 月），頁 187～189：漢律是以三綱爲核心的封建禮教作爲指導立法、司法的基本原則，故封建法典要求「一準乎禮」，所以《漢書·陳寵傳》說：「禮之所去，刑之所取，失禮入刑，相爲表裡」。其具體表現就是禮、法並用，德、刑並舉和既任人又任法。所以三綱五常實爲中國數千年之國粹，也是立法之大本。

這種「定於一尊」的文化專制形態，其道德的最高準則就是：「忠孝節義」，貫穿名教思想的核心乃是「忠君」思想，強調忠臣必出孝子之門，這種專制主義的思想統治，其目的是要使人民養成服從性，使成爲適應皇權專制的機器，由於灌輸忠君思想是文化專制的核心內容，遂使中國民族形成了根深柢固的「皇帝崇拜」，這傳統思想，對中國歷史社會形成了難以估量的深遠影響。〔註 158〕自此之後，中國傳統的「皇權至上」思想，就與中國特殊的政治官僚體係和儒家意識形態結合成一體，完成了中國傳統政教合一的社會結構模式。而文化精神所表現的，與其說是「人文主義」的，毋寧更具「皇權主義」的意涵。〔註 159〕

〔註 158〕羅良年，〈王道與霸道〉，《重慶教育學報》（第 15 卷，第 2 期，2002 年 3 月），頁 13～15。

〔註 159〕楊陽，《王權的圖騰化——政教合一與中國社會》（臺北：星定石文化有限公司，2002 年 6 月），頁 21～22。

第五章　從無爲的經濟向中央集權的
經濟轉化

　　經濟是政治的基礎，政治是經濟的集中表現，兩者是有機的統一，彼此具有相輔相成的作用，在中國歷史上，政治對經濟所起的導向作用，一向很突出，也強而有力，其具體反映則爲封建王朝的經濟政策與思想，始終指導著社會經濟的發展動向，而且歷代相因，始終是專制皇權的基礎，而這種特定的經濟基礎又與特定的社會結構互爲因果，互相影響，在這種複雜的關係中，經濟政策與思想，實起著紐帶作用，它不但指導經濟發展的方針，而且與社會階級的變動，也具有機的聯繫關係，主政者必須掌握客觀的規律，才能作出正確的決策。〔註 1〕然而中國具有宗法色彩的專制社會爲期之長，規模之大，體制之嚴，在這世界上極具獨特性，因此，中國古代的思想文化，極大部份是在這塊充滿宗法色彩的土壤上萌芽茁壯的。許多的思想家生活在這樣的宗法社會裡，他們必須正確地把握這社會的性質與內涵，才能鑄造自己的經濟思想的範疇和概念，爲改造國家和社會効力。所以不同的歷史階段，都有不同的經濟思想和政策，這種思想與政策都深藏在經濟的事實中，由於經濟充滿複雜性，因此在春秋戰國的諸子百家中，就閃爍著各種不同學派的思想光輝，他們超格越量的知見，永遠是中國的文化寶藏。當時經濟思想探討的中心問題是土地問題〔註 2〕，因爲封建時代的生產，自然經濟占主要地位

〔註 1〕　馬伯煌，《中國經濟政策思想史》（昆明：雲南人民出版社，1997 年 7 月），頁
　　　　　3～4。
〔註 2〕　趙靖，《中國古代經濟思想史講話》（北京：人民出版社出版，1986 年 2 月），
　　　　　頁 16～17。

的制度，封建的土地財產和封建農業構成經濟制度的基礎。封建社會中的一切經濟問題，無不同土地財產和農業聯繫著。所以春秋戰國時代的社會經濟轉變，主要表現在以下幾個方面：（一）地主土地所有制代替了領主土地所有制。（二）實物地租代替了勞動地租。（三）直接生產者的身份由農奴變爲農民。（四）由諸侯割據稱雄轉變爲中央集權的國家。〔註3〕

從春秋戰國至西漢昭宣之際，是中國古代經濟思想發展的全盛階段，經濟思想的發展，和當時政治社會制度方面的確立是相適應的，經過長期的兼併戰爭，秦始皇終於在秦始皇帝二十六年（公元前二二一年）統一六國，建立起中國第一個統一的中央集權的專制帝國，但秦帝國沒能鞏固這一政權，一直到西漢武帝時期，中央集權的專制政權才獲得鞏固，中國新型的封建生產方式迅速發展壯大，在農業、商業、手工業和貨幣經濟方面都有脫胎換骨的表現，從此新型的封建的經濟制度在遼闊的中國土地上正式確立起來。當此之時，雖然武帝罷黜了百家，但沒能終止處士橫議的局面，繼西漢前期道家與法家公開和儒家互爭雄長，而其他如陰陽家、縱橫家也還大肆活躍，著名的思想家如賈誼、董仲舒、桑弘羊、司馬遷等人的成就，也表現出異彩繽紛、群星競輝的局面，把古代中國的經濟思想與政策，推向了歷史的高峰，所以無論從經濟基礎或政治文化的上層來看，都爲新的地主經濟奠定了穩固的基礎，所以譚嗣同說：

> 秦以後治亂損益不一，其大經大法，閱漢晉隋唐宋元明，未之有改。
> 〔註4〕

我們研究秦漢的歷史，就是要把社會結構看做是政治、經濟、文化三大系統的組合，彼此都具有同等的重要性，他們之間的適應性，表現爲一個不可切割的功能耦合的網路系統，彼此對社會結構都具有調節的功能。〔註5〕所以我們研究秦漢的經濟思想與政策，就是想揭示這個新的封建社會經濟思想的發展規律，得到歷史智慧的啓廸，我們認爲秦漢時期地主經濟的確立，

〔註3〕 丁禎彥、吾敬東，《春秋戰國時期觀念與思維方式變革》（長沙：湖南出版社，1993年1月，第1版第1刷），頁2。所謂封建社會具有兩種不同的意涵，即春秋戰國以前以領主土地所有制爲基礎的社會，稱之爲古典的封建社會，而秦漢以後以地主土地所有制爲基礎的社會，稱之爲新型的封建社會。見註82。

〔註4〕 譚嗣同（清）撰，蔡尚思、方行編，《譚嗣同全集》上冊（北京：中華書局，1981年第1版第3刷），頁231。

〔註5〕 金觀濤、劉青峰，《興盛與危機——論中國封建社會的超穩定結構》（臺北：風雲時代出版社，1989年11月），頁19。

是以土地的商品化，亦即自由買賣爲其特徵的。而全國大一統的封建中央集權制，是以一家一戶分散經營的自耕農爲基礎的。新的政治、經濟體制，促進了商品經濟的巨大發展，但商業資本的發達，卻因兼併土地，造成了廣大農民的流離失所，嚴重威脅到國家的統治。綜觀這一時期經濟發展的總趨勢，除了反映中央集權與地方諸侯割據勢力的矛盾外，就是攪擾思想家們的土地問題、重本抑末問題、財政問題、貨幣問題，隨著土地兼併的嚴重，這些問題開始成爲他們探討的重要課題。〔註 6〕本來「漢承秦制」，也是跟秦一樣，是一個法治與人治，互相混合的政治體制，也同樣是建立在土地商品化基礎上的中央集權體制，它經過對秦亡的經驗教訓，進行了認眞的總結和吸收，使得漢朝綿延了四百年，雖然最後也難免重蹈亡秦之覆轍，但西漢確立下來的政治、經濟、文化體制，畢竟是往後兩千年的中國社會的基礎。〔註 7〕

　　中國古代的經濟思想與政策，有其歷史的源頭，也有其內在的邏輯關係，而春秋戰國時期，正是其開始，許多學派的重要觀點，都在此時形成，每一種學說都反映出每一具體的經濟思想與政策都有其獨立的系統和自身的發展過程，而各個學派之經濟思想與政策，容或有很多差異，但都有一內在的邏輯聯繫，這個軸心就是「國家財政」，而國家財政基本上包含了土地政策、工商政策和貨幣政策三方面，這就構成了中國經濟思想與政策的三大支柱。〔註 8〕

　　早在春秋戰國時代，中國就逐步形成了有系統的國家財政經濟之學，以及經營致富的治生之學。在管理國家財政經濟方面，不僅主張運用行政手段，法律手段，而且還主張運用經濟手段。比如利用市場、價格、貨幣、稅政等調節、管理經濟，增加財富。因此，從先秦至西漢，就已形成干預主義和放任主義兩種經濟的模式，道家的「無爲」屬放任主義，而法家的法治則近乎

〔註 6〕　上海社會科學院經濟研究所經濟思想研究室著，陳正炎主編，《秦漢經濟思想史》（北京：中華書局，1989 年 7 月，第 1 版北京第 1 刷），頁 5。

〔註 7〕　劉斯翰，〈漢代經濟政治原論〉，《學術研究》（1996 年第 11 期），頁 59。
　　　　而秦漢以後歷史興亡之跡，也如出一轍，幾乎是圍繞著兩大矛盾而開展，一是圍繞著土地兼併而進行的經濟鬥爭，二是圍繞著君主專制而進行的權力鬥爭，這兩大矛盾，乃是先秦所無，卻是秦漢以後，中國歷史循環的奧秘所在，我們若能剖析這兩大矛盾以及它們之間的關係，將會給予我們認識秦漢以下的古代中國社會以重要的啓示，並破解專制王朝、個體小農和地主之間的三方矛盾，而參透歷史循環的玄機所在。

〔註 8〕　馬伯煌，《中國經濟政策思想史》（昆明：雲南人民出版社，1997 年 7 月），頁841。

干預主義，至於儒家的經濟主張，則在「重本抑末」，這三大學派對兩漢以後的中國政局都具有深遠的影響。

第一節　黃老對原始道家經濟思想的繼承與發展

　　春秋戰國時期，生產力取得巨大的進步，私有制及商品經濟空前發展，階級結構與政治格局也劇烈的變動，而大規模的社會變革，不僅爲經濟廣泛而又迅速的發展提供了前提條件，同時也對經濟持續深入的發展提出了新的要求，從此爲經濟意識的確立奠定了基礎，原先那種以倫理和政治爲全部生活內容的格局開始鬆動和解體了，社會生活出現了多元的局面，而經濟變得十分重要，不再是政治與倫理的附庸，因此這一時期的思想家普遍對經濟問題有濃厚的興趣，這興趣固然來自現實的轉換，但它一旦形成一種趨勢或傾向，也就必然反過來，對社會生活產生重大的影響，這種觀念的變革，極大程度的影響了各國的統治者，從而使得經濟問題，成為國家的重大問題。而各學派的經濟思想也呈現出百花齊放的異采。使中國古代的經濟學說，出現輝煌燦爛的一面。〔註9〕

　　從經濟思想看，道家持消極態度，對物質文明深惡痛絕，希望回復到太古之初的原始部落社會，結繩記事，所以在先秦各學派之中，最不重視經濟問題。而儒家宣揚貴義賤利，認爲學農學圃，致遠恐泥，遂輕視技藝，將經濟事務看做「鄙事」，而以「重農抑末」做爲其經濟學說的根本。儒、道兩家都敵視經濟的發展和進步，同樣適合於古代封建制度下技術、經濟不發達和墨守陳規的狀況，也適合於統治者利用愚民政策來維護自己統治地位的需要。在先秦諸學派中，儒道與法家對後來整個社會的經濟思想的發展，都有很大的影響，所以道家的經濟思想容或不多，但也具有長遠的影響力，不可忽視。〔註10〕

　　道家的經濟思想主要出自《老子》，後來爲黃老道家所繼承，而《老子》的經濟觀向爲學術界所忽略，偶有論及，亦評價甚低，究其原因，不外有二：一是《老子》書重在哲理，二是《老子》的經濟觀，從形式上看，非常原始，似乎不足道。然究其實，實蘊含著深刻的經濟哲理。漢初行「黃老之治」，清

〔註9〕　丁禎彥、吾敬東，《春秋戰國時期觀念與思維方式變革》（長沙：湖南出版社，
　　　　 1993年1月，第1版第1刷），頁95～99。

〔註10〕 趙靖，《中國古代經濟思想史講話》（北京：人民出版社出版，1986年2月），
　　　　 頁144～145。

靜無爲，與民休息，而政績爲史家所稱道，顯然的，其思想有獨到合理之處。《老子》一書本來就被《漢書・藝文志》視爲「君人南面之術」〔註 11〕，所以其總體經濟思想就建立在其政治理想國上面，而「小國寡民」就是其理想主義的集中反映，《老子・八十章》曰：

> 小國寡民，使有什佰之器而不用，使人重死而不遠徙，雖有舟轝，无所乘之。雖有甲兵，无所陳之。使民復結繩而用之。甘其食，美其服，安其居，樂其俗，鄰國相望，雞狗之聲相聞，民至老死，不相往來。〔註12〕

《老子》一書所揭示的「小國寡民」模式，必須放在歷史條件下，才能找到其根據，從當時的歷史宏觀上看，整個社會是動蕩不安的，但從微觀上看，以血緣紐帶爲基礎的農村氏族公社，相對的安定，在這裡沒有政治上的官僚，沒有流血的兼併戰爭，沒有苛征雜稅，沒有嚴刑酷法，這是一個以自然經濟爲基礎的氏族農村社會，人民生活安定而富裕，可以「甘其食」、「美其服」，也可以「樂其俗」、「安其居」，沒有經濟上的剝削，也沒有政治上的壓迫，人民與大自然融爲一體，可與天地共長久。〔註 13〕所以《老子》在經濟思想上表現的特色是：

一、回歸自然經濟

在社會經濟史上，自然經濟比商品經濟古老，而且歷時最長久，所謂自然經濟，乃是指農業而言，蓋農業全由土地所生產，最合乎自然天道，故稱之爲自然經濟。〔註14〕此外，還要以農村家庭手工業和農業互相結合爲前提，所以在自然經濟之下，社會是由許多單一的經濟單位，如家長制的農民家庭、原始村社，封建領地組成的，每個單位都從事各種經濟工作，從採掘各種原料開始，直至最後把這些原料造成消費品。於是形成男耕女織、自給自足、深受宗法制約的小農經濟，這就是自然經濟的實質內涵。〔註15〕

〔註11〕《漢書》卷 30〈藝文志〉，頁 1732。

〔註12〕《老子校釋》〈老子德經八十章〉，頁 197～198。

〔註13〕余明光，《黃帝四經與黃老思想》(哈爾濱：黑龍江人民出版社，1989 年 8 月)，頁 127～128。

〔註14〕周金聲，《中國經濟思想史》(台北：周金聲著作發行所，1965 年 7 月)，頁 7～9

〔註15〕鍾興瑜，〈中國封建社會自然經濟的層次結構〉，《貴州社會科學》(1994 年第

　　農業生產組織的形式，是由生產力水平所決定的，在中國的歷史進程中，農業生產組織的形式經歷了氏族公社的集體勞動，農村家族公社以及個體小家庭生產的三個階段，因此以自然經濟爲背景的小農經濟，是以家族或家庭爲單位，以從事農業生產爲主，紡織爲輔的農民經濟，通過男耕女織的生產方式，形成一種自給自足的生活格局，這種旨在實現豐衣足食，以抵禦外部侵擾的小農經濟，是古代封建社會的經濟基礎，其特徵，是由此形成了封閉性的農業經濟結構，一方面促進了封建社會的秩序穩定，鞏固了封建統治，另一方面小農經濟阻斷了農民與外界社會的聯繫，割裂了農業與工業的關係，將絕大多數的農民限定在一個極其狹小的生存空間之內，由此形成了封閉型的農業。〔註 16〕在亞洲或中國，直至近代還有許多地方保存著這種原始形式的經濟內容，我們稱之爲「自然村」，美籍華人學者黃宗智先生曾生動的描述說：

> 自然村內的生產與再生產的過程，都是在村內自我完成的，整個經濟生產是自給自足的，自然村細小、刻板、閉塞而穩定、再生機能極強、……，即使經常改朝換代，但這社會的基本經濟結構，卻不爲政治領域中的風暴所觸動。〔註 17〕

中國的歷代王朝始終未能改變農村的自然經濟結構，所以自古以來，村民間「鄉田同井，出入相友，守望相助，鷄犬之聲相聞，民至老死不相往來」，千百萬個自然村就像千百萬個小共和國一樣，以自給自足的自然經濟爲整個王朝提供了經濟基礎，並成爲區劃極少變動的行政基層單位，整個中國就成爲全世界最大的封閉型經濟體係。

　　《老子》的經濟思想主張回歸自然，因此，重農的主張乃是《老子》經濟思想的基礎，《老子》重農的思想是與其法自然的思想互相聯繫的，主要體現在兩方面：一是以自然經濟爲基礎的農業生產，最能體現「抱樸」的精神。二是農業生產限於科技水平，最需依據天時、地理、氣候，所以最能貫徹「無爲」的原則。《老子》既將農耕視爲民生之本，故對統治者多所告誡，他說：

> 无狭其所居，无厭其所生。夫唯不厭，是以不厭。〔註 18〕

---

6 期），頁 28。

〔註 16〕王紅，〈試析中國古代小農經濟封閉性的原因〉，《陰山學刊》社會科學版（1994年第 3 期），頁 26。

〔註 17〕黃宗智，《華北的小農經濟與社會變遷》（北京：中華書局，1986 年），頁 21。

〔註 18〕《老子校釋》〈老子德經七十二章〉，頁 183。

《老子》警告執政者勿逼迫人民的生存，壓榨人民的財貨，並對熱衷於戰爭的統治者提出猛烈的抨擊，他說：

> 以道作人主者，不以兵強天下，其事好還；師之所處，荆棘生。〔註19〕

認爲戰亂一起，必然耕稼廢弛，荆棘叢生，疾病流行，造成荒年。《老子》在強調農耕重要的同時，也以法自然爲指導，排斥工商業的發展，因爲在老子看來，抑制物質文明的發展，才能尋求社會秩序的穩定，所以他說：

> 人多利器，國家滋昏；人多伎巧，奇物滋起。〔註20〕

技巧與利器是發展工商業的必要條件，而《老子》極度反對，認爲這樣會刺激人們的物欲，造成奢侈之風和驕奢淫逸。《老子》絕巧棄利的觀點，在先秦思想中是最爲突出的。〔註21〕而其重農之主張，無非是以眞樸爲本，教人返乎自然，故其經濟思想乃是「道論」的眞實反映，是一種「歸根復命」的理想，《老子·十六章》云：

> 夫物云云，各歸其根。歸根曰靜，靜曰復命。〔註22〕

《老子》歸根復命的經濟思想是以「小國寡民」爲其藍圖和理想，這是太古社會的原型，司馬遷稱之爲「至治之極」，推崇備至，他認爲國小民寡則人淳厚，國大民眾則利害相摩，巧僞日生，觀都市與聚落之民，質詐殊俗，則其驗也。在秦漢時代一家一戶的小農經濟是封建社會的基本生產單位，家庭成員須絕對服從父家長的命令，這種天然尊長的封建宗法關係，爲專制主義的統治，提供了深厚的社會基礎。〔註23〕所以司馬遷深知「大國難圖，小國易

〔註19〕《老子校釋》〈老子道經三十章〉，頁76～77。
　　　　每一種政治思想和經濟思想都是時代的反映，韓非説：「古人亟於德，中世逐於智，當今爭於力」，爲什麼當今爭於力呢？主要是「財寡」，由財寡而引起的紛爭，非仁義道德的說教所能解決。唯有依賴「力」才能面對，所以說：「力多則人朝，力寡則朝於人」，而當時的所謂「力」，包括「武力」和「財力」兩方面，這也是商、韓耕戰的兩大内容，韓非曾將他追求的目標，概括爲「國博君尊」，「國博」就是要實現大一統，「君尊」就是要建立君主集權制，韓非在面對殘酷的爭權奪地的鬥爭現實時，不得不做出這樣的結論，因此，韓非的經濟思想可稱之爲戰時或「急世」的經濟思想。但是老子卻堅持反戰的立場，因此，嚴厲地批叛熱衷戰爭的統治者。參考謝天佑著《秦漢經濟政策與經濟思想史稿——兼評自然經濟論》（上海：華東師範大學出版社，1989年3月），頁1～3。
〔註20〕《老子校釋》〈老子德經五十七章〉，頁148。
〔註21〕傅允生，〈老子經濟觀述評〉（浙江財經學院財政系學報，1992年），頁39～40。
〔註22〕《老子校釋》〈老子道經十六章〉，頁41～42。
〔註23〕林甘泉，〈論秦漢封建專制主義的經濟基礎〉，收在中國秦漢史研究會編，《秦

治」，治理國家必須以《老子》「小國寡民」爲務，才能挽救近世淫靡之俗，使眾民「倉廩實而知節，衣食足而知榮辱」。而那種「涂民耳目，幾至無行」的作爲就可以不用了，自然可以達到「至治之極」，這就是《老子》回歸自然經濟之大意。﹝註24﹞故「小國寡民」的實質，乃是一種精神境界的追求。

二、少私寡欲與經濟思想

　　歷史的進化，總是由原生的社會形態向次生的社會形態過渡，亦即以公有制爲基礎的社會向以私有制爲基礎的社會轉變，耕地最初是部落共有的財產，由氏族共同使用，後來轉由家族公社使用，末了便轉交個體家庭使用。依此推論，以自然經濟爲基礎的村社組織，早該解體，但在東方各國卻長久的存在，中國尤其如此，最主要的原因是村社組織在經濟上是農業與手工業互相結合的自給自足經濟，非常適合中國封閉的地理環境與宗法社會，加以生產力沒有進步，導致社會分工與商品生產不發達，而中央集權的專制體制始終主導國家的一切，因此，中國的村社組織像一個小共和國一樣，長期存在著，這種經濟結構，馬克斯稱之爲「亞細亞生產方式」，這是中國長期以來只少量進步，無法產生資本主義的主因。﹝註25﹞

　　中國自然經濟的農村社會具有很強的封閉性，所以生產落後，勞動艱辛，又要受重稅的盤剝和天災人禍的侵擾，處境貧困。在沒有其他生計的情況下，其生死與土地攸關，世代相襲，耕作在同一塊土地上，與外界隔絕，所以生活天地與思想意識都禁錮狹窄。因此，《老子》以「少私寡欲」作爲經濟思想的核心內容，固然是「道」的體現，但也反映了當時老百姓的主體農民生活極爲貧困的實際。然《老子》畢竟是向王侯說教說法，他之所以強調統治者，要「少私寡欲」，甚至「無欲」，乃因天下的動亂與爭奪，都是由於「多欲」而引起的，所以王侯宜「去奢、去泰」，才能止爭息戰而使百姓安寧，故其治國理論，力主運用主觀的意志進行調節「欲望」，一方面老子主張「聖人治，虛其心，實其腹，弱其志，強其骨。」《老子‧第三章》﹝註26﹞一方面則「甘

　　　漢史論叢》第二輯（西安：陝西人民出版社，1983 年 8 月第 1 版 1 刷），頁 5。
﹝註24﹞ 田啓霖，〈從黃老之學到小國寡民〉，《哈爾濱師專學報》（1995 年第 4 期），頁55。
﹝註25﹞ 陳其人，〈馬克斯主義發展經濟之理論〉，《復旦大學學報》社會科學版（1995年第 3 期），頁 13～14。
﹝註26﹞ 《老子校釋》〈老子道經三章〉，頁 9～10。

其食，美其服」，從而實現其富民的政策，讓農民達成經濟自生自長的要求。然而《老子》始終主張「王與道合一」，治國理民，如果「化而欲作」，就該「鎮之以無名之樸」，故呵斥欲望，他說：

> 罪莫大於可欲，禍莫大於不足知，咎莫大於欲得。故知足之足，常足。〔註27〕

《老子》認爲過高的物質享受，是貪欲無饜的根源，因此，《老子》將物質文明的害處，暴露於天下，而示人以脫離痛苦之新途徑，這是《老子》經濟思想之特點，他說：

> 五色令人目盲；五音令人耳聾；五味令人口爽；馳騁田獵，令人心發狂；難得之貨，令人行妨。〔註28〕

物質文明確能釀成不少的流弊及罪惡，若《老子》所云，誠屬有感而發，其說自有立足之點，然後人之襲其說者，變本加厲，藐視經濟，以物質之進步，爲背乎聖人之至理，流毒所及，遂造成社會艱窘，國家貧困。〔註29〕《老子》揭示物質文明之弊端，呵斥凡人之欲望，實欲引人走向高度的精神生活，導人於自然境界，使人返樸歸眞，並非徹底的抹煞物質文明。所以《老子》非常重視對治欲望之道，而以「知足」爲制欲之利器，他說：

> 名與身孰親？身與貨孰多？得與亡孰病？是故甚愛必大費，多藏必厚亡。故知足不辱，知止不殆，可以長久。〔註30〕

《老子》愼重論述欲望之害，認爲「知足者富」《老子·三十三章》〔註31〕，知足可以遏阻欲望，「少私寡欲」可以限制不良欲望之滋長，使人回歸自然。所以老子特別提倡：

（一）去奢崇儉

「奢」和「儉」是兩種互相對立的思想概念，在消費的領域裡，先秦之思想家大多主張黜奢崇儉，而《老子》亦然，其出發點始終貫串著「道法自然」的原則，而宗旨則在「治國馭民」，故曰：

> 我有三寶，持而寶之：一曰慈，二曰儉，三曰不敢爲天下先。夫慈、

〔註27〕《老子校釋》〈老子德經四十六章〉，頁120～121。
〔註28〕《老子校釋》〈老子道經十二章〉，頁29。
〔註29〕唐慶增，《中國經濟思想史》上卷（臺北：臺灣商務印書館，1963年），頁138～142。
〔註30〕《老子校釋》〈老子德經四十四章〉，頁116。
〔註31〕《老子校釋》〈老子道經三十三章〉，頁86。

故能勇，儉、故能廣，不敢爲天下先，故能成器長。〔註32〕
這幾句話，乃全書之主腦，爲至重要之一部份，老子把「儉」列爲三寶之一，認爲聖人治國理政宜「去甚、去奢、去泰」《老子·二十九章》〔註33〕，從人生觀和世界觀的高度論證了「貴儉去奢」的重要，從而反對君主驕奢淫逸的生活，他說：

朝甚除，田甚蕪，倉甚虛，服文采，帶利劍，厭飲食，財貨有餘，

是謂盜夸，非道也哉！〔註34〕

《老子》指斥執政者不顧田地荒蕪，倉廩空虛，卻粉飾宮殿，穿著華麗，佩帶利劍，恣行淫樂，乃是強盜頭子的行爲。這是一種「欺德」的罪行，也違背了人性的自然本質，嚴重的失其常度，這是對當時統治階級窮奢極欲的譴責，體現了他對國計民生的關切。這一層思想是老子觀察欲望與財富的關係，所產生的警醒，含蘊著對人性豐富的體味以及深刻的哲理。〔註35〕

（二）主張「損有餘以補不足」

就財富分配問題而論，《老子》主張「損有餘以補不足」，這一思想是針對當時的統治者重賦厚斂，從而導致社會矛盾激化的現狀而發的。就歷史事實而論，春秋戰國時代是中國政治經濟大變動的關鍵時代，隨著生產力的發展，社會分工越來越精細，商品經濟有長足的進步，儘管自然經濟的性質，在基本上並沒有改變，但社會分工的浪潮已從自然經濟的內部發展起來，例如冶鐵業，已領先擺脫自然經濟的羈絆，成爲一個獨立的工業，這就標示著鐵器時代的來臨，和青銅時代的結束。而商業的興盛，也形成了很多新的都會城市和富商巨賈，這就導致兩種弊病，一是造成貧富階級的過份分化，導致階級矛盾的激化。二是任何形式的統治，其最終目的不外乎實行與其政治相適應的經濟佔有，而當時的統治者在社會財富總量上升之際，也同時採取超經濟剝削，導致在上位者食稅太多，而在下之民面有飢色的特殊慘況，因此，《老子》針對貧富尖銳對立，對侯王提出了「多藏必厚亡」，「金玉滿堂，莫之能守」的警告，以抑止土地兼併和橫征暴斂，他說：

〔註32〕《老子校釋》〈老子德經六十七章〉，頁174。
〔註33〕《老子校釋》〈老子道經二十九章〉，頁76。
〔註34〕《老子校釋》〈老子德經五十三章〉，頁136。
〔註35〕蔡澤華，《先秦諸子經濟思想述評》（臺北：臺灣商務印書館，1999年6月），
頁131～133。

> 民之飢，以其上食稅之多，是以飢。民之難治，以其上有爲，是以
> 難治。人之輕死，以其生生之厚，是以輕死。夫唯无以生爲者，是
> 賢於貴生。〔註36〕

正是基於這種認識，《老子》認爲重賦厚斂乃是造成社會動亂的主要根源，爲
了維護社會秩序與確保人生的安定，都應該抑制利欲、控制賦稅，《老子》更
從天道的高度，論證了「損有餘以補不足」的必要，這就是《老子》平均財
富的主張，他說：

> 天之道，其猶張弓與！高者抑之，下者舉之，有餘者損之，不足者
> 與之。天之道損有餘而補不足；人道則不然，損不足，奉有餘。熟
> 能有餘以奉天下？其唯有道者。〔註37〕

《老子》是古代宇宙觀的創新論者，是一位將宇宙創造論也即是道論用之於
統籌一切思想之大思想家、大哲學家，其宇宙創造論的深刻內涵，在人類歷
史上具有崇高的地位，而其人生觀、政治觀、經濟觀、文化觀、軍事觀，無
一不與其宇宙論相應，體現了其哲學體係的精密與運用的廣泛。〔註38〕，然
天道終歸之於法自然，法自然的精神落實於經濟社會，即是要求返本復初，
鑒於當時社會重賦厚斂，損不足以奉有餘的現狀，《老子》主張對社會財富的
分配，進行調節，通過「損有餘以奉不足」的方式，使之趨於「自均」，所以

〔註36〕《老子校釋》〈老子德經七十五章〉，頁187～188。
〔註37〕《老子校釋》〈老子德經七十七章〉，頁191～192。
　　　　關於《老子》裡「道」的問題，值得探討。在《詩經》三百篇裡，沒有帶哲
　　　　學意味的「道」字，而「德」字卻有六十多個，依訓詁而論，「德」就是「得」，
　　　　和現代用語的「性格」差不多，指性格可由鍛鍊而改變，所以要「修德」，而
　　　　不好的性格，則稱爲「凶德」或「爽德」。而《尚書》〈康王之誥〉裡的「皇
　　　　天用訓厥道」似乎當解釋爲道德的「道」。但到了春秋時代，哲學意義的「道」
　　　　字，風行一時，它的用法很多，如《春秋左傳》〈昭公五年〉的「國家之敗，
　　　　失之道也，則禍亂興」，如〈昭公廿六年〉的「天道不諂，不貳其黨」。而《老
　　　　子》學說的核心思想「道」，很顯然的，受到春秋時代的影響，含有「天道」
　　　　和「自然法則」與「人事法則」的意義，但更有其獨創的見解，即將「道」
　　　　解釋爲「宇宙萬有的根源」和「總原則」，把春秋時代出現的「道」建設成一
　　　　個系統，這是哲學史上的大躍進。由此可知老莊學說的「道」實是老子首創
　　　　的，而《老子》又是承春秋時代的學說而加以擴大的。參考：羅根澤編著，《古
　　　　史辯》第六冊收錄於《民國叢書》第四編之69（上海：上海書店，據開明書
　　　　店1938年版影印），頁613～617。
〔註38〕蔡澤華，《先秦諸子經濟思想述評》（臺北：臺灣商務印書館，1999年6月），
　　　　頁116。

說：「天地相合，以降甘露，人莫之令而自均。」《老子·三十二章》〔註39〕，《老子》公平分配財富的思想，較諸儒、墨兩家主張的薄賦斂更進步，帶有均平主義的色彩，可以說是《老子》整個思想體係中最富於人民性的，在一定程度上是對剝削制度的否定，同時反映了下層民眾的素樸願望。這和荀子「斷長續短，損有餘，益不足」《荀子·禮論篇》〔註40〕的分配思想，大體一致，都屬於聖賢的悲願，後來都成了農民革命的理想。〔註41〕

三、放任自理的經濟思想

「無為而治」是《老子》政治思想的核心，它最能體現《老子》道法自然的原則。這一思想和主張反映在經濟思想上的即是要求實行「放任自理」，在《老子》的觀念裡，「放任」是一種管理的概念，它是以形而上的放任來達到實質上的自理，放任不是目的，而是達到自理的一種手段，因此，《老子》曰：

> 我無為，人自化；我好靜，人自正；我無事，人自富；我無欲，人
> 自樸。〔註42〕

放任自理的經濟思想，主要根植兩方面，一是統治者的「無為」，無為並不是什麼事都不做，而是各自理民不可隨意妄為，如《莊子·在宥》所言：「无為而尊者，天道也；有為而累者，人道也。」〔註43〕蓋無為是天道的寂然，也可稱為天道的本然，而小國寡民的蒙昧社會最符合道的精神，在這沒有科學技術也沒有現實社會的一切典章制度，生活純任自然，誠如太史公所云：

> 老子所貴道，虛無，因應變化於無為。〔註44〕

聖人治國應效天地之大德無言，無事無政，此聖人處無為之事也。聖人但求自完，不復求進取，卻能以自完之風範感化人民，讓人民自生自營，自作自息，達到「甘其食，美其服，安其居，樂其俗」的自完生活。過此而求進取，講求發明創造與追求物質生活，便是多事。〔註45〕這是一種「恃萬物之自然

〔註39〕《老子校釋》〈老子道經三十二章〉，頁84。

〔註40〕《荀子集解》卷1〈禮論篇〉第19，頁363。

〔註41〕傅允生，〈老子經濟觀述評〉，《浙江財經學院財政系學報》（1992年），頁41。

〔註42〕《老子校釋》〈老子德經五十七章〉，頁149。

〔註43〕郭慶藩（清）撰，王孝魚點校，《莊子集釋》卷4下〈在宥〉第11（臺北：天工書局印行，1989年9月出版），頁401。

〔註44〕《史記》卷63〈老子韓非列傳〉，頁2156。

〔註45〕魏元珪，國立編譯館主編，《老子思想體係探索》下冊（臺北：新文豐出版公司，1997年8月），頁589～593。

而弗敢爲」的方式，是依據形而上的天道作爲指導的原則，也是以小國寡民的模式爲對象的。期望「自理」的結果是百姓能自己淳化，自我匡正，自然富裕，自身返樸，由此上下相安，天下歸於太平。

　　就《老子》的總體經濟思想而論，它是主張回歸自然經濟與建立「少私寡欲」的經濟理論，這是與其「道論」互相呼應的，充滿了形而上的哲學意涵，這是一幅以農業爲主的，封閉的部落社會的畫面，是一個已跨入文明門檻的社會，在這裡老子同孔子、墨子一樣，是以天子、王侯的存在爲前提條件來建構其理想社會的圖景，這種理想社會不可能是一個原始共產主義的母系社會，應該是夏代社會的縮影。《淮南子・原道訓》曰：

> 昔者夏鯀作三仞之城，諸侯背之，海外有狡心。禹知天下之叛也，
> 乃壞城平池，散財物、焚甲兵，施之以德，海外賓服，四夷納職，
> 合諸侯於涂山，執玉帛者萬國。〔註46〕

此與《老子》所描述的「小國寡民」的社會正好相符，蓋「壞城平池」則舟車無所乘之，「散財物」，則百姓「甘其食、美其服」，「焚甲兵」則「有什佰之器而勿用，甲兵無所陳之」，「施之以德」，則百姓「樂其俗、安其居」，而「執玉帛者萬國」正反映夏代是一個由眾多小邦組成的「聯邦式」國家，「小國寡民」正是當時社會的寫照。〔註47〕

　　在這種封閉型的農業社會裡，它經濟思想的重心不在促進生產，增殖財富，也不在開拓財源，創造稅收，而在平均分配，不在鼓勵交易流通，而在自給自足，因此，老子自理自均的理想雖很有人民性，但缺乏現實性，胡寄窗先生就說：

> 他們的分配思想，沒有接觸到造成貧富不均的階級根源，認爲只要人們不積極追求大量財富，似乎貧富不均的現象就可以不發生，「天地相合，以降甘露，民莫之令而自均」，這種說法事實上是不能解決問題的。〔註48〕

《老子》的經濟思想，基本上是一種哲學意涵的表述，具有很強的理想性和消極性，而唯一的價值是主張讓百姓放任自爲，反對過多的人爲干預，反映了自由經濟的面向，在當時確實具有積極的、進步的意義。

〔註46〕《淮南鴻烈集解》卷1〈原道訓〉，頁14。
〔註47〕王博，〈老子與夏族文化〉，《哲學研究》（1989年第1期），頁51。
〔註48〕胡寄窗，《中國經濟思想史》上冊（上海：人民出版社，1986年），頁213。

四、黃老之治的經濟措施

黃老道家第一次登上歷史舞台，作爲治國的指導思想，是在前漢的七十年間，這是由當時的政治經濟的形勢所決定的。因此，漢初的功臣名將，大多數都信奉黃老學說，並身體力行的將此種學說貫徹於漢初社會經濟的重建中，使得漢初的社會從動亂中趨於穩定，從穩定中得到發展，並且走向繁榮，爲建立漢帝國奠定了強大的物質基礎。

一種佔統治地位的思想，只有與當時的政治經濟發展互相適應，才能產生積極的作用，而當時的具體情況是：「漢興，接秦之敝，諸侯並起，民失作業，而大飢饉。凡米石五千，人相食，死者過半。」〔註49〕，當大亂平定之後，漢初君臣俱欲休息乎無爲，這是當時人心追求安定的客觀趨勢，但楚漢相爭留下來的天下，畢竟是一個爛攤子，無論從政治或經濟上的形勢來說，都非常嚴峻，有待執政者積極努力，因此，漢文帝劉恆雖然坐享天下，但也時常保持警惕，以防不測，他說：

> 今朕夙興夜寐，勤勞天下，憂苦萬民，爲之恒惕不安，未嘗一日忘於心。〔註50〕

這說明了漢初的政局是動盪的，經濟是凋敝的，漢初的統治者，在眾多的文化思想中選擇了黃老道家的「無爲而治」，作爲治國安民發展經濟的總方針是有卓見的，而且深具成效，最根本的原因是黃老的「無爲」，乃是在強調法治基礎上的無爲，是在既定秩序下的各自有爲，構成了上層統治者無爲。而老學的「無爲」，則是自然主義的，沒有任何干預的各自爲，這就產生了不同的效果，黃老之治在重建經濟的時候，做了幾項正確的措施：

（一）省欲節儉，發展農業

漢文帝在努力恢復和發展經濟的同時，用了極其明白易懂的語言，作了概括性的表達，他說：「欲爲省，毋煩民」《史記·孝文本紀》〔註51〕，「務省徭費以便民」《漢書·文帝紀》〔註52〕，所謂「欲爲省」就是節省國家開支，所謂「務省徭費」，就是輕徭薄賦，切實減輕農民的負擔，這幾項措施都是漢初幾代君主實行無爲而治的主要指導思想，尤其是漢高祖歷經戰亂，親見全

〔註49〕 《漢書》卷24上〈食貨志上〉，頁1127。
〔註50〕 《史記》卷10〈孝文本紀〉，頁431。
〔註51〕 《史記》卷10〈孝文本紀〉，頁433。
〔註52〕 《漢書》卷4〈文帝紀〉，頁116。

國滿目瘡痍，深知人口是經營農業最基本的動力，所以人口的增加對於復興農業幫助很大，因此，他鼓勵凡民產子者可以免除徭役二歲，人口增加了，農業自然發達，故其政策內容是：安輯流亡、減輕賦稅、獎勵繁殖人口、提倡農業生產。〔註53〕當時的統治者已深刻地認識到封建專制主義的主要支柱是農民，而農民的經濟地位和生活條件最容易使他們成爲專制主義統治的馴服工具，但過份的剝削與壓迫也必然激起他們的仇視和反抗。所以重農政策實含有多面向的意義。《呂氏春秋・上農》曰：

> 民農則樸，樸則易用，易用則邊境安，主位尊，民農則重，重則少
> 私義，少私義則公法立，力專一。民農則其產復，其產復則重徙，
> 重徙則死其處而無二慮。〔註54〕

這段話把統治者維護小農經濟的用心說得再清楚不過了。因爲小農經濟和家庭手工業互相結合的自然經濟，它具有一些特點，諸如生產水平低下，生產技術墨守成規、商品交換不發達、生產規模細小、分散和落後等等，造成大多數農民處於一種閉塞和無知的精神狀態，容易被統治者所欺騙。專制主義正是利用農民的不問政治和思想的落後，遂行壓榨。烜赫一時的秦王朝就是因爲過度的殘民以逞而被農民起義所埋葬了。西漢初年的幾個皇帝，面對當時的國弱民窮，只有儘可能的節約開支，才能防止濫徵亂罰，擾亂民生，使老百姓安心生產，這就證明了即使是君主，也不能不服從經濟條件。〔註55〕所以《淮南子・齊俗訓》曰：

> 夫飢寒並至，能不犯法干誅者，古今之未聞也。……，夫民有餘即
> 讓，不足則爭，讓則禮義生，爭則暴亂起。〔註56〕

黃老道家審視歷史的興亡，確實看到了人民的經濟生活對國家治亂以及道德良窳的重大影響，這對於一個封建統治階級的思想家來說，是非常難能可貴的，確屬進步。

　　高帝七年，劉邦見蕭何主持修建未央宮，過於華麗，竟責備蕭何說：「天

〔註53〕　韓復智，〈兩漢經濟問題的癥結〉，收在氏編《中國通史論文選集》上（臺北：南天書局，1990年9月2版2刷），頁397。

〔註54〕　《呂氏春秋》士容論卷26〈上農〉，頁735～736。

〔註55〕　林甘泉，〈論秦漢封建專制主義的經濟基礎〉，收在中國秦漢史研究會編，《秦漢史論叢》第二輯（西安：陝西人民出版社，1983年8月第1版1刷），頁3～8。

〔註56〕　《淮南鴻烈集解》卷11〈齊俗訓〉，頁376～377。

下匈匈，勞苦數歲，成敗未可知，是何治宮室過度也！」《漢書・高帝紀》〔註57〕，惠帝時，爲修築長安城，也是分批分期進行。文帝曾想營建一座露台，工匠估計費用百金，文帝就取消了這項工程。而其寵幸的愼夫人也「衣不曳地，幃帳不文繡」，並以此提倡節儉的風氣，所以文帝當政二十三年間，宮室苑囿，車騎服御，無所增益，這就體現了清靜無爲的愛民之風。因此，即位不久即頒佈詔令〔註58〕，減免田租十三年，景帝時，再將高祖的十五稅一減半，成爲三十稅一，這樣輕的田租，乃中國歷史所少有，確實對漢初農業生產的發展起了很大的促進作用。黃老道家要求統治者省事節欲，不爲煩苛之政，這樣就可達到「虛平」的無爲境界，而漢初諸帝都做到了。

（二）實行放任的經濟政策

春秋戰國以來，經濟意識的增強，最突出的表現乃是國家對經濟的重視，漢初黃老之治對工商業採取放任自由的政策，是適應當時社會環境之要求而產生的。文帝厲行這種政策的結果，對經濟上的影響非常大，尤以曹參爲相，「塡以無爲，從民之欲」，寬弛了抑商的法律，聽憑商人任意發展。〔註59〕在財產私有制及放任主義下，這一途徑的開放，使大量資金流向鹽鐵銅冶及鑄幣等高利潤工業，或流入農村兼併土地，致富者田連阡陌，貧者無立錐之地，或從事高利貸，取倍稱之息。因此，農業生產就出現了佃耕及僱傭形式，而奴隸之使用仍不在少數。當時的鹽鐵淨利，二十倍於古，田租則「見稅什五」，商業飛速的發展，再加上政府積極勸農，使糧價大跌至米石五錢，米價跌了，田價更跌，而商人趁機操奇取利，說明商業已經蓬勃發展了，而工商兩業宛似車之二輪，一輪旋轉，必會帶動另一輪向前奔馳，所以秦漢時代的手工業繼承戰國時代的趨勢更加發展。〔註60〕然而競爭的結果，造成貧富懸殊，形成了豪族富商與貧民階級的對立，這是開放貨幣鑄造與開放山澤兩大政策造成的。

〔註57〕《漢書》卷1下〈高帝紀下〉，頁64。

〔註58〕《漢書》卷4〈文帝紀〉，頁125。
《漢書・文帝紀》云：「農，天下之本，務莫大焉。今廑身從事，而有租稅之賦，是謂本末者無以異也，其於勸農之道未備。其除田之租稅。」

〔註59〕《漢書》卷23〈刑法志〉，頁1097。
〈刑法志〉云：當孝惠、高后時，百姓新免毒，人欲長幼養老。蕭曹爲相，塡以無爲，從民之欲，而不擾亂，是以衣食滋殖，刑罰用稀。……吏安其官，民樂其業，畜積歲增，戶口寢息。風流篤厚，禁罔疏闊。

〔註60〕錢公博，《中國經濟發展史》（臺北：文景出版社，1984年10月），頁119。

1. 開放山澤

工商業的發展是互爲因果的，同時手工業的發展也與礦產的開發具有密切的關係，自戰國以來，山澤礦物的出產逐漸開發，尤其是金屬礦產，《鹽鐵論‧復古》說：

> 往者，豪強大家，得管山海之利，采鐵石鼓鑄煮海爲鹽，一家聚眾，
> 或至千餘人，大抵盡收放流人民也。遠去鄉里，棄墳墓，依倚大家，
> 聚深山窮澤之中，成姦僞之業，遂朋黨之權。〔註61〕

漢朝統一中國之後，因廢除過去橋樑與關口的通過稅，以及開放山澤，聽任人民墾殖的結果，給工商業一個空前自由發展的機會，《史記‧貨殖列傳》稱：

> 漢興，海內爲一，開關梁，弛山澤之禁，是以富商大賈周流天下，
> 交易之物莫不通，得其所欲。〔註62〕

在分裂的時代，關梁禁阻，商稅繁重，所以商業不能充分發展，但法家變法力主「富強」的國策，儒家的「均富」理想，墨家的「科技觀念」，都助長了求富、求新的企業精神。到了漢代，由於長期統一，於是關梁無阻，商稅減輕，同時又弛山澤之禁，物質來源豐富，所以商業大爲發達，當時有「用貧求富，農不如工，工不如商，刺繡文不如倚市門」的諺語。因此，當時人民都「棄本逐末」，從事工商業，而當時贏利最多的工商業，包括鹽、鐵、酒、穀類、家畜、布帛、皮革、木料、丹漆、醬豉等，而手工業者往往即是商人，賣者即是製者，大小商人極其眾多，所以《漢書‧食貨志》說：「商賈大者積貯倍息，小者坐列販賣」〔註63〕，而當時的富商巨賈的勢力是極大的，《史記‧平準書》云：

> 而富商大賈或蹛財役貧，轉轂百數，廢居居邑，封君皆低首仰給。
>
> 〔註64〕

這些富商大賈就是大者傾郡，中者傾縣，下者傾鄉里的大地主和手工業大企

〔註61〕 桓寬（漢）撰，王利器校注，《鹽鐵論校注》卷 1〈復古〉第 6（北京：中華書局出版，1996 年 9 月，北京第 2 刷），頁 78～79。

〔註62〕 《史記》卷 129〈貨殖列傳〉，頁 3261。

〔註63〕 《漢書》卷 24 上〈食貨志上〉，頁 1132。
〈食貨志〉曰：商賈大者積貯倍息，小者，坐列販賣，操其奇贏，日游都市，乘上之急，所賣必倍，故其男不耕耘，女不蠶織，衣必文采，食必粱肉；無男夫之苦，有仟伯之得。因其富厚，交通王侯，力過吏勢，以利相傾；……此商人所以兼併農人，農人所以流亡者也。

〔註64〕 《史記》卷 30〈平準書〉，頁 1425。

業家，他們都是無「爵邑」的封君，所以稱為「素封」，他們的勢力足以將封君與官吏壓在腳下，所以《漢書·食貨志》說：當時的商人「交通王侯，力過吏勢」〔註65〕，而有很多農民卻貧無立錐之地，形成了強烈的對比。〔註66〕

2. 開放貨幣鑄造

漢代的貨幣政策，在基本上繼承了秦的遺產，劃分為兩級制，黃金為上幣，以鎰為單位，銅錢為下幣，質料如周製，文曰「半兩」，實重如數。然漢興之後，漢高祖停止由政府專門鑄錢，聽民自由鑄錢，這是當時歷經楚漢之爭後，錢幣奇缺的緣故，從而有多鑄錢的必要，同時也是基於廢掉秦代煩苛的制度的考量，然而使民鑄錢的結果，錢雖變多了，但錢的重量和大小卻大為縮水，甚至連榆莢都不如，此即所謂榆莢錢也，只有早期三分之一的重量了，錢身既由大而小，由厚變薄，購買力自然減弱，因為錢幣貶值太過於迅速，就造成了物價大幅度的波動，甚至漲到米石萬錢，馬匹百金。高祖十一年不得不頒訂盜鑄令，嚴禁私鑄。但因利益所在私鑄不絕，故高后二年為求根本解決之道，再造八銖錢以替代榆莢錢。文帝五年復改造四銖，文仍名「半兩」，遂除盜鑄令，許民自由鼓鑄，文帝之所以如此，是因為他知禁止私鑄的命令，實際上並未能達到效果，從而憐憫人民因觸法而死者太多，不如公開允許私鑄但嚴格地規定人民必須鑄造合乎規定的好錢幣。〔註67〕如此，握有銅山的封君富豪，紛紛驅使奴隸與賤價庸工，入山採銅，設鑄幣，因鑄造自由，發行量遂不斷增加，結果造成金融大混亂，通貨膨脹，物價飛騰，人民深受其害，但資本家卻大獲其利，如《史記·平準書》所云：

> 故吳，諸侯也，以即山鑄錢，富埒天子，……。鄧通，大夫也，以鑄錢財過王者。〔註68〕

吳鄧之錢滿天下，已形成尾大不掉的趨勢，而同時各地縣官都採銅鑄錢。民間私鑄又不可勝數，故鼂錯說：「錢益多而輕，物益少而貴」，終於造成貨幣市場的破碎。〔註69〕再加上惠帝頒布買爵贖罪制。與文帝的買復制，無形中

〔註65〕《漢書》卷24上〈食貨志上〉，頁1132。

〔註66〕童書業，《中國手工業商業發展史》（臺北：木鐸出版社，1986年9月），頁50～52。

〔註67〕加藤繁，《中國經濟史考證》卷一（華世出版社，1981年9月新版），頁159-160。

〔註68〕《史記》卷30〈平準書〉，頁1419。

〔註69〕錢公博，《中國經濟發展史》（臺北：文景出版社，1984年10月），頁142～143。

使富商大賈變成了特權階級，既可免除終身徭役，又可免除死刑，因而形成了貧富階級的嚴重對立。總之，在放任政策下，表面一片繁榮，但整個社會財富的增加，並未使每個人的生活都獲得改善，大多數的農民仍在溫飽線上掙扎，這就形成了嚴重的社會矛盾。

第二節　對匈奴戰爭與財政危機及社會矛盾

　　華夏民族與北方遊牧民族的鬥爭融合，是中華民族形成的重要內容。直至近代以前，始終貫穿著整個中國的歷史，而漢王朝與匈奴的兵戎相見，乃是最具歷史影響的第一幕。在秦漢之際，匈奴仍處於奴隸制階段，過著「隨畜牧而轉移，逐水草而遷徙」的生活，狩獵與擄掠是他們的職業，故其俗以刦掠、侵擾農業民族，視爲當然的生活方式之一，由於氣候與地理條件的關係，他們急切需要從富饒的中原地區奪取財貨，以濟其不足，所以匈奴經常挾其機動性極強的優勢，對漢族進行侵擾是不可避免的，而國勢強大之後，企圖以軍事武力征服漢族，也是必然的。因此，自漢高祖「平城之困」後，匈奴不斷侵邊，到漢文帝時，「匈奴日已驕，歲入邊，殺掠人民畜產甚多」，漢民族由於受到生產方式和社會組織的限制，除了採防患態勢外，苦無對策，文帝時就曾三次大舉入侵。〔註70〕西漢有遠見的政治家都已認識到匈奴的侵擾必須用軍事力量加以解決，所以賈誼說：

> 西郡、北郡，雖有長爵不輕得復，五尺以上不輕得息，苦甚矣！中地左戍，延行數千里，糧食饋餉至難也。斥候者望烽燧而不敢臥，將吏戍者或介胄而睡，而匈奴欺侮侵掠，未知息時。於焉信威廣德難。〔註71〕

匈奴與漢族的衝突，基本上是遊牧民族與農業民族的矛盾，在這種歷史條件下，不可能相安無事，如果不是匈奴征服漢族，就是漢族征服匈奴，因此，在文、景時代就已做了戰略進攻的準備，而鼂錯建議的「徙民實邊」就是最

〔註70〕《史記》卷110〈匈奴列傳〉，頁2895～2904。
　　　　第一次在文帝三年匈奴右賢王入居河南地，侵盜上郡葆塞蠻夷，殺略人民。第二次在文帝十四年，匈奴單于十四萬騎入朝那、蕭關，殺北地都尉卬，虜人民畜產甚多，遂至彭陽。第三次在文帝後元六年，匈奴復絕和親，大入上郡、雲中各三萬騎，所殺掠甚眾而去。
〔註71〕賈誼（漢）撰，閻振益、鍾夏校注，《新書校注》卷3〈解縣〉（北京：中華書局出版，2000年7月，北京第1刷），頁128。

好的政策。所以武帝即位後，發動戰爭所需的人力、物力、財力在基本上已準備就緒《漢書‧食貨志》曰：「武帝因文、景之畜，忿胡、粵之害」〔註72〕，說明了武帝為完成先祖之遺願，有發動匈奴戰爭的必要性。最後歷經三十年的大戰，於太初四年取得勝利，武帝為此下詔說：

> 高皇帝遺朕平城之憂，高后時單于書絕悖逆。昔齊襄公復九世之讎，春秋大之。〔註73〕

可見武帝是將對匈奴之作戰，擺在民族大義的原則加以審視的。他的作為都直接服膺於此，為此所制約，這表現在財政開支上尤其明顯。〔註74〕

一、戰爭與財政

武帝憑恃文、景兩朝的蓄積以及建元末財政之充裕，從元光元年（西元前一三四年）至元狩四年（西元前一一九年），連續對匈奴發動多次的戰略進攻，共歷時十五年之久。而第一次的大勝利是在元朔二年（西元前一二七年）衛青收復河南地，置朔方、五原郡，復繕修故秦時蒙恬所為塞，因河為固，緊接著，繼續貫徹晁錯所建議徙民實邊的措施，「募民徙朔方十萬口」《漢書‧武帝紀》〔註75〕，在這戰役期間，一方面與匈奴作戰，另一方面又闢通西南夷道路和出兵朝鮮，置滄海郡，因此開始造成財政的困難，《史記‧平準書》云：

> 當是時，漢通西南夷道，作者數萬人，千里負擔饋糧，率十餘鍾致一石，散幣於邛僰以集之。數歲道不通，蠻夷因以數攻，吏發兵誅之。悉巴蜀租賦不足以更之，乃募豪民田南夷，入粟縣官，而內受錢於都內。東至滄海之郡，人徒之費擬於南夷。又興十萬餘人築衛朔方，轉漕甚遼遠，自山東咸被其勞，費數十百巨萬，府庫益虛。
> 〔註76〕

漢王朝之奪取河南地，只是征服匈奴的第一步，而元狩二年（西元前一二一年）春，驃騎將軍霍去病，將萬騎出隴西，過焉支山千餘里，夏，過居延，攻祈連山，盡佔河西要地，乃置武威、酒泉郡，這是第二次的重大勝利，但

〔註72〕《漢書》卷24下〈食貨志下〉，頁1157。
〔註73〕《史記》卷110〈匈奴列傳〉，頁2917。
〔註74〕謝天佑，《秦漢經濟政策與經濟思想史稿——兼評自然經濟論》（上海：華東師範大學出版社，1989年3月），頁37～45。
〔註75〕《漢書》卷6〈武帝紀〉，頁170。
〔註76〕《史記》卷30〈平準書〉，頁1421～1422。

卻給西漢王朝帶來了進一步的財政困難，《史記・平準書》曰：

> 捕斬首虜之士受賜黃金二十餘萬斤，虜數萬人皆得厚賞，衣食仰給
> 縣官；而漢軍之士馬死者十餘萬，兵甲之財轉漕之費不與焉。於是
> 大農陳藏錢經耗，賦稅既竭，猶不足以奉戰士。〔註77〕

元狩二年（西元前一二一年）秋，渾邪王率數萬之眾來降，於是漢發車二萬乘迎之。既至，受賞，賜及有功之士，是歲費凡百餘巨萬。漢王朝的財政更是雪上加霜，於是陸續採取一些措施，以紓解財政壓力。

（一）增加口賦

這問題有很多意見，但吳慧先生說：「元朔五~六年那次戰役以後，由於軍馬大量損失，遂決定在二十文的口錢（兒童人口稅）之外附加三文錢，作爲補充征伐匈奴的『車騎馬』的費用，並由過去的七歲起征，改爲三歲起征」。〔註78〕由於當時已民窮財盡，所以這次的加稅，竟造成民間殺子的慘劇，貢禹說：

> 禹以爲古民亡賦算口錢，起武帝征伐四夷，重賦於民，民產子三歲
> 則出口錢，故民重困，至於生子輒殺，甚可悲痛。〔註79〕

漢民族無法像匈奴那樣融生產與作戰爲一體，而必須以修長城、築要塞和重兵成守，自然要造成國家經濟沈重的負擔，和人力資源的負荷，很容易因此激化社會的矛盾，而兩次大戰，雙方的損失都很嚴重，但漢的人力物力較匈奴雄厚，雖然耗損巨大，但仍能向邊塞地區移民，以鞏固邊防，而移民與屯卒有力地促進了邊區的經濟發展和防衛，這就使漢朝贏得戰爭，成了定局。〔註80〕

（二）令民得買爵

元朔六年（西元前一二三年），朝廷爲了榮寵戰士，置武功爵，共分十一

〔註77〕《史記》卷30〈平準書〉，頁1422。

〔註78〕漢代的財政分由大司農掌國家財政與少府掌帝室財政，元狩二年由於軍費開支「百餘巨萬」，造成大司農「藏錢經耗，租稅既竭」的困境，因此往後軍馬的飼養費與匈奴降人的給養費，都仰賴少府，平準書說：「…而捐降者，皆衣食縣官，縣官不給，天子乃損膳，解乘輿駟，出御府禁藏以贍之」，所謂出御府的禁藏，就是以少府所管轄的帝室內帑去幫助大司農，以贍養匈奴的降人，因此，必需增收口賦，所謂口賦就是徵收七歲到十四歲兒童的「人口稅」，其中二十錢歸於少府，後來又課徵三錢，充作馬匹費，稱作「馬口錢」。引自加藤繁著《中國經濟史考證》卷一〈漢代國家賦政和帝室財政的區分以及帝室財政的一斑〉（華世出版社出版社，1981年9月新版），頁48~49。

〔註79〕《漢書》卷72〈王貢兩龔鮑傳〉，頁3075。

〔註80〕陳玉屏，《西漢前期的政壇》（成都：成都出版社，1996年1月），頁213~214。

級以賞有功，但為了籌策戰費，也容許百姓買爵。最低一級十七萬錢起。自此以上每級加二萬，至十一級，合成三十七萬。漢王朝通過此法聚斂了大批的金錢，以彌補財政的虧空。

第二次的重大勝利雖然削弱了匈奴的實力，但單于聽從漢降將趙信之謀，遠遁漠北，還不時侵擾邊疆。西漢朝廷認為漠北是匈奴的最後據點，若不直搗漠北，就不能徹底瓦解匈奴。於是在元狩四年（西元前一一九年）夏，派衛青出定襄，霍去病出代郡，大舉北伐，由於出乎匈奴的意外，獲得空前的大勝利，《史記·匈奴列傳》載：

> 是後匈奴遠遁，而幕南無王庭。漢度河自朔方以西至令居，往往通
> 渠置田，官吏卒五六萬人，稍蠶食，地接匈奴以北。〔註81〕

漢朝的勝利固足以封狼居胥，而付出的代價也極為慘重《史記·平準書》曰：

> 賞賜五十萬金，漢軍馬死者十餘萬匹，轉漕車甲之費不與焉。是時
> 財匱，戰士頗不得祿矣。〔註82〕

漢軍馬出塞者凡十四萬匹，而入塞者不滿三萬匹，最後連戰士的賞賜也捉襟見肘，民窮財盡的窘境畢現無遺，面對財政困難的後遺症，朝廷已非整頓不可。

二、土地兼併

中國的土地制度，在春秋戰國時代發生了一次巨大的變化，從西周就開始實行的井田制度，和以此為基礎的領主制經濟完全破壞了，而代之的是土地自由買賣，和以此為基礎的地主制經濟的形成，同時，社會的經濟結構也跟著發生了巨大的變化，這種政治經濟的轉型，直到秦漢年間才完成，而地主制經濟也在這時候確立定型，成為中國封建社會經濟結構的主要形態，而且歷代相沿，直至近代，基本上沒有發生過質的變化。因此，我們可以將領主制經濟稱之為「典型」的封建制度。把地主制經濟稱之為「變態」的封建制度。〔註83〕或「新型」的封建制度。最主要原因是當時土地制度發生革命性的變化時，雖然是受發明了鐵犁與牛耕等生產工具的有力影響，但卻不是整個生產力，發展的直接結果，也不是生產方式的大變化，因此沒有蓄積足夠的巨大力量，使整個經濟社會之變化，進行得那麼迅猛，若細推當時以土

〔註81〕《史記》卷110〈匈奴列傳〉，頁2911。

〔註82〕《史記》卷30〈平準書〉，頁1428。

〔註83〕傅筑夫，《中國經濟史論叢》（臺北新店：谷風出版社，1987年12月），頁6。

地制度變革爲中心的一系列天翻地覆的大變化，乃是受商業資本與貨幣經濟衝擊的結果，只是經濟形態和剝削方法的變化，而生產方式雖進入了鐵器時代，卻未引起經濟社會全量的變化。

在社會的生產力還沒有大發展的時候，商業爲什麼能夠遠遠超過生產力發展的水平，而能單獨的，優勢的發展？這主要的是古代的商業是一種販運性質的商業，重在賤買貴賣，它利用地域的差異或供需失調等等的經濟落後因素，所造成的價格差額，販運各地的土產或特產，以賺取高額利潤。這種商業不必結合生產過程，而僅重視流通過程，就可以累積大量的商業資本，並以貨幣形態在社會中流動。由於古代是一個以自然經濟佔支配地位的封建社會，當時的社會並沒發達的產業足夠吸收它，使之轉化爲工業資本，於是商業獨立，優先發展的結果，使游資像洪水泛濫一樣，可以沖垮一切社會堤防，產生消極的破壞作用，而土地制度的變革，就是這種衝擊的直接結果。這在當時，實是一個翻天覆地的大變化，這個變化，造成了土地所有權雖不斷的集中形成所謂的「地主經濟」，但土地的經營單位則不斷分散，此即大多數的佃農，必然是「小農經濟」，於是「地主經濟」與「小農經濟」的矛盾，始終纏縛著中國的歷史，造成了改朝換代的「內因」，通過這內因的發揮，屢次形成了強烈的大破壞和大倒退，使社會經濟無法形成長期的累積與增長。而這一根本盾，兩千年來，始終沒有改變且沿著同一的道路繼續發展，這是中國經濟社會的一個極大的特點。因此，這個以地主經濟的確立爲核心的變化，它是一個決定歷史方向和改變歷史面貌的一個大變化，對歷史有深遠的影響。〔註84〕

所以土地制度一經變革，土地成了可以自由買賣的商品之時，有錢就可以儘量購買，社會立刻出現了「富者田連阡陌，貧者無立錐之地」的貧富兩極化的現象。從此土地兼併的問題，便隨著土地私有制長期保存下來，於是，這種以土地私有制爲基礎而建立起來的地主經濟，便像一條毒蛇一樣，永遠纏縛在中國廣大的農民身上，對農民進行殘酷的壓迫與剝削，造成農民極端的窮苦落後，這是中國社會經濟幾千年來無法永續發展的總根源。

因此，從戰國時期開始，「田連阡陌」的地主對繳納「見稅什伍」的佃農進行剝削的生產關係的形成，正式宣告了中國新型封建社會的開始。於是地主所有制與中國新封建社會互爲始終，在這樣的社會裡，封建的統治階級，

〔註84〕傅筑夫，《中國經濟史論叢》（臺北新店：谷風出版社，1987 年 12 月），頁 8～22。

包括地主、貴族和皇帝，擁有最大部份的土地〔註 85〕，而農民則很少土地，
或者完全沒有土地，所以中國新的封建社會的主要矛盾，是農民階級和地主
階級的矛盾，漢代名儒荀悅就曾說過：

> 今漢民或百一而稅，可謂鮮矣，然豪彊富人，占田逾侈，輸其賦太
> 半。官收百一之稅，民收太半之賦，官家之惠，優於三代，豪彊之
> 暴，酷於亡秦，是上惠不通，威福分於豪彊也。〔註 86〕

在土地高度集中的情況下，國家的財政收入與私租總量相比，恐亦不匹敵。
可見，地主兼併農民的土地，與地主對佃戶的敲骨吸髓的盤剝，乃是造成社
會階級矛盾深刻的最重要的社會根源。〔註 87〕而漢代豪強地主之所以崛起與
王朝租賦制度有很大關係。

漢代封建地主制正處於發展時期，而文、景之世，天下承平日久，而王
朝亦甚愛惜民力，百姓之徭役不算太重，主要的負擔在於租賦，而漢代的租
賦較秦輕緩，有利於百姓的休養生息，其田租之繳納按收成之比例，賦則按
人頭以貨幣交納。然租、賦在總收入中所佔比重很不平衡，漢代實行的是「輕
田租」與「重賦於民」的賦稅政策。「輕田租」的政策產生了深刻的社會經濟
影響，一方面在西漢前期，農業經濟尚處於恢復和發展的階段，自耕農大量
存在，「輕租」政策，確實發揮了「重農務本」的作用，農民從中獲得不少的
實惠。但另一方面，此時的地主經濟也正處於發展階段，官吏、豪強巧取豪
奪田地的現象與日俱增，隨之而來的是眾多的自耕農因破產而淪為佃農。例
如《史記·酷吏列傳》云：

> 漢武帝時，乃貰貸買陂田千餘頃，假貧民，役使數千家。〔註88〕

而董仲舒也指出：「或耕豪民之田，見稅什伍」，可見當時農民破產之眾和私
租剝削率之高，在佃租沈重的情況之下，朝廷的輕稅政策，一開始就具有扶
植以租佃經營為主的地主經濟的作用，而且對豪強地主愈來愈有利，而無益

〔註85〕 鄒紀萬，〈兩漢土地問題研究〉（臺北：國立台灣大學歷史研究所碩士論文，
1979 年），頁 16～24。
諸侯王、列侯及豪強名家、游俠與富商大賈是漢初擁有大量土地的三大階層
與兼併者。

〔註86〕 荀悅（漢）撰，王雲五主編，《漢紀》卷 8（臺北：臺灣商務印書館，1974 年
11 月臺 2 版），頁 70。

〔註87〕 胡如雷，《中國封建社會形態》（臺北新店：谷風出版社，1987 年 11 月），頁
23～27。

〔註88〕 《史記》卷 122〈酷吏列傳〉，頁 3135。

於佃農、雇農。

　　至於漢代的「賦」，則是以人口爲徵稅對象的稅種，由於起稅的年齡不同，或因用途有異，賦的名目不少，包括算賦、口賦、吏賦、戶賦、軍賦，且稅額有加重的趨勢〔註89〕，當時最普徧的是算賦，一算百二十錢，口賦一人二十錢，「賦」遠較「租」重，因爲文、景之世，「天下殷富，粟至十餘錢」，依漢人習慣，此係指每石十餘錢，是比較正常的物價。若按此推算，一個五口之家，必須年交賦錢約七百餘，折合粟五十石左右，遠較田租爲高，這是沒有疑義的。租、賦的規定，在表面上雖貧富一律，並未縱富督貧，而實際上卻大大有利於地主階級。因地主向國家繳田租爲「三十稅一」而破產農民佃耕豪族之田則是「見稅十五」，地主實得收成總額的百分之四十七。而佃農雖無土地，卻必須與地主一樣，依人頭繳納稅額極高的「賦」，這樣的租賦制度，非常有利於地主階級，勢必刺激豪強地主大事兼併土地的欲望，難怪《西漢會要》說：

　　　　文帝不正其本，而務除租稅，適足以資豪強耳。〔註90〕

漢初的統治者實行這種有利於地主階級的租賦政策，並未預見後果，但「並兼豪黨之徒，以武斷鄉曲」的社會現實，反映了地主豪強勢力的滋長，已成爲嚴峻的社會問題。〔註91〕而淪爲佃農身份的農民，其人身雖不再隸屬於封建地主，但在封建的經濟剝削和封建的政治壓迫之下，過著貧窮困苦的奴隸式的生活，沒有任何政治權利，法律上人身雖有自由，但就生活的實質，還是沒有人身自由，所以說：「這種農民，因爲受到超經濟的剝削與壓迫，其生活的困苦，實際上等同農奴」〔註92〕。總之，重農而減租，受惠的僅於地主，至於納粟拜爵贖罪，等於誘使地主加緊壓榨佃農，所以這種措施，都未能把握當時經濟問題的核心。

〔註89〕鄭學檬，《中國賦役制度史》（福州：廈門大學出版，1994 年第 1 版），頁 39 ～46。

〔註90〕徐天麟（宋），《西漢會要》卷 51〈食貨二〉（臺北：九思出版公司，1978 年 11 月），頁 592。

〔註91〕陳玉屏，《西漢前期的政壇》（成都：成都出版社，1996 年 1 月），頁 173～174。

〔註92〕李亞農，《李亞農史論集》上冊（上海：人民出版社，1976 年 1 月），頁 186 ～190。
　　中國封建社會中農民對地主的依存關係，經歷了三個階段。第一階段的農民是由奴隸主解放出來的隸農，具有奴隸的成份居多，農奴的成份少。第二階段就是由隸農轉變爲農奴，人身隸屬於個別封建主。第三階段就是秦漢以後的農民，人身隸屬於國家，而不屬於封建地主。此說可爲參考。

第三節　中央集權的經濟理論與政策

　　春秋戰國之際，中國的政治、經濟、社會發生了「質變」性的深刻變革，從政治來說，是「任人唯賢」的官僚制，取代了「任人唯親」的世官制，從經濟來說，是土地可以自由買賣。絕大多數的學者都認為這場巨變是以土地可以自由買賣為核心的，或者說是以土地的商品化為特徵的。它使得中國古代農業社會發展到了一個新的階段，即商品經濟因素成為生產發展主要動力的階段。這種最重要的生產資料的商品化，使得農業社會的生產方式發生了質變，就如土地商品化，乃是生產工具與生產技術的巨大進步，刺激了生產力發展的結果。〔註93〕當「工商食官」的體制變裂之後，公有制逐漸衰落，私營經濟迅速抬頭，生產力獲得解放，使商品經濟在整個社會經濟中成為一個相當活躍的因素，具有強勁的角逐力，而鹽鐵與鑄幣等大型工商業均有幸得到了自由發展的機遇，因此，天下百工技藝在激烈的市場競爭中勃興，產品的質量也與時俱進，私營工商業遂空前發展，使社經濟面貌為之改觀，這是將鐵製工具導入生產領域，所引發的農業社會的一場革命。而犁、銚、鐮、鏵、錐、銍的運用，畜耕、施肥、灌溉技術的進步、運河的開鑿、水利的興修，都使農業的生產大幅擴增，加上統治者對農業生產給予充分的重視與關注，於是「田野之辟，倉廩之實」成為當時農業前景的兩大奮鬥目標。〔註94〕

　　在當時，糧食的流通已成為非常重要的商品，而園藝百菓、畜牧、狩獵等產品進入市場領域則不待言，這些生產物都成了「富給之資」，由於商品經濟的發達，在城市中也產生了一些可與千乘之家相埒的富豪，他們大規模生產積聚，《史記・貨殖列傳》云：

> 通邑大都，酤一歲千釀，醯醬千瓨，漿千甔，屠牛羊彘千皮，販穀
> 糶千鍾，薪稾千車，船長千丈，木千章，竹竿萬个，其軺車百乘，
> 牛車千兩，木器髹者千枚，銅器千鈞，……，羔羊裘千石，旃席千
> 具，……。〔註95〕

由於商品經濟的蓬勃發展，社會經濟出現了一些特殊面貌。例如：商業藉交通之便捷，買賤鬻貴，周流四方，城市經濟空前繁榮，因此，貨幣經濟相應

〔註93〕劉斯翰，〈漢代經濟政治原論〉，《學術研究》（1996年第11期），頁58～59。
〔註94〕孟彭興，〈論早熟封建商品經濟對中國社會發展的影響〉，《浙江財經學院財政系學報》（1992年），頁12～13。
〔註95〕《史記》卷129〈貨殖列傳〉，頁3274。

的上升到一個新的水平，銅幣成爲廣泛流通的領域，而黃金則成爲金融舞台上的重要角色。《管子・國蓄》曰：

> 以珠玉爲上幣，以黃金爲中幣，以刀布爲下幣。三幣握之則非有補於煖也，食之則非有補於飽也，先王以守財物，以御民事，而平天下也。
>
> 五穀食米，民之司命也。黃金刀幣，民之通施也。故善者執其通施，以御其司命，故民力可得而盡也。〔註96〕

於此正反映當時商品貨幣經濟的發達及其社會作用。由於社會政治結構、經濟結構的嬗變，必然導致意識形態的變化，也逐步改變了從前唯有貴族才能享有的經濟特權，即「其富者必其貴者」的社會格局。私營工商業的崛起，使「千金之家，比一都之君，巨萬者乃與王同樂」的社會俗尚終於形成。

　　商品經濟的洪流決壅出閘之後，很快就浸潤了整個的社會意識《漢書・貨殖傳》云：

> 其流至乎士庶人，莫不離制而棄本，稼穡之民少，商旅之民多，穀不足而貨有餘。〔註97〕

於是商賈工匠流庸之數量遽增，巨賈如白圭、猗頓、范蠡、郭縱則擬於人君，而貨幣權力在現實生活中的比重日益顯著，於是「巧僞趨利，貴財賤義，高富下貧，喜爲商賈，不好仕宦」〔註98〕的風尚，對社會起了潛移默化的作用，太史公在〈貨殖列傳〉論曰：

> 賢人深謀於廊廟，論議朝廷，守信死節隱居巖穴之士設爲名高者安歸乎？歸於富厚也。是以廉吏久，久更富，廉賈歸富。富者，人之情性，所不學而俱欲者也。……。農工商賈畜長，固求富益貨也。
>
> 〔註99〕

商品經濟在初生的古典的封建社會裡，並不以沖決舊社會制度編織的網羅爲滿足，還帶來了社會嚴重的兩級分化，繼續以變革的姿態對小農經濟進行侵擾嚙食，而物欲橫流更破壞了傳統的倫理道德，階級矛盾與社會矛盾在無形中被激化了，進一步成爲國家不安定的酵母菌，在小農經濟佔絕對統治地位的時代，

〔註96〕　《管子校注》卷22〈國蓄〉第73，頁1279及頁1259。
〔註97〕　《漢書》卷91〈貨殖傳〉，頁3681。
〔註98〕　《漢書》卷28下〈地理志下〉，頁1651。
〔註99〕　《史記》卷129〈貨殖列傳〉，頁3271。

小農經濟是農本社會的基礎，也是國家財源與兵源的根本，而今這「王業的根本」動搖了，統治者的政治經濟目標受到挑戰，《呂氏春秋・上農》曰：

> 民舍本而事末則不令，不令則不可以守，不可以戰。民舍本而事末
> 則其產約，其產約則輕遷徙，輕遷徙則國家有患皆有遠志，無有居
> 心，民舍本而事末則好智，好智則多詐，多詐則巧法令，以是爲非，
> 以非爲是。〔註100〕

在混亂中崛起的知識份子階層，於解放和變革的波濤中，對社會具有極爲敏銳的觀察力，也滿懷匡濟時局和改造社會的熱忱，面對這變化的世界，固有的天道觀、人生觀、價值觀、家庭關係、君臣關係、貧賤富貴的觀念都引發一系列的矛盾，因此，維護人民生命，抑制貧富不均，穩定社會秩序被列入思考的範疇，經濟控制論的思想與政策，遂應運而生。於是商鞅的「重本禁末」、「利出一孔」，管仲的「國富而治」、「國家資本論」等國家控制論乃得以趁勢躍上歷史的舞台，而扎根於現實的政治中。於是管商學派的「重本禁末」與「國家資本論」就成了含義深邃且富於哲理的經濟控制理論。〔註101〕

一、重本禁末

「重本禁末」是國家控制論的政策特徵，「本」指農業，「末」是指工商業，把經濟劃分爲「本」與「末」兩大部門，乃是春秋戰國之後經濟進步的象徵，當時由於私人工商業發展迅猛，商品經濟造成社會突破性的變異，遂引起有識之士的注意和統治者的打壓，而首先將之實踐於政治領域的是商鞅。

（一）秦國首行重本禁末

《商君書》在經濟思想上最大的進步就是突出了農業的重要性，把農業看成是國家興亡所繫，是治國的根本大業，〈農戰〉說：

> 聖人知治國之要，故令民歸心於農。歸心於農，則民樸而可正，紛
> 紛則易使也，信可以守戰也。壹則少詐而重居，壹則可以賞罰進也，
> 壹則可以外用也。〔註102〕

〔註100〕《呂氏春秋》士容論卷 26〈上農〉，頁 736。

〔註101〕馮曉宏，〈中國古代經濟控制論反思〉，《淮陰工業專科學校學報》（1999 年 3 月），頁 82。

〔註102〕蔣禮鴻撰，《商君書錐指》卷 1〈農戰〉第 3（北京：中華書局出版，2001 年 8 月，第 3 刷），頁 25。

商鞅將「重本禁末」定為宏觀管理的國策，而把私營工商業視為禍國殃民的
罪源，是微不足道的卑賤末業。〔註103〕於是一場「壹農戰」的改革運動把僻
處雍州的秦國推上軍國民一體化的道路，其中打擊商人，堵塞避農輕居之道，
無疑的成為改革的重要內容：「凡戮力本業，耕織致粟帛多者復其身，事本利
及怠而貧者舉以上收孥」，商家「無得取庸，加重賦役」，以收重農惡商，限
制商利和農牧產品商品化的傾向，其背後的歷史意義是崇尚自然經濟，壓抑
商品經濟，亦即壓抑歷史變化的起點，並實行糧食管制，使商無得糴，農無
得糶，而「壹山澤，置鹽鐵官」的官營立場，更使國家壟斷了大型的工商企
業。這種以政治手段強行「重本抑末」的國策，終於在秦國始作俑。而商鞅
變法的經濟意義，就是將以畜牧為主兼有農業的綜合經濟，改造為單一的農
業經濟，實現經濟農業化，商鞅變法的巨大的歷史意義，即在於此。〔註104〕
從此，發展單一的農業生產，就成為傳統的思想和政策。商鞅變法的核心思
想是耕戰，企圖通過耕戰，達到兼併六國，統一天下的目的，因此，農業是
為戰爭服務的，他所強調的還是戰爭的重要物質──粟，雖然他經常「粟帛」
並舉，但認為國家應該徹底掌握糧食資源，才能克敵致勝，這種「重本」的
主張，實與古代農業社會自給自足的生產模式互相聯繫，也是自然經濟的反

〔註103〕 馮曉宏，〈中國古代經濟控制論反思〉，《淮陰工業專科學校學報》（1999 年 3
　　　　月），頁 82。

　　　　當戰國時代，兼併戰爭最需要的是「兵卒」與「穀粟」，這必須以農民之「力
　　　　役」與「力耕」為歸，故農民乃是富強的基礎，然農民卻處於最艱苦之地位，
　　　　此矛盾之現象，秦與東方六國皆同，人皆不察，唯商鞅之特識能見之。故
　　　　重農抑商與削奪宗室貴族之特權，遂為商鞅變法之政策的出發點。秦與東方
　　　　各國社會所不同者，則為東方各國地狹人稠，而秦則為地曠人稀，商鞅的辦
　　　　法：第一，是強迫分家，將大農戶化為小農戶，獎勵小家庭之獨立，以圖增
　　　　加農戶。第二，是破壞領主制的井田形式，將一切領主之域界夷平，開闢為
　　　　無數小農場，分給各獨立之小農戶，變成自耕農。第三，是招徠三晉之民墾
　　　　荒，〈徠民篇〉說，凡三晉之民至秦開發荒地，免其兵役三代，專任農業生產，
　　　　而使舊有農民任兵役，立有軍功者，賞以爵祿，此策一行，非但農田與農戶
　　　　增多，其影響及於社會經濟組織者，有三：第一，產生了無數獨立的小地主，
　　　　完全脫去領主佃民之關係。第二，兵農分途，農民免去封建式之兵役負擔。
　　　　第三，因軍功而得爵賞者，雖有食祿之事，但失去役使佃民之權。於是，兵
　　　　盡為國家之兵，農盡為國家之民，而「封建領主」僅存食邑之空名，此乃商
　　　　鞅變法中「重農」政策成功之所由也。參考：李劍農著，《先秦兩漢經濟史稿》
　　　　（臺北：華世出版社，1981 年 12 月），頁 130～132。
〔註104〕 謝天佑，《秦漢經濟政策與經濟思想史稿──兼評自然經濟論》（上海：華東
　　　　師範大學出版社，1989 年 3 月），頁 6～7。

映。而《商君書》也首先提出「重本禁末」的口號,〈農戰〉云:

> 見言談游士事君之可以尊身也,商賈之可以富家也,技藝之足以餬
> 口也。〔註105〕

商鞅將「商賈」、「技藝」和「言談游士」這三種人視爲「末業」,都是破壞耕戰的蠹虫,必須禁絕,由此看來,重本抑末的主要內容是強調抑制工商業者,而非工商業本身〔註106〕,這是理解重本抑末的關鍵。商鞅是把工商業與工商業者分開來考慮的,他對工商業抱持肯定,但抑制工商業者,勢必影響工商業的發展。然而,爲了耕戰政策的推行,只好兩害取其輕了。封建統治者所以要抑制工商業者,乃是封建社會的大商人,通過囤積居奇,可以在短時間內使自己的財富膨脹,然後利用財富兼併土地和放高利貸,蠶食農民,這就與封建王朝重視農民與農業,以求穩定社會的政策相左,何況工商業者的奢侈生活對社會風氣也起著腐化作用,所以「重農抑末」勢在必行。

這說明了商品經濟起步最遲,但勢頭猛勁的秦國,急需尋找一條適應兼併戰爭的強國之路。另一方面也反映了東方列國商品經濟發展的基礎,非常雄厚,私營工商勢力非常強大,潛存的勢力難以攻破。故商鞅襲取管子「輕重」的理論,主張由國家直接經營工商業,推行鹽鐵官營、鹽鐵包商制和酒榷酤,以控制全國市場。〔註107〕日後秦以鐵腕統一了中國,並將其經濟社會的思想與結構移植於全國,從此,始於戰國,興於秦國,盛於西漢的「重本抑末」,「驅民就本」的幽靈,就襲於整個歷史,深深地影響著中國歷史發展的軌跡。

(二)重本抑末的缺失

戰國時代著名的法家商鞅,最先提出了較有系統的富國強兵的主張,極力推行農戰政策,宣揚「國之所以興者,農戰也。……。國待農戰而安,主待農戰而尊。」《商君書・農戰》〔註108〕,把重農作爲管理國民經濟的中心環節,實質上是一種嶄新的君主專制的國民經濟軍事化思想,這種思想在當時的歷史條件下對加強新興的君主專制的權力,促進新型的經濟基礎的形成,

---

〔註105〕《商君書錐指》卷1〈農戰〉第3,頁25。

〔註106〕朱永,〈重本抑末思想研究〉,《河南師範大學學報》哲學社會科學版(1999年第26卷第6期),頁2~3。

〔註107〕張傳璽著,《秦漢問題研究》〈論秦漢時期三種鹽鐵政策的遞變〉(增訂本,北京:北京大學出版社,1995年10月第1版1刷),頁246~248。
商鞅變法時行「壹山澤」政策,此即官家獨佔山澤之利。

〔註108〕《商君書錐指》卷1〈農戰〉第3,頁20~22。

起了重要的歷史作用，也爲秦國奠定了統一的基礎。但這種國民經濟軍事化的思想，有很大的片面性，它不利於正常的社會分工，因爲它不僅將農業置於各業之首，而且將農業與各行各業對立起來，顯出了嚴重的缺失。〔註109〕所以我們可以將這種經濟思想，稱之爲「戰時經濟思想」。

　　首先，商鞅強調農業的重要性，是從糧食作爲主要食物這一點出發，這在農業主導經濟的時代，是可以理解的，但問題的癥結在於商鞅將農業的重要性絕對化了，把農業狹隘的理解爲「粟」或「粟帛」，而忽視了經濟作物以及林、牧、漁等生產，這在商鞅發佈的墾令中說得明白，《商君書‧算地》云：

　　　　民勝其地，務開；地勝其民者，事徠。開則行倍。〔註110〕

這是說：人口多而耕地少要努力開墾荒地，土地多而人口少要設法招徠人力。在那個時代，荒地多，人口少，要發展農業，在很大程度要將草萊闢爲農田，然而這種墾荒思想後來竟成爲中國古代不可變更的信條，更成爲考察官吏的重要內容之一，於是單一發展農業成爲傳統的政策，將只宜於畜牧的土地也改爲耕地，造成土壤流失，破壞了生態的平衡，使農業與畜牧業、草萊嚴重對立，既忽視了牧業、林業、漁業，也不利於農業的發展。在歷史上日積月累地起著消極的破壞作用。

　　其次是將農業與工商業對立起來，在商鞅或韓非看來，農業具有絕對的重要性，而工商業則絕對的無用，甚至有害，因此，《商君書‧農戰》說：

　　　　百人農一人居者王，十人農一人居者彊，半農半居者危。故治國者
　　　　欲民之農也。〔註111〕

這種比例當然不是精確的，但要糧食充足，必須保持絕大多數人口從事農業生產，這是古代農業社會的實際。然而問題在於商鞅或韓非，將農業人口佔絕對優勢視爲不可改變的鐵律，將保持眾多從事農業生產的人口作爲發展農業的唯一出路，從未有改變農業人口與工商業人口比例的想法，堵塞了通過改進生產工具與生產技術發展農業和工商業的途徑，由於商、韓視工商業爲無用而且有害，所以《韓非子‧亡徵》云：

　　　　耕戰之士困，末作之民利者，可亡也。〔註112〕

〔註109〕陳世陔，〈秦漢國家經濟思想的演變〉，《湖北大學學報》哲學社會科學版（1997
　　　　年第 5 期），頁 65。
〔註110〕《商君書錐指》卷 2〈算地〉第 6，頁 42。
〔註111〕《商君書錐指》卷 1〈農戰〉第 3，頁 24。
〔註112〕《韓非子集釋》卷 5〈亡徵〉第 5，頁 269。

商、韓將農業與工商業視爲不可並存的對立關係，所以鼓吹「重農抑商」，極力壓抑農民對生活資料需求，借以保持農民的「樸」，「樸則畏令」，有利於農業生產和統治的穩定。但問題在於農民對生活資料的需求是浮動的，它隨著社會生產的發展變化而變化，有時變有用爲無用或變無用爲有用，變有利爲有害或變有害爲有利，在這個經濟領域中，無論商鞅或韓非的智力觸角，都尚未達到。〔註113〕因此把農業與工商業視爲水火不相容的對立物，力主對工商業禁絕除盡，使單一的農業經濟結構在國家整體經濟中佔支配地位，這種經濟思想影響所及，不僅秦漢，且自古至今，終造成中國商品經濟的嚴重落後，阻礙了社會的進步。

最後，商鞅與韓非將農業與詩書對立起來，在古代封建階級社會裡，士是貴族的最低階級，然在春秋戰國的大變動時代，士已淪爲販賣知識，或遊說諸侯的游士或縱橫之士，此即孟子所說的處士橫議，彼等若爲國君見賞，亦可以事君尊身，然而這些言談游士，既無益於農業的經濟發展，也不利於社會的穩定，故商君視之爲「五蠹」之一，力主加以禁絕。《商君書・農戰》云：

> 農戰之民千人，而有詩、書辯慧者一人焉，千人皆怠於農戰矣。〔註114〕

在古代農業社會中，這種說法本來就具有很大的保守性，但法家認爲農業乃是愚民之業，農民愈愚愈好，愈無知愈好，也就從根本上杜絕了農民受教育的機會，切斷了農民與知識的聯繫。這種思想的產生固然有它的歷史條件，然而一旦歷史條件起了變化，它就成爲一種傳統的觀念，妨礙農民由經驗水平轉化爲知識型的國民，使農民永遠處於不受教育的無知狀態。因此，農民不能成爲「抱道貿祿」的知識份子，也不能轉型爲「抱布貿絲」的工商業者，使中國的社會停滯不前。〔註115〕

（三）重本禁末的影響

從春秋戰國年間發展突出的商品經濟之影響而論，其來勢特別凶猛，商品經濟因工商業的崛起而高度發展，而商人的出現對於一切由世襲而停滯不

〔註113〕謝天佑，《秦漢經濟政策與經濟思想史稿——兼評自然經濟論》（上海：華東師範大學出版社，1989年3月），頁8～9。
〔註114〕《商君書錐指》卷1〈農戰〉第3，頁22。
〔註115〕上海社會科學院經濟研究所經濟思想研究室著，陳正炎主編，《秦漢經濟思想史》序文（北京：中華書局，1989年7月，第1版北京第1刷），頁3。

變的社會而言，乃是一個革命的要素，中國古代社會商品經濟發達甚早，在春秋戰國社會變動的初級階段，就顯得過於早熟，並爲統治者及知識份子所深刻認識，意識到其對社會穩定的威脅，因此，受到一次又一次的壓抑，被迫在中國古代社會中走上一條歧嶇而修遠的道路，這是古代統治者的警覺，他們警覺到小農經濟根本不是商品經濟的對手，因此適時的採取扶持小農經濟的政策，加強小農簡單再生產的能力，而強行壓抑商品經濟發展的迅猛勢頭。將商品納入修補新型的封建經濟的範疇，使之成爲加強專制政治的軌道政策。從而消弭農業與商品經濟之間的對立，使社會永遠停留在單一的農業經濟中，將社會視爲單一的平面，影響了各行各業的均衡發展，造成經濟結構比例的嚴重畸型，又凝固不變，這是一種長期潛伏的危害。其實，人類的社會是立體的結構，各行各業之間是對立統一的關係，彼此之間相互依賴又相互制約，這種關係，要求各行各業按照一定比例進行組合，同時這種比例又不是一成不變。它隨著社會生產力的發展而變化調整，這樣才能促進經濟的發展與繁榮。然而「重農抑商」的思想，並非商、韓所獨有，即儒、道兩家也有這種思想，可見這種思想在古老的中國是根深柢固的，社會基礎是很廣泛的。〔註116〕

　　在古老的中國，小農和家內手工業（即手紡織業）結合的生產方式，具有廣濶的基礎，這種特殊的結合，使農村家庭能夠自給自足，而且是一族一姓組成一個村落，地緣中包含血緣。這些淳樸的村社，千百年來外貌始終如一，一直是東方專制制度的堅固基礎。歷史上的專制王朝將支撐社會的農業、農民視爲國本，將農業視爲本業，從而推行重農抑商或重本抑末政策，自李悝、商鞅變法推行勠力本業，盡地力之教以來，就對末業——商業，採取抑制、扼殺、摧殘的政策。這種政策使商人在當時社會處於十分卑下的地位，被視爲三教九流之末等，科考登第無權問津，而在古代社會裡，升官掌權，正是人生進取唯一的準則和價值。這就廹使中國古代的商人走上一條與西方商人大相逕庭的道路，即不是用商業資本投入工業，擴大再生產，而是把商業資本投入土地，轉化爲土地資本，以商致富，以農守之，使自身蛻變爲大地主，田連阡陌，這是自己用資金購買的千秋基業，於是土地崇拜，成爲所有中國人的信仰，土地不僅是搖錢樹，也是保險櫃。「理家之道，力農者安，

〔註116〕謝天佑，《秦漢經濟政策與經濟思想史稿——兼評自然經濟論》（上海：華東師範大學出版社，1989 年 3 月），頁 10。

專商者危」，成爲地主的治家格言，於是「耕讀爲上，商賈次之，工技又次之」，遂成爲古代各階層選擇職業的價值取向。

由於商品經濟受到自然經濟與專制制度的雙重扭曲，不僅沒能成爲摧毀專制社會的前驅，反而成爲統治者的幫凶，因爲商品經濟生產的主要目的，就是爲了維持少數官僚地主的豪華奢侈生活和龐大開支，這與農業之旨在謀生與維持溫飽，絲毫不相干，這就決定了中國古代社會只有簡單的再生產而無擴大再生產，社會財富只有常量的積存而無新質的投入產出，商業資本無法轉化成工業資本，只能不斷地轉化成土地資本，一經與自然經濟和消費目的的媾合，就變成惰性的消費資本。而商業資本轉化爲土地資本之後，商人自然轉成地主，然後培養子弟參與科舉或徵辟，便晉身仕宦，於是儒學、科舉、做官三合一的官僚體制，便成爲兩千年來士人安身寄命之所。這表明了商品經濟已內轉融進以自然經濟爲主要特徵的新型的封建經濟同構體中，在社會發展中一同阻礙經濟的飛躍進步，即使遇到農民起義，打斷了歷史的整個進程，但自然經濟自身的自給自足性與商品經濟的內轉融化而構成新型的封建經濟結構，卻是一種超穩定的結構，是專制王朝的基礎，舊王朝覆滅了，新王朝又重蹈新王朝的舊轍，如此反覆循環，導致了古代社會發展的長期遲滯和延緩，〔註117〕只有少量的進步而未能迅速的發展。

二、輕重理論的實施

在中國漫長的古代社會裡，土地制度是由國有、地主、自耕農三種所有制共同構成的，而實際上是以自耕農爲主，包括皇莊、地主田莊下的租佃農，契約農或法律上具有不確定身份的農民所構成的小農經濟形式。這種形式是以簡單生產工具爲手段，在狹小的土地上進行小規模的經營，並繳納沈重賦稅的再生產。這是以農業爲主，家庭手工業爲輔所形成的農工結合的自給自足純自然景觀，兩千年來，它始終是整個國家，乃至整個社會賴以生存的基礎。這種小農經濟具有本身無法克服的脆弱性、落後性，主要表現在生產能力低下，生產規模狹小和經濟力量的脆弱易損。兩千年來始終是中國古代社會經濟的基本結構形態，它是一種積極的社會中堅力量，是構成中國社會最基本的核心單位，對中國的經濟、政治、文化的發展，都具有決定性的作用。

〔註117〕吳毅，〈超穩定結構導致中國封建社會發展遲滯〉，《咸陽師專學報》綜合雙月刊文科版，第 10 卷（1995 年，第 5 期），頁 10～11。

〔註 118〕這種落後的生產方式阻扼了生產的分工和技術的改進，因此，在狹隘閉塞的條件下，形成了封閉保守和強烈的排他性格。而小農經濟這種易滅易生的特質正是阻礙社會進步的致命基因，也是導致封建社會長期延續的總根源。由於它的本性易碎易建，故能頑強持久，排斥各種內外因素的沖擊，阻礙非結構因素的滋生發展。而古代社會興盛、動亂、衰亡和再生的景觀與進化的遲滯，正是小農經濟結構的直射，這樣就造成農業社會的故步自封與墨守成規，經濟水平重複循環，即使王朝走馬燈似的更替，但古代社會仍舊巍然屹立，其癥結就在於此。〔註 119〕

　　商鞅是第一個提出「重本抑末」的政治家，但這種軍事化的經濟思想，具有很強烈的片面性和極端性，一旦與被推向頂點的法家政治緊密結合，可能導致施政殘暴，造成人民痛苦和政治經濟的崩潰，這應是人們對秦之所以速亡，感受最深的兩件事情。所以漢初在歷經長期戰亂之後，改採「黃老之治」，以「清靜無為」、「與民休息」為治國方針，其效果十分明顯，司馬遷在《史記‧貨殖列傳》中所闡發的經濟思想——善因論，正是對這一時期社會經濟實踐的總結，太史公曰：

> 至若詩書所述虞夏以來，耳目欲極聲色之好，口欲窮芻豢之味，身安逸樂，而心誇矜埶能之榮使。俗之漸民久矣，雖戶說以眇論，絕不能化。故善者因之，其次利道之，其次教誨之，其次整齊之，最下者與之爭。〔註 120〕

司馬遷指出人們追求舒適快樂和榮華富貴的習俗是不可改變的，所以說：「富者，人之情性，所不學而俱欲者也。」《史記‧貨殖列傳》〔註 121〕。而漢初正是將「從民之所欲」作為一種經濟政策，鼓勵人民致力生產，繁榮經濟，增殖財富，認為國家最好的經濟政策就是聽任人民之自為，不加干涉，「故善者因之，其次利道之，其次教誨之，其次整齊之，最下者與之爭。」《史記‧貨殖列傳》〔註 122〕司馬遷宣揚「善因論」，這種經濟政策，類似資本主義的自由經濟思想，是對商鞅「重本抑末」思想的全盤否定，實踐的成果，也證明其

〔註 118〕洪煜，〈戰國秦漢時期的小農經濟〉，《史學月刊》（1994 年第 5 期），頁 19。
〔註 119〕吳毅，〈超穩定結構導致中國封建社會發展遲滯〉，《咸陽師專學報》綜合雙月刊文科版，第 10 卷（1995 年，第 5 期），頁 9～10。
〔註 120〕《史記》卷 129〈貨殖列傳〉，頁 3253。
〔註 121〕《史記》卷 129〈貨殖列傳〉，頁 3271。
〔註 122〕《史記》卷 129〈貨殖列傳〉，頁 3253。

效力驚人，據《史記‧平準書》記載：

> 漢興七十餘年之閒，國家無事，非遇水旱之災，民則人給家足，都
> 鄙廩庾皆滿，而府庫餘貨財。京師之錢累巨萬，貫朽而不可校。太
> 倉之粟陳陳相因，充溢露積於外，至腐敗不可食。……。〔註123〕

黃老之治與其互相適應的「善因論」政策，在總體經濟方面確實取得了空前
的繁榮，但其內在的矛盾也日益突顯，最主要的表現在兩方面：

首先，貧富懸殊的加劇：就當時整個社會言，由於土地的商品化，土地
可以自由買賣，終於形成土地兼併，以等級制爲特點的封建土地所有制及其
地主階級，在廣大的地區，基本上形成了，尤其是食封貴族和豪族地主階級，
靠著對農民的殘酷剝削，過著驕奢淫逸的生活，而富人之中，包括一些大工
商業主，如鐵業的孔氏、邴氏；鹽業的刁氏；商業的師史氏、田氏、栗氏、
杜氏；高利貸的毋鹽氏等等《漢書‧貨殖傳》〔註124〕。都「富至巨萬」，不但
擁有豐厚的財產，並擁有大批的奴隸，不僅過著奢靡的生活，而且憑藉經濟
實力交結權貴，鼂錯對他們曾有生動的描述：

> 衣必文采，食必〔梁〕肉，亡農夫之苦，有仟伯之得。因其富厚，
> 交通王侯，力過吏勢，以利相傾；千里游敖，冠蓋相望，乘堅策肥，
> 履絲曳縞。〔註125〕

與此相反，廣大農民則處於瀕臨破產的困苦生活之中，遭受嚴重的超經濟剝
削，這就使農民和統治者、富有階級的矛盾，進一步尖銳化。

〔註123〕《史記》卷30〈平準書〉，頁1420。
　　　　春秋戰國以來，商品經濟的發展，促進了井田制的瓦解，井田制的瓦解，又
　　　　反過來把各種經濟因素和經濟力量從傳統的束縛中解放出來，從而促進商品
　　　　經濟的發展。而漢前期的商品經濟，就是在戰國的基礎上，保持了繼續向上
　　　　發展的勢頭，使當時的社會累積了大量的貨幣財富。由於投資土地是當時最
　　　　穩當的方式，遂形成兼併土地之風，使大量國有土地迅速集中到少數富人手
　　　　中，由於當時封建商品經濟始終受到以皇帝爲首的統治階級的壓制與束縛，
　　　　所以缺乏資本主義條件下的完全性和充分性。當西漢政府察覺到土地兼併威
　　　　脅到以小農制爲經濟基礎的政權時，武帝遂用嚴厲措施壓制商品經濟，以遏
　　　　止土地私有化的速度。因此，就西漢的情況而論，商品經濟的發展水平，影
　　　　響著土地買賣的規模和速度，它們之間呈現出一種正比例的發展關係。參考：
　　　　范志軍，〈西漢商品經濟的發展與封建土地私有化進程〉，《許昌師專學報》
　　　　（2002年第3期），頁84～87。
〔註124〕《漢書》卷91〈貨殖傳〉，頁3692～3693。
〔註125〕《漢書》卷24上〈食貨志上〉，頁1132。

　　其次，諸侯王與豪族地主坐大，加強地方的割據勢力：豪族地主有六國後裔，軍功貴族，巨商大賈以及地方大姓，他們雖未居權要，但往往勾結官府，大量併吞農民的土地，而六國後裔且經常利用商業、手工業取利，掌握鑄幣、煮鹽、冶鐵等產業，壟斷了國家重要的工商業，與地方割據的勢力日益密切結合，對中央政權與皇權構成了嚴重的威脅。

　　至於漢初分封的同姓諸侯王，由於擁有跨州連郡的大地盤，又有徵收賦稅、鑄造錢幣和任免相、太傅、中尉等官吏的權力，經過五、六十年的休息生養之後，諸侯國富庶強大了，野心日熾，遂以分裂獨立和篡取皇權爲目標，既不遵守統一的法令，又發展自己獨立的武裝，還豢養一大批的游俠文士，充當謀士打手，終致釀成吳、楚七國之亂，這是劉邦當初分封所始料不及的。

　　我們不能否認這兩件政治與經濟異化現象的產生，固有其十分複雜的社會背景和歷史因素，但與黃老政治的無爲，司馬遷所概括的「善因論」自由經濟政策，必然有內在的聯繫，是十分顯然的。因此，國家若不採行干預政策，繼續放任，必然導致經濟社會與政治的異化。爲了鞏固中央政府和解決政治、經濟的嚴重矛盾，勢必改變黃老政治及其「從民之所欲」的「善因論」經濟政策，重新建立新的治國理論和治國方略，其中應該包括最重要的新的經濟理論，和與之相適應的宏觀經濟政策。由於時代的需求，《管子》的輕重理論，遂應運而生，而且被漢武帝與桑弘羊大規模地付諸實踐。〔註126〕

（一）經濟改革的目的與實質

　　漢武帝的經濟改革始於元狩四年（公元前一一九年），起用東郭咸陽與孔僅爲大農丞開始，這一時期，漢武帝北伐匈奴，南平閩越東甌，通西南夷，在國內求神仙、事巡幸、修宮室，「歲費數十百餘巨萬，……，賦稅既竭，猶不足以奉戰士。」《史記·平準書》〔註127〕漢初六七十年間累積的財富消耗殆盡，而富商大賈財或累萬金，卻不佐國家之急，因而與皇權發生了尖銳的矛盾。在國家財政面臨嚴重危機之時，武帝遂決心進行經濟改革，企圖通過國家對經濟進行干預，以獲取財源，實現自己的抱負和理想，故其經改的目的與實質，就是爲了搜刮財利，滿足拓邊和封禪巡幸的需要而已。竭力爲之辯護的桑弘羊，雖然聲明這些措施並非爲了牟利，但也不能不承認「設酒榷、

〔註126〕陳世陜，〈秦漢國家經濟思想的演變〉，《湖北大學學報》哲學社會科學版（1997年第5期），頁66～68。
〔註127〕《史記》卷30〈平準書〉，頁1422。

—287—

置均輸、興鹽鐵」是因爲「邊用度不足」,「蓄貨長財」的目的是爲了「佐助邊費」《鹽鐵論·本議》〔註128〕,貢禹則認爲漢武帝是爲了「從耆欲,用度不足,乃行壹切之變。」《漢書·貢禹傳》〔註129〕漢武帝解決財政困難的政策,並不是增加徵收人口稅和土地稅,而是從商品經濟的領域中另闢財源,依靠東郭咸陽、孔僅、桑弘羊等人,將有關國計民生的工商業,特別是鹽、鐵、鑄錢三大利收歸國營,增加國庫的收入,以支撐對匈奴的戰爭,應付國家的開支。而漢武帝統治的中期,出現了經濟危機,僅流民就有幾百萬,當時的形勢,已出現土崩瓦解前兆,所謂「土崩」者,即農民起義也,這是朝廷最害怕的。經濟危機與政治危機是互相影響的,爲了解決財政危機,又不增加農民負擔,漢武帝推出了新的經濟理論——輕重論,並依此建立了一系列與封建專制集權相適應的官營工商業機構,這是封建大一統王朝高度集權的必然結果。過去,只因秦祚短暫,雖摧毀了東方的私營工商業,但卻未能建立符合大一統需要的經濟理論與工商機構,因此未能眞正完成從私營到官營的轉型。而「輕重論」的推出,正式完成了官營工商業資本的體制,且成爲歷代王朝制定工商業管理政策的理論基礎。〔註130〕

「輕重論」出自《管子》,可以名爲中央集權的經濟政策,也可稱爲「國家商業資本理論」,所謂「輕重」是先秦時代經濟學家用來說明「貨幣」與「商品」問題的概念。即政府借由吞吐物質,調節供求提出一系列控制市場,操縱物價以獲利的辦法,其目的有二:一是控制市場操縱物價以增加政府收入,二是平抑物價以穩定統治秩序。〔註131〕到了西漢,逐漸被用以研究商品流通領域中的貨幣和商品的比價問題,以達到國家操縱比價變化的目的。「輕重論」包括輕重之勢、輕重之學和輕重之術三部份,三者之中以輕重之勢最爲重要,所謂輕重之勢,乃指國家對經濟活動直接參與以控制經濟領域內的活動,他們懂得選擇生活的必需品,由政府壟斷經營以獲取大利,從而把對百姓予、奪的主動權全部掌握在政府手中,以這種方式「御天下」,就不需用暴力進行掠奪和驅使,從而使百姓財富均平,人心安定。因此,輕重論之經濟思想雖

〔註128〕《鹽鐵論校注》卷1〈本議〉第1,頁2。

〔註129〕《漢書》卷72〈王貢兩龔鮑傳〉第42,頁3077。

〔註130〕李紹強,〈中國封建社會工商管理思想的變遷〉,《東岳論叢》(第21卷第3期,2000年),頁71～72。

〔註131〕石世奇,〈中國經濟學說輝煌的過去與燦爛的未來〉,程民選主編《經濟學家》(1995年2月),頁32。

只限於工商領域，並過分強調商品貨幣之作用，突出流通領域，而忽視了生產的重要性。但就作爲封建大一統王朝之較爲成熟的經濟理論而言，對打擊離心離德的富商大賈與地方分裂勢力，解決中央集權所需要的龐大財政開支，戰勝匈奴等問題，都起了巨大的作用，遂成爲歷代王朝維持統治的主要經濟政策。〔註132〕

（二）鹽鐵專賣制度的建立

自《管子》提出「官山海」而開中國鹽鐵專賣主張之先河後，人們對鹽鐵資源的了解，對鹽鐵市場的估計，對鹽鐵之與財政、經濟的關係，確實已有相當的認識，管仲說：

> 夫海出沸無止，山生金木無息。草木以時生，器以時靡幣，沸水之
> 鹽以日消，終則有始。〔註133〕

這說明鹽鐵資源是無限的，其耗費也是巨大的。如果國家懂得開發利用，可以富國裕民。西漢前期，鹽鐵之利，未受朝廷足夠之重視，自吳楚七國之亂後，朝廷始悟鹽鐵之利失落的殆害，思有以補救，到了武帝時因「外事擴張，內事興作」，朝廷更深深體會到鹽鐵之利在國家財經大計上的不可或缺。因此，對鹽鐵政策進行了大規模的調整，雖然這是當時社會環境的具體產物，但也體現了中國經濟社會發展的必然趨勢。〔註134〕且對中國往後之經濟、政治乃至軍事、文化都產生了深遠的歷史影響。

其實，在秦漢時期的四百年中，封建統治階級實行過三種不同的鹽鐵政策。即秦與西漢前期，實行鹽鐵包商政策，西漢中後期，實行鹽鐵國營政策，而東漢一代則實行鹽鐵私營政策。每次政策的改變，都必然引起激烈的爭論和衝突。我們研究歷史固然要知道鹽鐵政策對經濟、政治、社會乃至軍事、文化的深遠影響，更該揭示各種鹽鐵政策和中央集權的專制主義的關係。也要剖析各種鹽鐵政策和經濟規律的關係及其社會基礎，才能確切的評價漢武帝的鹽鐵政策，而給予科學的定位。〔註135〕

秦和西漢前期（指公元前二二一年至一二一年）由於當時鹽鐵資源都歸

〔註132〕李紹強，〈中國封建社會工商管理思想的變遷〉，《東岳論叢》（第 21 卷第 3 期，2000 年），頁 72。

〔註133〕《管子校注》卷 24〈輕重乙〉第 81，頁 1444。

〔註134〕齊濤，〈論漢武帝的鹽業政策〉，《鹽業史研究》（1994 年第 2 期），頁 4。

〔註135〕張傳璽著，《秦漢問題研究》〈論秦漢時期三種鹽鐵政策的遞變〉（增訂本，北京：北京大學出版社，1995 年 10 月第 1 版 1 刷），頁 240～241。

國家所有，國家除了政治或軍事上的需要，將部分資源歸國家直接使用外，大部份資源則出包給商人生產、運銷，國家只按照規定收取一定數量的租稅，《鹽鐵論・水旱》記賢良文學說：「故民得占租鼓鑄、煮鹽之時」〔註136〕，這裡的「占租」就是指「包租」，其性質和一般地租相同，只因秦與西漢遠承春秋戰國「山林川澤」國有制的遺規，而對鹽鐵資源有更多的發現，才能設鹽鐵官並採包商制，其目的就是要求經濟與財政的集權，以做爲高度中央集權體制的基礎。〔註137〕如《華陽國志・蜀志》記載：

> 惠王二十七年，儀與若城成都，……置鹽鐵市官，并長丞。〔註138〕

秦中央的九卿之一——少府，負責掌山海池澤之稅，以給共養，而秦地方上的鐵官乃受郡縣守、令統轄，收鹽鐵顧租與市稅，匯之少府，以供皇室享用。《鹽鐵論・非鞅》記大夫之言曰：

> 昔商君相秦也，……，外設百倍之利，收山澤之稅。〔註139〕

「山澤之稅」就是顧租，所以秦的鹽鐵政策，在經營上是採包商政策，這是秦國財政的重要來源之一，有了這樣巨大的財政支撐，秦遂能征敵伐國，攘地斥境，不賦百姓而師以贍。因此，西漢初之鹽鐵政策，沿襲秦代，鹽鐵商人仍是包商，但是富商大賈不多〔註140〕，至文帝時，鹽鐵業大爲發展，情況方爲改觀，《史記・貨殖列傳》說商人們「人各任其能，竭其力，以得所欲。」〔註141〕，於是大鹽商如東郭咸陽亦「致生累千金」，冶鐵家如蜀的卓氏，「即鐵山鼓鑄，運籌策，傾滇蜀之民，富至僮千人，田池射獵之樂，擬於人君」〔註142〕，由於長期的安定繁榮，「文景之治」的盛世觀景，已出現了畸形的現象，《史記・平準書》說：

> 當此之時，網疏而民富，役財驕溢，或至兼并豪黨之徒，以武斷於
> 鄉曲。宗室有土公卿大夫以下，爭于奢侈，室廬輿服僭于上，無限

〔註136〕《鹽鐵論校注》卷2〈水旱〉第36，頁430。
〔註137〕齊濤，〈論漢武帝的鹽業政策〉，《鹽業史研究》（1994年第2期），頁5。
〔註138〕常璩（晉）撰，《華陽國志》一卷3〈蜀志〉（北京：中華書局出版，1985年），頁29。
〔註139〕《鹽鐵論校注》卷2〈非鞅〉第7，頁93。
〔註140〕《史記》卷106〈吳王濞列傳〉，頁2822。
　　　　從資料看，當時唯有諸侯王經營鹽鐵發家致富，《史記》〈吳王濞列傳〉云：「招致天下亡命者，盜鑄錢，煮海水爲鹽，以故無賦，國用富饒。」
〔註141〕《史記》卷129〈貨殖列傳〉，頁3254。
〔註142〕《史記》卷129〈貨殖列傳〉，頁3277。

度。物盛而衰，固其變也。〔註143〕

司馬遷的觀察很敏銳，評論很有道理，因爲自漢武即位後，爲了解決對匈奴作戰的軍費問題和國家的財政困難，遂利用強大的中央集權，將包商制改爲國營制，以國家的權力剝奪鹽鐵商的權益，最後達到籠天下鹽鐵，排富商大賈的目的，另外，西漢能實行鹽鐵國營政策的經濟基礎，是山林川澤國有制。

武帝爲了國家的財政，竟然「祖宗不足法」，廢除了「市井之子孫亦不得仕宦爲吏」的禁令〔註144〕，重用了大商人出身的東郭咸陽、孔僅、桑弘羊，執掌鹽鐵國營的政策。《史記・平準書》曰：

> 於是以東郭咸陽、孔僅爲大農丞，領鹽鐵事；桑弘羊以計算用事，侍中。咸陽，齊之大煮鹽，孔僅，南陽大冶，皆致生累千金，故鄭當時進言之。
>
> 弘羊，雒陽賈人子，以心計，年十三侍中。故三人言利事析秋毫矣。
>
> 〔註145〕

元狩四年（西元前一一九年），正式實施鹽鐵官營的禁榷制度，這一新型的專賣政策有三要點：

> 募民自給費，因官器作煮鹽，官與牢盆。
>
> 敢私鑄鐵器煮鹽者，鈦左趾，沒入其器物。
>
> 使孔僅、東郭咸陽乘傳舉行天下鹽鐵，作官府，除故鹽鐵家富者爲吏。《史記・平準書》〔註146〕

爲了貫徹鹽鐵專賣的制度，一面以嚴法禁止私人經營，一面舉用往昔的鹽鐵商人充當鹽鐵官，要他們負責管理生產，收購發運，發運的方式是「良家以道次發僦運鹽鐵」《鹽鐵論・禁耕》〔註147〕，這批商人徵調自良家子弟，

〔註143〕《史記》卷30〈平準書〉，頁1420。
〔註144〕張傳璽著，《秦漢問題研究》〈論秦漢時期三種鹽鐵政策的遞變〉（增訂本，北京：北京大學出版社，1995年10月第1版1刷），頁248～257。
〔註145〕《史記》卷30〈平準書〉，頁1428。
〔註146〕《史記》卷30〈平準書〉，頁1429。
　　　〈平準書〉曰：大農上鹽鐵丞孔僅，咸陽曰：「山海，天地之藏也，皆宜屬少府，陛下不私，以屬大農佐賦。願募民自給費，因作煮鹽，官與牢盆。浮食奇民，欲擅管山海之貨，以致富羨，行利細民。其沮事之議，不可勝聽。敢私鑄鐵器煮鹽者，鈦左趾，沒入其器物。郡不出鐵者，置小鐵官，便屬在所縣。」
〔註147〕《鹽鐵論注》卷1〈禁耕〉第5，頁68～69。

為國聚財，固有其技巧與經驗，但時人感歎：「吏道益雜，不選，而多賈人矣。」《史記・平準書》〔註148〕大略與鹽鐵專營的同時，武帝還實行了算緡，即征收財產稅。不久，又公布了告緡法，鼓勵揭發隱瞞財產，不肯繳納緡錢者，太史公有精彩的描述：

> 楊可告緡徧天下，中家以上大抵皆遇告。杜周治之，獄少反者。乃
> 分遣御史廷尉正監分曹往，即治郡國緡錢，得民財物以億計，奴婢
> 以千萬數，田大縣數百頃，小縣百餘頃，宅亦如之。於是商賈中家
> 以上大率破，民偷甘食好衣，不事畜藏之產業，而縣官有鹽鐵緡錢
> 之故，用益饒矣。〔註149〕

武帝為了堅持鹽鐵禁榷政策，不惜嚴懲鹽鐵商人，更運用酷吏鎮壓以達到目的，因此，在這一個時期內，鹽鐵與緡錢之收入，竟成中央財政的兩大支柱。〔註150〕

專賣，最初是針對鹽鐵，以鹽鐵為經營對象，這是由當時的生產力水平所決定的，在生產力低下的自然經濟條件下，人民的生活是自給自足的，只有鹽和鐵器（農具和兵器），是個體勞動的消費者難以自己生產，必須依賴交換。而這又是每個人賴以生存的最必須的物質條件。班固在《漢書・食貨志》中有精闢的論述，他說：

> 夫鹽，食肴之將；酒，百藥之長，嘉會之好；鐵，田農之本；……，
> 非編戶齊民所能家作，以卬於市，雖貴數倍，不得不買。〔註151〕

離開了鹽鐵，百姓難以生活、生產和生存。如果國家控制了鹽、鐵，就等於控制了人民的經濟命脈，也就等於控制了芸芸眾生，對此，封建統治者，再清楚不過了。因此實行專賣，首先就針對鹽鐵，全國共有鹽官二十七郡，鐵官凡四十郡。〔註152〕朝廷在獲得巨額財政收入之後，武帝還嫌不夠，十一年後（即天漢三年）又採桑弘羊之建議，將專賣的範圍，擴大到酒，史載這年二月「初榷酒酤」，所謂「榷」即「禁民酤釀，獨官開置」《漢書・武帝紀》〔註153〕，由政府控制酒類的生產（釀）和流通（酤），不准私人生產銷售，目的

〔註148〕《史記》卷30〈平準書〉，頁1429。
〔註149〕《史記》卷30〈平準書〉，頁1435。
〔註150〕齊濤，〈論漢武帝的鹽業政策〉，《鹽業史研究》（1994年第2期），頁8～10。
〔註151〕《漢書》卷24下〈食貨志下〉，頁1183。
〔註152〕林劍鳴，《秦漢史》上冊（上海：人民出版社，1989年），頁379。
〔註153〕《漢書》卷6〈武帝紀〉，頁204。

就是爲「排除富商大賈」，以增加朝廷的財政收入。

　　武帝重用桑弘羊對鹽、鐵、酒實行官鹽專賣，目的就是要「建本抑末」，一面加強政府對經濟的控制，一面抑制私人商業資本的發展，把地方上的富商大賈和豪強權貴所掌握的利權奪歸朝廷，堵塞他們發財致富的途徑，削弱地方割據勢力的經濟實力，爲了消弭地方在政治上的潛在威脅，甚至不惜重用酷吏。史稱武帝時重新編定法律，而其核心人物則是趙禹和張湯，兩人都是酷吏的典型，《史記‧酷吏列傳》對張湯的評論說：

> 是時上方鄉文學，湯決大獄，欲傳古義，乃請博士弟子治尚書、春秋補廷尉史，亭疑法。奏讞疑事，必豫先爲上分別其原，上所是，受而著讞決法廷尉，絜令揚主之明。奏事即譴，湯應謝，鄉上意所便，必引正、監、掾史賢者，曰：「固爲臣議，如上責臣，臣弗用，愚抵於此。」……。所治即上意所欲罪，予監史深禍者；即上意所欲釋，與監史輕平者。〔註154〕

漢武帝重用酷吏，而酷吏之用法，即以皇帝之意志作爲標準，而將法律視爲工具，借算緡令達到摧抑豪強與富商的目的。所以就專賣制度的本質而論，它是以國家的政治權力作保證的獨佔性的商業官營制度，是封建政權抑制商業發展，控制市場的主要手段。封建國家通過專賣制度，增加了財政的收入，也加強了對經濟，特別是對商品流通領域的控制，掌握了經濟命脈，使百姓日常所需的「耒耜器械，種穰糧食」，全仰仗封建統治者，由此，封建帝王的政治支配地位，就有了經濟上支配地位的可靠保證，同時由於國家經濟地位的壟斷，也就打擊了地方割據勢力的經濟實力，杜絕了私人力量的崛起。再次，掩蓋了國家在經濟上對人民掠奪剝削的本質，國家掠取巨利，而百姓卻渾然不覺，好處甚多〔註155〕，因此，《鹽鐵論‧輕重》曰：

> 當此之時，四方征暴亂，車甲之費，克獲之賞，以億萬計，皆贍大司農。此者扁鵲之力，而鹽、鐵之福也。〔註156〕

〔註154〕《史記》卷122〈酷吏列傳〉，頁3139。

〔註155〕劉良群，〈從鹽鐵官營看西漢的專賣制度及其流幣〉，《贛南師範學院學報》（第3期，1994年），頁58～60。

〔註156〕《鹽鐵論校注》卷3〈輕重〉第14，頁180。
　　　　春秋戰國時期，小農經濟、地主經濟與商品經濟同時出現，爾後，儘管經風瀝雨，但仍穩定地向前發展，並成爲一種抗干擾的超穩定的封建經濟模式，長達數千年之久，究其原因，乃是中國古代建構了一種決定於它又作用於它的古代經濟法制體系。這個體系以儒家倫理型經濟思想和法家權力型經濟立

這種依靠封建權力，控制、壟斷商品流通的專賣制度，雖然一度增加國庫的收入，紓解了財政的危機，支援了征討匈奴的戰爭，取得了一定的效果，但西漢後期工商蕭條，國勢衰落，與鹽、鐵、酒官營出現的種種流弊及消極作用不無關係，可見從長遠的觀點來看，這種制度對社會經濟的發展，弊大於利。

首先它導致的後果就是官商不分，吏治腐敗。正如賢良文學所指責的，官商們假公濟私，乘公家之車，謀私人之利，上下勾結，窮奢極欲。他們說：

> 自利害之設，三業之起，貴人之家，雲行於塗，轂擊於道，攘公法，
> 申私利，跨山澤，擅官市，非特巨海魚鹽也；執國家之柄，以行海內，
> 非特田常之勢、陪臣之權也；威重於六卿，富累於陶、衛，輿服僭於
> 王公，宮室溢於制度，……，子孫連車列騎，田獵出入。〔註157〕

官商們以權謀私，損公肥私的情況是很嚴重的，這種制度表面上抑制了地方豪強勢力的增長，卻也扶持了擁有政治特權的官商。

其次是效益低，質量差。鹽鐵官之中雖有大量的鹽鐵專家，由於官僚化了，就喪失了原來個人逐利求財的積極性，不再深入工地或作坊行監督之責，以至於產品質量全不過問，《鹽鐵論·水旱》記文學賢良說：

法思想決定了中國傳統的經濟法制的基本特徵和形態，它們雖有消極的「因子」但也有積極的「內核」，這就決家了兩家思想的取長避短，相互融合的歷史運作。這也是一種「王霸道雜之」的新經濟法制思想，它以儒家思想「鑄其靈魂」，以法家思想「造其骨肉」，其特點是：第一：家國型特徵。在儒家重倫理，倡「民利」和法家重政治尚「國富」的基礎，形成了家國型經濟立法之特色，直接反映了封建王朝「家國同構體」的宗法社會本質。第二：等級性特徵。儒家重「等級」，法家貴「尊君」，當儒法合流之後，在立法上凸顯出權利上的君—官—民的層層遞減性，及義務上的君—官—民的層層遞增性。第三：重義輕利的特徵。當漢代決定「以禮統法」的政策之後，儒家重義輕利的思想，即被內化為封建經濟法律的價值取向。最後且慣性的影響人們觀念和行為。第四：長期禁榷特徵。由於儒法兩家思想的融合，以家為基礎，以國為本位的理論正式確立，勢必形成國家經營壟斷的政策，以維護封建國家利益的至高性。因此，事關國計民生的大宗商品，只能由國家獨佔經營。所以資本主義不能在中國成長，此與禁榷制度的經濟立法有密切關係。第五：重農抑商特徵。自春秋時代管仲提出「均地分」的思想與「相地衰徵」的制度以後，標示著中國小農經濟法制化的開端，具有革命性的意義，在歷經商品經濟與土地兼併的衝擊之後，「重農抑商」的立法思想，越來越明確，兩千年來可謂一脈相傳，始終如一地在這既定的軌道上運行著。參考：李交發，〈儒法兩家經濟立法思想與中國古代經濟法制〉，《湘潭大學學報》哲學社會科學版（1997年第1期），頁101～106。

〔註157〕《鹽鐵論校注》卷2〈刺權〉第9，頁121。

> 縣官鼓鑄鐵器，大抵多爲大器，務應員程，不給民用。民用鈍弊，
> 割草不痛，是以農夫作劇，得獲者少，百姓苦之矣。〔註158〕

至於從前服務顧客的殷勤品質，早就失去蹤影，他們把「市門」變「官府」，對老百姓造許多不便與危害。另一方面，這些低劣的農具銷售困難，官僚們卻強制推銷，而且要價高，百姓廹於壓力不得不買，《鹽鐵論‧水旱》云：

> 吏數不在，器難得，家人不能多儲，多儲則鏽生。棄膏腴之日，遠
> 市田器，則後良時，鹽鐵貫貴，百姓不便。貧民或木耕手耨，土耰
> 淡食。鐵賣器不售或頗賦與民。〔註159〕

官營的缺失，就是統得太死，不能因時、因地制宜，這就造成商業網點分佈不合理，需要的地方往往沒點，不需要的地方却大量集中，於商於農都不利。另外，官府統一規格生產，往往難以滿足複雜多樣的現實需要，却用強制推銷的手段，將損失轉嫁人民，坑害百姓。〔註160〕，因此，專賣制度嚴重妨礙商品經濟的發展，而商品經濟的發展，是社會經濟變化的起點與推動力，而歷代統治者，奉行抑商政策和官營工商業的壟斷措施，乃是中國人民經濟發展遲滯的原因之一。

三、平準均輸的確立

　　漢武帝在位期間實行了一系列重大的經濟改革，這些政策的實施，是爲了迅速聚斂社會的財富，以支持朝廷對匈奴的戰爭並鞏固大一統的帝國，同時滿足皇帝的奢淫。這些政策，可統稱之爲斂財政策。第一階段自漢元光六年（公元前一二九年）至漢元狩三年（公元前一二〇年），其政策之特點是「入物者補官，出貨者除罪」，第二階段是自漢元狩三年（公元前一二〇年）至漢元封元年（公元前一一〇年），其政策之特點是鹽鐵官營，均輸平準同時再輔以獎懲並用的算緡、告緡、不告緡和「以粟補官」，整頓幣制，達到「摧浮淫并兼之徒」，「盡籠天下貨物」《史記‧平準書》〔註161〕的目的。這種斂財政策的實施，在相當大的程度上，實現了決策者的初衷，取得了成功和正面的效應，但也有不容小覷的負面影響。鹽鐵官營就是這樣，而平準均輸制度的確

〔註158〕《鹽鐵論校注》卷6〈水旱〉第36，頁429。

〔註159〕《鹽鐵論校注》卷6〈水旱〉第36，頁430。

〔註160〕劉良群，〈從鹽鐵官營看西漢的專賣制度及其流幣〉，《贛南師範學院學報》（第3期，1994年），頁61。

〔註161〕《史記》卷30〈平準書〉，頁1425及頁1441。

立，一如鹽鐵官營，有其悠久的淵源和深遠的影響。

「平準」是指調節供求，準平物價，促進經濟協調發展，「平準」作為一種思想，乃發端於管仲的輕重理論，《管子‧國蓄》曰：

> 歲有凶穰，故穀有貴賤。令有緩急，故物有輕重。然而人君不能治，
> 故使蓄賈游市，乘民之不給，百倍其本。
> 夫民有餘則輕之，故人君斂之以輕。民不足則重之，故人君散之以
> 重。凡輕重斂散之以時，則準平。〔註162〕

「平準」作為一種制度，並較長時期的實施，是在戰國初期的魏國，由魏文侯相李悝具體主持並完成的。〔註163〕到了漢代，平準制度更趨完善。「平準」是指由國家設置專門機構，直接吞吐物資以調節商品供求，達到平抑物價，促進經濟穩步發展的政策和實踐，故太史公曰：

> 弘羊以諸官各自市，相與爭，物故騰躍，而天下賦輸或不償其僦費，
> 乃請置大農部丞數十人，分部主郡國，各往往縣置均輸鹽鐵官，令
> 遠方各以其物貴時商賈所轉販者為賦，而相灌輸。置平準于京師，
> 都受天下委輸。召工官治車諸器，皆仰給大農。大農之諸官盡籠天
> 下之貨物，貴即賣之，賤則買之。如此，富商大賈無所牟大利，則
> 反本，而萬物不得騰踊。故抑天下物，名曰「平準」。〔註164〕

由此可知，在漢代，「平準」泛指一切斂散之以時，貴賤相輸的經濟活動和經濟政策，而且側重工商業，對於經濟活動則側重於流通過程。因此，司馬遷自謂：「維幣之行，以通農商；其極則玩巧，并兼茲殖，爭於機利，去本趨末，作平準書以觀事變。」〔註165〕亦即通過歷史經濟活動的記述，揭示事物發展變化的客觀規律。故研究平準均輸之確立，可以觀事變，而事物發展變化之規律，即含有「承敝通變」或稱「承敝易變」的成份。《史記‧太史公自序》〔註166〕所謂「敝」，就是弊端，即任何事物都是承受前面的弊端而發展變化，前面的弊端是事物變化之「因」，對前面弊端的糾正、變是事物變化的「果」，舊的弊端改變了，新的弊端又產生了，如此「承敝通變」，以至無窮。〔註167〕

〔註162〕《管子校注》卷22〈國蓄〉第73，頁1264及頁1269。
〔註163〕王文舉，〈平準制度古今談〉，《價格月刊》（1994年第6期），頁36。
〔註164〕《史記》卷30〈平準書〉，頁1441。
〔註165〕《史記》卷130〈太史公自序〉，頁3306。
〔註166〕《史記》卷130〈太史公自序〉，頁3306及頁3319。
〔註167〕游翔，〈《史記‧平準書》《漢書‧食貨志》比較三題〉，《華中師範大學學報》

若論實際，事物變化的因素甚多，弊端的揭示，只是原因之一。

漢代平準制度之創作以「漢興，接秦之弊」開端，而「秦之弊」弊在「秦錢重難用」，弊在竭天下資財以奉其上，猶自以爲不足也。而漢興「接秦之弊」爲之一變，更令民鑄錢，約法省禁，與民休息，這種「放任之」的經濟政策有利於社會元氣的恢復，但弊端也十分明顯，因此到了武帝時政策不得不又一變，以補救「放任之」之弊，從某種意義講，乃是向「秦之弊」的回歸，從「秦之弊」到武帝的「與之爭」，恰好是經濟「承敝通變」的一個週期，這就反映了物盛則衰，時極而轉，一質一文，終始之變的特質。而經濟與歷史發展的聯繫也從經濟活動的弊端表現出來，例如：入物者補官，出貨者除罪，選舉陵遲，廉恥相冒，武力進用，法嚴令具，這就彰顯了經濟影響法律、吏治與官制的強大作用，而經濟作用的強化乃源自經濟結構的轉變。封元年（公元前一一〇年）桑弘羊全面推行平準政策，在長安建立平準機構，乃使平準制度更趨完善，該機構掌握各地商務行情，把各地運來的貢物，或由均輸官收購運來京師的商品，工官製造的器物，以及財政部門所掌握的貨物都儲存在這裡，且擁有一定的人員與運輸，商品買賣的設施和工具，當市場某商品供不應求時，則由該機構拋售商品，使價格下浮。當市場某種商品供過於求時，則由該機構平價收購滯銷商品，以保持價格之穩定。因此，平準制度實施的目標，主要有四個：〔註 168〕

一是運用市場規律，調節供求，穩定物價。

二是在一定範圍內限制商人投機倒把，牟取暴利，淨化貿易環境。

三是做到本末俱利，保護生產者與消費者的利益，促進經濟的協調發展。

四是增加國家的財政收入。

從性質看，平準制度可以說是封建王朝依經濟規律所從事的一種「公開的調節市場的機制」。〔註 169〕由於績效良好，乃爲歷代王朝所仿效。而西漢宣帝時的大司農耿壽昌，更於五鳳四年（公元前五四年）依平準制度，創辦了控制糧價的常平倉制度，在糧價下跌時，政府提價收購，糧價上漲時，政府以低於市價出售，這樣做就穩定了糧價，也保護了農民利益。以後歷朝不斷

哲社版（1999 年第 1 期），頁 72～74。

〔註 168〕王文舉，〈平準法──平抑農產品價格的好方法〉，《農業現代化研究》（第 15 卷第 5 期，1994 年 9 月），頁 292。

〔註 169〕上海社會科學院經濟研究所經濟思想史研究室著，陳正炎主編，《秦漢經濟思想史》（北京：中華書局出版，1989 年 7 月，第 1 版北京第 1 刷），頁 168。

發展，且成爲救濟貧民，安定社會的制度。

至於均輸，它是與平準互相聯繫且相得益彰的一種制度，武帝元鼎二年（公元前一一五年），桑弘羊由侍中新任大農丞時，曾稍「置均輸以通貨物」，先在一些地方試行。元封元年（公元前一一〇年）以搜粟都尉領大農丞後，在取得經驗與成果的基礎上，把均輸法推向全國，他在各地設立均輸官，將他們置於大農部丞的領導下，負責推行均輸法，他說：

> 往者，郡國諸侯各以其方物貢輸，往來煩雜，物多苦惡，或不償其
>
> 費。故郡國置輸官以相給運，而便遠方之貢，故曰均輸。〔註170〕

漢代均輸制度，實際上包括了兩大內容，一爲官營商業，一爲官營運輸業的管理，注重運輸生產的實際效益，並體現其功用，包括補給軍需的供應，支應都市的消費，維持倉庫的儲積，賑濟災區的貧民，即所謂「通委財而調緩急，流有餘而調不足」，其成功不僅使當時的經濟形勢顯著改善，而且爲後世大規模運輸生產的組織調度提供了可資借鑒的歷史範例。〔註171〕故《鹽鐵論·力耕》曰：

> 往者財用不足，戰士或不得祿，而山東被災，齊、趙大饑，賴均輸之
>
> 畜，倉廩之積，戰士以奉，饑民以賑。故均輸之物，府庫之財，非所
>
> 以賈萬民而專奉兵師之用，亦所以賑困乏而備水旱之災也。〔註172〕

其實，均輸制度至遲在戰國時已有之，《鹽鐵論·本議》云：「蓋古之均輸，所以齊勞逸而便貢輸，非以爲利而賈萬物也。」〔註173〕其原意是指政府按距輸所遠近增減各地貢輸數量以均勞費，並非用以籠天下之利，然桑弘羊爲了解決財政危機，在原有的體制中增加了賤買貴賣，易地出售的新內容，所以曾遭賢良文學之批評，以爲不合古制，與民爭利，《鹽鐵論·本議》曰：

> 古者之賦稅於民也，因其所工，不求所拙。農人納其穫，女工效其
>
> 功。今釋其所有，責其所無。百姓賤賣貨物，以便上求。間者，郡
>
> 國或令民作布絮，吏恣留難，與之爲市。吏之所入，非獨齊、阿之
>
> 縑，蜀、漢之布也，亦民間之所爲耳。行姦賣平，農民重苦，女工
>
> 再稅，未見輸之均也。〔註174〕

〔註170〕《鹽鐵論校注》卷1〈本議〉第1，頁4。

〔註171〕王子今，〈西漢均輸制度新議〉，《首都師範大學學報》社會科學版（1994年第2期），頁52。

〔註172〕《鹽鐵論校注》卷1〈力耕〉第2，頁27。

〔註173〕《鹽鐵論校注》，卷1〈本議〉第1，頁5。

〔註174〕《鹽鐵論校注》，卷1〈本議〉第1，頁4。

　　這段話詳細反映了均輸部門的商業活動，均輸官強迫農民、女工交售他們不生產的東西，使百姓賤價出售自己的貨物，再用高價買官府強求的物品上繳，在徵購時還出現官吏恣意刁難，壓低價格的現象。認爲均輸官用詐欺的手段買賤賣貴，即「行奸賣平」，讓農民與女工受到雙重剝削，未見輸納之平均。〔註175〕而均輸令人詬病的另一面則是與民爭利，這件事應理解爲均輸制度發展成功的官營運輸業，對私營運輸業形成了強大的衝擊。〔註176〕其實，均輸機構除了具有官營商業的職能外，還具有官營運輸業的管理功能。均輸制度的施行，要求借鑒兼營運輸業的商業家從事「轉販」的經驗，指導官營運輸業的經營，同時改進調整以全國爲規模的運輸調度，從而使以往重複運輸，過遠運輸，對流運輸等不合理運輸所導致的「天下賦輸不償其僦費」的現象得以扭轉。〔註177〕因此，均輸這個辦法當時執行起來很有好處，政府可以從中獲得巨額收入，人民也在一定程度上減輕了因實物貢輸參加長途運輸所必需的徭役負擔，只有原先從事販運貿易的商人受到限制，而朝廷也統管了全國的運輸活動。

　　就事實而論，平準與均輸是互相聯繫的兩種經濟活動，但分屬兩個相互平行而不統屬的行政系統，平準令與均輸令並爲大司農的屬官，所以《漢書・百官公卿表上》云：

> 治粟內史，秦官，掌穀貨，有兩丞。景帝後元年更名大農令，武帝太初元年更名大司農。屬官有太倉、均輸、平準、都內、籍田五令丞，斡官、鐵市兩長丞。〔註178〕

從某種意義上說，均輸調節的是地區之間的商品流通，平準調節的是一個地區的供求關係。均輸是將一個地區多餘的物質收購並運轉到另一個地方出售，這種活動本身對兩地而言，就具有平準作用。因此，平準與均輸是相輔而行的，它的官員也往往由均輸官兼任。所以就機構設立的目的而言，平準主要在穩定物價，營利並非其直接目的。因此，它在一定的範圍內限制了商人投機倒把，牟取暴利，而均輸才是政府獲得巨額利益的主要來源。若要穩

〔註175〕亦捷，〈西漢均輸官確有經商職能〉，《首都師範大學學報》社會科學版（1994年第3期），頁68。

〔註176〕王子今，〈秦漢時期的私營運輸業〉，《中國史研究》（1989年第1期），頁97。

〔註177〕王子今，〈西漢均輸制度新議〉，《首都師範大學學報》社會科學版（1994年第2期），頁54。

〔註178〕《漢書》卷19上〈百官公卿表上〉，頁731。

定京師的物價，也必須以均輸為前提。無論平準或均輸都是由桑弘羊創建並積極實行的，這一措施的收效很大，他自己也很滿意，他說：「平準則民不失職，均輸則民齊勞逸」《鹽鐵論‧本議》〔註179〕，而《史記‧平準書》也予高度的肯定，曰：

> 天子北至朔方，東到太山，巡海上，並北邊以歸。所過賞賜，用帛
> 百餘萬匹，錢金以巨萬計，皆取足大農。〔註180〕

總之，平準、均輸的設立與實行，確實大大地解決了國家的財政問題。〔註181〕

第四節　中央集權的經濟政策

一、經濟集權與政治集權

先秦法家曾提出重農主張和重本（農）抑末（商）的政治理論。然先秦儒家學說重倫理而輕經濟，儒者為道德而謀求經濟，非為經濟而設道德，故其立論極重義利之辨，並無偏重農業，輕視工商業的主張。但儒家在取得統治地位的過程中，吸收了法家等學派重農的思想理論，因此，在總體的思想上，傾向重農抑商，主張「進本退末，廣利農業」《鹽鐵論‧本議》〔註182〕，意即推展農業，限制工商業。其治國之道不僅重在發展農業，更注重土地制度，故賢良文學曰：「理民之道，在於節用尚本，分土井田而已」《鹽鐵論‧力耕》〔註183〕，即治理百姓最好的方法在於讓他們節儉務農，恢復井田就行了。但在一些具體的作法上，漢代儒家又表現出對商人的寬鬆和放任，例如在鹽鐵會議上，賢良文學主張取消鹽鐵官營，這是有利於富商大賈的，可見儒家並非一味的反商，有時也會顧及「本末兼利」和農工商的協調。而桑弘羊的主政大司農，發展並改造了先秦法家商、韓的思想，且大量的採用《管

〔註179〕《鹽鐵論校注》卷1〈本議〉第1，頁4。
〔註180〕《史記》卷30〈平準書〉，頁1441。
〔註181〕上海社會科學院經濟研究所經濟思想史研究室著，陳正炎主編，《秦漢經濟思想史》（北京：中華書局出版，1989年7月，第1版北京第1刷），頁167～170。
　　　　《鹽鐵論‧力耕》亦云：「往者財用不足，戰士或不得祿，而山東被災，齊、趙大饑，賴均輸之畜，倉廩之積，戰士以奉，饑民以賑。」
〔註182〕《鹽鐵論校注》卷1〈本議〉第1，頁1。
〔註183〕《鹽鐵論校注》卷1〈力耕〉第2，頁29。

子》的「輕重」理論，把法家的「重本抑末」，改變爲「本末並利」，並在這個基礎上，進一步說明實行鹽鐵官營等政策對農業生產和工商貿易的促進作用。唯官山海與實行平準均輸，正可將鹽、鐵、酒、鑄錢收歸國營，增加國家收入，並流通積壓的貨物，供給急切的需要。達到調劑有無的目標。〔註184〕

所謂「唯官山海」〔註185〕，就是由封建國家來管理山海，山藏鐵礦，海水煮鹽，一切國計民生以及贏利極大的工商業均在官管的範圍之內，此處「官」即「管」，也就是由封建國家掌握、控制和經營重要的商業資本。而商業資本是資本主義萌芽的必要條件，其出現遠比資本主義的生產方式更爲古老，它在商品經濟的商品流通諸極之中，起著「媒介」的作用。中國從戰國到西漢，由於社會的經濟基礎是自然經濟，商業與商品生產，都處於從屬地位。當商人介入這個安定靜止的自然經濟結構之後，貨幣經濟與相隨而至的商品經濟，立即成爲自然經濟結構的強大衝擊力量，它衝垮了封建社會基礎的井田制度，使新的土地制度與新的經濟結構代興，形成翻天覆地的變化〔註186〕，但卻未將生產力推向更高的階段，形成「社會的革命要素」，即沒有把封建的自然經濟結構加以改變。只能借著商品的交換與流通進行買賤賣貴，其中以兼併土地和放高利貸最爲危害社會的穩定，所以私人商業資本，往往被視爲一種刼奪。就連司馬遷在《史記・貨殖列傳》也說：

> 夫用貧求富，農不如工，工不如商，刺繡文不如倚市門，此言末業，
> 貧者之資也。〔註187〕

〔註184〕屠承先，〈《鹽鐵論》中的環境思想及其對當代的啓示〉，《杭州大學學報》（第28卷第4期，1998年10月），頁2。

〔註185〕《管子校注》卷22〈海王〉第72，頁1246。
桓公問於管子曰：「吾欲籍於臺雉，何如？」，管子對曰：「此毀成也。」，「吾欲籍於樹木。」管子對曰：「此伐生也。」「吾欲籍於六畜。」管子對曰：「此殺生也。」「吾欲籍於人，何如？」管子對曰：「此隱情也。」桓公曰：「然則吾何以爲國？」，管子對曰：「唯官山海爲可耳。」

〔註186〕傅筑夫，《中國經濟史論叢》（臺北新店：谷風出版社，1987年12月），頁656。
當大量貨幣作爲貯藏手段而形成巨大財富時，若不能使貨幣轉化爲產業資本，這時社會的主要生產部門是農業，土地則是最主要的生產手段，社會既然沒有其他更有利的投資場所，便只有購買土地來使貨幣發揮資本的機能，使土地成爲生息的手段。貨幣經濟從戰國開始發展，同時土地制度即發生了巨大的變化，由世襲領地變爲土地自由買賣，這是貨幣經濟造成的一個直接結果。

〔註187〕《史記》卷129〈貨殖列傳〉，頁3274。

而鼂錯則云：「今法律賤商人，商人已富貴矣」《漢書・食貨志》〔註188〕當時之人都看到了商人容易集中貨幣財富的現象。若無商業資本，則不利於商品交換，沒有適當的商品經濟，就不利於社會生產的發展，但是，追求暴利的商業資本若掌握在私人手中，也會損壞人民的整體利益，妨害社會的生產發展，因此，私人商業資本被稱為「相萬之富」《鹽鐵論・錯幣》〔註189〕，這種破壞性在自然經濟占主導地位的古代社會是顯而易見的，遂常被人加以誇大，於是歷史便經常出現歌頌井田，反對土地自由買賣的論述，貨幣經濟與私人商業資本就成了破壞經濟秩序與道德秩序的罪魁禍首。〔註190〕

由於私人商業資本在以自然經濟結構為主體的社會中，表現得很不正常，因此，《管子・輕重》篇將私人商業資本視為洪水猛獸，認為商業資本一旦落入私人手中，那麼，掌握大量商業資本的富商大賈，就可與掌握國家大權的君王並駕齊驅，〈輕重甲〉云：

> 桓公曰：「何謂一國而二君二王？」管子對曰：「今君之籍，取以正，萬物之買輕去其分，皆入於商賈，此中一國而二君二王也。故貴人乘其弊，以守民之時。貧者失其財，是重貧也。農夫失其五穀，是重竭也。故為人君而不能謹守其山林菹澤草萊，不可以立為天下正。」〔註191〕

富商大賈一旦掌握了龐大的商業資本，就等於一國而有二君二王。那麼，就會造成「士輕祿、民簡賞」〔註192〕的離心離德狀況，所以國家必須運用商業資本，集中社會財富，才是善於謀國者，故曰：

> 彼壤狹而舉與大國爭者，農夫寒耕暑芸，力歸於上，女勤於緝績徽織，功歸於府者。〔註193〕

唯有善於運用國家商業資本，才能使社會財富「歸於府」、「歸於上」，然而聚集社會財富的辦法，並非一如秦之重賦暴斂，而是既取之又使其不知取之，方稱絕妙。這就涉及到如何運用國家商業資本解決民富國實的問題了，所以說：「凡

〔註188〕《漢書》卷24上〈食貨志上〉，頁1133。
〔註189〕《鹽鐵論校注》卷1〈錯幣〉第4，頁56。
〔註190〕謝天佑，《秦漢經濟政策與經濟思想史稿——兼評自然經濟論》（上海：華東師範大學出版社，1989年3月），頁102～104。
〔註191〕《管子校注》卷23〈輕重甲〉第80，頁1425～1426。
〔註192〕《管子校注》卷21〈巨乘馬〉第68，頁1227。
〔註193〕《管子校注》卷22〈事語〉第71，頁1241。

將爲國，不通於輕重，不可爲籠以守民。」《管子·國蓄》〔註194〕。就是說國家要掌握穩定或左右物價的主動權，如果沒有這種經濟上的壟斷，就沒有穩定的統治，既然要掌握左右物價和穩定統治的主動權，就要有一定的資金，這些商業資本應該由國家掌控，其具體內容就是官營鹽鐵鑄錢。〔註195〕

管山海、經營鹽、鐵、鑄錢之要義就是要從「豪民富賈」手中奪取這大宗贏利。因爲在一個萬乘之國裡，鹽價稍加一點，或稍減一點，都是一個大數目，故曰：「今夫給之鹽筴，則百倍歸於上，人無以避此者，數也。」《管子·海王》〔註196〕而鐵的重要性更不亞於鹽，鍼刀稍重一點或稍輕也是一個大數目，關係國家財政的收入極大。另外，做爲商品經濟媒介的貨幣，可稱之爲萬能的商品，沒有它商品無法流通，有了它則可交換一切商品，故從某種意義來說，掌握大量的貨幣比掌握大量的鹽鐵還重要，故《管子·國蓄》曰：

> 黃金刀幣，民之通施也。故善者執其通施，以御其司命。〔註197〕

國家要掌握經濟命脈必須掌握鑄幣之權，將鑄幣大權收歸國有，國家才能壟斷經濟的流通領域，這件事，在秦兼併天下之時實已完成，全國貨幣制度獲得第一次的統一。《漢書·食貨志》曰：

> 秦兼天下，幣爲二等：黃金以溢爲名（二十兩爲溢），上幣（二等之中黃金爲上而錢爲下也）；銅錢質如周錢，文曰「半兩」，重如其文。
>
> 而珠玉龜具銀錫之屬爲器飾寶臧，不爲幣，然各隨時而輕重無常。
>
> 〔註198〕

這是秦始皇的重大歷史貢獻之一，也是中國歷史上劃時代的一件大事，這一次的改革，確定了中國歷史上第一個法定的貨幣制度，也是中國歷史上第一次實行金銅並用的複本位制度，黃金與銅錢雖有上、下之別，但兩者具有同等的法償資格，銅錢並非輔幣。而長期以來在諸侯列國流通的各種龐雜貨幣，也被法律明令廢止。從此黃金成爲稱量貨幣，以二十兩之「鎰」作爲計算單位，沒有固定之鑄形，流通於全國，類似近代的所謂「金塊本位」，漢初改「鎰」

〔註194〕《管子校注》卷22〈國蓄〉第73，頁1264。

〔註195〕《管子校注》卷22〈國蓄〉第73，頁1259。

國家運用商業資本吮取民利的絕妙辦法就是：「見予之形，不見奪之理」，《管子·國蓄》曰：「夫民者信親而死利，海內皆然。民予則喜，奪則怒，民情皆然。先王知其然，故見予之形，不見奪之理。故民愛可洽於上也。」

〔註196〕《管子校注》卷22〈海王〉第72，頁1247。

〔註197〕《管子校注》卷22〈國蓄〉第73，頁1259。

〔註198〕《漢書》卷24下〈食貨志下〉，頁1152。

爲「斤」，而黃金與銅錢還有一定的兌換比例，此即「黃金重一斤，直萬錢」，故從秦代起，除西漢初年曾一度聽任私人鑄錢，致銅錢充斥市面，造成「奸錢日多」，市肆混亂與吳國叛逆的後果，導致景帝收回鑄幣權外，鑄幣權始終是政府的專有權利，而銅錢儘管被稱爲下幣，但由於它有固定的成色、重量和法定鑄形，便於民間的日常交易，故能普遍於社會各階層，並且與黃金是同等的法償幣，故能與黃金一同發揮貨幣的一切職能，促進經濟的發展。〔註199〕而封建國家在掌握了鹽、鐵與貨幣的經營管理權之後，等於在經濟領域內實現了中央集權，而這種經濟的中央集權，正是政治中央集權的專制主義的基礎。

鹽、鐵、酒與貨幣，一旦掌握在封建國家手裡，國家就可壟斷商業資本，並壟斷流通領域，使利出一孔，《管子‧國蓄》曰：

> 利出於一孔者，其國無敵。出二孔者，其兵不詘。出三孔者，不可以舉兵。出四孔者，其國必亡。先王知其然，故塞民之養，隘其利途。故予之在君，奪之在君，貧之在君，富之在君，故民之戴上如日月，親君若父母。〔註200〕

當國家擁有強大的經濟實力之後，就可通於輕重以籠天下之民，不僅奪而不見其形，還能做到該奪者奪之，該予者予之，而國家的主要任務就是「散積聚，鈞羨不足」《管子‧國蓄》〔註201〕緩和貧富懸殊的矛盾，利用國家的府庫來調劑民利，據有餘而制不足，經濟上有了強大的後盾，在政治上才能掌握主動權，做到「予奪在君，貧富在君」，中央集權的專制主義的威力，才能徹底的發揮出來。〔註202〕

二、經濟集權之弊害

漢武帝在位五十四年，無論政治、經濟、軍事、思想、文化方面，都有許多成功的重大舉措，且影響後世深遠，包括支持國家統一、加強中央集權、拓展疆域、擴大外交，都奠基於當時一系列的經濟改革與政策的成功，諸如

〔註199〕傅筑夫，《中國經濟史論叢》（臺北新店：谷風出版社，1987年12月），頁642～650。

〔註200〕《管子校注》卷22〈國蓄〉第73，頁1262～1263。

〔註201〕《管子校注》卷22〈國蓄〉第73，頁1266。

〔註202〕謝天佑，《秦漢經濟政策與經濟思想史稿——兼評自然經濟論》（上海：華東師範大學出版社，1989年3月），頁106～111。

鹽鐵官營、算緡告緡、均輸平準及酒権專賣等。這些政策，究其根本，最直接的是爲武帝的文治武功，奠定雄厚的物質基礎。這種斂財的經濟政策，在實行之初，確實取得了重大的成果，但在後續的年代，卻也對西漢社會造成不少負面的影響：

（一）造成商人、地主、官僚三位一體的新統治集團與社會階層：

漢武帝在選拔人材方面，固能不拘一格，不問出身，但卻有一條非常明確的準則，即是：凡支持他內興功作，外處四夷，而又能爲他斂財者，皆得以委之高官，授以厚祿，東郭咸陽、孔僅、桑弘羊率屬此輩，而卜式因擁戴武帝之討伐匈奴且捐財佐國家之急，便被加官晉爵，然對鹽鐵官營有微詞時，立遭貶官。大農令顏異只因對皮幣之改革有意見，即在武帝默許之下，由丞相張湯公報私仇，將其處死。因此，「公卿大夫多諂諛取容矣」《史記·平準書》〔註203〕朝廷既無人敢非議，中下級官員則通過「入粟補官」與「富者買爵販官」《鹽鐵論·刺復》〔註204〕之途徑，形成「吏道益雜，不選，而多賈人矣。」的情況，甚至「世家子弟富人或鬪雞走狗馬，弋獵博戲，亂齊民。」乃入財者得補郎，郎選衰矣〔註205〕，終造成商賈官吏得以狼狽爲奸和官吏貪贓枉法的腐敗。加劇了對人民的搜刮、盤剝和兼併。《漢書·貢禹傳》稱彼時：

> 故亡義而有財者顯於世，欺謾而善書者尊於朝，……。故黥劓而髠鉗者猶復攘臂爲政於世，行雖犬彘，家富勢足，目指氣使，是爲賢耳。〔註206〕

這種腐敗的吏治，導致從中央到地方的官員，在爲帝室、朝廷斂財的過程中，紛紛利用手中權力「坐市列肆，販物求利」《史記·平準書》〔註207〕，趁機中飽私囊，同時出現了上行下效的情景，「長吏屬諸小吏，小吏屬諸百姓」《鹽鐵論·疾貧》〔註208〕，這些新貴比舊日的鹽商官僚更加富有，史稱「公卿積億萬，大夫積千金，士積百金」《鹽鐵論·地廣》〔註209〕，於是社會上出現了官僚、商人、地主一體的新興統治集團，而其最大特點就是「貪而無厭也」《鹽鐵論·

〔註203〕《史記》卷30〈平準書〉，頁1434。
〔註204〕《鹽鐵論校注》卷6〈刺復〉第10，頁132。
〔註205〕《史記》卷30〈平準書〉，頁1429及頁1437。
〔註206〕《漢書》卷72〈王貢兩龔鮑傳〉，頁3077。
〔註207〕《史記》卷30〈平準書〉，頁1442。
〔註208〕《鹽鐵論校注》卷6〈疾貧〉第33，頁414。
〔註209〕《鹽鐵論校注》卷4〈地廣〉第16，頁209。

疾貧》〔註210〕，武帝的斂財政策在執行的過程中，確實打擊了部份「不佐國家之急」的大商人與大地主，但卻扶植了一批更貪婪的官商階層，從這階層中滋生出更大更多的豪強地主兼官僚，後來的歷史證實這一點，西漢後期的豪族皆出自漢武時期的官僚地主，而六國之後與漢初的軍功貴族則走向沒落。〔註211〕

因此，從漢武一朝開始，歷代都繼承了這官商一體的傳統，造成中國古代社會的商業，永遠附屬於官僚集團的狀態，妨害了商業的正常發展，削弱了各地的經濟聯繫，造成自然經濟進一步的擴張，這就為豪強地主經濟的生長發展，提供了土壤。雖然漢武曾全力打擊豪強，但依靠的是政治的暴力，而非經濟上的制度改革，故不能產生釜底抽薪的效果。一旦這種政治強力喪失，與自然經濟相聯繫的地方豪強勢力就會膨脹起來，形成新的「莊園經濟」，這種莊園經濟形態在社會關係上是以強化佃農的人身依附關係、強化家族的血緣關係和自給自足為特徵的。它在政治上容易使國家離心力增強，社會動蕩不安，故自東漢之後，莊園經濟大規模擴張的結果，造成數百年間，改朝換代不計其數，每次動亂之後，都形成「名都空而不居，百里絕而無民」《後漢書‧仲長統列傳》〔註212〕的慘狀，長期累積的巨大財富屢次化為灰燼。〔註213〕

（二）妨礙生產力發展，促使奴隸制回潮：

桑弘羊聲稱改革的目的之一是「建本抑末」，即驅民務農，發展農業生產，當鹽鐵私營時，「農民不離畦畝，而足乎器」，農民不但可以用財貨、五穀、新幣交換，還可以賒欠而且農具種類多、規模多，農民可以各得所欲，非常方便。然而鹽鐵專賣之後，鐵官經營的農具一是價格貴，農民買不起，二是多為大器，不能耕田，三是鈍弊，割草不痛，四是獨家經營，善惡無所擇，五是市門變成「衙門」，既欠服務態度，又經常關門《鹽鐵論‧水旱》〔註214〕，

〔註210〕《鹽鐵論校注》卷6〈疾貧〉，頁415。

〔註211〕薛振愷，〈試論漢武帝的斂財政策〉，《北京師範大學學報》社會科學版（1997年第4期），頁90。

故自漢武之後，官員「多辜榷為利」，官僚經商成為一種時尚，例如：張安石一家擁有七百多奴隸，都有手技作業，而丞相楊敞的兒子楊惲也「幸有餘祿，方糴財販貴，逐什一之利」《漢書‧楊敞傳》，此類事件，史不絕書。

〔註212〕范曄撰（宋），李賢（唐）等注，楊家駱主編，《後漢書》卷49〈王充王符仲長統列傳〉（新校本，臺北：鼎文書局，1987年第5版），頁1649。

〔註213〕周舜南，〈對漢武帝經濟政策改革的再認識〉，《湘潭師範學院學報》（第15卷第1期，1994年2月），頁58～59。

〔註214〕《鹽鐵論校注》卷6〈水旱〉第36，頁429～430。

耽誤了農民的「膏腴之日」，農民只得「木耕手耨」，造成農夫「疲於野而草
萊不闢」，加以苛捐雜稅，終於造成農民逃亡，「田地日荒，城郭空虛」《鹽鐵
論・未通》〔註215〕，農業生產爲之萎縮，重挫了生產力的發展。若從手工業
的生產情況來看，官作坊裡的工人，大多爲刑徒和士卒，受著非人的待遇，
根本談不上勞動生產的積極性，更談不上如何改革生產技術，降低成本，增
強效益和發明創造，無法激發勞動熱情，形成「卒徒煩而力作不盡」《鹽鐵論・
水旱》〔註216〕的情況，造成手工產品質量低下：

> 女工難成而易弊，車器難就而易敗，車不累暑，器不終歲。〔註217〕

（三）商業受到打擊，導致流民增加：

　　由於大部份的工商業者都在告緡事件中破產或被殺，官府直營工商的結
果，實行產品壟斷和價格壟斷，破壞了正常的商品流通渠道和流通網路，造
成產品奇缺或質劣價高，形成商業的萎縮，制約並阻礙了農業與手工業的發
展，高度集中的管理方式，扼殺了社會的活力，也扼殺了地方經濟的特色和
各地發展經濟的積極性，嚴重損害了生產力的提高，導致流民的增加。〔註218〕

　　鹽鐵官營之前，大鹽鐵商人所雇傭的勞動力多是「一家聚眾或至千餘人，
大抵盡收放流人民」《鹽鐵論・復古》〔註219〕即多是破產農民。而現在官營，
所使用的勞力是以徒、卒爲主《漢書・貢禹傳》云：

> 今漢家鑄錢，及諸鐵官皆置吏卒徒，攻山取銅鐵，一歲功十萬人已
> 上。〔註220〕

並徵發正在田中勞作的農民去服徭役、煉銅鐵、鑄鐵器銅錢，正所謂：

> 刻急細民，細民不堪，流亡遠去，中家爲之絕出，後亡者爲先亡者
> 服事。〔註221〕

這種徵發徭役徒卒以支持官營冶鐵的決策，乃是一大失誤，確實造成農民破
產，流民劇增，而爲奴隸制的復活，提供了源源不斷的生口。加以官僚、商

〔註215〕《鹽鐵論校注》卷3〈未通〉第15，頁192。
〔註216〕《鹽鐵論校注》卷6〈水旱〉第36，頁430。
〔註217〕《鹽鐵論校注》卷5〈國疾〉第28，頁334。
〔註218〕薛振愷，〈試論漢武帝的斂財政策〉，《北京師範大學學報》社會科學版（1997
　　　　年第4期），頁91。
〔註219〕《鹽鐵論校注》卷1〈復古〉第6，頁78。
〔註220〕《漢書》卷72〈王貢兩龔鮑傳〉，頁3075。
〔註221〕《鹽鐵論校注》卷3〈未通〉第15，頁192。

人、地主一體的統治集團，在漢武帝後逐漸形成一個堅固的社會階層，擁有
大量的土地和手工業，因其性質屬於自然經濟的範疇，不須冒很大的風險，
就能獲取極大的利益，所以具有很強的生命力，使奴隸制度經濟不但得以保
存，而且還有所發展。例如：漢初五世為相的張良家有僮隸兩百人，到了漢
中期，卓王孫家有八百人，至西漢末，貴家奴隸多者達數千人，奴隸數目大
量增加，隱然遠古奴隸制復活，成為西漢末年嚴重的社會問題。從此，重農
抑末和官營工商業的思想，以及排異拒變，保守封閉的思維機制，根深柢固
的刻印在中國人的心中，使封建的專制主義日益加強，妨礙了中國的歷史進
程，所以從長遠的影響來看，漢武帝的經濟改革是一個全局的失誤，而王莽
實施更嚴格和更全面的官營工商業，則導致自己及身而亡，所以實行經濟集
權中央的國營體制是造成中國歷史停滯不前的根因之一。〔註222〕

〔註222〕周舜南，〈對漢武帝經濟政策改革的再認識〉，《湘潭師範學院學報》（第 15
卷第 1 期，1994 年 2 月），頁 59～60。

結　論

　　世界文明的發展是多元多線而非單一的，而中國文化有其特殊的結構及
發展道路，其中地理環境的封閉，和自然經濟的保守性，以及工商業的官營
性質和附庸本質，確實可做爲文化結構的經濟基礎作用。但如果用人類歷史
社會起點的兩種生產——經濟生產與繁殖生產，來討論中國政治文化的特
質，顯然中國的歷史文化有其異於西方文明之處。蓋自遠古以來，血緣族權
的「全權主義」，就將政權（政治結構）、教權（思想結構）、財權（經濟結構）
一體化，可以稱之爲「超結構的一體化」，自古代「定型」，歷經秦漢大一統
而益臻穩固，以迄於近代，這種「古今同一體」，缺少質變、量變的本質，堪
稱「歷時性」的中國文化的特徵。〔註 1〕

一、君主專制

　　遠古的中國在國家凝聚成長的過程中，由於集體勞動的需要，家族血緣
獲得特殊的強化，而血緣族長的「族權」亦特別鞏固，以至生產力及勞動方
式變化而引起社會變動時，不能像西方一樣，產生「新世界推翻舊世界」的
特質，卻出現一種折衷的形勢，即「新舊混雜」、「死活拖拍」的，極端妥協
保守形態，所以中國「歷史組合」的特質，永遠是「舊世界正在死亡，新世

〔註 1〕　魯凡之，《東方專制主義論——亞細亞生產模式研究》（臺北：南方叢書出版
　　　　社，1987 年 8 月初版），頁 153～158。
　　　　西方的氏族解體是一種「徹底的變革」，即地緣團體、利益團體、功能團體推
　　　　翻血緣團體，私有制推翻原始共產制，「多元化」的政權、教權、財權推翻「一
　　　　元化」的族權。

界卻在難產」，因此，做爲人類原始本性的氏族關係，在中國就從來沒有徹底崩解，中國根本不曾發生過地緣團體、利益團體、功能團體推翻血緣團體的革命，而是血緣團體將之吸納，變成一種混合型的折衷團體，故私有制在中國，只能處於血緣關係束縛下發展，家庭始終處在家族網絡的籠罩之中，而經濟的「橫面」發展，從來沒有打破家族權力等級的「縱面」，社會的地緣基礎，也根本未曾觸動「血緣臍帶」的本位，故未能有機的自主成長。而血緣族長始終以「一元化」統攝政權、教權以及最大的財產權，形成「三位一體」的集大權者，「血緣臍帶」在中國從未被切斷，其立足點也沒有受過挑戰，這種父權、族權、皇權一脈相傳的宗法體系，就成了中國文化的主要淵源，而「家國同構體」〔註2〕就成爲中國文化的主要「實體」，因此，中國的國家型態，在本質上就是血緣長老「專制霸權」的化身，而王權主義或君主專制，正是這種國家型態的反映。〔註3〕

中國的歷史文化乃是以「血緣臍帶」、「自然經濟」與「人教意識形態」三者構成了「中國文化的原型」，而血緣臍帶與自然經濟結構所衍生的「人間權力結構」，正是中國文化深層所潛藏的「專制主義」，而人教意識的形成，亦有其自身發展的途徑，如《尚書·泰誓》篇所云：

> 天佑下民，作之君，作之師，唯其克相上帝，寵綏四方。〔註4〕

天生萬民而爲之立君，就是希望國君能稟承天意，實施對百姓統治與管理，故《左傳·襄公十四年》載：

> 天生民而立之君，使司牧之，勿使失性。有君而爲之貳，使師保之，
> 勿使過度。〔註5〕

就中國文化而言，能爲師而後能爲長，能爲長而後能爲君，做爲一國之君，

〔註2〕 金觀濤、劉青峯，《興盛與危機——論中國封建社會的超穩定結構》〈皇權主義：農民對第一塊模板的意識〉（臺北：風雲時代出版公司，1989年11月初版），頁165。
中國宗法一體化結構裡，國家和個人中間多了一層宗法家庭。生活在宗法一體化結構中的廣大農民群眾，在階級上雖是被壓迫者，但在家庭中卻是封建家長，享有父權、夫權。而家庭又是國家組織的同構體，子孝與忠君同構，父權與皇權相對應，……故農民起義時，也建立以宗法家長制爲組織原則的政權，這種政權由於同構效應，極易轉化爲以皇權爲中心的政權。

〔註3〕 魯凡之，《東方專制主義論——亞細亞生產模式研究》（臺北：南方叢書出版社，1987年8月初版），頁153～158。

〔註4〕 《尚書注疏》卷11〈泰誓上〉，頁153。

〔註5〕 《春秋左傳注疏》卷32〈襄公十四年〉，頁562。

就是全國的大家長，也是天下子民的老師和表率，應該負責教育人民，使其恢復上天予之的仁義禮智信的天性，這就是國君應有的人教意識，而這種人教意識，它反過來影響前二者的相對自主性，彼此互滲互動，長期的發展變化，形成「折衷」作用，這就是王權主義「王霸互用」的根源，而這種君主專制主義與宗法思想，正是「家國同構體」的社會結構的必然反映，這種「混合結構」乃是中國歷史發展形態的一個重要特徵。而所謂「家國同構」就是說國的根本是由家族構成的，宗法的精神，始終是中國文化的表徵。

中國封建社會的宗法一體化與家國同構體，決定了人民的精神生產性質，這種精神特質就是對皇權主義的崇拜，這種皇權主義正是中國文化的核心精神，首先體現在經濟基礎、社會結構、政治制度和主流意識形態的共同體結構中，而在這體系裡，政治涵蓋一切層面，自然經濟與宗法社會是其可靠的基礎力量，而政治、法律制度與儒學思想所架構的政治文化模式，則起著支撐和穩定的作用，而且在長期的歷史變化中，通過調節維持新的平衡，而政治結構與思想形態形成的「上層建築一體化」，凌駕「經濟基礎」，是秦大一統後之傳統中國之特點，這就是中國古代社會為什麼形成超穩定結構的核心秘密。〔註6〕君主專制就是透過政治對這整體的結構，展現特有的幅射力，影響並決定社會各個的面貌與特徵，最後且成為統合整個民族文化與生活的核心力量，這是中國特有的歷史景觀。如果用馬克斯「經濟基礎決定上層建築」的理論來解讀中國歷史，難免偏頗，因就中國歷史而論，經濟結構、政治結構與思想形態結構，是互動互補的超穩定系統，乃是貫串整部中國歷史的「一體化」結構，具有很強的生命力，這是中國歷史的本質，也是中國發展遲緩，長期以來，只有少量進步的原因。因為現代化的社會，經濟是一切活動的基礎，社會是按照經濟規則組合起來的，但中國傳統的社會，是以政治為主軸，政治規則普散而成社會規則，解讀以經濟為基礎的社會，要從經濟入手，解讀以政治為主軸的社會，自該從政治入手。由於中國古代的社會，政治權力具有強烈的幅射性，其「主觀故意」常涵蓋各領域〔註7〕，更與思想信仰形成重疊，遂形成政教合一的社會結構，而君主專制正是這結構體

〔註6〕　韓星著，陳明主編，《儒法整合——秦漢政治文化論》（北京：中國社會科學出版社，2005年1月），頁256。

〔註7〕　楊陽，《王權的圖騰化——政教合一與中國社會》（臺北：星定石文化出版有限公司，2002年6月初版），頁20～25。

系的金字塔頂點，也是中國文化的圖騰。

封建主義與中央集權的君主專制，既是中國文化的核心，因此，古代的思想家無不以政治爲出發和歸宿，而帝制的確立，乃是中國歷史長期演變的必然趨勢，從最古的《尚書》〈洪範〉就以陰陽五行的神學史觀，借助「天人感應」以強調「王道精神」，從此「王道」就成爲「君道」的極郅，也可稱之爲「皇極」，凡爲天子者，皆該遵循王道。而春秋戰國以還，諸子之論述君道，猶多創新，若老子之主張君道自然，孔子之君仁臣忠說，孟子之社稷變異論，以及黃老的道法合一，都有其立論之根據。然由於歷史變動的趨勢，和大一統的需要，終使法家的君主絕對專制論獲得最後的勝利，實現了中國的統一。而秦的短祚受到批判和檢討，故中國的皇帝制度要到漢朝才算確立，而其完成的過程中，文、景依黃老思想表現的君道，確實是使皇帝制度成爲人民可以接受的重要因素，史稱文帝留心政刑《漢書‧刑法志》云：

> 及孝文即位，躬修玄默，勸趣農桑，減省租賦，而將相皆舊功臣，
> 少文多質，懲罰亡秦之政，論議務在寬厚，恥言人之過失，化行天
> 下，……，風流篤厚，禁網疏闊。選張釋之爲廷尉，罪疑者予民，
> 是以刑法大省，至於斷獄四百，有刑錯之風。〔註 8〕

文、景的君道爲德治的理性主義奠下基礎。〔註 9〕而後有武帝「復古更化」的成功，從此一人專政的帝制，就成爲中國往後兩千年的政治文化核心，而其特徵就是：向上型的權力結構，「朕即是法」的「權法一體」關係，透過國家權力對社會進行超強度的控制。這種一人專制的統治具有深厚的經濟、社會、思想的根源。本篇論文就是要從皇帝專制的制高點，探究其歷史特徵與各種根源。包括最基礎的經濟集權中央體制、名教思想、君道理論，以及道法向儒法的轉變過程，希望從歷史的轉型中得到借鏡。

中國自然經濟的封閉性、保守性和分散性的特點，決定了皇權專制的人治主義是與之最相適應的政治模式，因爲在古代的中國是以小農經濟爲主要結構的自然經濟，貧窮落後，必須借助大一統的高度集中，才能把零星少量的財富集中起來，聚沙成塔，集腋成裘，發揮綜合國力，建設大工程和抵禦

〔註 8〕 《漢書》卷 23〈刑法志〉，頁 1097。
〔註 9〕 《黃帝四經今註今譯》第一篇《經法》〈君正〉第 3，頁 104。
《經法》〈君正〉曰：「一年從其俗，二年用其德，三年而民有得，四年而發號令，五年而以刑正，六年而民畏敬，七年而可以征」

外侮。〔註10〕而森嚴有序的等級身份制度，和以家族爲本位的宗法組織，是
皇權專制的社會根基，強調禮治、德化的儒家思想是皇權專制的思想憑仗。
這種向上型的權力結構，其特點是君臨天下，皇帝獨攬行政、立法、司法、
軍事、人事等一切國家大權，所謂「六合之內，皇帝之土，人跡所至，無不
臣者」《史記・秦始皇本紀》〔註11〕，對臣民擁有生殺予奪的權力，而自身卻
駕乎法律之上，法律不是他行使權力的依據，而是其專政的工具和奴婢，因
此，皇權具有高度集中化、絕對化、非程序化和特殊化的特徵，再加上以法、
術、勢並舉駕馭臣民，使全民對皇權產生畏懼與崇拜心理，從而達到：「事在
四方，要在中央，聖人執要，四方來效」《韓非子・揚權》〔註12〕的整齊水平，
維持高度的「全國劃一」的秩序統治。這時候，權力與眞理是統一的，權力
即眞理。〔註13〕

中國郡縣帝國的君主專制政體的形成是由漢武帝確立的，在當時的社會
條件下，由於軍功地主、庶民地主的利益衝突，以及由此形成的「豪強武斷
鄉曲」，已到了「二千石莫能制」的地步，大大地激化了階級的矛盾，損害了
王朝的穩定和統治秩序，這就迫切需要強化封建國家對社會矛盾的調節作
用，而這種作用是透過強化君主專制的權力而體現的，至於北伐匈奴，南平
百越，更需要建立高度專制的君主政體，方能保證實現這些目標。〔註14〕因
此，漢代皇權專制主義的確立，有歷史淵源亦有其現實的時代背景。漢代皇
權專制的確立雖承秦之制，但由於獨尊儒術之故，特重經學與禮樂教化，董
仲舒以爲這是勉行王道之良方，也就是達到天下大治的道路，而仁義禮樂乃
是負載大道的工具，故王道並非恍惚不可及，高不可攀，它始終體現在仁義
禮樂之中，而聖王雖沒，國君若能上承天道之陰陽，下以正其所爲，則可以
正心正朝廷到正萬民、正四方，如此，王道就可以完成，天下就可以太平。
以此之故，中國皇權雖專制，然儒學的涵泳與王道的追求畢竟對皇權產生了
某種程度的薰陶與儒化的作用。〔註15〕

〔註10〕 李申，《中國儒教史》（上海：上海人民出版社，1999 年 12 月），頁（序 3）。
〔註11〕 《史記》卷 6〈秦始皇本紀〉，頁 245。
〔註12〕 《韓非子集釋》卷 2〈揚權〉第 8，頁 121。
〔註13〕 薛忠義、李曉穎，〈中國歷史上的長期專制──人治統治的特徵與根源探析〉，
　　　　《遼寧大學學報》哲學社會科學版，第 30 卷第 4 期（2002 年 7 月），頁 48～
　　　　49。
〔註14〕 陳玉屛，《西漢前期的政壇》（成都：成都出版社，1996 年），頁 192。
〔註15〕 李申，《中國儒教史》（上海：上海人民出版社，1999 年 12 月），頁 211～212。

　　若從社會結構系統與功能耦合的制約關係而論，皇權專制雖居於此結構系統的頂點，但其穩態平衡，卻由政治、經濟、文化三大架構相輔相成，互為因果所形成的，因此，對中國歷史的論述，應著重於整體的把握。而非單純的經濟決定論，畢竟經濟、政治、文化三者都必須透過皇權的調節作用，才能達成結構系統的「緊密聯繫」，形成混凝土般的粘合在一起，完成統一的組織〔註16〕，它包括區域間的訊息聯繫，物質交換，經濟交往，政治聯繫和文化聯繫，這個共同體的結構，彼此互相聯結、依存、包容又相互滲透、制約、反饋，形成具有封閉性的高度自我調節機制，雖缺乏活性的凝固，卻又富有彈性，能內運循環不息，這是中國古代能維持大一統的奧秘，也是皇權長期存在的原因。〔註17〕

二、皇權專制的經濟基礎

　　政治、經濟、文化三大結構固然相輔相成，互為因果，但中國歷史上長期的皇權專制與中央集權的人治統治，在基本上，社會的經濟因素，具有強大的決定力量，經濟是政治的基礎，政治則是對經濟最直接和最集中的表現和反映，有什麼樣的經濟基礎，就必然有什麼樣的政治模式與之相適應，當勞動生產力處於低級發展階段時，這種自然經濟的封閉性、保守性和分散性的特點，就決定了皇權專制與人治主義是與之最相適應的政治模式，自然經濟是這種政治體制的物質基礎和物質生存條件，而這種政治體制是適應自然的規律和要求而發展建之起來的。〔註18〕西漢帝國就是在這基礎上，開創了經濟、政治、文化的一體化，實現了「區域歷史向世界歷史的轉變」，這是一項偉大的成就，這種一體化的結構，在封建社會早期顯示出抵禦外侮、同化外來力量和拓展地域及組織社會進行簡單再生產的強大功能，而且對王朝興衰的循環轉折和文化傳統、經濟基礎、政治體制的相遞相承，展現了巨大的

〔註16〕 金觀濤、劉青峯，《興盛與危機——論中國封建社會的超穩定結構》（臺北：風雲時代出版公司，1989 年 11 月），頁 23～25。

〔註17〕 吳毅，〈超穩定結構導致中國封建社會發展遲滯〉，《咸陽師專學報》綜合雙月刊，第 10 卷（1995 年第 5 期，文科版），頁 9。
中國封建社會以經濟同構體為基礎，儒家統治思想為樞紐，宗法制度為中介，連結豎立其上的封建專制官僚同構體，形成「王」字超穩定結構。

〔註18〕 薛忠義、李曉穎，〈中國歷史上的長期專制——人治統治的特徵與根源探析〉，《遼寧大學學報》哲學社會科學版，第 30 卷第 4 期（2002 年 7 月），頁 49。

效能。但這種原始結構潛存的制衡性與穩定性，由於長期的缺少質變的刺激，自然經濟始終佔主導的地位，商品經濟與貨幣經濟則淪爲附屬，於是逐漸凝固爲鮮明的封閉性與惰性的運行系統，變成匱乏「內驅力」與「策動力」的超穩定性，並輻射出扼制摧殺各種撞擊力與創造力的負面能量，終於造成古代社會的發展與進步極其有限，也導致皇權專制漫長達兩千年之久。〔註19〕

　　這種經濟的長期落伍，最明顯的就是中國的君主專制制度特別長，另外是數百次的農民起義，糾葛於歷史中，形成改朝換代的悲劇。因此，要分析其原因，探究其根源，要從中國經濟社會的封閉現象入手。由表及裡地追尋中國封建社會的結構，進而說明中國封建社會經濟結構的僵化，導致縱向發展的停滯，而縱向發展的停滯又強化了經濟社會結構的僵化，形成惡性循環。爲了探究這個問題，本篇論文已從三個方面去剖析：第一，是從地主與佃農生產關係的視角，去探討地主經濟的嚴重剝削與佃農的悲慘生活，並說明其根因。何以這種具有消極破壞作用的地主經濟，竟能歷時兩千餘年而未生質變，這是土地私有制必然的結果，此爲中國經濟史上的一大特點，漢代由於豪強地主與佃民雇農之間的貧富懸殊，終於形成人身依附的生產關係，這是社會不安的根源。第二，從商品經濟生產的視角，對工商業的發展做全面性的綜覽，發現商品經濟與貨幣經濟的發達，並未引導資本走向工業生產，反而使資金轉化爲土地資本，而商品流通淪爲販賣商業，只爲鞏固封建統治服務。加以漢武帝實行鹽、鐵、酒禁榷制度，這種經濟集權中央的國營體制，始終是政治集權的基礎，也是中國商品經濟不發達的主因，因此，鹽、鐵、酒的國營專賣制度，反而使足以沖毀封建體制的商品經濟，長期成爲政治的附庸。第三，從自然經濟頑強性的視角，透視中國農業與手工業的緊密結合，形成自給自足的體係，而這種社會結構封閉的基本內涵，包括經濟封閉、市場封閉、文化封閉、精神封閉、心態封閉、政治封閉等等，其中最重要的是心態封閉與政治封閉，這是由封建政治與思想文化所決定的。〔註20〕所謂政治封閉指的是爲了維護君主專制體制，以保障皇帝的獨裁權力所進行的封閉。所謂心態封閉指的是國民意識常存著「文化優越」的思想，認爲中國文

〔註19〕吳毅，〈超穩定結構導致中國封建社會發展遲滯〉，《咸陽師專學報》綜合雙月刊文科版，第10卷（1995年第5期），頁9。

〔註20〕江丹林，〈從唯物史觀看中國社會的停滯性及其根源〉，《復旦大學學報》社會科學版（1995年第2期），頁42～43。

化盡善盡美而抵制外來的事物，形成故步自封的局面。

中國古代社會的封閉性若從橫向僵化的經濟社會結構入手，探討其縱向發展停滯的思路，在方法論上具有極大的啓發性。這是因爲中國封建社會，以皇權專制爲主的中央集權體制，以維護既有的秩序和制度爲目的，必然要求經濟社會結構保留著一種橫向僵化的模式，既可防止外部力量的衝擊，又可防止內部的解裂，即使因此造成縱向發展的停滯，或造成改朝換代的惡性循環，也無心變更。因此，這種封閉性產生的原因，必須從橫向僵化的社會經濟結構中去尋求。

首先，在經濟上，生產關係和血緣關係的「二元結構」，限制了勞動分工的發展和生產規模的擴大，以小農經濟爲主的社會宗法組織，強調自給自足的經濟系統，嚴重束縛了生產力的發展，遂造成長期的停滯。這裡所說的「二元結構」，指的是人們在物質生產過程中所形成的生產關係，和人類社會的血緣親屬關係。若以生產條件而論，中國的農村始終未曾脫離氏族和公有血緣的臍帶關係〔註 21〕，古代封建殘存的影子，始終揮之不去，小農個體家庭經濟，長期地被包裹在血親關係之中，脫離不了血緣親屬的「臍帶」，家庭手工業附屬於農業，周而復始的簡單再生產，用不著任何分工，也無需應用科學進行多樣化的發展，也不用建立豐富的社會人脈關係，這種可以全然獨立完成生產、消費、再生產循環的血緣家庭，是社會經濟生產的基礎單位，嚴重地限制了生產的能力與視野，所以中國封建社會物質生產關係與血緣關係長期合一的「二元結構」，使社會經濟造成了極大的封閉傾向，且長期落後，只有少量的進步。〔註22〕

其次，在政治上，中央集權專制的超常發展，使官僚政治控制了一切，

〔註21〕樂成顯，〈家族制度與中國古代社會經濟〉，《北京社會科學》（2001 年第 1 期），頁 63～64。
中國歷史上各時代發生的家族制度的演變，都是該時代社會經濟發展的產物，同時也對當時的政治、經濟及文化各方面產生巨大的影響。因爲中國自三代以來，家族宗法制度就高度發展，到了春秋戰國之際，由於生產力的大大提高，遂使小農經濟脫離井田制這種村社共同體而獨自經營，成爲可能，而諸子均分制的產生，就是以小農經濟的出現爲前提，所以家族房分平均析產的作法，無疑的，是拋開了古代的長子繼承制，體現了宗法制度的衍變，這是對西周宗法制度的重要變革，但仍被限制在一定的血緣關係之內，存在著宗法制度的某種影響。

〔註22〕江丹林，〈從唯物史觀看中國社會的停滯性及其根源〉，《復旦大學學報》社會科學版（1995 年第 2 期），頁 44。

也主宰了經濟，但又無法真正解決經濟的矛盾，這也是造成中國古代經濟社
會長期封閉的根因。以皇權專制為金字塔頂端的中央集權體制，作為一種上
層建築，決非偶然出現的歷史現象，必有其特定的經濟基礎和階級基礎，中
國封建的專制的經濟基礎固然以自然經濟為其特徵，然而這種自然經濟卻包
含了（一）個體小農經濟，（二）地主經濟和（三）國有土地三種制度，馬克
斯曾在「亞細亞生產方式」三位一體的論述中，稱土地國家所有制乃是君主
專政的基礎，專制君王就是最大的地主。〔註23〕此論若從秦孝公用商鞅變法
「為田開阡陌封疆」到始皇「六合之內，皇帝之土」，其普遍土地為國有制的
法權形式與經濟內容而論，是極其允當的。因為秦自商鞅變法後的土地關係，
正具有土地國有制的內容，從商鞅變法至秦統一前後，乃是土地國有制的確
立與強化發展的時期，同時也是土地私有制的胚育時期，是由村社所有制向
土地私有制過渡的一個關鍵步驟。秦由國家「制袁田、開阡陌」到「使黔首
自實田」，正是秦百年間土地關係運動的兩塊里程碑，「制轅田，開阡陌」標
誌著土地國有制的高度發展，而「使黔首自實田」則意味著國家賦予實際佔
有田地者以法律地位，正式確立了土地私有制，也宣告了國有制下的國家授
田制的破產。漢的土地關係的運動過程，就是承秦之基礎而來的土地私有制
吞噬國有制的歷史。〔註24〕

　　土地私有制是以土地可以自由買賣為特徵的，即農業社會中最基本生產
資料之商品化，自秦「使黔首自實田」後，即在法律上構成私有權的確認，
土地佔有之「業主權」由昔日貴族階層的獨佔支配形態下移，成為「任民耕，
不限多少」及「不限買賣」的情形，逐漸演變成自由競爭及大量兼併的態勢，
國家對土地不再行「還授」的制度，則欲公平分配土地以均民生，勢屬難能。
但就現實情況而論，卻又必須制作一適當之土地政策，以限制私有制下兼併

〔註23〕 林甘泉，〈論秦漢封建專制主義的經濟基礎〉，收在中國秦漢史研究會編，《秦
　　　　漢史論叢》第二輯（西安：陝西人民出版社，1983年8月，第1版第1刷），
　　　　頁2。

〔註24〕 張金光，〈試論秦自商鞅變法後的土地制度〉，收在華世初版社編輯部編《中
　　　　國社會經濟史參考文獻》（臺北：華世出版社，1984年10月初版），頁205～
　　　　222。
　　　　商鞅變法後，秦一切土地所有權歸國家，具體表現在（1）國家直接控制經營
　　　　大量的農地、牧場、山林川澤（2）實行多種類型的國家授田制，包括小農份
　　　　地制和軍功賜田制（3）在國有制下，國家重新「為田開阡陌封疆」私人不得
　　　　移徙踰越。

的形勢與惡性擴張。相對的,在尊重自由買賣之精神下,卻又不得不承認豪強兼併的合法性,而予以產權保障。因此,在私有制發展的過程中,政策、法律、現實之間,經常充滿著矛盾〔註25〕,以至於造成貧富懸殊形成階級對立,宋儒蘇洵曾評論云:

> 井田廢,田非耕者之所有,而有田者不耕也。耕者之田資於富民,富民之家地大業廣,阡陌連接,募名浮客,分耕其中。鞭笞驅役,視以奴僕,安坐四顧,指麾於其間,而役屬之民,夏為之耨,秋為之穫,無有一人違其節度以嬉。而田之所入,已得其半,耕者得其半,有田者一人,而耕田者十人,是以田主日累其半以至於富強,耕者日食其半以至於窮餓而無告。〔註26〕

當土地商品化已成為春秋戰國以來新階段的特徵之後,經濟社會落後的根源,如果只用「自然經濟」這個大前提來說明,是不夠充分的,必須以土地商品化所造成的「地主經濟」與「小農經濟」的矛盾衝突加以分析,才能顯示歷史的原貌。而漢代的地主階級,在歷經漢初與黃老無為放任之後,已成為社會上新的統治集團,而個體小農作為歷史上私有制的第一批產兒,在自然經濟的惰性之下,以其刻苦耐勞、節衣縮食,如野草般的生生不息,頑強的生存著,但生產力的極端落後,和自給自足生活方式的極端簡陋,則是個體小農的生存依據,個體小農因缺乏財力,不能擁有先進的生產工具和新的耕作方式,已淪為行將滅亡的階級,只因自然經濟的慣性和中國文化血緣關係的強固性,才使這個像「活化石」的個體小農延續下來,並且以大量的,不斷再生的狀態,成為農業社會新階段的一個舉足輕重的社會力量。但它絕非新時代的生產力的代表,只是個早就存在的落後的生產力的遺存。我們可以說秦漢以下的社會形態中,地主經濟才是生產發展的主導力量。〔註27〕

自秦漢以降,中國古代農業社會中的「地主經濟」與「小農經濟」,是商品化的兩種經濟形態,專制王朝在基本上是以個體小農經濟作為自己的財政收入的主要來源,即以此做為自己的經濟基礎。而本身卻又是地主階級政治經濟利益的代表,這是新階段的主要經濟矛盾。從古史中我們可以得知中央

〔註25〕鄒紀萬,〈兩漢土地問題研究〉(臺北:國立臺灣大學史研所碩士論文,1979年6月),頁195。

〔註26〕馬端臨(元),《文獻通考》卷1〈田賦考一〉(臺北:新興書局,1963年10月),頁34。

〔註27〕劉斯翰,〈漢代經濟政治原論〉,《學術研究》(1996年第11期),頁59~61。

集權的中央政府始終以個體小農組成的農村作爲統治的基礎，雖然私有制興起後，土地可以自由買賣的新因素，使得農村變質，「公有私耕」被「私有私耕」所取代，但「小農經濟」依然是自給自足的「自然經濟」的典型代表，加以血緣臍帶的韌性，始終是皇權專制的堅固基礎，並未被土地商品化所沖垮，而是以專制王朝的新面貌，繼續保存下來，承擔政府大部份的徭役和賦稅，而專制集權的王朝，也以維護廣大的個體小農做爲共同的利益，因此，個體小農的生存與專制王朝的興亡，息息相關，我們可以說在中國古代個體小農佔壓倒多數的時代裡，中央集權的政府必然穩固，即使破壞了也一定可以重建，這是一條「歷史鐵律」，並且業已被史實所證明，只有認識這點，我們才能把握專制王朝、個體小農和地主三者之間所構成的特殊矛盾，從而掌握開啓秦漢以下中國社會形態的秘密鑰匙。〔註28〕

　　專制王朝的中央集權體制是以血緣繼承的皇權專制爲其最高象徵，其主要職能是企圖充當社會各利益團體的調節角色，它既要維護個體小農的利益，又要保護土地自由買賣這一土地商品化的經濟現象，以換取地主的支持。然而地主經濟通過土地自由買賣，卻朝著土地兼併的方向發展，實際上就是對王朝的蠶食，既兼併個體小農的土地與勞動力，造成小農破產與王朝財政枯竭之外，另方面也兼併國有土地，使王朝賴以挽救個體小農的土地資源枯竭，造成大量流民，使社會動蕩不安，因此，在經濟利益方面，地主階級與專制王朝是互相對立的，地主經濟被視爲有害的力量，必須加以禁制，董仲舒曾憂心地指出：

> 至秦則不然，用商鞅之法，改帝王之制，除井田，民得買賣，富者田連阡伯，貧者亡立錐之地。又顓川澤之利，管山林之饒，荒淫逾制，……，小民安得不困？……。古井田法雖難卒行，宜少近古，限民名田，以贍不足，塞并兼之路。〔註29〕

董仲舒確實指出了問題的要害，因此，武帝時代不斷循立法及酷吏誅求手段，收奪豪強地主、富商巨賈的財富與土地，抑止地主經濟的過渡擴張，使豪門巨富「產大難保」，顯示政府確實注意到土地兼併的嚴重性，並試圖以國家法律控制「土地私有制」的走向，如漢初的「重農抑商」，武帝時的「算緡錢法」、「商人不得名田」，哀帝時的「限民名田」，王莽時的「王田法」，光武帝的「度

〔註28〕劉斯翰，〈漢代經濟政治原論〉，《學術研究》（1996年第11期），頁62。
〔註29〕班固，《漢書》卷24上〈食貨志上〉，頁1137。

田覆實」，以及「專地盜土」、「禁買公田」、「禁民二業」的提出，可謂隨勢異
變，經常注意到土地分配的重要性，但除了武帝的強力措施，獲得部份成功
外，其餘皆因達官貴族與權倖之輩的反對掣肘，一一淪爲空想，徒成具文，
於是土地問題逐步複雜，逞螺旋式的曲折迂迴上升，小農經濟加速週期性的
破產。〔註 30〕而地主經濟卻仍按照土地商品化發展的要求，沿著與專制王朝
對抗，危害並搞垮王朝的方向前進。專制王朝雖力圖調和這一尖銳的矛盾衝
突，卻未能體認這矛盾是由專制王朝所保存下來的小農經濟與手工業結合的
舊社會框架與地主所代表的土地商品化的新經濟因素，兩者之間具有難以調
和的困境，根本利益的衝突乃是其反映〔註 31〕，而破產的小農匯集成農民起
義戰爭，遂成歷史循環的悲劇。中國農業社會在土地商品化的新階段裡，從
誕生之日，內部就糾結著不可調和的矛盾衝突的社會形態，只因自然經濟的
惰性，才使得這種痛苦輪迴兩千年而無解決之道。〔註 32〕

三、思想轉型

　　皇權專制主義在中國是與小農經濟和宗法血緣緊緊連接在一起的，在古
代就以「人神同格」建立其統治地位，這種皇權專制始於家天下，與血緣繼
承制直接相關，這是父系家族中最先產生了以財產繼承爲基礎的家長世襲
制，然後影響到氏族首領的世襲，《尚書・伊訓》云：

　　　　立愛惟親，立敬惟長，始於家邦，終於四海。〔註 33〕

明白地透露了這一歷史發展的事實。然而隨著商品經濟的興起與發展，與其互
相適應的政治變革必然到來，「禮崩樂壞」即此時社會制度變革的直接反映，代
之而興的乃是以「法治」爲象徵的新官僚體制，這批官僚是以土地商品化後興

〔註 30〕鄒紀萬，〈兩漢土地問題研究〉（臺北：國立臺灣大學史研所碩士論文，1979
　　　　年 6 月），頁 196～199。
〔註 31〕胡如雷，《中國封建社會形態研究》（臺北新店：谷風出版社，1987 年 11 月），
　　　　頁 46～47。
　　　　古人對於三代特別緬懷和憧憬，就是因爲土地國有制被他們理想化了，但他
　　　　們不知道，「田里不鬻」的原則不改變，戰國以後的社會就根本無從誕生。當
　　　　土地商品化以後，卻出現地主與佃農之間的矛盾，儘管中央集權的專制政體
　　　　早已建立，但是中央的專制政治與分散的經濟之間存在著矛盾，因爲它缺乏
　　　　鞏固的經濟前提，所以割據、分裂的不穩定性無可避免。
〔註 32〕劉斯翰，〈漢代經濟政治原論〉，《學術研究》（1996 年第 11 期），頁 63。
〔註 33〕《尚書注疏》卷 8〈伊訓〉，頁 114。

起的地主階級做基礎的，法家就是這一新興社會集團的代表，首先提出了：「不別親疏，不殊貴賤，一斷於法」《史記・太史公自序》〔註34〕的主張，從根本上向血緣政治進攻。隨著「學在官府」的廢除，私學陡興，這意味著與土地商品化階段互相適應的政治體制正在形成中，最後順理成章地創立了非血緣的官僚體制，取代血緣繼承的世卿世祿，並且將官僚體制向基層擴展，建立了郡縣制取代封建制。這一以法爲治的官僚體制和政治思想是往後中國兩千年的政治基礎，爲士人階級開創了從政之路，卻未能把皇權專制及其血緣尾巴徹底革除。在法家設計的政治藍圖中，專制君主是官僚體制的首腦，但從未意識到皇權專制與官僚體制的法治之間，存在著根本衝突，而力主「尊君卑臣」，這就使官僚體制淪爲君主專制的馴服工具，而失去了獨立性，〔註35〕終於造成官僚政治的異化，而官僚的異化則成爲政治腐敗的根源，具體地說，皇權專制與權力腐化構成了兩千年來中國政治不可救藥的絕症，而憑武力統一天下的赫赫秦王朝，就在「專任刑罰」的暴政中，被農民大起義推翻了，這是一個很大的震撼，因此，繼秦而起的西漢王朝，十分重視總結秦朝驟亡的教訓，嚴厲地批判了秦朝「事皆決於法」的法家思想，轉而以「無爲而治」，與民休息的黃老學說做爲治國的指導思想，並將它運用到政治和法制的實踐中去。

西漢建國初年，由於長年的戰爭，社會經濟遭到嚴重破壞，人口大量死亡，國庫空虛，以至於「民無藏蓋」，甚至「人相食」，如此殘破不堪的景象，使統治者認識到民不足而可治者，非所聞也，而「財者，帝王所以聚人守位，養成群生，奉順天德，治國安民之本也。」《漢書・食貨志》〔註36〕正是在這種情況之下，漢初的統治者不得不在治國的指導思想上，做全面的相應改變，於是治道貴清靜而民自正的黃老道家理論，成了治國的指導原則與思想，這是一種「以道生法」爲主軸，又兼採儒墨之善的新道家思想，它與法家最大的差異，在於法家主張君權絕對，而黃老則主張道法自然，依天道行法制，故《淮南子・本經訓》云：

帝者體太一，王者法陰陽，霸者則四時，君者用六律。〔註37〕

帝王若能依天道而行治道，自然能明於天地之情，通於道德之倫，則法律施

〔註34〕《史記》卷 130〈太史公自序〉，頁 3291。

〔註35〕劉斯翰，〈漢代經濟政治原論〉，《學術研究》（1996 年第 11 期），頁 64～65。

〔註36〕《漢書》卷 24 上〈食貨志上〉，頁 1117。

〔註37〕《淮南鴻烈集解》卷 8〈本經訓〉，頁 258。

於方外，名聲自然留傳後世，這才是君道自然的表現，這是漢初的「黃老之治」最值得推崇之處，也是皇帝制度受到全民肯定的原因，然而「黃老治術」，畢竟包含「漢承秦制」與「清靜無爲」的兩個側面，表面雖放任保守，但其目標卻在追求鞏固中央，完成大一統，希望能做到「同一治而明一統」《新語·懷慮》〔註38〕所以其整體的表現就是一種柔性的有爲，而非絕對的清靜無爲，故能收舉一事而天下從，從一政而諸侯靡的功效。〔註39〕

　　黃老治術是以「道法合一」的思想爲指導，其治國的根基包含了「漢承秦制」與「清靜無爲」兩大領域，所謂漢承秦制，就是政治體制與法律都承襲秦朝，即蕭何所制定的《九章律》，也是大量沿用秦法，而素來被傳爲美談的漢高祖的約法三章，彷彿劉邦在一夕之間就廢除了秦的一切苛法，其實像梟首、夷三族、誹謗詈詛、妻孥連坐等酷法都還存在，呂后、文帝時除去若干苛法，但旋即復用，所以就實質而論，除去是名義上、暫時的，繼續使用才是眞實的，也是長期的。〔註40〕然而秦法的沿用，並未出現像秦朝在政治上、思想上、文化上的極端專制主義，只許「以法爲教」「以吏爲師」，事無大小皆決於上的極權作風，最主要的是黃老「清靜無爲」的約法省刑、輕徭薄役，與文武並用，德刑相濟的無爲而治之作風，確實收到了與民休息、移風易俗、政寬人和、天下富實之功效。所以黃老治術最成功之處，就是用道家之長彌補了法家之短〔註41〕，使漢承秦制的嚴密政法體制，受到「清靜無爲」之風的薰陶，使人心和吏治產生了根本的質變。從而奠下西漢富強的根基。所以黃老思想的得勢是當時政治、經濟、社會實際需要的直接反映。

　　黃老治術雖然讓當時的社會經濟得到了恢復與發展，並逐步削弱了諸侯，完成中央集權的大一統，但黃老思想缺少治國應有的典章制度，其行事風格也偏向保守消極，不利於統治者的搜括和中央集權體制的鞏固與發展，對社會上的貧富懸殊與階級對立，也缺乏因應之方，所以武帝即位之後，爲了適應政治與經濟情勢的變遷，終於接受董仲舒的建議，罷黜百家，獨尊儒

〔註38〕《新語校注》卷下〈懷慮〉，頁132。

〔註39〕楊鶴皋主編，吳博文整理，《中國法律思想史》（臺北：漢興書局，1993年10月初版1刷），頁233。

〔註40〕韓國磐，《中國古代法制史研究》（北京：人民出版社，1997年10月北京第2刷），頁205～206。

〔註41〕張國華，《中國法律思想史新編》（臺北：揚智文化事業有限公司，1994年7月），頁186。

術，儒家思想不但從此成了正統，最後更演變成國教。漢武帝這一舉措之本意，不一定在崇儒，更可能在尊王，由於當時對強化中央集權有迫切的現實需要，故借隆六藝之王官學以加強王權，武帝所獨尊的是官學而非儒術，故其立五經博士之主要目的是推尊王官之學，但這一舉措卻開啓了獨尊儒術的可能，由於儒家繼承了王官之學術傳統，所以尊官學同時也是尊儒學，這就使得儒學躍居爲統治國家的文化思想形態。〔註42〕

董仲舒以推尊《春秋公羊傳》而深獲武帝之重用，顯而易見的，《公羊傳》的思想必然深契武帝當時的政治需要，才能獲得青睞，首先《公羊傳》宣傳的大一統思想，對剛平定七國之亂，且正在完善高度專制的封建統治者來說，非常適合，所以《公羊傳》的思想爲成就大一統的局面，提供了經學的依據，至於「君親無將，將而必誅」的嚴明果斷，展現了「外儒內法」的實質，符合武帝的要求，而其君權神授的理論與爲尊者、賢者、親者諱的封建思想，完全契合特權階級的理想與心意，所以能迎合武帝的企盼。〔註43〕董仲舒的貢獻，除此之外，就是發明陰陽五行的宇宙圖式，使之成爲儒學形而上的終極依據，並將儒學的理論向實際運用落實，使儒學由「內聖」之學轉爲「外王」之學，成爲君人南面的治國之術，徹底的完成了由黃老向儒法合流的轉化。

四、政教合一的實現

秦漢以下兩千多年的中國歷史，雖可分爲若干期，但政治體制和社會結構基本上沒有太大的改變，也可以說兩千年來的政治社會多因襲秦漢的傳統，都在皇帝制度的統治下渡過，皇帝高居政治社會的頂端，以天賦的威權，君臨天下，他們不但是政治上治之理之的帝王，更是道德上教之化之的表率，因此，圍繞著皇帝而發展出來的制度和理念，長久以來，已經成爲傳統政治、社會、經濟和文化各方面統合的焦點。〔註44〕而中國的思想與史學著作，也大多以此政治權威的核心而議論，其內容則普遍存在著一種忠君的精神，就像諸葛亮面對阿斗的庸劣，並不去計較其是否值得忠愛，只要求自己「鞠躬

〔註42〕王青，〈災異與禮儀—西漢中後期的思想學術特點〉，收在陳明、朱漢民主編《原道》第七輯（貴陽：貴州人民出版社，2002年2月第1版1刷），頁251。
〔註43〕劉修明，〈經緯與西漢王朝〉，《中國哲學》第九輯（北京：三聯書店，1983年），頁86～87。
〔註44〕邢義田，〈奉天承運——皇帝制度〉，收在鄭欽仁主編《立國的宏規》制度篇（臺北：聯經出版事業公司，1983年4月第2刷），頁39～40。

盡瘁，死而後已」，以踐履君可不仁而臣不可不忠的信條，這種忠君的精神，是「儒者氣象」的表現，主要來自中國名教的核心。〔註45〕

三綱說之內容是由先秦的倫常關係轉變而來，至董仲舒始確立，《春秋繁露》云：

> 名則聖人所發天意，不可不深觀也。受命之君，天意之所予也。故號為天子者，宜視天為父，事天以孝道也。號為諸侯者，宜謹視所候奉之天子也。號為大夫者，宜厚其忠信，敦其禮義，使善大於匹夫之義，足以化也。士者，事也；民者，瞑也。……。循三綱五紀，通八端之理，忠信而博愛，敦厚而好禮，乃可謂善。此聖人之善也。〔註46〕

三綱說之成因，在某種程度內是政治現象的結果，是政治主導了文化思想。在古代，政治社會秩序的維護，有賴於統治權威的絕對不容懷疑，而此或需以強大武力做後盾，或需確立一個共同的價值觀及行為規範而採用思想統制之措施，更或需要二者兼具。中國古代中央集權的權力運作方式，即以思想統制和暴力強制做為手段，秦始皇的暴力強制與漢武帝的思想統制，遂為歷代帝王所效法。〔註47〕因此，法家在總結春秋戰國以來之歷史經驗時，即特別強調君尊臣卑之重要性，如《管子·明法解》云：

> 明主在上位，有必治之勢，則群臣不敢為非。是故群臣不敢欺主，非愛主也，以畏主之威勢也。百姓之爭用，非以愛主也，以畏主之法令也。故明
> 主操必勝之數，以治必用之民，處必尊之勢，以制必服之臣。故令行禁止，主尊而臣卑。〔註48〕

韓非這套尊君卑臣的理念，為秦始皇和李斯所實踐，並做為秦國政治的最高指導原則，更經由教化的方式〔註49〕，傳達至全國。如琅邪刻石中，即處處

〔註45〕 賀自昭，〈五倫觀念的新檢討〉，《文化與人生》（上海：上海商務局，1947年），頁13～22。

〔註46〕 《春秋繁露義證》卷10〈深察名號〉第35，頁285～304。

〔註47〕 孫順華，〈中國古代專制政體下的傳播控制特微〉，《聊城師範學院學報》哲學社會科學版（2001年，第3期），頁58。

〔註48〕 《管子校釋》卷21〈明法解〉第67，頁1208。

〔註49〕 章學誠，《文史通義》內篇五〈史釋〉（臺北：臺灣商務印書館，1947年），頁149。

章氏說：「以吏為師，三代舊法也，秦人之悖於古者，禁詩、書而僅以法律為師耳。」章學誠先生明白指出三代是「官師合一」，也是「政教合一」的，無

透顯出宣揚忠敬孝悌的思想，《史記‧秦始皇本紀》曰：

> 維廿八年，皇帝作始，端平法度，萬物之紀。以明人事，合同父子，
> 聖智仁義，顯白道理。〔註50〕

而在一九七五年湖北雲夢睡虎地所出土的秦代文獻「爲吏之道」中，亦有「爲人君則懷，爲人臣則忠，爲人父則慈，爲人子則孝」的教條〔註51〕，可見君懷、臣忠、父慈、子孝，乃爲政之本的忠君精神，很早就普遍存在於古代的中國社會，這是儒家的基本精神，而且爲各家各派所共同接受。因此，董仲舒公羊春秋，提出更化改制所反映出來的精神，我們稱之爲皇帝制度的精神，當不爲過〔註52〕，這是一種專制政體，以「尊君卑臣」和「統一教化」爲其特徵，其目的是爲了要建構一個「上有所持」、「下有所守」，貴賤分明的社會秩序，這就透露出名教的「三綱五常」，不只是單純的社會規範，而且是一種特殊的倫理觀念。這種倫理實歸源於古典中國詩書傳統的天命觀與人類本性，由於漢武帝的毅然採用並立爲政教大綱，從此成爲中國社會的常經大法。〔註53〕

（一）名教與思想統一

名教的興起，原本就以「尊君」爲最高目的，這也是名教政治意義的中心思想，並與儒學的法家化和文法吏的儒化，息息相關，從而導致經學的高度發展。事實上，武帝之罷諸子傳記博士，其用心在於統一學術和統一思想，因爲「大一統」是《公羊傳》首先提出的，強調諸侯統繫天子，不得自專也。大一統在當時已成爲專制帝制的代名詞，不但政治上要大一統，連學術也要大一統，「大一統」遂成爲一種政治思想和統一學術的依據，對專制帝王而言，

論儒家或法家均重視教化，其間差別只在法教與德教而已。

〔註50〕《史記》卷6〈秦始皇本紀〉，頁245。

〔註51〕刑義田，《秦漢史論稿》〈雲夢秦簡簡介〉（臺北：東大圖書公司出版，1987年6月），頁497。

「爲吏之道」這篇文章的內容的重大意義在於具體反映了始皇卅四年李斯議焚書以前，秦國思想紛雜，人各異論，「人善其所私學，以非上之所建立」的情形。

〔註52〕《漢書》卷56〈董仲舒傳〉，頁2498～2505。

贊云：「仲舒遭漢承秦滅學之後，六經離析，下帷發憤，潛心大業，令後學有所統一，爲群儒首」，董仲舒認爲春秋乃是一部王者大法，而孔子自己也說過，「春秋天子之事也」，故漢人認爲孔子作春秋是爲漢人制法，所以說董氏之著作在確立皇帝制度之精神，當不爲過。

〔註53〕黃文興，〈儒家倫理與皇帝制度的精神〉（臺中：東海大學碩士論文，1989年5月），頁27～29。

唯有思想也歸於一統，國家和社會才能夠達到統一和協調〔註54〕，故漢武帝之專立《五經》博士，即是將學術繩於一統的方法。漢代博士官是一種特殊的文官制度，與其所承續的秦代博士大有不同，亦與漢代一般文官制度迥異，蓋博士官肩負著一般文官所無的教育經學的責任，博士官因此一特殊職掌被賦予學術權威之地位，而《五經》亦成為漢代學術的權威，主導漢代學術走向及發展。〔註55〕而博士官升遷管道暢通，握紫懷黃而晉身三公者，比比皆是，此乃利祿之路使然，故博士之爭立，實影響漢代學術發展之關鍵。

學術上的大一統，在本質上是一種學術系統的封閉與窄化，因此，顧頡剛先生曾深刻的評論說：

> 武帝建元元年，借著選舉賢良方正的機會，崇儒學而黜百家，五年，他又置《五經》博士，從此以後，博士始專向儒家和經學方面走去，把始皇時的博士之業《詩》、《書》和「百家之言」分開了，這是一個劇急的轉變，使得此後博士的執掌不為「通古今」而為「作經師」。換句話說，學術的道路從此限定只有經學一條了。這比了始皇以政治力量統一思想還要厲害，二千年來沒有生氣的學術思想，就在此時行了奠基禮。〔註56〕

漢武帝尊六藝，且特尊《公羊》家，致使《春秋公羊》學大興，這是因為《公羊》家講大一統，實有助於鞏固封建制度與尊王，而學術之大一統亦如是。專立《五經》，無異讓儒生壟斷博士官職，使儒生成為政治工具，有利於專制之執行，因為儒家之宗旨在於對舊有階級制度的維持，注重朝廷儀式之施行，貴族之繼承條例，諸侯國之典章制度，而這些完備的制度與宗法血緣、倫理道德相互結合，正是皇權專制之所必需，也是名教得以確立與通行天下之主

〔註54〕孫順華，〈中國古代專制政體下的傳播控制特徵〉，《聊城師範學院學報》哲學社會科學版（2001年，第三期），頁59。
〔註55〕徐復觀，《中國經學史的基礎——博士性格的演變》（臺北：臺灣學生書局，1982年），頁76。
他說：漢代博士具有下列性格：第一、《五經》博士雖依然繼承傳統的政治諮詢，但過去的雜學博士並無專門職掌，至此則以各代表之經為其專門職掌，加強了學術的專業。第二、《五經》的地位，至此取得政治上的法定權威地位，過去的博士以通古今之知識而存在，至此以專經而存在，知識來源變窄。第三、對經的解釋，過去是由社會自由進行，至此，則被舉為某經博士之人，他對自己代表的經所作的解釋，即成為權威的解釋，並自然演進為「經的法定權威地位」。
〔註56〕顧頡剛，《漢代學術史略——博士官》（臺北：天山書局，1985年），頁93。

因。〔註57〕

　　名教之尊與「經典政治」的推行是相輔相成的，所謂經典政治，是藉助
聖人和經典的權威性來維護君主政治的權威。儒家經典之所以適應其選，是
因為它適應了當時宗法血緣社會的需要，一個建築在宗法家族制度之上的中
央集權的國家，就好比是一個大家族，而皇帝就是族長，除了須要擁有政治
權威之外，還得要有思想的權威，而思想的權威就是聖人與經典。而政治權
威與思想權威的關係，也就是所謂「政統」與「道統」的關係，兩者必須密
切結合，才能形成「政教合一」的體制而保持應有的張力。儒家經典所強調
的價值，就是宗法血緣社會的訴求〔註58〕，它不僅適應了當時政治的需要，
也能反映社會共同體的價值理念。而經典政治最大的特色就是能將各個社會
階層的人，都納入同一整齊劃一的政治、社會規則之中。首先，「經典政治」
是一種對貴冑具有制約作用的政治，雖然力量有限，但對皇帝與太子，依然
具有約束力。其次，「經典政治」是一種文官銓選政治，通經致用是學校教育
與官吏選拔的重要指標，因此，具有學術的導向作用。復次，「經典政治」是
一種思想教化的政治，基本上，中國文化是一種源於祖先崇拜的文化，而其
終極目標則在實現世界大同，故教化方式，不獨推重倫理道德，更從未放棄
理想之追求，故漢代儒者對儒家經典的闡釋與弘揚，終於使名教的思想，由
一種意識形態轉化為社會文化觀念，展現了強大的生命力，從此成為民族的
文化價值觀。

（二）儒學轉化成儒教

　　董仲舒以《春秋》大一統的思想，將儒學定於一尊，認為要完成皇權專制
的中央集權體制，首先要統一思想，推尊三綱五常的「名教」遂成了治國的指
導思想，而「禮法融合」就成了名教的具體內容與漢朝法律的特徵。〔註59〕這

〔註57〕邱秀春，〈白虎通義與東漢經學的發展〉（臺北新莊：輔仁大學中文研究所博
　　　　士論文，1999 年），頁 21～29。
〔註58〕姜廣輝，〈中國經學思想史.第一卷.前言〉，收在氏主編《中國經學思想史.
　　　　第一卷》（北京：中國社會科學出版社，2003 年 9 月第 1 版 1 刷），頁 12～13。
　　　　中國的政治體制，可以分兩大階段，一是上古到春秋戰國的貴族世襲制度，
　　　　這是民族宗法社會的反映。二是秦至清末的中央集權的官吏銓選制度，是家
　　　　族宗法社會的興衰過程。可見宗法血緣關係貫串整個中國歷史。
〔註59〕吳秋紅，〈論漢律中的禮法融合〉，《高等函授學報》哲學社會科學版（第 13
　　　　卷第 2 期，2000 年月），頁 24。

是董仲舒最具開創性的成就，他從「皇權統治」的利益出發，創立了佔社會統治地位的新儒學，把儒家重德輕刑，刑德相濟的觀點進一步系統化、理論化、神學化，確立了以「德主刑輔」爲中心的理論，「三綱五常」的名教思想，從此成爲封建立法的基本原則。並將封建禮教的倫理道德與封建法律相結合，用禮之宗法等級原則指導法之具體運用，而且更進一步論證了封建倫理與法律鎮壓之禮法主從關係，他以「天道任陽不任陰」對德與刑的關係作出了神學的解釋，他說：

> 陽爲德，陰爲刑；刑主殺而德主生。是故陽常居大夏，而以生育養
> 長爲事；陰常居大冬，而積於空虛不用之處。以此見天之任德不任
> 刑也。〔註60〕

漢代禮的復興，使原有的法發生了一系列的變化，從法律的指導思想到刑罰手段，以及法的作用，都出現了新時代的特徵，即法的至高無上性被皇權的絕對神聖所取代。另外，過去的「王法」予人民的印象只是威懾作用，法的介入生活是一種殘害，而朝廷的「隆禮」，予人仁愛的感受，堪稱適逢時宜，尤其文、景二帝的刑制改革，深受社會的肯定。刑罰進一步向文明的方向發展，革除了「漢承秦制」的某些積弊，實現了「大德小刑」的治術，但在本質上還是維護了皇權至上，法自君出的原則，體現了宗法思想指導立法的精神，並堅持等級特權，同罪異罰和重義輕利的封建主張〔註61〕，迎合了統治王朝的「守成」需要，但由於皇權至高無上的影響，國君能否納諫自制，成爲法律能否發揮作用的重要因素，尤其皇帝以詔敕破律，使法制隨皇權之需要而改變，亦隨皇權之腐敗而崩潰，這是傳統中國有建立「法治」之契機，卻無法完成「法治」的關鍵。〔註62〕

　　漢代禮所以復興，其根本原因是禮制在古老的中國具有深厚的根柢和廣泛的土壤，不但順應了政治的需要，更適合農村的封建經濟體制，蓋農村社會因爲傳統文化的積澱，家族性和鄉土性非常濃厚，血緣關係與鄉土人情在生產與生活中至關重要，因此，禮在農村社會中具有廣泛的基礎，深受人民的歡迎。至於律的規範，尤其是秦法的刑治主義，很難介入農村社會，所以

〔註60〕《漢書》卷56〈董仲舒傳〉，頁2502。
〔註61〕張國華，《中國法律思想新編》（臺北：揚智文化事業有限公司，1994年7月），頁192～196。
〔註62〕劉增貴主編，《法制與禮俗》（臺北：中央研究院歷史語言研究所，2002年6月），編者序。

依名教「三綱五常」所確立的「德主刑輔」的封建法制思想，與秦之「棄禮任法」截然有別，從此禮的教化與法的鎮壓結合，完成了「政教合一」的理想，卻也編織成一張束縛臣民的統治羅網。〔註63〕

武帝時期，董仲舒承襲荀子的學統，援法入儒，完成了學術的大一統，主張刑德並用，禮法相濟，從理論形態上完成了儒法合流。其後，公孫弘、張湯等人更用《公羊春秋》為中央集權統治辯護，文飾其酷政，使《公羊春秋》帶有濃重的法家色彩，但隨著儒學地位越來越高，「過秦」與「漢家法周」的社會思潮，更加澎湃，原本佔統治地位的封建地主，便逐漸轉化為以儒學起家的「士族地主」，而漢王朝的統治政策在昭帝以後，也出現了第二次的重大變化，即由對外開拓轉向對內「守文」，尤其昭帝始元六年（西元前八一年）召開的「鹽鐵會議」，桑弘羊等堅持的繼續對匈奴用兵，鹽鐵官營，和以法治為主的「霸道」政策，終被廢棄，霍光接受了「賢良文學」所主張的以德教為主，刑罰為輔的「王道」政策，漢朝從此由霸道政治逐漸向儒家政治轉化。

鹽鐵會議之後，隨著王朝統治政策的調整，儒家中主張仁義、王道、民本思想的孟子學派開始興起，並在宣帝以後佔據了主導地位，儒學內部的這一嬗變，在經學上則表現為由崇法主變、奇險詭異的《公羊春秋》向溫柔敦厚、宗法濃郁的《穀梁春秋》學轉變，《穀梁春秋》屬魯學，其特點是學風平實，且諳習典章制度，不作迂怪之變，然其病則在於迂謹，不知變化。這一轉變實標示著齊學向魯學的轉變。當時經術與政治的結合日益密切，統治者深感「公卿大臣當用經術明於大義」，因此，更加推重經學。〔註64〕在這基礎之上，宣帝乃於甘露三年（西元前五一年）三月，召集諸儒在石渠閣「講五經同異，上親稱制臨決焉」〔註65〕石渠閣會議是歷史上第一次由皇帝以大家長和大教主的身份親臨裁決經義，其意義非常重大。首先，它進一步鞏固了

〔註63〕陳海平、楊開拓，〈中國傳統法律中禮法關係的歷史演進〉，《青海師專學報》教育科學（2004 年第 1 期），頁 23。

〔註64〕昭宣之際，曾發生三件事，對經學之發展，起了推波助瀾的作用，一是京兆尹雋不疑以《春秋》大義逮捕假衛太子，順利解決了政治危機，受到昭帝與霍光的贊賞。二是《春秋》學者眭弘推《春秋》之意，預言「當有從匹夫為天子者」「故廢之家公孫氏當復興者也」，宣帝認為應驗在自身，遂大力提倡經學。三是夏侯勝以《洪範五行傳》預言「臣下有謀上者」勸初立為帝之昌邑王不宜外出。當時霍光與張安世正密謀廢昌邑王，聞夏侯勝之言，不勝驚訝，「以此益重經術之士」。參考：《漢書》〈雋不疑傳〉〈眭弘傳〉〈夏侯勝傳〉

〔註65〕《漢書》卷 8〈宣帝紀〉，頁 272。

經學在官學的壟斷地位，擴大了經學的傳播。其次，它表明了朝廷統一經學的願望。第三，宣帝親臨裁決，標誌著皇權對學術和思想統治的確立，體現了政權與教權的合一，帝王兼教皇理想的實現，從此經學走向法典化與國教化，儒學正式轉化為儒教。〔註66〕

儒學之宗教化、法典化，由董仲舒之推尊《公羊春秋》開其端緒，而《白虎通義》則集其大成，它將血緣倫理更加拓展，由三綱而六紀，其目的則在加強「君權神授」之地位，故以倫理規範的制度而言，三綱有明確角色的統屬地位，屬單向的主從，而六紀則強調雙方的互動關係，而且諸父、諸舅、長幼、師長、朋友，均提及「大角」、「攝提」之星名，似乎欲以六紀取象天體之運行以定人倫，將六紀釋為王者身旁六種道德位列，正如六星拱照王者一般，極具政治意味，再加上三綱之提挈，君權與父權之獨尊，便照然可見〔註67〕，從此中國封建社會政治文化模式遂告定型，而名教即國教，重新回歸古代政教合一的大道。

（三）儒家真精神的喪失

董仲舒創造了帝制性的新儒學，這是秦漢政治文化整合的結果，董仲舒曾指出孔子創作《春秋經》的意圖說：

> 孔子曰：「吾因其行事而加乎王心焉。」以為見之空言，不如行事博深切明。〔註68〕

由於《春秋經》旨意隱微，即大儒荀子也要批評它的內容是「約而不速」，然經過董仲舒的分析論述，孔子的微言大義完全呈現，春秋經藉「明得失」以「正是非」的性質，也獲得證實，因此《春秋經》乃是應天命而作，足當一王之新法的說詞，遂為漢人所接受，其「奉天法古」的原則，可以貫通五帝三王以及百王之道〔註69〕，更表現了新的政治文化模式，范文瀾先生曾說：

> 董仲舒對西漢統一事業的貢獻，就在於他把戰國以來各家學說以及儒家各派在孔子名義下，以《公羊春秋》學名義統一起來。經董仲舒這個巨大的加工，向來被看作「不合時宜，好是古非今」的儒學，

〔註66〕 吳雁南、秦學頎、李禹階主編，《中國經學史》（福州：福建人民出版社，2001年9月），頁86～91。

〔註67〕 唐兆君，〈白虎通禮制思想研究〉（臺北新莊：輔仁大學中文研究所碩士論文，1994年），頁75。

〔註68〕 《春秋繁露義證》卷6〈俞序〉第17，頁159。

〔註69〕 張端穗，《西漢公羊研究》（臺北：文津出版社，2005年3月），頁293～295。

一變而成了霸、王道雜之，合於漢家制度的儒學了。〔註70〕

這種王霸雜揉的新儒學是漢代儒學的主流與核心，由於經過改造與變異，在相當程度上，已喪失了孔、孟原始儒家的真精神。首先是儒家批判精神的遺失。所謂批判精神可以包括三層意義，一是政治批判。二是作為社會良知對社會的批判。三是文化傳承的文化批判精神。其次是君臣關係的扭曲。在先秦，孔子將君臣關係區分開來，強調君與臣是相對待、互為條件的，可是從荀子之後，臣道開始降低，即在理想與現實的矛盾中，荀子放棄了某些理想，以適應社會現實，開始了儒學工具化的歷程，儒者變成了儒士，他們被體制化了，體制化的特徵，一是在政治上喪失了先秦時代的獨立人格，為了迎合君權專制，可以移孝作忠，形成了依附性人格，其二是相互對等的君臣關係，逐漸演變為君主臣客的「尊君卑臣」關係，這使得漢儒在學術趨向和人格素養上都顯示出全新的特點，此即思想理論上的神學化，人格素養的庸俗化，和學術作風上的固陋化〔註71〕。第三是民本思想的下降。民本思想在中國政治文化傳統中有悠久的歷史，《尚書・五子之歌》曰：

> 民可近，不可下，民惟邦本，本固邦寧。〔註72〕

「民為邦本」是中國政治文化中的優良傳統，經儒家的宣揚，已成為一種深具影響力的學說，而孟子「民貴君輕」說，更屬政治理論的理想主義，含有批判現實政治的取向。可惜董仲舒為了使儒家思想落實到現實層面操作，下降了民本思想，而代之以「尊君卑臣」論，提出了「屈民而伸君，屈君而伸天」的綱領，把推尊君權視為絕對的真理，使儒家自荀卿以來的尊君理論，獲得更進步的發展。

荀子的思想乃是君主專制政治走向成熟前夕的思想，所以特別隆禮尊君，他說：

> 知夫為人主上者不美不飾之不足以一民也，不富不厚之不足以管下也，不威不強之不足以禁暴勝悍也。故必將撞大鐘、擊鳴鼓、吹笙竽，彈琴瑟以塞其耳，……。使天下生民之屬皆知己之所願欲之舉在是于也，故其賞行；皆知己之所畏恐之舉在是于也，故其罰威。

〔註70〕范文瀾，《中國通史簡編》第二編（北京：人民出版社，1965 年），頁 111～112。

〔註71〕王青，〈災異與禮儀—西漢中後期的思想學術特點〉，收在陳明、朱漢民主編《原道》第七輯（貴陽：貴州人民出版社，2002 年 2 月第 1 版 1 刷），頁 253。

〔註72〕《尚書注疏》卷 7〈五子之歌〉，頁 100。

賞行罰威，則賢者可得而進也，不肖者可得退也，能不能可得而官
也。若是，則萬物得宜，事變得應，上得天時，下得地利，中得人
和，……，夫天下何患乎不足也？〔註73〕

荀子是一位深受法家影響的學者，卻認爲將君主專制置於官僚體制之上，是
一件十分自然且無可懷疑之事，從未想到這可能斷送政治理想。這標示者政
治變革的不徹底，顯示法家的改革，僅是一次包含巨大妥協的改良，而君主
的專制獨裁最終也危害了官僚的法治，這是一大失敗。若從春秋戰國以來的
變動而論，土地的商品化與官僚制的取代世官制，都是最深刻的政經變革，
若順此形勢而類推，君主的血緣繼承也該在消滅之列，可惜兩千年來的思想
家，無人能找出廢除君主專制的替代方案，中國始終在「自然經濟」與「血
緣臍帶」的雙重束縛下，不斷的內耗與往復循環，無法突破這矛盾衝突的框
架，這是中國古代社會發展的悲劇。董仲舒雖成功地完成了統治思想從「親
親」向「尊尊」的轉換，適應了從血緣向地緣，從分封向郡縣的社會結構的
大變動，樹立了君權，強化了封建秩序，但也使民本思想爲之失落，千古士
人遂永遠淪爲皇權的婢妾〔註74〕。

漢武帝的陽儒陰法要到鹽鐵論加開之後，與會的大夫與賢良文學方對人
民的疾苦多所重視，與會者除了討論鹽鐵專賣政策之外，更以反省的角度審
議了更重大和更基本的問題，才使漢帝國的內政及外交政策，法律及刑罰措
施等政治思想有所變遷，漢宣帝也終於體悟治理廣土眾民的大帝國，無論偏
儒或偏法，均不足取，唯有儒法整合，才是治國的要道〔註75〕，然儒法合流
之後，原儒的精神卻從此喪失，逐漸走向世俗化、固陋化，與功利化。

〔註73〕《荀子集解》卷 6〈富國篇〉第 10，頁 186～187。
〔註74〕韓星著，陳明主編，《儒法整合——秦漢政治文化論》（北京：中國社會科學
　　　　出版社，2005 年 1 月），頁 215～225。
〔註75〕Denis Twitchett, Michael Loewe 編，韓復智主譯，《劍橋中國史》第一冊〈秦
　　　　漢篇〉（譯自 The Cambridge history of China）（臺北：南天書局，1996 年 1 月
　　　　初版 1 刷），頁 221～222。

徵引暨參考書目

一、中　文

（一）傳統文獻

1. 毛亨（漢）傳，鄭玄（漢）箋，孔穎達（唐）疏，《詩經注疏》（阮刻《十三經注疏》本），臺北：藝文印書館，1993 年 9 月，第 12 刷。

2. 孔安國（漢）傳，孔穎達等（唐）疏，《尚書注疏》（阮刻《十三經注疏》本），臺北：藝文印書館，1993 年，第 12 刷。

3. 公羊壽（漢）傳，何休（漢）解詁，徐彥（唐）疏，顏師古（唐）注，《春秋公羊傳注疏》（阮刻《十三經注疏》本），臺北：藝文印書館，1993 年，第 12 刷。

4. 王鳴盛（清）撰，《十七史商榷》（點校本），臺北：大化書局，1977 年。

5. 王應麟（宋）撰，孫通海點校，《困學紀聞》，瀋陽：遼寧教育出版社，1998 年。

6. 王雲五主編，陳鼓應註譯，《老子今註今譯及評介》，臺北：臺灣商務印書館，2002 年 10 月，三次修訂版第 3 刷。

7. 尹文（周）撰，王愷鑾校正，《尹文子校正》收錄於《民國叢書》第五編之 9，上海：上海書店，據商務印書館 1934 年版影印。

8. 左丘明（周）傳，杜預（晉）注，孔穎達（唐）疏，《春秋左傳注疏》（阮刻《十三經注疏》本），臺北：藝文印書館，1993 年，第 12 刷。

9. 左丘明（周）作，韋昭等注，上海師範大學古籍整理研究所校點，《國語》，上海：上海古籍出版社出版，1995 年 5 月第 3 刷。

10. 司馬遷（漢）撰，楊家駱主編，《史記》（新校本），臺北：鼎文書局，1986 年，第 8 版。

11. 白居易（唐）撰，顧學頡校點，《白居易集》，北京：中華書局，1988 年。

12. 朱謙之撰，《老子校釋》，收錄於《老子釋譯》，臺北：里仁書局，1983 年 1 月。

13. 朱右曾（清）撰，《逸周書集訓校釋》收在楊家駱主編，劉雅農總校，世界文庫《四部刊要》史學叢書，第二集第一冊，臺北：世界書局，1957年。

14. 何晏（魏）注，邢昺（宋）疏，《論語注疏》（阮刻《十三經注疏》本），臺北：藝文印書館，1993年，第12刷。

15. 呂不韋（周）編，高誘（漢）註，《呂氏春秋》，臺北：藝文印書館，1974年元月第3版。

16. 李廣柏注譯，李振興校閱，《新譯明夷待訪錄》，臺北：三民書局，1995年4月。

17. 房玄齡（唐）等撰，楊家駱主編，《晉書》（新校本），臺北：鼎文書局，1976年。

18. 來知德（明），《周易集註》（新校慈恩本），臺北：夏學社出版事業有限公司，1986年11月。

19. 范曄（劉宋）撰，李賢（唐）等注，楊家駱主編，《後漢書》（新校本），臺北：鼎文書局，1987年，第5版。

20. 皇甫謐（晉）撰，《帝王世紀》，北京：中華書局出版，1985年。

21. 班固（漢）撰，楊家駱主編，《漢書》（新校本），臺北：鼎文書局，1986年，第6版。

22. 袁宏（晉）撰，王雲五主編，《後漢紀》，臺北：臺灣商務印書館，1971年10月，臺1版。

23. 馬端臨（元）撰，《文獻通考》，臺北：新興書局，1963年10月。

24. 徐天麟（宋）撰，《西漢會要》，臺北：九思出版有限公司，1978年11月。

25. 荀悅（漢）撰，王雲五主編，《漢紀》，臺北：臺灣商務印書館，1974年11月，臺2版。

26. 荀卿（周）撰，王先謙（清）集解，沈嘯寰、王星賢點校，《荀子集解》，北京：中華書局出版，1996年2月，北京第3刷。

27. 桓寬（漢）撰，王利器校注，《鹽鐵論校注》，北京：中華書局出版，1996年9月，北京第2刷。

28. 高亨撰，《老子正詁》，臺北：臺灣開明書店，1971年9月。

29. 孫詒讓（清）撰，《墨子閒詁》，臺北：河洛圖書出版社，1975年。

30. 常璩（晉）撰，《華陽國志》，北京：中華書局出版，1985年。

31. 許慎（漢）撰，段玉裁（清）注，《新添古音說文解字注》，臺北：洪葉文化事業有限公司，1999年11月，增修版。

32. 陸賈（漢）撰，王利器校注，《新語校注》，北京：中華書局出版，1997

年 10 月，北京第 3 刷。

33. 陸九淵（宋）撰，《象山全集》，臺北：世界書局，1959 年。

34. 陳奇猷校注，《韓非子集釋》，臺北：河洛圖書出版社，1974 年 3 月，第 1 版。

35. 陳鼓應註譯，《黃帝四經今註今譯——馬王堆漢墓出土帛書》，臺北：臺灣商務印書館，1995 年 6 月，初版第 1 刷。

36. 郭慶藩（清）撰，王孝魚點校，《莊子集釋》，臺北：天工書局印行，1989 年 9 月出版。

37. 慎到（周）撰，嚴一萍選輯，守山閣叢書，《慎子》，臺北：藝文印書館，1968 年。

38. 賈誼（漢）撰，閻振益、鐘夏校注，《新書校注》，北京：中華書局出版，2000 年 7 月，北京第 1 刷。

39. 董仲舒（漢）撰，王灝（清）輯，嚴一萍選，《董子文集》，收錄於《畿輔叢書》（據光緒定州王氏謙德堂刊本影印，國立臺灣大學裝訂本），臺北：藝文印書館印行，1966 年。

40. 楊寶忠撰，《論衡校箋》，上海：河北教育出版社，1999 年 1 月。

41. 趙岐（漢）注，孫奭（宋）疏，《孟子注疏》（阮刻《十三經注疏》本），臺北：藝文印書館，1993 年，第 12 刷。

42. 趙翼（清）撰，《廿二史箚記》，臺北：華世出版社，1977 年。

43. 鄭玄（漢）注，孔穎達（唐）疏，《禮記注疏》（阮刻《十三經注疏》本），臺北：藝文印書館，1993 年，第 12 刷。

44. 鄭玄（漢）注，賈公彥（唐）疏，《周禮注疏》（阮刻《十三經注疏》本），臺北：藝文印書館，1993 年，第 12 刷。

45. 鄭成海撰，《老子河上公注斠理》，臺北：中華書局出版，1971 年 5 月。

46. 劉向（漢）集錄，《戰國策》，上海：上海古籍出版社出版，1995 年 9 月，第 4 刷。

47. 劉文典撰，馮逸、喬華點校，《淮南鴻烈集解》，北京：中華書局出版，1989 年 5 月，北京第 1 刷。

48. 黎翔鳳撰，梁運華整理，《管子校注》，北京：中華書局出版，2004 年 6 月，第 1 刷。

49. 黎靖德（宋）類編，《朱子語類》，濟南：山東友誼書社出版，1993 年 12 月。

50. 蔣禮鴻撰，《商君書錐指》，北京：中華書局出版，2001 年 8 月，北京第 3 刷。

51. 蔡沈（宋）、黃倫（宋）撰，《書經集傳》，香港：東亞書局，1974 年。

52. 韓愈（唐）撰，馬其昶校注，《韓昌黎文集校注》，臺北縣：漢京文化出版社，1983 年初版。

53. 譚嗣同（清）撰，蔡尚思、方行編，《譚嗣同全集》，北京：中華書局，1981 年，第 1 版第 3 刷。

54. 羅根澤編著，《古史辯》第六冊收錄於《民國叢書》第四編之 69，上海：上海書店，據開明書店 1938 年版影印。

55. 蘇輿（清）撰，鍾哲點校，《春秋繁露義證》，北京：中華書局出版，2002 年 8 月，北京第 3 刷。

56. 嚴一萍編，《帛書竹簡》，臺北：藝文印書館，1976 年 3 月。

57. 顧頡剛編著，《古史辯》第五冊收錄於《民國叢書》第四編之 68，上海：上海書店，據樸社 1935 年版影印。

（二）專書

1. 丁原明，《黃老學論綱》，濟南：山東大學出版社，1997 年 9 月。

2. 丁禎彥、吾敬東著，《春秋戰國時期觀念與思維方式變革》，長沙：湖南出版社，1993 年 1 月，第 1 版第 1 刷。

3. 王國維（清）著，《觀堂集林》，臺北：河洛圖書出版，1975 年 3 月。

4. 王慶光，《荀子與戰國黃老思想的辯證關係》，臺北：文史哲出版社，1997 年 8 月初版。

5. 王博，《老子思想的史官特色》，臺北：文津出版社，1993 年 11 月初版。

6. 王玉波，《歷史上的家長制》，臺北新店：谷風出版社，1988 年 6 月。

7. 王葆玹，《西漢經學源流》，臺北：東大圖書公司發行，1994 年 6 月。

8. 王葆玹：《道教文化研究‧第二輯》，上海：上海古籍出版社，1992 年。

9. 王健文，《奉天承運——古代中國的「國家」概念及其正當性基礎》台北：東大圖書有限公司，1995 年 6 月。

10. 左言東編著，《中國政治制度史》，杭州：浙江古籍出版社，1989 年。

11. 本田成之，《中國經學史》，臺北：廣文書局，1979 年 5 月。

12. 白奚，《稷下學研究——中國古代的思想自由與百家爭鳴》，北京：生活、讀書、新知三聯書店，1998 年 9 月，北京第 1 版。

13. 司修武，《黃老學說與漢初政治平議》，臺北：臺灣學生書局，1992 年 6 月初版。

14. 朱誠如主編，《中國皇帝制度》，武漢：武漢出版社，1998 年 4 月，第 2 刷。

15. 朱日耀主編，《中國古代政治思想史》，長春：吉林大學出版社，1988 年 4 月第 1 版 1 刷。

16. 牟宗三,《歷史哲學》,臺北:臺灣學生書局,1988 年 8 月 9 版(臺 7 版)。

17. 牟宗三,《道德的理想主義》,臺北:臺灣學生書局,1985 年版。

18. 余明光,《黃帝四經與黃老思想》,哈爾濱:黑龍江人民出版社,1989 年 8 月第 1 版。

19. 余英時,《中國知識階層史論.古代篇》,臺北:聯經出版社,2001 年 11 月初版第 6 刷。

20. 余英時,《歷史與思想》,臺北:聯經出版公司,1999 年 4 月初版第 21 刷。

21. 李亞農,《李亞農史論集》下冊,上海:上海人民出版社,1976 年。

22. 李澤厚,《中國古代思想史論》,臺北新店:谷風出版社,1987 年 9 月再版。

23. 李澤厚,《己卯五說》,北京:中國電影出版社,1999 年。

24. 李源澄,《秦漢史》,臺北:臺灣商務書局,1968 年。

25. 李景明,《中國儒學史·秦漢卷》,廣州:廣東教育出版社,1998 年 6 月。

26. 李申,《中國儒教史》,上海:上海人民出版社,1999 年 12 月。

27. 李玉潔主編,《中國早期國家性質》,臺北:雲龍出版社,2003 年 2 月。

28. 李劍農著,《先秦兩漢經濟史稿》,臺北:華世出版社,1981 年 12 月,臺初版。

29. 冷德熙,《超越神話——緯書政治神話研究》,北京:東方出版社出版,1996 年 5 月,北京第 1 刷。

30. 邢義田,《秦漢史論稿》,臺北:東大圖書公司出版,三民書局總經銷,1987 年。

31. 杜正勝,《編戶齊民——傳統政治社會結構之形成》,臺北:聯經出版事業公司,1990 年 3 月。

32. 呂思勉,《中國制度史》上海:上海教育出版社,1985 年。

33. 呂思勉,《秦漢史》,上海:上海古籍出版社,2005 年 7 月,第 1 版第 1 刷。

34. 吳光,《黃老之學通論》,杭州:浙江人民出版社,1985 年 6 月,第 1 版第 1 刷。

35. 吳興明,《謀智·聖智·知智》,上海:三聯書店上海分店,1995 年。

36. 吳慧,《桑弘羊研究》,濟南:山東齊魯書社,1981 年。

37. 吳福助著,《睡虎地秦簡論考》,臺北:文津出版社,1994 年 7 月。

38. 吳雁南、秦學頎、李禹階主編,《中國經學史》,福州:福建人民出版社,2001 年 9 月。

39. 吳文璋，《巫師傳統和儒家的深層結構——以先秦到西漢的儒家爲研究對象》，高雄：復文圖書出版社，2001 年 6 月，修定版。

40. 林聰舜，《西漢前期思想與法家的關係》，臺北：大安出版社，1991 年 4 月第 1 刷。

41. 林安梧，《儒學與中國傳統社會之哲學省察——以「血緣性縱貫軸」爲核心的理解與詮釋》，臺北：幼獅文化事業公司，1996 年 4 月初版。

42. 林劍鳴，《秦漢史》，上海：上海人民出版社，1989 年。

43. 金春峰，《漢代思想史》，北京：中國社會科學出版社，1987 年 4 月，第 1 版第 1 刷。

44. 金觀濤、劉青峰著，《興盛與危機——論中國封建社會的超穩定結構》，臺北：風雲時代出版公司，1989 年 11 月初版。

45. 周金聲，《中國經濟思想史》，臺北：周金聲著作發行所，1965 年 7 月

46. 胡孚琛、呂錫琛著《道家通論——道家道教仙學》，北京：社會科學文獻出版社，1999 年 1 月

47. 胡家聰，《稷下爭鳴與黃老新學》，北京：中國社會科學出版社，1998 年 9 月第 1 版。

48. 胡如雷，《中國封建社會形態研究》，臺北新店：谷風出版社，1987 年 11 月。

49. 胡楚生，《老莊研究》，臺北：臺灣學生書局，2001 年 10 月，初版 2 刷。

50. 胡寄窗，《中國經濟思想史》，上海：上海人民出版社，1986 年。

51. 姚蒸民，《韓非子通論》，臺北：東大圖書公司，1999 年 3 月。

52. 侯外廬等著，《中國思想通史.第一卷——古代思想》，北京：北京人民出版社，1992 年 9 月。

53. 侯外廬等著，《中國思想通史.第二卷——兩漢思想》，北京：北京人民出版社，1992 年 9 月。

54. 侯外廬，《中國古代社會史論》，北京：北京人民出版社，1963 年出版。

55. 侯外廬，《中國封建社會史論》，臺北新店：谷風出版社，1988 年 6 月，臺 1 版。

56. 范文瀾，《中國通史簡編》，北京：北京人民出版社，1965 年。

57. 俞榮根，《儒言治世——儒學治國之術》，成都：四川人民出版社，1995 年 9 月。

58. 韋政通，《中國思想史》，臺北：大林出版社，1980 年 12 月。

59. 孫廣德，《政治神話論》，臺北：臺灣商務印書館，1990 年初版。

60. 孫廣德、朱浤源編著，賀凌虛等校閱，《中國政治思想史》，臺北縣：國立空中大學印行，1997 年 1 月初版。

61. 馬伯煌，《中國經濟政策思想史》，昆明：雲南人民出版社，1997 年 7 月。

62. 徐復觀，《兩漢思想史.卷———周秦漢政治社會結構之研究》，臺北：臺灣學生書局，1985 年 3 月，7 版（臺 6 版）。

63. 徐復觀，《兩漢思想史.卷二》（增訂本），臺北：臺灣學生書局，1976 年 6 月初版。

64. 徐復觀，《兩漢思想史.卷三》，臺北：臺灣學生書局，1979 年 9 月初版。

65. 徐復觀著，蕭欣義編，《儒家政治思想與民主自由人權》，臺北：臺灣學生書局，1988 年 9 月。

66. 徐復觀，《中國思想史論集》，臺北：臺灣學生書局，1983 年版。

67. 徐復觀，《中國經學史的基礎——博士性格的演變》，臺北：臺灣學生書局，1982 年。

68. 徐旭生，《中國古史的傳說時代》，北京：北京科學出版社，1960 年。

69. 徐大同等編著，《中國古代政治思想史》，長春：吉林人民出版社，1981 年。

70. 唐君毅，《中國哲學原論》，臺北：臺灣學生書局，1977 年。

71. 唐慶增，《中國經濟思想史》，臺北：臺灣商務印書館，1963 年。

72. 章太炎著，《國故論衡.三卷》，臺北：廣文出版社，1967 年 11 月版。

73. 章學誠（清）著，《文史通義》，臺北：史學出版社，1974 年 4 月。

74. 梁啟超，《飲冰室全集》，臺南：莊家出版社，世一書局總經銷，1982 年 5 月再版。

75. 梁啟超，《先秦政治思想史》，臺北：臺灣中華書局，1962 年 6 月，臺 3 版。

76. 梁玉繩（清）著，《史記志疑》，臺北：臺灣學生書局，1970 年 7 月。

77. 郭梨華，《王弼之自然與名教》，臺北：文津出版社，1995 年。

78. 許凌雲、許強著，《中國儒學通論》，廣州：廣東教育出版社，2002 年 9 月。

79. 張運華，《先秦兩漢道家思想研究》，長春：吉林教育出版社，1998 年 12 月，第 1 版第 1 刷。

80. 張國華編著，《中國法律思想史新編》，臺北：揚智文化事業有限公司，1994 年 7 月。

81. 張純、王曉波，《韓非思想的歷史研究》，臺北：聯經出版事業公司，1984 年 3 月第 2 刷。

82. 張舜徽，《周秦道論發微》，臺北：木鐸出版社，1983 年 9 月初版。

83. 張光直，《中國青銅器時代‧第二集》，臺北：聯經出版社，1990 年。

84. 張榮明，《權力的謊言——中國傳統的政治宗教》，臺北：星定石文化，2001 年 5 月。

85. 張端穗，《西漢公羊學研究》，臺北：文津出版社，2005 年 3 月。

86. 張傳璽著，《秦漢問題研究》（增訂本），北京：北京大學出版社，1995 年 10 月，第 1 版第 1 刷。

87. 陳麗桂，《秦漢時期的黃老思想》，臺北：文津出版社，1997 年 2 月初版 1 刷。

88. 陳麗桂，《戰國時期的黃老思想》，臺北：聯經出版社，1991 年 4 月初版。

89. 陳寅恪，《陳寅恪先生論文集》，臺北：九思出版社，1977 年。

90. 陳鼓應主編，《道家文化研究》，上海：上海古籍出版社，1993 年 8 月。

91. 陳鼓應，《老莊新論》，臺北：五南圖書出版公司，1991 年 3 月。

92. 陳明，《中古士族現象研究——儒學的歷史文化功能初探》，臺北：文津出版社，1994 年 3 月初版。

93. 陳玉屏，《西漢前期的政壇》，成都：成都出版社，1996 年 1 月。

94. 陳光中、沈國峰，《中國古代司法制度》，北京：群眾出版社，1984 年。

95. 陳茂同，《歷代職官沿革史》，上海：華東師範大學出版社，1988 年 3 月。

96. 童書業，《中國手工業商業發展史》，臺北：木鐸出版社，1986 年 9 月。

97. 曾繁康，《中國政治思想史》，臺北：大中國圖書公司，1971 年 8 月再版。

98. 費孝通編著，《費孝通選集》，天津：天津人民出版社，1988 年 5 月。

99. 賀凌虛，《西漢政治思想論集》，臺北：五南圖書公司，1988 年。

100. 黃俊傑主編，《天道與人道》，臺北：聯經出版事業公司，1982 年 11 月初版。

101. 黃俊傑，《孟學思想史論·卷二》，臺北：中央研究院，1977 年。

102. 黃漢光，《黃老之學析論》，臺北：鵝湖出版社，2000 年 5 月初版。

103. 黃宗智，《華北的小農經濟與社會變遷》，北京：中華書局，1986 年。

104. 黃肇基，《漢代公羊學災異理論研究》，臺北：文津出版社，1998 年 5 月。

105. 黃朴民，《董仲舒與新儒學》，臺北：文津出版社，1992 年 7 月。

106. 傅佩榮，《儒道天論發微》，臺北：臺灣學生書局，1985 年 10 月。

107. 傅偉勳，《從西方哲學到禪佛教》，北京：三聯書店，1989 年。

108. 傅筑夫，《中國經濟史論叢》，臺北新店：谷風出版社，1987 年 12 月。

109. 馮友蘭，《中國哲學史新編》，北京：北京人民出版社，1984 年 10 月。

110. 勞思光，《中國哲學史·三卷》，臺北：三民書局，1981 年 1 月。

111. 葛兆光，《中國思想史.第一卷——七世紀前中國的知識、思想與信仰世

界》，上海：復旦大學出版社，1997 年 11 月。

112. 葉經柱，《孟子之民本主義》，臺北：正中書局，1990 年。

113. 楊陽，《王權的圖騰化——政教合一與中國社會》，臺北：星定石文化出版公司，2002 年 6 月初版。

114. 楊儒賓主編，《中國古代思想中的氣論及身體觀》，臺北：巨流圖書公司，1993 年 1 版。

115. 楊儒賓，《先秦道家「道」的觀念的發展》，臺北：國立台灣大學出版委員會，1987 年 6 月。

116. 楊向奎，《宗周社會與禮樂文明》，北京：北京人民出版社，1998 年。

117. 楊鶴皋主編，吳博文整理，《中國法律思想史》，臺北：漢興書局，1993 年 10 月初版 1 刷。

118. 廖伯源，《秦漢史論叢》，臺北：五南圖書出版公司，2003 年 5 月，初版 1 刷。

119. 熊鐵基，《秦漢新道家略論稿》，上海：上海人民出版社，1984 年。

120. 蒙文通，《蒙文通文集·第一卷——古學甄微》，成都：巴蜀書社，1987 年。

121. 趙靖，《中國古代經濟思想史講話》，北京：北京人民出版社，1986 年 2 月。

122. 趙吉惠著，《中國先秦思想史》，西安：陝西人民教育出版社，1988 年 8 月，第 1 刷。

123. 蔡澤華，《先秦諸子經濟思想述評》，臺北：臺灣商務印書館，1999 年 6 月。

124. 蔡仁厚，《孔孟荀哲學》，臺北：臺灣學生書局，1994 年。

125. 蔡爲煜，《老子的智慧》，臺北：國家出版社，1992 年 9 月初版。

126. 劉澤華主編，《中國古代政治思想史》，天津：南開大學出版社，1997 年 3 月，第 3 刷。

127. 劉澤華，《中國政治思想史》，杭州：浙江人民出版社，1996 年。

128. 劉黎明、紅玉，《春秋之謎》，成都：四川教育出版社，2001 年 12 月第 2 刷。

129. 劉述先，《文化與哲學的探索》，臺北：臺灣學生書局，1986 年。

130. 劉增貴主編，《法制與禮俗》，臺北：中央研究院歷史語言研究所，2002 年 6 月。

131. 鄭學檬主編，《中國賦役制度史》，福州：廈門大學出版，1994 年第 1 版。

132. 鄭琳著，《老子微》，臺北：文史哲出版社，1984 年 3 月。

133. 魯凡之，《東方專制主義論——亞細亞生產模式研究》，臺北：南方叢書

出版社，1987 年 8 月初版。

134. 蔣慶著，《公羊學引論——儒家的政治智慧與歷史信仰》，瀋陽：遼寧教育出版社，1995 年 6 月第 1 版第 1 刷。

135. 閻步克，《士大夫政治演生史稿》，北京：北京大學出版社，1998 年。

136. 錢穆，《秦漢史》，臺北：東大圖書有限公司，1985 年。

137. 錢穆，《國史大綱》，臺北：臺灣商務印書館發行，國立編譯館出版，1983 年。

138. 錢穆，《先秦諸子繫年》，臺北：三民書局，1981 年 3 月。

139. 錢穆，《兩漢經學今古文平議》，臺北：東大圖書有限公司，1978 年 7 月臺再版。

140. 錢公博，《中國經濟發展史》，臺北：文景出版社，1984 年 10 月。

141. 蕭公權，《中國政治思想史》收錄於《蕭公權全集》之四，臺北：聯經出版社，1982 年初版。

142. 蕭公權，《迹園文錄》收錄於《蕭公權全集》之九，臺北：聯經出版公司，1983 年。

143. 戴君仁，戴靜山先生遺著編輯委員會編，《戴靜山先生全集》，臺北：戴顧志鵷出版，1980 年。

144. 謝天佑，《秦漢經濟政策與經濟思想史稿——兼評自然經濟論》，上海：華東師範大學出版社，1989 年 3 月，第 1 版第 1 刷。

145. 謝維揚著，《中國早期國家》，浙江：浙江人民出版社 1995 年 12 月 1 刷

146. 韓復智等編著，《秦漢史》，臺北：國立空中大學，1996 年 8 月初版。

147. 韓星著，陳明主編，《儒法整合——秦漢政治文化論》，北京：中國社會科學出版社，2005 年 1 月。

148. 韓國磐，《中國古代法制史研究》，北京：北京人民出版社，1997 年 10 月，北京第 2 刷。

149. 魏元珪著，國立編譯館主編，《老子思想體係探索》，臺北：新文豐出版公司，1997 年 8 月。

150. 薩孟武，《儒家政論衍義》，臺北：東大圖書公司，1982 年 6 月。

151. 瞿同祖，《中國法律與中國社會》，臺北：里仁書局，1984 年 9 月。

152. 顧頡剛，《漢代學術史略——博士官》，臺北：天山書局，1985 年。

153. 上海社會科學院經濟研究所經濟思想史研究室著，陳正炎主編，《秦漢經濟思想史》，北京：中華書局，1989 年 7 月，第 1 版北京第 1 刷。

154. 白川靜著，加地伸行、范月嬌合譯，《中國古代文化》，臺北：文津出版社，1983 年。

155. 白壽彝主編《中國通史》6，上海：上海人民出版社，2000 年 1 月第 5

刷。

156. 加藤繁，華世譯叢，《中國經濟史考證》卷一，台北：華世出版社，1981 年 9 月新 5 版。

157. 任繼愈主編，《中國哲學史》第一冊，北京：人民出版，1996 年 4 月北京第 15 刷。

158. Denis Twitchett, Michael Loewe 編，韓復智主譯，《劍橋中國史》第一冊，秦漢篇（譯自 The Cambridge history of China），臺北：南天書局，1996 年 1 月初版 1 刷。

159. Frazer, James George（弗雷澤）著，汪培基譯，《金枝——巫術與宗教之研究》，臺北：久大出版，桂冠圖書經銷，1994 年 3 月。

160. K.A.莫基切夫主編，中國社會科學院法學研究所編譯室譯，《政治學說史》，重慶：中國社會科學出版社，1979 年版。

（三）期刊論文

1. 丁原明，〈楚學與漢初黃老之學〉，《文史哲》，1992 年第 4 期。

2. 丁文宏、蔡友和，〈老子「無爲」思想探索〉，《安徽大學學報》第 23 卷（哲學社會科學版），1995 年 5 月第 3 期。

3. 王暉，〈殷商爲神本時代說〉，《殷都學刊》，2000 年第 2 期。

4. 王文舉，〈平準制度古今談〉，《價格月刊》，1994 年第 6 期。

5. 王文舉，〈平準法——平抑農產品價格的好方法〉，《農業現代化研究》，第 15 卷，1994 年 9 月第 5 期。

6. 王子今，〈西漢均輸制度新議〉，《首都師範大學學報》（社會科學版），1994 年第 2 期。

7. 王子今，〈秦漢時期的私營運輸業〉，《中國史研究》，1989 年第 1 期。

8. 王博，〈老子與夏族文化〉，《哲學研究》，1989 年第 1 期。

9. 王博，〈論《黃帝四經》產生的地域〉，收錄於陳鼓應主編《道家文化研究》第三輯，（上海：上海古籍出版社，1993 年 8 月）。

10. 王紅，〈試析中國古代小農經濟封閉性的原因〉，《陰山學刊》（社會科學版），1994 年第 3 期。

11. 王俊南，〈鄉舉里選——漢代文官察舉制度之探討〉，《復興崗論文集》，1992 年 6 月。

12. 王霄燕、陳凱，〈中國封建法制儒家化原因初探〉，《山西大學學報》（哲學社會科學版），1998 年第 4 期。

13. 王青，〈災異與禮儀——西漢中後期的思想學術特點〉，收在陳明、朱漢民主編《原道》第七輯，（貴陽：貴州人民出版社，2002 年 2 月第 1 版 1 刷）。

14. 王奇偉，〈論商代的神權政治——兼論商代的國家政體〉，《殷都學刊》，1998 年第 3 期。

15. 田靜，〈秦亡與漢初的黃老政治〉，收在王慎行主編《人文雜誌》，1994 年第 3 期，（臺北：臺灣學生書局）。

16. 田啓霖，〈從黃老之學到小國寡民〉，《哈爾濱師專學報》，1995 年第 4 期。

17. 石世奇，〈中國經濟學說輝煌的過去與燦爛的未來〉，收在程民選主編《經濟學家》，1995 年 2 月。

18. 朱本源，〈洪範——中國古代文明的活的靈魂〉，《陝西師範大學學報》第 23 卷（哲學社會科學版），1996 年 3 月第 1 期。

19. 朱曉鵬，〈老子的無爲思想三辨〉，《河北大學學報》第 25 卷（哲學社會科學版），2000 年 6 月第 3 期。

20. 朱永，〈重本抑末思想研究〉，《河南師範大學學報》第 26 卷（哲學社會科學版），1999 年第 6 期。

21. 亦捷，〈西漢均輸官確有經商職能〉，《首都師範大學學報》（社會科學版），1994 年第 3 期。

22. 江丹林，〈從唯物史觀看中國社會的停滯性及其根源〉，《復旦大學學報》（社會科學版），1995 年第 2 期。

23. 牟鍾鑒，〈道家學說與流派述要〉，載於陳鼓應主編《道家文化研究》，第一輯，（臺北：文史哲出版社，2000 年 8 月）。

24. 全漢昇，〈中古自然經濟〉，收在氏著《中國經濟史研究》，（香港：新亞研究所，1991 年 1 月）。

25. 邢義田，〈奉天承運——皇帝制度〉，收在鄭欽仁主編《立國的宏規》，（臺北：聯經出版事業公司，1983 年 4 月第 2 刷）

26. 杜正勝，〈形體、精氣與魂魄——中國傳統對「人」認識的形成〉，《新史學》，第 2 卷，1991 年第 3 期。

27. 呂喜琳，〈試論中國歷代君主專制制度的歷史作用〉，《陰山學刊》（社會科學版），1998 年第 2 期。

28. 沈剛伯，〈從古代禮，刑的運用探討法家的來歷〉，《大陸雜誌》，第 47 卷，1973 年第 2 期。

29. 吳顯慶，〈論馬王堆四種黃老帛書中的政治辯証法思想〉，《黑龍江社會科學》，2001 年第 3 期。

30. 吳秋紅，〈論漢律中的禮法融合〉，《高等函授學報》第 13 卷（哲學社會科學版），2000 年第 2 期。

31. 吳毅，〈超穩定結構導致中國封建社會發展遲滯〉，《咸陽師專學報》第 10 卷（綜合雙月刊文科版），1995 年第 5 期。

32. 李伏明,〈儒法合流與儒學的歷史地位新探〉,《井岡山師範學院學報》第 21 卷(哲學社會科學),2000 年 11 月第 3 期。

33. 李宗桂,〈論董仲舒對封建制度文化的整合〉,《學術研究》,1994 年第 1 期。

34. 李紹強,〈中國封建社會工商管理思想的變遷〉,《東岳論叢》,第 21 卷,2000 年第 3 期。

35. 李交發,〈儒法兩家經濟立法思想與中國古代經濟法制〉,《湘潭大學學報》(哲學社會科學版),1997 年第 1 期。

36. 邵金凱,〈黃老術與漢文帝治國新論〉,《徐州師範大學學報》第 28 卷(哲學社會科學版),第 3 期。

37. 林甘泉,〈論秦漢封建專制主義的經濟基礎〉,收在中國秦漢史研究會編,《秦漢史論叢》第二輯,(西安:陝西人民出版社,1983 年 8 月第 1 版 1刷)。

38. 孟彭興,〈論早熟封建商品經濟對中國社會發展的影響〉,《浙江財經學院財政系學報》,1992 年。

39. 周家峰,〈論儒家思想對我國封建司法的影響〉,《前沿》,1996 年第 4 期。

40. 周舜南,〈對漢武帝經濟改革的再認識〉,《湘潭師範學院學報》,第 15 卷,1994 年 2 月第 1 期。

41. 洪煜,〈戰國秦漢時期的小農經濟〉,《史學月刊》,1994 年第 5 期。

42. 范志軍,〈西漢商品經濟的發展與封建土地私有化進程〉,《許昌師專學報》,2002 年第 3 期。

43. 段秋關,〈中國古代法律及法律觀略析──兼與梁治平同志商榷〉,《中國社會科學》,1989 年第 5 期。

44. 姜廣輝,〈中國經學思想史.第一卷・前言〉,收在氏主編《中國經學思想史.第一卷》,(北京:中國社會科學出版社,2003 年 9 月第 1 版 1刷)。

45. 馬珺,〈法家法治原則與儒法合流〉,《河南省法政管理幹部學院學報》,2001 年第 2 期。

46. 晁福林,〈試論商代的王權與神權〉,《社會科學戰線》,1984 第 4 期。

47. 栗勁、王占通,〈略論奴隸社會的禮與法〉,《中國社會科學》,1985 年第 5 期。

48. 孫順華,〈"獨尊儒術"與儒學傳播形態的轉變〉,《東方論壇》,2002 年第 2 期。

49. 孫順華,〈中國古代專制政體下的傳播控制特徵〉,《聊城師範學院學報》(哲學社會科學版),2001 年第 3 期。

50. 梁治平,〈「法」辨〉,《中國社會科學》,1986 年第 4 期。

51. 張增田,〈《黃老帛書》之刑德關系諸說辨〉,《管子學刊》,2002 年第 3 期。

52. 張耕,〈試論中國法的起源及其特點〉,收在曾憲義、鄭定編著《中國法律制度史通覽》,(天津:天津教育出版社,1987 年)。

53. 張金光,〈試論秦自商鞅變法後的土地制度〉,收在華世出版社編輯部編《中國社會經濟史參考文獻》,(臺北:華世出版社,1984 年 10 月初版)。

54. 張強,〈西漢帝王與帝王之學及經學之關係〉,《淮陰師範學院學報》第 23 卷(哲學社會科學版),2001 年 2 月。

55. 盛奇秀,〈禮法兼治與德刑並用〉,《中央社會主義學院學報》,2003 年 10 月第 5 期。

56. 陳其人,〈馬克斯主義發展經濟之理論〉,《復旦大學學報》(社會科學版),1995 年第 3 期。

57. 陳世陔,〈秦漢國家經濟思想的演變〉,《湖北大學學報》(哲學社會科學版),1997 年第 5 期。

58. 馮曉宏,〈中國古代經濟控制論反思〉,《淮陰工業專科學校學報》,1999 年 3 月。

59. 華有根,〈西漢的禮法結合及其在中國法律史上的地位〉,《復旦大學學報》(社會科學版),1995 年第 6 期。

60. 賀自昭,〈五倫觀念的新檢討〉,收在賀麟著《文化與人生》〔《民國叢書》第二編之 43〕,(上海:上海商務印書局,據 1947 年商務印書館版影印)。

61. 游翔,〈《史記・平準書》《漢書・食貨志》比較三題〉,《華中師範大學學報》(哲社版),1999 年第 1 期。

62. 屠承先,〈《鹽鐵論》中的環境思想及其對當代的啓示〉,《杭州大學學報》,第 28 卷,1998 年 10 月第 4 期。

63. 傅允生,〈老子經濟觀述評〉,《浙江財經學院財政系學報》,1992 年。

64. 楊升南,〈商代的王權和對王權的神化〉,《中國史研究(京)》,1997 年 4 月。

65. 葛榮晉,〈論「無爲」思想的學派性〉,《齊魯學刊》,2001 年第 1 期,(臺北:里仁書局,1980 年)。

66. 雷海宗,〈皇帝制度之成立〉,收在韓復智主編《中國通史論文選輯》上,(臺北:南天書局,1990 年 9 月第 2 版 2 刷)。

67. 鄔永賢,〈官方哲學地位對儒學發展的影響及其啓示〉,《廈門大學學報》(社會版),1998 年第 3 期。

68. 趙沛,〈漢武帝時期的經學與政治〉,《山東大學學報》(人文社會科學版雙月刊),2002 年 2 月。

69. 齊明山，〈中國歷代王朝的行政大法——簡析《尚書‧洪範》〉，《北京行政學院學報》，2000 年第 4 期。

70. 齊濤，〈論漢武帝的鹽業政策〉，《鹽業史研究》，1994 年第 2 期。

71. 劉長林、胡煥湘，〈《管子》心學與生命的自我超越〉，《中國文化月刊》，1993 年 11 月第 165 期。

72. 劉漢東，〈中國傳統文化中的集權思想〉，《廣州師範學院學報》（社會科學版），1999 年第 3 期。

73. 劉漢東，〈中國傳統文化中的集權思想和早期的獨尊儒術〉，《廣州師範學院學報》（社會科學版），1994 年第 3 期。

74. 劉斯翰，〈漢代經濟政治原論〉，《學術研究》，1996 年第 11 期。

75. 劉良群，〈從鹽鐵官營看西漢的專賣制度及其流幣〉，《贛南師範學院學報》，1994 年第 3 期。

76. 劉修明，〈經緯與西漢王朝〉，《中國哲學》第九輯，（北京：三聯書店，1983 年）。

77. 鄧文鋒，〈武帝時代黃老之學的興衰〉，《學術論衡》（社會科學論壇），2001 年 4 月。

78. 魯新山，〈西漢前期黃老思想與儒家學說的興衰浮沉〉，《西北第二民族學院學報》（哲學社會科學版），2000 年第 4 期。

79. 鄭建萍，〈黃老思想及其對漢初治道之影響〉，《陝西師範大學學報》第 26 卷（哲學社會科學版），1997 年 9 月第 3 期。

80. 慶明，〈鑄刑鼎辨證〉，《法學研究》，1985 年第 3 期。

81. 蕭萐父，〈道家、隱者、思想異端〉，《江西社會科學》，1990 年 6 期。

82. 鍾興瑜，〈中國封建社會自然經濟的層次結構〉，《貴州社會科學》，1994 年第 6 期。

83. 薛忠義、李曉穎，〈中國歷史上的長期專制——人治統治的特徵與根源探析〉，《遼寧大學學報》第 30 卷（哲學社會科學版），2002 年 7 月第 4 期。

84. 薛振愷，〈試論漢武帝的斂財政策〉，《北京師範大學學報》（社會科學版），1997 年第 4 期。

85. 聶秀娥，〈論儒家思想對中國封建法律的影響〉，《雲南師範大學哲學社會科學學報》，第 27 卷，1995 年 10 月第 5 期。

86. 韓復智，〈兩漢經濟問題的癥結〉，收在氏編《中國通史論文選集》上，（臺北：南天書局，1990 年 9 月 2 版 2 刷）。

87. 羅良年，〈王道與霸道〉，《重慶教育學報》，第 15 卷，2002 年 3 月第 2 期。

88. 顧頡剛，〈「周公制禮」的傳說和《周官》一書的出現〉，《文史》第六輯，

1954 年。

89. 樂成顯，〈家族制度與中國古代社會經濟〉，《北京社會科學》，2001 年第 1 期。

90. 西嶋定生著，〈中國古代統一國家的特質——皇帝統治之出現〉，收在杜正勝編《中國上古史論文選集》，（臺北：華世出版社，1979 年 11 月）。

91. Schwart Benjamin（斯威茲）撰，段昌國、劉紉尼、張永堂譯，〈中國的階層結構及其意識形態〉，收在中國思想研究委員會編《中國思想與制度論集》，（臺北：聯經出版社，1976 年 9 月）。

（四）學位論文

1. 邱秀春，〈白虎通義與東漢經學的發展〉，臺北新莊：輔仁大學中文研究所博士論文，1999 年。

2. 金善珠，〈秦律的形成與發展〉，臺北：國立臺灣大學歷史研所博士論文，1991 年。

3. 洪進業，〈西漢初年的黃老及其盛衰的考察〉，臺北：國立臺灣大學歷史研究所碩士論文，1991 年。

4. 唐兆君，〈白虎通禮制思想研究〉，臺北新莊：輔仁大學中文研究所碩士論文，1994 年。

5. 張意文，〈兩漢名教思想研究〉，臺北：淡江大學中文研究所碩士論文，1998 年。

6. 郭應哲，〈戰國至漢初黃老學說的政治思想〉，臺北：國立臺灣大學政治學研究所博士論文，1995 年。

7. 陳政揚，〈孟子與莊子「內聖外王」研究〉，臺中：東海大學哲學研究所博士論文，2003 年。

8. 黃文興，〈儒家倫理與皇帝制度的精神〉，臺中：東海大學歷史研究所碩士論文，1989 年。

9. 鄒紀萬，〈兩漢土地問題研究〉，臺北：國立臺灣大學歷史研究所碩士論文，1979 年。

10. 賴慶鴻，〈董仲舒政治思想之研究〉，臺北：國立政治大學政治研究所博士論文，1980 年。

11. 鍾宗憲，〈黃帝傳說的研究——黃帝神話傳說之嬗變與有關黃帝學術源流問題之辨正〉，臺北新莊：輔仁大學中文研究所博士論文，1996 年。

二、日 文

1. 淺野裕一，《黃老道の成立と展開》，東京都：創文社刊行，1962 年 11 月。